CDC

中国疾病预防控制中心年鉴

2024年

中国疾病预防控制中心 编著

国家开放大学出版社·北京

图书在版编目（CIP）数据

中国疾病预防控制中心年鉴．2024 年 / 中国疾病预防控制中心编著．-- 北京：国家开放大学出版社，2024. 12. -- ISBN 978-7-304-12801-2

Ⅰ. R197. 2-54

中国国家版本馆 CIP 数据核字第 20244ML812 号

中国疾病预防控制中心年鉴（2024 年）

ZHONGGUO JIBING YUFANG KONGZHI ZHONGXIN NIANJIAN（2024 NIAN）

中国疾病预防控制中心　编著

出版·发行： 国家开放大学出版社

电话： 营销中心 010－68180820　　总编室 010－68182524

网址： http://www.crtvup.com.cn

地址： 北京市海淀区西四环中路 45 号　　**邮编：** 100039

经销： 新华书店北京发行所

策划编辑： 李京妹　　**版式设计：** 何智杰

责任编辑： 王　可　　**责任校对：** 张　娜

责任印制： 武　鹏　沙　烁

印刷： 北京鑫益晖印刷有限公司

版本： 2024 年 12 月第 1 版　　2024 年 12 月第 1 次印刷

开本： 787mm×1092mm　1/16　**插页：** 8 页　**印张：** 19.75　**字数：** 441 千字

书号： ISBN 978－7－304－12801－2

定价： 152.00 元

（如有缺页或倒装，本社负责退换）

意见及建议：OUCP_LN@ouchn.edu.cn

编写委员会

2023 年 2 月 22 日，疾病预防控制分会召开中国卫生健康思想政治工作促进会 2023 年年会分论坛暨疾病预防控制分会 2023 年第一次常务理事会会议，研讨年度重点工作。

2023 年 3 月 1 日，中国疾病预防控制中心党委召开中国共产党中国疾病预防控制中心代表大会。

2023 年 3 月 17 日，中国疾病预防控制中心党委举办深入学习贯彻党的二十大精神专题培训。

2023 年 3 月 23 日，2024 年世界防治结核病日主题宣传活动成功举办。

2023 年 4 月 24 日，全国公共卫生与预防医学爱国卫生理论与实践名词编写分委会成立。

2023 年 4 月，中国疾病预防控制中心职业卫生与中毒控制所协办 2023 全国《职业病防治法》宣传周启动仪式。

2023 年 5 月 5 日，2023 中国健康科普大赛启动会暨 2021 中国健康科普大赛总结会顺利召开。

2023 年 5 月 5—8 日，中国疾病预防控制中心地方病控制中心专家到西藏自治区拉萨市达孜区开展饮茶型地氟病病区砖茶氟暴露监测预警现场调研工作。

2023 年 5 月 21—24 日，中国疾病预防控制中心团委举办第七届“青年专家走基层”活动暨“走基层·阿坝行”活动。

2023 年 5 月 29 日，2023 世界无烟日宣传活动成功举办。

2023 年 7 月 4 日，中国疾病预防控制中心举行 2023 届研究生毕业典礼暨学位授予仪式。

2023 年 7 月 11 日，中国疾病预防控制中心辐射防护与核安全医学所“组团式”援助新疆维吾尔自治区喀什地区和克孜勒苏柯尔克孜自治州放射卫生监测启动。

2023 年 7 月 15 日，中国疾病预防控制中心党委召开庆“七一”主题党日活动暨“两优一先”表彰大会。

2023 年 8 月 5 日，创伤与化学中毒全国重点实验室启动会成功举办。

2023 年 8 月 25 日，中国维持无脊灰证实专家委员会 2023 年度会议在北京市召开。

2023 年 9 月 7 日，中国疾病预防控制中心与内蒙古自治区综合疾病预防控制中心举办卫生应急联合演练，中国疾病预防控制中心副主任李群在启动会上讲话。

2023 年 9 月 10 日，2023 全国环境健康宣传活动正式启动，国家疾病预防控制局卫生与免疫规划司副司长李筱翠、中国疾病预防控制中心副主任施小明参加了启动仪式。

2023 年 9 月 22 日，中国疾病预防控制中心团委开展“追寻红色记忆　赓续红色根脉”青年拓展活动。

2023 年 10 月 11 日，《我是大医生》2023 中国健康科普大赛演讲之星决赛在北京卫视进行录制。

2023 年 **10** 月 **30** 日，国家卫生健康委员会副主任于学军、中国疾病预防控制中心党委书记卢江、中国科技馆馆长殷皓等有关领导赴中国科技馆参观调研青少年控烟科普宣传工作。

2023 年 **11** 月 **7** 日，中国疾病预防控制中心代表团访问世界卫生组织大流行和流行病情报中心。

2023 年 11 月 10 日，中国疾病预防控制中心主任沈洪兵带队访问非洲疾病预防控制中心总部，并参加中国援建的伍连德实验室揭牌仪式。

2023 年 11 月 11—12 日，中国疾病预防控制中心慢性非传染性疾病预防控制中心顺利召开第六届全国糖尿病防治大会。

2023 年 11 月 22—26 日，南南合作妇幼健康经验交流暨培训班在广西壮族自治区南宁市举办。

2023 年 11 月 30 日，中国疾病预防控制中心性病艾滋病预防控制中心在昌平园区主楼大厅举办 2023 年“世界艾滋病日”主题宣传活动。

2023 年 12 月 1 日，核事故医学应急中心组织开展“核卫—2023”核事故场外卫生应急联合演练。

2023 年 12 月 4—5 日，第 17 届中日韩传染病防控论坛暨联合研讨会在韩国首尔召开。

目 录

第一部分 重要会议及讲话

第二部分 工作进展

第三部分　直属单位工作概况

第四部分　挂靠单位工作概况

第五部分　人事人物

第六部分　大事记

第七部分 附录

第一部分 重要会议及讲话

恪尽职守，笃定心志　推动高质量发展 攻坚克难，以上示下　推动疾控体系改革

——中国疾病预防控制中心 2023 年工作会讲话提纲

中国疾病预防控制中心主任　沈洪兵

（2023 年 1 月 17 日）

同志们：

大家好！今天，我们召开中国疾病预防控制中心（简称中心）2023 年工作会，要求中心直属单位领导班子成员、中心总部处级干部和中心首席专家现场参会，中心直属单位中层干部和总部各处室内设机构负责人通过视频的方式在分会场参会。希望中心未来的工作会议都能以这种形式组织召开，一方面，希望更多的业务骨干和管理骨干能够通过参会深入了解中心的重要工作进展、机制体制改革方向和未来发展理念；另一方面，希望所有的参会人员都可以准确、快速地将会议精神转达给中心每一名职工，让大家深刻感受到自己作为中心的一分子，既分享着中心取得成就的荣耀与自豪，也肩负着中心高质量发展的职责和使命。

临近 2023 年春节，我们召开此次全中心的工作会议，旨在认真学习贯彻习近平新时代中国特色社会主义思想和党的二十大精神，总结回顾 2022 年的各项疾控工作取得的进展和成就，系统厘清当前疾控事业面临的挑战和发展形势环境，有针对性地部署 2023 年重点工作任务和计划，全力推动中心机制体制改革，引领全国疾控领域改革创新和高质量发展。下面根据会议安排，我代表中心领导班子，从三个方面对中心工作情况进行报告。

一、赓续荣光，坚持履职尽责

2022年是中心历史上具有里程碑意义的一年，也是疾控事业发展史上具有特殊标志性意义的一年。一方面，自2002年组建成立以来，中心不忘初心、砥砺奋进，走过了二十年峥嵘岁月，为保护人民健康、保障公共卫生安全、维护经济社会稳定做出了巨大贡献；另一方面，随着全国疾控体系改革不断推进，2022年7月，中心正式转隶国家疾病预防控制局（简称国家疾控局）管理，同月，任命中心新一届领导班子，翻开了高质量发展的崭新篇章。2022年8月，中心组织召开建设国际一流疾控中心改革发展研讨会，对2022年下半年重点工作进行了全面部署，对同志们关心的中心改革思路、任务和目标进行了战略谋划，全面开启了机构改革新征程。

2022年，令人难忘、催人振奋。在过去的一年中，中心始终秉持公益性和专业性的机构定位，坚持“四位一体”核心职能，统筹兼顾疫情防控和改革发展，全面推进各项重点工作，确保转隶时期平稳过渡。

（一）同心同德，筑牢思想阵地

一是以习近平新时代中国特色社会主义思想为指导，加强理论武装，通过组织召开党委理论学习中心组学习（扩大）会议、学习宣传贯彻党的二十大精神部署动员会等多种形式，深入学习贯彻党的二十大精神，切实把学习成效转化为推动中心高质量发展的强大动力。二是认真贯彻落实国家卫生健康委党组（简称委党组）、国家疾控局党组（简称局党组）针对意识形态工作部署安排的各项任务、“五个一”专项工作，与直属单位、总部处室签订意识形态责任书。三是不断完善“三会一课”制度，扎实开展“学习研讨、查摆问题、改进提高”专项工作，按照“六对照六看六查”要求，组织中心62个在职党支部召开专题组织生活会，推动16个方面问题整改工作落实落地，形成长效机制。四是强化中心各级党组织建设，修订完善“三重一大”制度，组织推荐国家卫生健康委直属机关党的二十大代表候选人人选，中心9个党支部荣获中央和国家机关“四强”党支部称号，进一步彰显基层党支部的战斗堡垒作用。五是坚定不移地落实全面从严治党政治责任，持续推进党风廉政建设和反腐败斗争，坚决整治中心及直属单位在参加培训时违反中央八项规定精神问题，对涉及人员共95人进行相应处理。

（二）慎终如始，全力做好新冠防控

一是做好疫情应急响应工作。2022年，共协调选派专家716人次参与31个省（自治区、直辖市）和香港特别行政区近50起聚集性疫情应对、现场指导与防控督导，完成

28 155 例本土病例和 11 080 例输入病例的全基因组测序分析。二是持续开展全国疫情监测预警和风险评估工作。组建流调溯源、监测预警等多个专班，报送各类疫情预警信息 6 000 余条，完成各类专题报告和疫情分析研判报告 1 500 余份、专项报告 80 余份、防控措施建议 40 余份，为优化防控策略与管控措施提供技术支持。三是开展全球疫情态势监测。首创全国官方全球疫情数据平台，并将其作为公共产品与东南亚国家联盟（简称东盟）共建共享，为防控境外病例输入提供技术支撑和决策参考。四是做好疫苗接种技术支持。持续进行各省疫苗接种进展和接种后不良事件监测分析；开展灭活疫苗免疫持久性研究，加强免疫的免疫原性研究，获得序贯加强免疫原性相对好的结论，用于协助制定和优化疫苗接种方案；基于国内和海外现场，开展真实世界疫苗保护效果研究，获得疫苗的主要作用体现在保护重症等结论，支持防控政策制定。五是组织修订多项疫情防控相关技术方案和指南，推进第九版防控方案、防控优化试点、优化措施“二十条”及“新十条”等政策的制定和实施。

（三）举纲持领，着眼核心发展问题

一是系统梳理中心改革问题，规划中国预防医学科学院（简称预科院）整体方案，提出战略性发展设想，梳理《中国疾控中心改革面临的问题及改革建议》，完成《中国疾控中心改革设想情况汇报》《中国疾控中心　中国预防医学科学院三定规定（草稿）》，明确分工表、排出路线图、落实责任制，主动对接相关中央部委，积极争取政策支持。二是落实科技成果转化，出台成果转化管理办法及工作实施方案初稿，完成与中生集团成果转化工作；通过成果转化经费 2 亿元增发职工科研激励经费，开展优秀人才评审工作，作为推动中心各方面发展的“观测点”和“指挥棒”。三是改革岗位聘任方式，建立中心岗位聘任量化评价体系，平稳开展岗位聘任工作，稳定人才队伍；全面启动干部工作，完成部分干部岗位交流调整。深入开展干部摸底调研，广泛听取干部职工意见，了解并掌握表现突出、能力过硬、群众认可度高的干部人才情况。四是中心二期工程建设已取得初步设计方案和投资概算批复，取得地勘审查意见，完成施工总包招标，完成开辟道口、临时用电、水土保持监测等施工项目和法律服务项目的采购工作。寄生虫病所异地扩建工程可行性研究报告报送国家发展和改革委员会（简称国家发改委）。五是完成中心菌（毒）种保藏中心和动物生物安全三级实验室设备购置及安装工程；依托公共卫生创新计划项目，基本完成机房改造、设备部署等信息系统升级工作。

（四）兢兢业业，推进疾控应急工作

一是卫生应急处置更加科学、高效。组织开展专题风险评估 30 余次，完成青海省、

四川省等地6次自然灾害突发公共卫生事件应对处置，选派专家赴宁夏回族自治区和西藏自治区指导处置鼠疫疫情，指导重庆市处置全国首例猴痘输入病例和一例Ⅲ型免疫缺陷疫苗衍生脊灰病毒（immunodeficiency-associated vaccine-derived poliovirus，iVDPV）病例，圆满完成北京冬（残）奥会、党的二十大等17项重大活动卫生保障任务。制定《猴痘防控技术指南（2022年版）》《人感染禽流感诊断标准修订》等技术文件，完成《国家突发公共卫生事件应急预案》修订稿等，不断加强卫生应急准备和能力建设。二是重点传染病防控能力进一步加强。开展传染病疫情智慧监测预警体系建设，优化、完善国家致病菌识别网、全国媒介生物监测网。推进血吸虫病、棘球蚴病（又称包虫病）等寄生虫病防治进程，巩固全国消除疟疾成果。组织全国"十四五"结核病防治规划实施，推动社会动员、患者关爱及无结核社区三大行动。推动凉山彝族自治州（简称凉山州）艾滋病第二阶段攻坚行动，完善艾滋病疫情传播风险分类标准，印发《全国丙型肝炎哨点监测实施方案》。持续开展手足口病、流感、登革热、炭疽、布鲁氏菌病（简称布病）、狂犬病等重点传染病监测，以及标本检测、鉴定和病原学监测，研判风险并提出防控建议。保持高质量的急性弛缓性麻痹病例监测，加强常规免疫接种和接种后不良事件监测，完成中国慢性病毒性肝炎流行现状研究调查报告，起草《疫苗使用技术指南制定手册》。三是慢性病防治成效显著提升。组织第六次全国慢性病预防控制能力调查，开展首次中国老年人健康素养调查并完成中国老年人健康状况报告。完成2021年中国死因监测数据集，推进全国慢性病综合防控示范区建设并成功申请世界卫生组织（World Health Organization，WHO）慢性病社区综合防控合作中心。发布2021年烟草流行调查结果。开展老年人跌倒干预和儿童伤害预防等项目。四是健康危害因素监测与干预稳步推进。完成中国居民营养与健康状况监测的200个监测点考核和46个监测点的现场监测。环境与健康监测覆盖面继续扩大，环境健康综合监测项目新增内蒙古、广东2个省级点位。编写《全国重点职业病监测与职业健康风险评估报告（2021年）》等，开展全国96家职业卫生实验室的检测能力比对，以及425家职业卫生技术服务机构质量监测。完成全国26 816家医疗机构医用辐射防护情况调查，组织超过600家技术机构参加放射卫生检测能力比对。开展农村饮用水水质卫生监测，全国2 600余个县监测结果报送数量远超预期计划，对25个省（自治区、直辖市）的农村饮水安全工程实施卫生学评价。开展覆盖12个省的"两癌"筛查质控。

（五）谋求突破，加强科技创新和人才培养

一是强化科技创新引领。中心获批10项国家重点研发计划专项，中央财政经费支持共计1.53亿元，获批国家自然科学基金12项，完成32项国家级、省部级科研项目结题验收，获得中华医学科技奖2项，取得6项科技成果鉴定登记。二是完善公共卫生人才培养模式。培养研究生175人，招录研究生298人，增聘研究生导师93人（现任413人）；探索人才

培训新模式，推进分专业方向公共卫生硕士（master of public health，MPH）培养工作，编制公共卫生专业学位博士生（doctor of public health，DrPH）培养方案，牵头组织 10 所“高层次应用型公共卫生人才培养创新项目”院校签订战略合作协议。三是继续加强中心特色教育。获批国家级继续医学教育项目共 74 项，举办 10 个培训班，培训 1 180 余人；招收两年制中国现场流行病学培训项目（Chinese Field Epidemiology Training Program，CFETP）第二十一期学员 24 人、中级现场流行病学培训项目（Field Epidemiology Training Program，FETP）第七期学员 40 人，两年制 CFETP 第十九期学员毕业 21 人。

（六）巩固优势，夯实专业技术支撑平台

一是提高技术保障水平。协调性审查公共卫生领域 10 个专业 62 项标准，就已立项标准评估工作组织 23 项项目验收、19 项立项实施。获批国家卫生健康委员会（简称国家卫生健康委）“国家高等级病原微生物实验室生物安全培训基地”，确立保藏中心在全国病原微生物保藏领域的技术指导地位。保障核心信息系统全年可用率在 99.9% 以上，形成中心信息化建设发展规划、全国“十四五”疾控信息化建设规划建议等。更新、完善疾控科普文字知识库 6 000 余条，完成中国健康科普大赛评选。推动 21 个学科公共卫生与预防医学名词审定。二是着眼疾控体系协调发展。加强新疆维吾尔自治区南疆工作站、四川省凉山州工作站建设，重点突出援疆援藏工作中的科技支持和人才互派，启动乡村振兴健康联合体第二阶段工作。三是积极投身国际合作。实施中国公共卫生发展援助能力建设项目，执行援塞拉利昂固定生物安全实验室第三期技术援助项目，制定《关于推进非洲疾控中心建设十年规划方案（2023—2032）》等；召开中俄蒙哈阿勒泰山鼠疫疫源地联合调查、中日韩传染病防控、中国—东盟“信息化技术支持的暴发调查”等国际多边专题研讨会。

此外，中心还在优化运行机制、推动治理能力现代化方面持续发力，规范中心制度建设，完成三年经济活动管理专项行动，抓实抓牢保密工作，完善经费管理和预算执行，加强采购、资产管理和审计等内部控制工作，创新园区管理模式，提升服务质量和加大安保力度。

回望 2022 年奋斗历程，离不开习近平新时代中国特色社会主义思想的科学指引，离不开党中央、国务院、委党组、局党组的坚强领导，更离不开中心全体干部职工勠力同心、甘于奉献，这些共同推动中心这艘大船行稳致远。在此，我代表中心领导班子，向全体干部职工表示崇高的敬意和衷心的感谢，谢谢你们的付出和奉献！

在肯定成绩的同时，我们还必须看到中心面临着一些改革问题，中心发展的不确定性仍然存在，未来依旧是崎岖来路的延伸。因此，我们既要正视困难，又要坚定信心，准确把握过去一年中心取得的成绩和做好各项工作的规律性认识，深刻理解当前疾控工作的形势环境，清醒认识明年中心工作的总体要求、目标任务和重要部署，切实把思想和行动统

一到中心高质量发展大局上来，继续以高标准要求和高水平工作促进中心深层次改革、推动中心高质量发展。

二、勇毅前行，主动应对挑战

（一）保持战略定力，及时有效调重点

过去3年，以习近平同志为核心的党中央始终坚持“人民至上、生命至上”，统筹疫情防控和经济社会发展，最大限度地保护了14亿多人民的生命安全和身体健康，最大限度地降低了疫情对经济社会和民生事业的影响。上个月刚刚结束的中央经济工作会议强调，坚持系统观念、守正创新，提出了“六个更好统筹”，要求新阶段解决好新问题。面对目前奥密克戎病毒的致病性明显下降、疫苗和药物更加有效、应急处置能力和救治能力得到提升、国内外疫情形势和防控策略发生变化的情况，党和政府基于对病毒变异和传播规律的把握，以求真务实的科学态度因时因势优化完善防控政策，也对中心防控工作提出了新任务新要求。

中心要充分认识到防控工作重心转变和防控措施优化完善的重要性和必要性，坚决贯彻中央关于“疫情要防住、经济要稳住、发展要安全”的重要决策部署，按照《关于对新型冠状病毒感染实施“乙类乙管”的总体方案》中强化疫情监测与应对的工作要求，迅速把中心工作重点调整到加强监测预警、完善应急处置上来，进一步提升防重症、保健康的能力，确保实现“压峰”转段、顺利度过防控措施优化完善的“阵痛期”，为最终战胜疫情创造条件。

（二）顺应时代发展，不辱使命善作为

新冠病毒感染流行暴露了世界各国卫生系统的弱点，也为改善公共卫生系统、强化公共卫生职能、提升突发事件防范和应对能力提供了新的动力。世界各国纷纷改革完善体制机制，着力建设强大的公共卫生体系。我国在推进健康中国建设过程中，坚持把保障人民健康放在优先发展的战略位置，完善人民健康促进政策，在重大传染病疫情防控救治和卫生应急、重大慢性病健康管理等方面持续发力，不断创新医防协同、医防融合机制，为我国疾控事业和中心各项工作的新发展提供了巨大机遇。同时，我国仍面临多重疾病威胁并存、多种健康影响因素交织的复杂局面，慢性病的发病率上升且呈年轻化趋势，环境卫生、职业健康等问题仍较突出，这些都需要中心主动担当作为、攻坚克难，将中心建设成为一个强有力的国家级疾控机构，这也是国际上有效应对公共卫生领域威胁的社会共识。

中心要在实际工作的复杂形势和繁重任务中，坚持用系统观念统筹考虑中心中长期发

展的需求，推动各项业务工作全面均衡发展，做好各类传染病和突发公共卫生事件应对工作，巩固各项慢性病防控工作成效，有针对性地加强健康危害因素科学干预，重点把握科技和教育的前瞻性战略布局，强调科技成果转化全链条工作和大数据、人工智能等新型信息技术全方面运用，以“大健康”“全健康”理念加快将健康融入所有政策，从全局视角和长远眼光排出任务优先级，在多项目标中寻求动态平衡，努力在危机中育先机、于变局中开新局。

（三）明确问题导向，强基固本抓落实

2023 年是全面贯彻落实党的二十大精神的开局之年，是实施“十四五”发展规划承上启下的关键之年，是疫情防控政策优化调整后的奋进之年。中心要想实现高质量发展、可持续发展，当前面临的多个问题需要引起大家的高度重视。中心现有制度体系还不够完善，业务处室工作交叉重叠、部分职能处室服务意识不强，对上对下工作衔接关系不畅，与中心发展需求的矛盾日益突出。中心作为全国疾控体系的龙头单位，核心职能方面在全国疾控体系中引领作用的发挥有待提高。中心干部岗位空缺较多，年轻干部所占比例偏小，人才引进长期困难，个别干部还存在规矩意识不到位等情况。

“犯其至难而图其至远。”面对当前内外部环境多种风险交织、新老问题多重困难叠加、改革发展多条战线作战的挑战，中心要坚持事危则志锐、道阻须自强的坚定信念，观大势、谋大事，“向最难之处攻坚，追求最远大的目标”，着力在短期波动中把握长期趋势，在风险挑战中捕捉发展机遇，在复杂局面中赢得工作主动，做到重大部署衔接、重要举措加力、重点项目建设提速，为中心高质量发展积蓄强力后劲。

三、稳中求进，奋力提质加速

路虽远，行则将至；事虽难，做则必成。我们要认真落实推进全国疾控体系改革的决策部署，以中国式现代化引领中心改革发展，加强疾控治理体系和治理能力建设，要坚持以下原则。一是要坚持高质量发展政策取向。把发展的立足点转到发展质量、发展效率上来，充分发挥政策效能，加强向上对接和争取，确保现有政策落地见效，迈出中心高质量发展的坚实步伐。二是要坚持稳中求进工作总基调。坚持实事求是、尊重规律，稳扎稳打、有力有序地推进各项工作，在稳的前提下积极进取、奋发有为。三是要坚持系统谋划统筹协调。加强对中心发展的前瞻性思考、全局性谋划、战略性布局和整体性推进，深化部门协作、注重工作协同，在多重目标中做到科学平衡，在多重约束中实现有效突破。四是要坚持改革创新驱动发展。把自我革新作为破解发展困境的重要方式，把创新摆在实现提质加速的突出位置，加快建设高水平创新体系，着力搭建高标准创新平台。五是要坚持

防风险、保安全、守底线。强化忧患意识、树牢底线思维，增强风险化解的精准性、有效性，深入学习宣传贯彻落实党的二十大精神，为中心发展筑牢思想政治基础。六是要坚持转作风、提效率、促发展。推动职能处室转化工作思路、提升服务意识，立足本职岗位，砥砺作风提效率、凝聚力量促发展，为中心改革发展提供良好保障。

2023 年，中心必须更好地统筹各方面重大关系，纲举目张做好工作，重点抓好十个方面的重点任务。

（一）党建业务同频共振促发展

中心上下要更加紧密地团结在以习近平同志为核心的党中央周围，将学习宣传贯彻党的二十大精神作为首要政治任务，坚持把党建和业务工作同部署、同落实、同考核，坚持和捍卫“两个确立”，增强“四个意识”、坚定“四个自信”、做到“两个维护”，永葆“闯”的精神、“创”的劲头、“干”的作风，继续全面推进党的建设。认真学习贯彻落实党中央、委党组、局党组关于意识形态工作的有关要求，进一步夯实党建工作责任制，持续深化党的创新思想理论武装，把中心全面从严治党、党风廉政建设和反腐败工作向纵深推进，加强工会工作，选举产生新一届工会委员会，以高质量党建引领业务工作高质量发展。

（二）制度先行夯实根基管长远

一是中心要站在新起点上，把构建完善制度体系、增强制度执行力作为加强自身建设的重要内容，启动中心“制度建设年”工作，着力解决权责不清、不适应新形势、程序不顺畅、执行不到位、办事效率低等问题，尽快摸清中心现行规章制度的底数情况，及时清理与中心发展需求不相适应的规章制度和管理办法，扎实做好立改废释和分类造册等工作。二是建章立制，解决职能处室人员不足问题。提高中心行政管理效率，推动中心行政资源一体化和管理规范化，建立直属单位职能部门工作人员到中心总部锻炼制度，定期轮换 1 ～ 2 名人员借调到中心对应职能处室协助开展工作并学习相应规章制度，总部职能处室开展专项工作可以抽调直属单位相应人员集中工作。三是继续完善中心借调人员审批流程和管理制度，为借调人员提供相应保障，将直属单位管理岗位人员在上级单位和中心总部的借调表现作为后续岗位聘任和干部选任的重要依据。

（三）提速改革双线并进增后劲

一是确保中心职能调整平稳过渡。制定出台《中国疾病预防控制中心（中国预防医学科学院）三定方案》，对应国家疾控局全部司业务工作，进一步强化中心“四位一体”核心职能，在管理体制、运行机制、核心能力建设方面提出新思路、探索新方法，加强中心对地方疾控机构业务领导，建立中心与医疗机构协调联动机制。二是加速推进预科院各项部署落地。推动预科院享受科研机构政策，重点补齐科研、教育方面的短板弱项，构建科研开发、转化、推广和应用全链条管理模式，以研促用、以用引研，实现中心与预科院相互支撑、双强双赢。三是制定好中长期发展规划。中心要立足当前、放眼长远，在国家战略层面统筹和谋划中心和预科院发展，更好地将中心发展融入国家发展战略，在中心科技、人事、财务等政策上，要及时跟进完善，提供更好的环境保障，汇聚高质量发展合力。

（四）着力改善基础设施稳运行

一是继续推进中心北区基础建设工程。完善中心基建专班工作机制，坚持把二期工程作为中心一把手工程持续推进，跟进北京市属地相关部门落实二期工程大市政配套投资，力争 2023 年上半年开工建设，并做好已开工楼体的基础至正负零实施工作。二是持续推进寄生虫病所异地扩建工程项目。积极与国家疾控局、国家发改委相关司局沟通协调，争取异地扩建工程项目可行性研究报告尽快获国家发改委审批同意。三是推动 ABSL–3 实验室的科技部建设审查审批工作，开展模式 ABSL–3 实验室的施工（一期）改造相关工作，继续开展“动物生物安全三级模式实验室改造项目”（二期）预算申请及执行相关工作。四是推进中心昌平园区自有土地规划建设保障性租赁住房。根据加快发展保障性租赁住房政策意见，积极对接北京市人民政府和北京市昌平区人民政府用地规划，变更中心昌平园区部分自有土地的土地类型，用于建设公租房或保障性租赁住房，满足中心职工居住需求。

（五）围绕监测预警、卫生应急强职能

中央疾控体系改革文件明确指出，传染病防控和应急处置将成为各级疾控机构的核心职能。一是中心要围绕这一核心职能，完善各类传染病和突发公共卫生事件监测预警体系，保证国家级疾控信息系统稳定运行，加强实验室检验检测能力建设；提高中心应急处置能力，改进集中统一高效的应急智慧决策体系，完善分级应急响应机制和应急预案体系，有效遏制重大传染性疾病传播。二是中心通过医防融合、医防协同，加强与医疗机构和基层哨点的合作，建立智慧化预警多点触发机制，实现国家、省、市、县（区）四级监测信息同步实时共享和动态更新，加强监测工作的敏感性、准确性，提高重大疫情早发现能力。三是提升针对新发突发传染病的流行病学调查和风险评估能力，建立国家疾控专家委员会，综合应用多种流行病学调查方法，采用现代化信息技术进行风险捕捉和研判分析，为政府决策提供科学支撑。四是继续抓好新冠病毒感染各项防控工作，结合新冠病毒

感染防控措施优化的工作要求，做好风险评估和预警，做好疫苗接种监测和效果跟踪评价，提高疫苗加强免疫接种覆盖率，特别是老年人群覆盖率，指导重点机构、人群和地区做好防控工作，开展重点人群健康调查，实施分级分类的健康服务，加强信息发布和健康教育科普。

（六）有序推进业务工作求实效

一是加强重大重点传染病防控。围绕国家疾控重点任务，加强对疾控策略与措施的研究，持续做好手足口病、流感、登革热、炭疽、布病、狂犬病等重点传染病常规监测报告分析、预警与重点疾病风险评估，推进血吸虫病、包虫病等重点寄生虫病“十四五”规划实施，大力推进高质量艾滋病和丙肝综合防治，组织推进《全国结核病防治中长期规划2023—2030》实施。二是促进慢性病综合防控和干预。做好2023年中国居民慢性病及危险因素监测横断面调查和随访工作，提升慢性病防控和伤害监测数据的整合利用；完成第六批国家慢性病综合防控示范区建设，针对肿瘤、心脑血管疾病、糖尿病、呼吸系统疾病等重点慢性病，开展多病共治共防技术探索；完成中国老年人健康素养调查和中国居民肌肉骨骼疾病调查；完成中国控烟数据管理平台升级改造，持续做好烟草流行监测。三是做好健康危害因素监测与评估。开展营养健康监测评估和营养改善工作，落实国民营养计划和合理膳食行动，重视妇幼、学生等重点人群健康；加强学校卫生工作，继续提高职业卫生、放射卫生监测工作质量；稳步推进环境与健康监测和专项调查，开拓农村饮水与健康新工作领域，更加有针对性地开展爱国卫生运动。四是发挥公共卫生技术支撑作用。加强政策前瞻性研究，推动健康融入所有政策，促进“同一健康”（One Health）理念在疾控领域的发展；健全完善公共卫生法律法规政策和标准体系，加强公共卫生监督技术支撑能力；丰富健康教育及促进活动形式和内容，提高中心网站和公众号服务质量，强化中心新闻舆论宣传阵地建设；主动应用大数据、人工智能、云计算等信息技术为新时代疾控信息化建设和应用提供技术支撑。

（七）高度重视科研教育蓄势能

一是重视科研立项量化要求。组建跨学科、跨领域科研团队，鼓励与高校科研院所合作申报，重视重点攻关、联合攻关、持续攻关，明确2023年中心国家级、省部级等各级科研项目立项数量增长的合理预期，结合中心业务部门和直属单位情况分解到位，持续提升科研服务质量和精细化管理水平，加速推进全国重点实验室重组，助力中心科研实力再上新台阶。二是释放青年职工的科研潜力。各级科研项目申报需配备合理的青年职工比例，支持中心青年科研人才获得专项资助支持，保证青年科研人员开展科研工作的时间和精力，为中心和疾控事业发展培养人才、储备力量，探索行政负责人和项目负责人并行管理模式。三是完善科技成果转化体系。设立科技成果转化部门，结合中心实际，出台并落实中心科技成果转化管理办法，逐步实现中心科技成果转化体系制度化、规范化，发挥好中心总部在科技成果转化工作中的组织作用，统筹直属单位科技成果转化工作，扩大科技成果转化规模，确保科技成果转化最大限度地惠及中心全体干部职工。四是拓展教育教学工作内涵。加强中心与院校机构之间、地方疾控机构之间的协同育人和资源共享，重点推进双向培养、人员互聘、平台共建等方面的务实合作，发挥中心应用实践资源优势，构建多领域合作平台，创建公共卫生人才培养示范基地；围绕 MPH 培养方案、DrPH 培养方案等制修订各类研究生培养方案，科学优化招生录取方式，加强导师队伍培养培训，提升优质生源吸引力。五是提高培训硬实力和影响力。在教育培训方面，充分体现预防医学等学科发展方向，进一步推广借鉴 CFETP 高层次实用型人才培养模式，制订和实施专项协作培养计划，定向打造一批公共卫生领军人才和骨干人才。

（八）立足国内面向国际扛重担

一是作为全国疾控系统的“国家队”“领头雁”，中心要提高站位，着眼全国疾控一盘棋，以自身改革带动全国疾控体系现代化建设，引领全国各级疾控机构的改革发展。完善疾控工作网络，加强对直属单位、挂靠单位、省级疾控中心的协调管理；稳中有升，扩展预科院的专业领域范围，夯实中心业务领导地位。二是搭建战略合作平台，指定专门部门负责中心对外战略合作，设立发展基金会，加强与其他单位之间的人才互派、项目交流、资源共享，提升行业影响力和话语权。三是根据对标建设国际一流疾控中心的工作目标，依托现有区域合作机制，继续加强网络、多边和区域性合作机制下的交流活动，提高中心在区域性公共卫生合作中的参与度；加强与世界卫生组织等国际组织和非政府组织在重点领域的新项目开发，推进伤害等新的世界卫生组织合作中心申请进程，努力提升中心在全球性公共卫生问题上的参与度和话语权。四是加大卫生援外工作力度，继续实施中国公共卫生发展援助能力建设项目、塞拉利昂技术援助项目、中非新发再发传染病防控合作项目等，升级全球疫情数据分析和风险评估平台，覆盖其他新发再发传染病，建立高水平国际公共卫生技术平台，贯彻人类卫生健康共同体理念。

（九）创新人才队伍建设鼓实劲

一是内部挖潜补充干部力量。坚持把政治标准放在首位，按照群众公认和注重实绩的原则，科学透明、严格规范地开展干部选拔任用工作，构建合理的干部队伍结构，用“关键少数”管好、带好“绝大多数”。二是优化专业技术岗位结构比例和人才评价模式。遵循服务发展、优化结构、合理配置的原则，申请调整专业技术人员比例、提高高级岗位比例，缓解岗位聘任压力，稳定中心人才队伍；探索分领域规划职工职业发展路径，分级分类开展评价，建立与成果转化挂钩的职称评定机制，将职工的个人发展和中心的事业发展紧密结合起来。三是提高绩效工资水平，多渠道提高待遇。向人社部、财政部继续争取提高财政保障的绩效工资整体水平；积极落实科研激励和科技成果转化收益分配，激发机构活力；完善人才培育和引进模式，完善首席专家制度，提高疾控专家津贴标准，设立高层次人才专项并给予财政经费保障。四是积极申请京外调干指标，做好人才引进规划。综合考虑中心事业发展和重点学科建设的迫切需要，积极向国家疾控局人事司申请京外调干指标，做好从京外引进急需、紧缺高层次专业技术人才和管理人才总体规划，实现广纳群贤，为中心更好地发挥国家队作用、持续健康发展提供坚强的组织保障。

（十）强化内控规范管理树导向

一是强化中心总部处室服务理念。总部处室要提高站位、聚焦主责主业、服务中心大局，职能处室要将精力放在保发展、创环境、促改革、理机制上来，全面提高服务意识，为重点业务工作的顺利开展保驾护航。二是规范内部运转程序。各部门要把好公文拟写关、审核关、出口关，充分发挥公文应有效力，增强干部职工的责任感。办公室在做好审核工作的同时，也要对公文情况进行评估通报，提高运转质量和效率。三是牢固树立规矩意识。中心直属单位、总部处室负责人要严肃工作纪律，把处室工作与中心发展结合起来，把精力放到服务中心、服务专家上来；坚持权责明晰，牢记授权有限、守土有责，该请示报告的必须请示报告，该负责担当的必须负责担当；请示报告应当逐级进行，以中心名义报出的文件材料必须交中心领导审批同意后方可报出；直属单位和总部处室的重大事项在决策前，要及时向中心领导请示汇报，重要事项要采用请示或者报告的形式向分管领导汇报，不得采用抄送形式。四是提升工作效率。中心相关职能处室要认真分析目前工作流程，找出关键环节，清理冗余步骤，精简审批程序，让大家把更多精力放在改革发展上来，体现中心作为专业技术机构的特点。五是重视计划考核落实。直属单位和总部处室于2023年2月中旬前制订完成本单位年度计划和工作考核指标，将本次会议提出的工作任务列入中心年度重点任务，报办公室备案，协调分工推进，按月通报进展，年底按计划和指标进行考核；中心也会定期召开中层干部例会，学习最新精神，通报中心重要事项和工作进展，统一思想、凝聚共识、交流经验，提升中心的凝聚力和向心力。

除了以上重点工作安排外，也给大家留了作业，希望大家在春节期间多思考，唯实惟先、善作善成，提出宝贵意见和建议，不断完善中心2023年的重点任务，在下次干部例会上充分讨论，提出问题，给出解决方案。

党的二十大报告指出，从现在起，中国共产党的中心任务就是团结带领全国各族人民全面建成社会主义现代化强国、实现第二个百年奋斗目标，以中国式现代化全面推进中华民族伟大复兴。在这个百年未有之大变局的十字路口，我们见证了历史，也亲历着历史，更将创造历史。习近平总书记在新年贺词中提到，“奋斗创造奇迹”“力量源于团结”。在此，我代表中心领导班子，再次对全体干部职工过去的辛勤付出和无私奉献表示最衷心的感谢和最诚挚的敬意，希望大家在接下来的工作中能够继续一往无前、顽强拼搏，切实增强责任感和紧迫感，脚踏实地抓紧抓实各项工作，为推动中心高质量发展、疾控体系跨越发展、健康中国建设和中国式现代化做出新的更大贡献！

新时期我国疾控体系高质量发展的思考

——2023年全国疾控中心主任工作会议讲话提纲

国家疾控局副局长、中国疾控中心主任　沈洪兵

（2023年3月23日）

各位领导、同志们：

大家上午好。今天我们隆重召开2023年全国疾控中心主任工作会议，刚才贺胜讲了，这是三年以来我们首次召开线下疾控中心的主任会，是平稳进入常态化防控阶段以后的一个大会。首先，我代表中国疾控中心，对于在座的合作单位的领导、各个司局的领导、挂靠单位的领导，以及长期支持我们的一些单位的领导表示衷心的感谢。我想这三年大家都非常不容易，刚才贺胜局长已经做了总结，我在这里就不再重复了，他也提出了很高的要求和希望，针对疾控体系在新的形势下如何把高质量发展这盘棋下好提了很多要求，我们要深入学习领会，结合当前工作实际抓好贯彻落实。

刚才我们见证了中国疾控中心与17所高校、科研院所和企业的签约仪式，拓展了合作领域。疾控系统要解放思想、开拓创新、团结协作，为新时期疾控体系发展谋好篇、布好局。

今天的主要任务是以习近平新时代中国特色社会主义思想为指引，认真学习贯彻党的二十大精神，在新时期新阶段继续凝心聚力，改革创新，共同踏上疾控体系高质量发展的新征程。今天，我想结合中央疾控体系改革文件精神和党的二十大精神，就疾控体系高质量发展谈一下我的学习体会。我将从以下4个方面做汇报。

一、二十万疾控人同心勠力，走过三年抗疫

简单地回顾一下，实际上，大家对于这段经历还历历在目。事非经过不知难，三年多来，我国的抗疫历程极不平凡，我们疾控人也体会到非常不容易。

三年来，病毒特征认识不断清晰。从率先完成新冠病毒全基因组测序到获得首个新冠病毒分离株，我们对病毒的变异过程认识不断清晰，包括阿尔法、德尔塔、奥密克戎以及不同的新变异株。同时，我们对病毒传播的特征认识也越来越明晰，如病毒的潜伏期、传播力、致病力，对每一个病毒株都要进行研究和分析。

三年来，处突应急更加及时有效。这三年疾控体系经受住考验，疾控队伍也得到了

锻炼。第一时间研发成功高特异性和高灵敏度的核酸检测技术，撰写实验室检测技术的指南，并将其纳入新冠防控方案，首创新冠抗疫“六大”生物安全标准，提供“四大”关键技术支撑，证实新冠病毒经过冷链和快速物流传播的新模式，采用基因测序的方法，迅速完成了 70 余起暴发疫情的分子溯源，证明我们的突发事件应急能力更加及时有效。

三年来，疫苗研发瓶颈接连突破。自主选育多株新冠疫苗的种子株，实现生物安全实验室转化疫苗生产平台，分离多株新冠病毒变异，共享建立标准化的疫苗免疫效果评价体系，监测疑似预防接种异常反应。通过世界卫生组织国家疫苗监管体系的评估，评估国产新冠病毒疫苗保护效果。

三年来，监测预警体系不断完善。监测从一开始的武汉市、湖北省拓展到覆盖全国各地。从最初的观察病例、确诊病例和聚集性病例监测，逐步增加疑似病例、无症状感染者和密切接触者监测，到扩展人、物、环境的多渠道监测，再到补充病原、药品、抗原监测。2022 年 12 月中旬疫情防控政策调整之后，监测体系经受了考验，网络直报系统短时间内无法继续运行，所以临时启动了多元的应急监测体系，建立了包括发热门诊、住院病例、重症病例监测，病毒变异监测，哨点医院监测，城市污水监测等在内的多渠道监测系统，且绝大部分在疾控体系中，所以直到现在，我们还保留了六大监测系统，继续做好疾病监测工作。

三年来，支撑防控措施科学精准。从突发疫情应急围堵到常态化的疫情防控探索，再到全方位的综合防控。“边防控、边研究、边总结、边调整，走小步、不停步”，实事求是地优化调整防控策略措施，先后制定了十版新冠防控方案，这些也都是我们大家的亲身经历。

大战大考炼真金。当前全国疫情总体向好，平稳进入常态化防控阶段，但是疫情还没有结束，病毒还在变异，包括昨天还有奥密克戎新的变异株出现。我们要以时时放心不下的责任感，深入总结三年多来，特别是最近一段时间的经验做法，坚决巩固来之不易的疫情防控成果。经验做法主要有以下几点：

一是强有力的组织领导是根本保证。包括党中央的高度重视、联防联控机制的落实、常态化精准防控与局部应急处置的有机结合，以及“外防输入、内防反弹”的总策略等，都是强有力的组织保证。二是构建高效严密、全民参与的防控体系。全社会形成全民参与、群防群控的局面，汇聚全社会抗击疫情的强大合力。三是始终坚持向科学要答案、要方法。人类战胜大灾大疫离不开科学发展和技术创新，综合各学科的力量集中攻关，坚持科学性，保证安全性，加快疫苗、快速检测试剂和药物研发，同时，积极利用大数据、云计算、人工智能等信息技术进行疫情防控。四是积极主动分享科研成果和实践经验。疾控系统始终秉持人类命运共同体的理念，积极分享抗疫成果和实践经验，第一时间与世界卫生组织分享病毒基因测序结果。同时，联合科研攻关，全力开展卫生援外工作，共同推进疫情防控国际交流合作，承担维护全球公共卫生安全的责任。

在现阶段，我们要按照党中央、国务院的决策部署，把各项疫情防控工作做好。同时，在做好疫情防控工作的基础上，坚持做好其他各项业务工作，有效防范化解重大公共卫生风险，夯实守护人民生命安全和身体健康的疾控防线。

二、国内外疾控体系改革进展

（一）国内各地疾控体系改革进展

国家疾控体系改革文件发布以后，各省市都已经行动起来，严格按照国家整体部署推进改革完善疾控体系，也有很多好的经验做法。国际上疾控领域改革有很多相通之处，同样值得我们借鉴学习。总的来说，国家改革发展总体思路逐渐清晰，习近平总书记高度重视，国家疾控局党组也多次召开会议进行研究。对于各地疾控体系改革进展，从以下几个方面简单介绍：

一是整体谋划。各省已将疾控体系改革纳入“十四五”国民经济和社会发展规划、“十四五”卫生健康事业发展规划，我在这里点的各省主要是依靠去年中心二十周年之际收集的改革成就与经验，如湖北、山东、山西等省配套高规格协调机制推动改革，由省委书记、重大疾病领导小组的组长负责推动疾控体系改革工作。

二是系统重塑。北京、天津、福建等省（市）积极筹备设立省级疾控局，已经在国家疾控局报批了当地疾控局的局长，浙江、海南等实行疾控中心主要负责人兼任同级卫生健康部门班子成员，北京、安徽、江西、云南等省（市）推进“大疾控”整合。同时，19 个省级疾控中心和计划单列市疾控中心加挂预科院（公共卫生研究院）牌子。全面落实医疗机构疾控职责，有效筑牢基层疾控工作网底。

三是创新完善工作机制。在联防联控机制方面，明确“四方责任”。在创新医防协同方面，构建县域公共卫生工作机制，如浙江省；融入县域医共体，设立医防融合办公室，如福建省三明市；探索疾控机构领导兼任公立医疗机构领导机制，如甘肃省；建立公共卫生医学 / 临床中心，这里既有以前的，也有新建的，如黑龙江省、广东省、四川省等。在创新防教研协同方面，疾控中心与高校科研院所合作打造公共卫生创新高地和应用研究平台，如内蒙古自治区、辽宁省、江西省等；上海市、重庆市等启动或增设公共卫生科技创新专项支持科研项目联合攻关；在探索疾控执法机制方面，整合市综合监督所的相关疾控执法职责，成立疾控执法大队，如天津市。

四是加强人才队伍建设。出台加强公共卫生人才队伍建设的指导意见和制订人才梯队培养计划，如上海市、湖北省、广东省、浙江省、重庆市、吉林省、河南省等。18 个省重新核定各级疾控中心编制，原则上，均增加编制。北京市、湖北省、山东省、青岛市等明确提高高级岗位比例，其中，青岛市疾控中心高级职称岗位比例由20%持续提至35%、45%、48%。积极探索首席专家特设岗位和高层次人才灵活管理的机制，如江苏省、吉林省、山东省、福建省等。启动实施高层次人才引进计划，包括北京市、上海市、广东省等，深圳市也专门出台了相关的人才引进计划。完善薪酬激励机制，绩效工资有较大幅度的提升，如山东省、厦门市、上海市等。

五是加大支撑保障力度。19个省启动实施疾控中心迁建扩建项目或综合能力提升工程。6个省启动疾控机构标准化建设和等级疾控机构创建。

以上是国内从5个方面开展的疾控体系改革工作。我再次强调，这是不完全统计，很多地方做了很好的工作，但是这里没有点到，下一步由中国疾控中心政策规划研究室牵头负责，各省提供稿源，交流机构改革经验做法，每两个月出一期疾控体系改革简报，发至各地的政府以及相关的疾控机构。

（二）国际疾控机构改革举措介绍

对于国际疾控机构改革举措，在政府机构的设置方面，如韩国于2020年6月将疾病管理本部升格为疾病管理厅，英国于2021年3月成立新的英国卫生安全局。在专业机构的设置方面，如日本于2022年6月宣布将成立“内阁感染症危机管理厅”并由首相直接管辖，它实际上就是日本版的美国疾控中心。在政府投入方面，如美国政府从美国救援计划中投资74亿美元，用于加强公共卫生人力建设和能力储备，所以美国投入的力度是非常大的。在信息化建设方面，如美国疾控中心提出《数据现代化倡议》，用于加强数据科学和创新应用，德国罗伯特·科赫研究所实施《RKI–2025规划》，加强健康数据实时分析。在监测预警方面，如美国疾控中心新成立预测和疫情分析中心，德国投入2亿欧元联合世界卫生组织设立大流行病和传染病情报中心，韩国部署综合监测系统和接触者追踪系统。在全球卫生方面，如美国疾控中心分别于2020年、2021年成立南美、东南亚办事处，并在日本、菲律宾等开设新的办事机构。以上简单地对国际疾控机构改革做了一个介绍。

三、我国疾控事业改革发展面临的形势和挑战

疾控工作是我国公共卫生工作的重要组成部分，疾控体系是贯彻落实“预防为主”的主力军，疾控事业是全面深入实施健康中国战略的关键一环。我国疾控事业70多年来取得了一系列举世瞩目的成就，在历次重大传染病疫情和突发公共卫生事件应对中发挥了不可替代的作用，为国家卫生健康事业发展、人民健康水平提高做出了重要贡献。但是疾控事业发展的内在规律不是一成不变的，我国疾控事业改革发展还稍显滞后，发展不平衡不

充分的问题仍然比较突出，特别是在当前错综复杂的国际国内形势下，面临着越来越大的挑战和压力。

一是多重疾病威胁并存、多种健康影响因素交织。通过三年的新冠疫情，我们深刻体会到新发突发传染病的风险持续存在，我们一定要紧绷这根弦，不能好了伤疤忘了疼；一些已得到控制和消除的传染病面临着再流行的风险，同时，慢性病的发病率呈上升趋势，如老龄化等公共卫生问题同时显现，各类健康危险因素问题仍然比较突出。

二是科技创新在推动疾控发展中的作用有待加强。疾控改革20年，我们开展了很多科学研究工作，但我们要认识到科学研究有弱化的趋势，这也是为什么国家疾控体系改革中特别提到了科技支撑的作用。在新一轮科技革命背景下，公共卫生领域多学科协同工作的情况将更加常见，而国家和省级疾控机构的科研属性目前还不够明确、投入不足，科技创新信息手段日益成为影响公共卫生领域的重要力量。

三是内外环境严峻复杂。新发突发传染病既属于传统安全问题的范畴，又是重要的非传统安全问题，境外生物威胁和内部生物风险并存，生物安全风险呈现许多新的特点，公共卫生越发关系到国家安全与发展，关系到经济社会稳定大局。传染病的重要性之所以这么突出，是因为它关系到经济社会稳定发展，关系到国际政治格局，关系到公共卫生安全。

四是改革发展稳定任务艰巨繁重。长期以来，疾控事业发展不平衡不充分的问题仍然突出，以往的体制机制难以适应现代化疾控体系建设的要求，人才流失、能力滑坡、机制不活、动力不足等重点方面、关键环节的问题亟须新的突破。我在这次政协会议上接受了几家媒体的采访，说明改革任务、引起大家重视，特别讲了人才和机制的问题，对于这个方面，我们还是要花大力气呼吁，把改革任务落实到位。

当前世界百年未有之大变局加速演进，我国发展仍然处于重要战略机遇期，我们要保持战略定力，坚定决心信心，持续以高度的责任感和历史使命感，把握机遇挑战，明确新时期疾控体系高质量发展的思路和举措，调动一切可以调动的积极因素，团结一切可以团结的力量，全力做好疾控体系改革发展，锲而不舍地实现高质量发展的目标。

四、全国疾控体系改革展望

新时期踏上新征程，如何更好地推动疾控体系高质量发展是全国20多万名疾控人最关心的问题。首先我们要提高认识，坚定信心，大家都知道存在这样那样的困难，所以在这里我提5个深刻认识：我们必须深刻认识到坚持党的全面领导是推动疾控体系高质量发展坚强的政治引领，必须深刻认识到人民身体健康、生命安全是推动疾控体系高质量发展的最终目的，必须深刻认识到加快构建新发展格局是推动疾控体系高质量发展的战略基点，必须深刻认识到推进疾控体系现代化是实现疾控体系高质量发展的必然要求，必须深刻认识到高水平科技创新是推动疾控体系高质量发展的驱动力量。刚才贺胜局长的讲话也提到了新发展格局和疾控体系现代化，我们更要提高认识和坚定信心。

下面我从 6 个方面简要报告疾控体系下一步发展思路。

（一）加强党对疾控事业的集中统一领导

坚持和加强党的全面领导，从思想上、行动上同党中央保持高度一致，统筹发展与安全，防范全局性公共卫生风险，大力推动疾控行业思想解放和观念更新，不能总是抱怨，而要开拓创新，利用好各种力量，为推动疾控事业高质量发展形成合力。

（二）坚持政府主导下的“大疾控”发展理念

疾控是公共卫生的一部分，主要是由政府提供，不仅仅是疾控中心的工作。一是整体谋划高质量发展的总体思路。我们要认真学习中央疾控体系改革文件，很多改革文件是原则性的，指导下一步如何推动改革，如系统重塑、预防为主、科学防控、协同高效。其中，系统重塑是指机构改革，预防为主是要求我们做好监测预警、及时采取措施，科学防控是要求我们依托科技支撑疾控发展，协同高效是指采用何种机制协同并推动高质量发展。上面我在整体谋划中提到了系统重塑、深化体制机制改革、全面加强能力建设、营造高质量发展的良好环境。二是推进疾控机构职能优化流程再造。坚持优化协同高效原则，优化完善疾控机构的职能设置，建立上下联动的分工协作机制，明确各级疾控机构的职责定位、履职要求，强化上级疾控机构对下级疾控机构的业务领导和工作协同，建设在疾控局统一业务领导下，各司其职、协作顺畅、运转高效的疾控体系。目前，下级疾控局的局长任命需报批国家疾控局，上级疾控中心对下级疾控机构以往是业务指导关系，现在文件明确规定是业务领导关系。在当前背景下，上下级的疾控机构如何实现上下联动、团结协作、形成网络是非常重要的。三是跳出“就疾控论疾控”的圈子。疾控工作的目的是人民健康，不是单一的疾病或者某一个公共卫生事件，不能局限在一个因素、一种疾病上面，总体目标是人民健康。所以要强调预防为主的方针；强调政府主导、公益性主导，调动全社会和社会中每个个体的积极性；强调高质量综合防控，主动干预和健康管理，全周期保障人民群众健康。

（三）深化体制机制改革，加快构建新发展格局

体制机制改革是一块“硬骨头”。一是围绕核心职能，健全统一高效的组织管理体制，形成紧密协作、合理分工、各有侧重的网络体系。中国疾控中心要发挥龙头引领作用，发挥技术指导、能力储备和决策支撑的作用，加强公共卫生大数据、科学研究、教育培训、

全球公共卫生治理等方面的工作；对于省级疾控中心来说，要发挥辖区内的牵头作用，强化核心能力建设，特别是边境省份要做好境外输入传染病的防控工作；对于市县级疾控中心来说，要加强医防协同、落在基层，加强同级卫生监督机构协同联动，这里用的是协同，原来是整合，但是目前中央机构编制委员会办公室（简称中央编办）对整合还没有明确的指导意见，下一步市县级卫生监督机构怎么整合是我们需要思考的问题，也鼓励各地可以多提出一些经验做法，说明分开有什么优势、整合有什么优势。另外，还要加强基层网点，完善与城乡社区重点场所的联动，落实疾控工作的网格化管理。二是创新医防协同、医防融合机制。要明确职责分工，明确医疗机构疾病防控的职责，提高履职能力，发挥哨点作用。疾控中心要成为医防协同的重要载体，协同开展工作。中央文件明确提到，要实现人员通、信息通和资源通，我们要积极探索研究如何实现这“三通”，如设立公共卫生科和落实相应职责，探索建立疾控监督员试点，明确疾控监督员是派出还是内部培训产生，完善具备平急转换能力的医防协同网络。在培训合作方面，有针对性地开展交叉培训，强化科研、业务和技术合作。三是形成疾控体系建设的长效投入机制。坚持政府财政投入的主导地位和分级负担的原则，提高发展的可持续性。要加强长期财政保障和稳定增长机制，改善疾控体系建设软硬件的基础条件。这次疫情以后，在硬件上投入较多，但政策环境支撑体系还需要积极争取。提高各阶段投入的科学性，加强顶层设计，提前谋划，有效整合全社会卫生健康行业力量，做好资源储备和能力储备。持续提高投入的效率，建立疾控体系的投入评价体系，认识到疾控工作的社会性和长期性。对于这个投入的效率，我们自己也要评估，说明需要财政提供工作经费的原因、我们能解决什么问题，所以要尽快建立相应的评价指标体系，说服政府提高重视程度。

（四）把握推进疾控体系现代化的战略布局

一是建立适应现代化需要的疾控队伍。疾控体系现代化最重要的还是人，要以明确配备标准为前提，把重点放在提高专业技术人员的数量和质量上。现在部分省扩充了编制，但是数量上来了，质量是否得到提升？面对人才流失、招聘人员质量不高的问题，要完善人才评价体系，改革职称评审标准，合理增加疾控机构高级岗位比例，在这一点上，各地疾控中心和中国疾控中心都在积极探索。设立公共卫生人才培养专项计划，包括首席专家、领军人才、青年人才等，今年财政部也为我们提供了领军人才试点的一些经费支持，希望能够开个好头。科学核定疾控机构的绩效工资总额，兼顾保障和激励，只有基本的保障是很难留住人才的，所以我们要进一步争取保障和激励相结合的机制，如科研类事业单位的一些激励机制，国家卫生健康委从 2016 年就提出医疗机构的“两个允许”，但是有些地方是两个都允许，有些地方是两个都不允许，疾控机构为什么不行、接下来怎么办，都需要进行政策突破。除此之外，我们还要适时调整卫生防疫津贴和临时性工作补助水平。

在高校人才培养方面，要明确人才培养目标和职业定位，打造公共卫生复合型人才，打破以往传统的人才培养模式，预防医学和临床医学的院校教育应该是前期趋同、后期分化，特别是公共卫生规范化培训，如何赋予公共卫生医师相关领域的处方权，国家疾控局也在积极推动。同时，要带动各级疾控机构与高校公共卫生学院在协同育人方面开展务实合作，扩大公共卫生人才培养规模，为公共卫生硕士和公共卫生博士打造校地合作示范基地。今年教育部会开展公共卫生博士专业学位点的申报和评定工作，正在制定标准，我相信今天签约的 10+1 单位和高水平公共卫生学院应该都在这个范围内，希望今后能预留一些指标给疾控在职人员进行公共卫生博士专业学位的培养。我在来北京之前，已经在南京医科大学做了两年，今年是第三年，每年拿出 10 个哲学博士（doctor of philosophy，PhD）名额做公共卫生博士，面向江苏省疾控中心和苏州市疾控中心、无锡市疾控中心的在职优秀青年骨干，旨在提升能力水平、培养复合型人才。中国疾控中心和各地疾控中心也要向今天签约的高校争取人才培养方面的支持和合作，打造校地合作示范基地，对做得好的地方也可以由国家疾控局颁发牌子。

二是用好科学技术创新这台“关键引擎”。国家现在特别强调科技自立自强，我们要有组织地统筹疾控体系的战略科技力量，战略科技力量是国家去年在人才工作会议上提出来的，每个行业、每个领域都要认清自己的战略科技力量在哪里。要加强中国疾控中心前沿探索和前瞻布局，增挂预科院牌子后，要加强科学研究力量，强化省级疾控中心应用性技术研究，省市级预防医学科学院要推动科学研究工作，充分利用地市级及以上疾控中心的科研力量。联合共建产学研用的对接平台，加强疾控机构与医疗机构、高校科研院所和企业的合作，优化数据平台等科研资源的共享和开发利用，培育跨学科、跨领域的交叉科研团队。例如，在本次疫情防控中，就有 10 个高校数据模型团队支撑疫情预测，所以需要加强交叉学科的人才支撑，进一步推动产学研用的对接，在数据、平台和资源的优化上下功夫。构筑疾控科研创新的新高地，支持国家或者全国重点实验室建设和发展，如中国疾控中心的徐建国院士牵头的传染病防控国家重点实验室，现在也要继续支持。布局建设区域性公共卫生实验室，国家疾控局目前也在研究设立一些局重点实验室，打造一批科技创新支撑平台和科技资源共享服务的平台，如 P3 实验室、病原微生物保藏中心、生物样本库。其实，很多地方都在建设，但是建设完成之后如何利用它们提升我们的能力更加重要，很多地方也在担心建成之后运行成本很高、运行压力很大，所以要在如何实现平战结合、提升能力水平上多做工作、多花心思。攻克一批“卡脖子”关键技术和科学问题，设立重大传染病的公共卫生安全科技创新专项，力争建立非竞争性稳定保障的科研经费资助机制，加强重点领域的技术攻关、持续攻关，包括诊断、试剂、药物疫苗、病原学等。

三是加快疾控信息化建设和数字化转型。推进公共卫生大数据中心建设和应用，发挥信息数据的底层支撑作用，数据质量是生命线，在这次的国家机构改革中设立了国家数据局，对于卫生系统、疾控系统的数据应该如何整合，我们也要提前思考。公共卫生大数据是一种趋势，疾控中心要抓住这个机会，把握主动权，以便政府依托我们的公共卫生大数据进行开发利用。同时，还要加强数据的研究分析力量，定期产出阶段性数据分析报告提供政策支撑、决策支撑，从公共卫生角度向政府提出工作建议。要加快疾控工作数字化转型，用数据驱动决策。要落实网络安全的责任制，形成新时代疾控系统安全防护体系，目前安全防护能力还不够，需要在信息化建设的同时，加强安全防护建设，在当前国际形势错综复杂的背景下更要绷紧这根弦，如十几年前的老系统是不是都不满足防护标准了，需要尽快进行更新升级。

四是用好国内和国际两种资源拓展发展空间。在全国范围内，布局建设 15 个国家级区域公共卫生中心，承担区域内跨省公共卫生技术指导和业务培训工作，增强辐射带动作用，其中中国疾控中心和区域公共卫生中心要形成联动的工作机制，区域公共卫生中心也要在申报时说明自己的优势和特色作用。推动国家级疾控中心海外分支机构和实验室建设，特别是我们出资帮助建设非洲疾控中心，建设完成后硬件有了，在软件能力上是不是还能继续做文章？能不能利用好非洲疾控中心在境外设立传染病监测哨点？将来我们的国际合作不仅是中国疾控中心，而是要调动全国疾控系统的力量，甚至还有高校公共卫生学院的力量，培养熟悉国际公共卫生的人才。加快拓展“一带一路”全球卫生治理体系，打造人类命运共同体，提升全球公共卫生治理的话语权。

（五）全面加强专业能力建设和重点领域突破

一是加强监测预警能力建设。中央文件一再强调加强监测预警，国家疾控局也专门设置了监测预警司和应急处置司。要进一步建立智慧化预警多点触发机制，加强落实“纵向到底，横向到边”的传染病直报网；加强疾控中心与高校、科研院所、专业机构的合作，组织开展早期监测预警和风险评估技术研发，提升数据集成、风险识别、智能分析、精准预警的能力；加强数据联动监测和实时共享，打通传染病防控和公共卫生相关的数据和信息壁垒，提升紧急调度、实时分析、集中研判和预警能力，如和海关如何建立信息联动；完善预警制度和信息发布制度。

二是加强实验室检验检测技术能力建设。建立健全以疾控机构实验室为主体，联合各方检验检测力量的公共卫生实验室网络，包括疾控中心、医院和第三方检测机构，如仅疾控中心就在国家级、省级、地市级等有不同级别的生物安全实验室。补齐各级疾控机构实验室设备配置缺口，分级分类、分区域加强检测技术能力建设，如基因测序和分析的能力还有进一步提升的空间。建立公共卫生实验室参比体系和常态化质控考核机制，如之前疾控中心的核酸检测实际上不在医疗机构的质控范围内，所以当时中国疾控中心就提出了相应的质控标准。

三是加强应急处置能力建设。建立健全集中统一、高效的应急指挥体系，完善多部门、跨区域、军地联动联防联控机制，疾控中心要主动作为，提出应急指挥体系应该怎么做、怎么进行职责分工。完善传染病疫情和突发公共卫生事件的应急预案体系，要避免预案停留在纸面上，预案要更有实操性；同时，加强演练，提升规范化应急处置能力，建设专业化、多场景的应急演训基地。国家疾控局应急处置司也要在全国疾控系统的应急预案体系、应急处置能力方面开展提升工作。加强各级疾控机构流行病学调查和风险评估能力，通过疫情实时展示和趋势预测研判，为政府决策提供支撑。

四是加强公共卫生重点领域能力建设。持续控制艾滋病、结核病在低流行水平，扩大国家免疫规划的项目，在疫苗可预防疾病、地方病、疟疾、血吸虫病、慢性病和青少年健康、环境职业健康、重大工程建设项目等诸多方面，加强公共卫生专业能力建设，这是疾控人的“看家本领”，甚至对于有些罕见疾病，如猴痘的风险评估，疾控系统中要有人能做这种分析。疾控事业的社会性和公益性要求我们开展工作时不能只看个人的兴趣，而是要围绕国家战略开展能力和技术储备。

（六）强化疾控体系高质量发展的支撑保障

一是完善法律法规。推动包括《中华人民共和国传染病防治法》《突发公共卫生事件应急条例》等在内的传染病和公共卫生相关法律体系完善，形成各类法律资源在公共卫生领域的全方位咬合。强化法律法规的执行和监督机制，坚持运用法治思维和法治方式开展疾病防控和卫生健康综合监督工作。加大全民普法工作力度，弘扬社会主义公共卫生法治理念。

二是加强宣传动员。完善疾控新闻宣传工作机制。加强疾控科普教育和疾控文化建设。推动公共卫生委员会建设，利用好疫情防控期间建立的村一级公共卫生委员会，认真思考如何在之后利用好这一机制加强宣传动员，推动公共卫生工作。

三是做好考核评价。上级疾控机构对下级疾控机构的业务怎么领导？考核评估机制是什么？绩效考核重点在哪里？比如，重点考核疾控成效、完成政府指令性任务、科研培训工作开展情况等，同时，将考核结果向同级政府报告并强化考核结果运用。从国家层面总结提炼各地好的经验做法，加强工作交流，发挥示范引领作用。

新的发展阶段赋予疾控事业新的使命，呼唤疾控队伍新的作为。全国疾控体系高质量发展的号角已经吹响，让我们团结起来，以习近平新时代中国特色社会主义思想为指导，全面学习贯彻落实党的二十大精神，坚持稳中求进的工作总基调，珍惜荣誉、不负众望，砥砺奋进、迎难而上，共同把此次大会关于疾控体系高质量发展的美好蓝图变成“施工图”，变成“实景画”，为实现中国式现代化、中华民族伟大复兴做出我们疾控人应有的贡献！

最后，再次向我们委局的各位领导，合作单位、挂靠单位的领导，全国各级疾控中心的领导表示崇高的敬意和诚挚的感谢，祝我们今天的会议圆满成功，并取得预期的成效。

谢谢大家！

在以学增智中持续提升“三种能力”全面建设中国式现代化疾控

中国疾病预防控制中心党委书记　卢江

（2023年7月5日）

同志们：

当前，学习贯彻习近平新时代中国特色社会主义思想主题教育在全党深入开展。这次主题教育的目标就是要在以学铸魂、以学增智、以学正风、以学促干上见实效。

2023年5月17日，中共中央总书记、国家主席、中央军委主席习近平在听取陕西省委和省政府工作汇报时，深刻阐释了“以学增智”的丰富内涵，明确指出：“以学增智，就是要从党的科学理论中悟规律、明方向、学方法、增智慧，把看家本领、兴党本领、强国本领学到手。”习近平总书记从提升政治能力、提升思维能力、提升实践能力三个方面提出了明确要求，为进一步推动主题教育走深走实提供了行动指南。

通过学习习近平总书记在陕西省的讲话，结合前段时间的读书班学习成果、这段时间到基层开展调查研究的实践、疾控工作实际，我对提升“三种能力”的重要意义有了更加深刻的认识，切实感受到只有认真学习领会习近平新时代中国特色社会主义思想，深刻领悟其中蕴含的立场观点方法，全面提升政治能力、思维能力、实践能力，才能在实际工作中更善于把握事物本质、把握发展规律、把握工作关键，更好担负起党和人民赋予的政治责任，在推动中国式现代化疾控建设中发挥更大作用，为强国建设、民族复兴贡献更大的力量。

下面我就按照中央指导组和国家疾控局党组要求，围绕“在以学增智中持续提升‘三种能力’　全面建设中国式现代化疾控”主题，从以下两方面做专题党课报告。

一、深刻学习领会“以学增智”的丰富内涵和实践要求

（一）深刻学习领会“以学增智”的丰富内涵

习近平总书记指出，“以学增智，就是要从党的科学理论中悟规律、明方向、学方法、增智慧”。这为我们在主题教育中做到以学增智明确了重点。

1. 悟规律，就是要体悟客观事物发展过程中的本质联系

规律是事物之间内在的必然联系，决定了事物发展的必然趋向。习近平新时代中国特

色社会主义思想，从历史维度来讲，深化了对共产党执政规律、社会主义建设规律、人类社会发展规律的认识；从战略维度来讲，对新时代中国特色社会主义的经济建设、政治建设、文化建设、社会建设、生态文明建设和党的建设的规律，以及各个重要领域各项重要工作的规律都进行了深刻总结阐述。我们在主题教育中做到以学增智，就要深刻领会其中的道理学理哲理，知其言更知其义，知其然更知其所以然，通过不断深化对各种规律的认识，增强看家本领、兴党本领、强国本领。

马克思主义强大的生命力就来自它对客观规律的深刻把握。习近平总书记回望我们党的历史，深刻指出："在革命、建设、改革各个历史时期，我们党运用历史唯物主义，系统、具体、历史地分析中国社会运动及其发展规律，在认识世界和改造世界过程中不断把握规律、积极运用规律，推动党和人民事业取得了一个又一个胜利。"从新民主主义革命时期提出走农村包围城市、武装夺取政权的道路，到进行艰辛的社会主义建设探索，再到新时期实行改革开放；从创造性地探索和回答"什么是社会主义、怎样建设社会主义"，到"建设什么样的党、怎样建设党"，再到"实现什么样的发展、怎样发展"，我们党"从没有经验到有经验，从有较少的经验，到有较多的经验"，对共产党执政规律、社会主义建设规律、人类社会发展规律的认识不断深化。中国特色社会主义进入新时代，习近平总书记坚持运用马克思主义哲学思考和分析新时代我国面临的一系列重大问题，系统回答新时代坚持和发展什么样的中国特色社会主义、怎样坚持和发展中国特色社会主义这一重大时代课题，把对中国特色社会主义规律的认识提高到新的水平，形成了马克思主义中国化最新成果，指引党和国家事业取得历史性成就、发生历史性变革。

回顾三年来的新冠疫情防控，在习近平总书记亲自指挥、亲自部署下，党中央坚持把握事物发展规律、坚持因时因势优化完善防控措施，根据每个阶段的病毒变异、疫情变化、疫苗接种普及和防控经验积累，及时总结规律、找准主攻方向，不断动态优化调整防控措施，先后审议印发十版防控、诊疗方案，确保了防控工作有序开展，成功实现了武汉保卫战、湖北保卫战，常态化防控探索，全链条精准防控的"动态清零"，全方位综合防控"科学精准、动态清零"四个阶段的有效防控，体现了我们党始终把握疫情防控的战略主动，确保了防控工作始终聚焦要害、有的放矢，有力提升了防控工作的科学性、精准性、有效性，才能取得三年疫情防控的重大决定性胜利。

2. 明方向，就是要明确党的事业的发展目标和前进道路

方向是指行动的目标及其道路。习近平总书记指出："方向决定前途，道路决定命运。"这些年来，我们国家之所以能够取得举世瞩目的巨大成就，关键在于始终坚持了正确方向。习近平新时代中国特色社会主义思想不仅明确了我们要坚持的根本方向是中国特色社会主义的方向，是中国式现代化的方向，而且对各个领域各项事业的发展走向和价值取向进行了阐述。我们在主题教育中做到以学增智，就要通过学习提高明确政治方向，把握发展走向、价值取向的能力，把稳思想之舵，确保发展改革不变质、不走样，确保人生

道路不走偏、不走歪。

苏联解体、苏联共产党瓦解的深刻教训告诉我们，政治方向是党生存发展第一位的问题，事关党的前途命运和事业兴衰成败。如果在政治方向上跑偏走歪、出了问题，将不可避免地犯颠覆性错误。所以，我们必须坚守正确的政治方向，坚持共产主义远大理想和中国特色社会主义共同理想、“两个一百年”奋斗目标，坚持党的基本理论、基本路线、基本方略，从而确保党和国家各项事业始终沿着正确政治方向发展。

3. 学方法，就是要把握解决各种问题的科学方式和办法

方法是为达到某种目标而采取的方式和手段，科学的方法是我们党治国理政至关重要的“利器”。习近平新时代中国特色社会主义思想蕴含着丰富的马克思主义方法论思想，既讲是什么、为什么，又讲怎么看、怎么办，为推进党和国家事业发展提供了锐利思想武器。

习近平新时代中国特色社会主义思想中的“六个必须坚持”，为我们指明了提升科学方式和办法的方向。

第一，必须坚持人民至上是根本的价值立场，党在任何时候都把群众利益放在第一位，这是我们党作为马克思主义政党区别于其他政党的显著标志。

第二，必须坚持自信自立是内在的精神特质，是党百年奋斗得出的历史结论，是我们战胜前进道路上各种风险挑战的强大精神力量。

第三，必须坚持守正创新是鲜明的理论品格，在立场、方向、原则、道路等根本性问题上旗帜鲜明、毫不含糊，同时面对快速变化的世界和中国，以巨大勇气和魄力推进各方面改革创新。

第四，必须坚持问题导向是源头活水，是研究制定政策的出发点，是化解矛盾、破解难题打开局面的突破口。

第五，必须坚持系统观念是基本工作方法，是对党和国家事业发展做出科学、完整的战略部署的基础性思想和工作方法。

第六，必须坚持胸怀天下是特有的大视野大境界，坚持将中国的前途命运同世界的前途命运紧紧联系在一起，不断为解决人类面临的共同问题提供更多更好的中国智慧、中国方案、中国力量。

“千村示范、万村整治”工程（简称“千万工程”）是包括“六个必须坚持”在内的科学思维方法的生动实践。它是习近平总书记在浙江工作时亲自谋划、亲自部署、亲自推动的一项重大决策。习近平总书记到浙江工作后不久，用118天时间跑遍11个地市，发现一些地区的村庄布局缺乏规划指导，人居环境“脏、乱、散、差”等现象普遍存在，道路、水电等基础设施较为落后，文化、体育、医疗等社会事业滞后，与农民群众对美好生活的需求形成强烈反差后，在找准问题、充分掌握省情农情基础上，提出了“千村示范、万村整治”工程，开启了以改善农村生态环境、提高农民生活质量为核心的村庄整治建设

大行动，推动浙江成为全国农业现代化进程最快、乡村经济最活、乡村环境最美、农民生活最优、城乡区域最协调的省份之一，这是人民至上立场、问题导向和系统观念的科学方式方法在解决各种问题上的生动应用与实践。

4. 增智慧，就是要着力提高科学思维能力

推进新时代伟大实践，离不开科学思维的有力支撑。习近平总书记提出，要切实提高战略思维、辩证思维、系统思维、创新思维、历史思维、法治思维、底线思维能力。

第一，要在提升战略思维能力中把握好强国建设、民族复兴的全局性问题，坚持把国家和民族发展放在自己力量的基点上、把中国发展进步的命运牢牢掌握在自己手中。

第二，要在提升辩证思维能力中把握好历史与现实、理论与实践、国内与国际、风险与挑战、危险与机遇的关系。

第三，要在提升系统思维能力中把握事物发展规律，增强工作的科学性、预见性。

第四，要在提升创新思维能力中牢牢把握改革创新方向，不断在创新中把握时代、引领时代。

第五，要在提升历史思维能力中通过历史看现实，坚定历史自信，增强历史主动。

第六，要在提升法治思维能力中深化改革、化解矛盾、维护稳定，不断夯实党的群众根基、改善执政方式、提高执政能力。

第七，要在提升底线思维能力中防范和化解各类风险，确保社会和谐稳定、国家长治久安。

我们在主题教育中做到以学增智，就是要通过不断加强理论学习，切实把习近平新时代中国特色社会主义思想的世界观、方法论和贯穿其中的立场观点方法转化为自己的科学思想方法，用以研究问题、解决问题，切实提高思维能力，做到认识问题站得高，分析问题看得深，开展工作也能把得准。

（二）深刻学习领会“以学增智”的实践要求，不断提升“三种能力”

我们要认真学习习近平总书记关于提升政治能力、提升思维能力、提升实践能力三个方面的明确要求，并把学习成效转化为做好本职工作、推动事业发展的实际行动。

1. 提升政治能力，做政治上的明白人

政治能力是党员干部的基本功和必修课，是做好工作所需的各种能力中的第一位。习近平总书记强调，“把党和人民事业长长久久推进下去，必须增强政治意识，善于从政治上看问题，善于把握政治大局，不断提高政治判断力、政治领悟力、政治执行力”。有了过硬的政治能力，才能做到自觉在思想上政治上行动上同以习近平同志为核心的党中央保持高度一致，在任何时候任何情况下都能“不畏浮云遮望眼”“乱云飞渡仍从容”。

习近平总书记关于提升政治能力，强调了“三个善于”：“善于从党和人民的立场、党

和国家工作大局出发想问题、作决策、办事情，善于从繁杂问题中把握事物的规律性、从苗头问题中发现事物的趋势性、从偶然问题中认识事物的必然性，善于驾驭复杂局面、凝聚社会力量、防范政治风险，切实担负好党和人民赋予的政治责任，真正成为政治上的明白人。”“三个善于”为提高党员干部的政治能力提供了根本遵循。

一是善于从党和人民的立场、党和国家工作大局出发想问题、作决策、办事情。要求我们广大党员干部善于认清国际国内发展大势，立足大势谋发展，善于从政治上研判形势、分析问题，自觉在党和国家工作大局下想问题、做工作，做到一切服从大局、一切服务大局。提升政治能力，必须紧紧围绕新时代新征程党的中心任务，善于思考涉及党和国家工作大局的根本性、全局性、长远性问题，把维护党中央权威和集中统一领导作为最根本的政治纪律和政治规矩，把疾控工作融入党和国家事业大局，真正让党中央关于疾控领域的决策部署落地见效。

从中国共产党诞生之日起，无数中国共产党人以党和人民利益为重，为实现民族独立、人民解放、国家富强和人民幸福前赴后继、呕心沥血、甘于牺牲、无私奉献，涌现出江姐、邱少云、雷锋、王进喜、焦裕禄、杨善洲、黄旭华、张富清、张桂梅等一大批英雄模范，无数革命先烈和优秀共产党员以实际行动诠释了中国共产党人为了党和人民的事业牺牲一切、对党忠诚、不负人民的鲜明底色和精神特质。在当今中国式现代化建设中，要继承和弘扬革命先烈的崇高精神，特别是要向“两弹一星功勋奖章”获得者、“国家杰出贡献科学家”钱学森这样的老一辈科学家学习，发扬他们热爱祖国、无私奉献、勇于登攀的精神，把人生志向与民族、国家的前途命运紧密相连，在建设中国特色社会主义伟大事业中实现人生价值。

前段时间我到陕西调研过程中，亲身感受到我们疾控工作领域也有许多这样的优秀代表。西安交通大学第一附属医院骨科殷培璞教授就是其中之一，20 世纪 50 年代后期，大骨节病是陕西省较为高发的地方病之一，殷教授的团队承担大骨节病的防治研究工作后，扎根到永寿县、麟游县病区。当时的麟游县地处渭北高原丘陵沟壑区，自然条件艰苦，交通不便，他每到达一处都要翻山越沟，有时候甚至花费一天的时间。就是在这样的困难条件下，全县 16 个乡镇 110 个村子，殷教授一个也没有落下，一共开展了晚期大骨节病手术达 600 多例，没有出现一起医疗纠纷。他用毕生精力攻克大骨节病，一干就是三十年，直至离世，把自己永远留在曾经工作的山区。殷教授有以祖国和人民的需要为己任、几十年如一日扎根山区服务人民的崇高品格，是我们所有疾控人学习的好榜样。

在疾控领域中，正因为有一大批像殷教授这样的专家长期默默耕耘在基层工作中，一直为重大传染病防控、地方病防治和公共卫生工作做出专业贡献，不断筑牢人民群众的健康屏障。

相比较，个别干部专家工作时挑肥拣瘦、拈轻怕重、向组织讨价还价；个别干部过分看重自己“一亩三分地”的个人利益，在工作中打斤斤计较的小九九；个别干部的官僚主义表现严重，对群众的呼声置若罔闻。用公权力换取个人的名利，种种表现反映出个别党员干部专家政治站位不够高，没有时刻把事关党和国家前途命运、事关人民根本利益的大事放在心上，没有站在党和人民立场、党和国家大局考虑问题、开展工作。为此，我们必须把捍卫“两个确立”、做到“两个维护”落到行动上，不能只停留在口号上，要把单位和部门工作融入党和国家事业大局，做到党中央在关心什么、强调什么，我们就要贯彻什么、执行什么，真正让党中央决策部署落地见效。要以党的事业为重，从大局和全局出发，服从组织不讲条件，一切听从党的安排。同时，还要树立正确的权力观、政绩观、事业观，不慕虚荣、不务虚功、不图虚名，紧紧抓住人民最关心最直接最现实的利益问题，深入群众，把好事实事做到群众心坎上。

二是善于从繁杂问题中把握事物的规律性、从苗头问题中发现事物的趋势性、从偶然问题中认识事物的必然性。要求我们熟练掌握习近平新时代中国特色社会主义思想蕴含的领导方法、思想方法、科学方法，准确把握事物发展的必然趋势，搞清楚哪些问题是思想观念问题，哪些问题是体制机制问题，哪些问题是共性、规律性问题，增强分析问题、把握问题、掌握问题的能力，不断提升政治敏锐性和政治鉴别力，做到眼睛亮、见事早、行动快。

习近平总书记指出，“要按照已经认识到的规律来办，在实践中再加深对规律的认识，而不是脚踩西瓜皮，滑到哪里算哪里”。在统筹国内国际两个大局、统筹疫情防控和经济社会发展的实践中，我们党进一步深化了对在严峻挑战下做好经济工作的规律性认识，2020 年中央经济工作会议提出的“五个根本”集中体现了这一点：党中央权威是危难时刻全党全国各族人民迎难而上的根本依靠，在重大历史关头、重大考验面前，党中央的判断力、决策力、行动力具有决定性作用；人民至上是作出正确抉择的根本前提，只要心里始终装着人民，始终把人民利益放在最高位置，就一定能够作出正确决策，确定最优路径，并依靠人民战胜一切艰难险阻；制度优势是形成共克时艰磅礴力量的根本保障，只要坚定“四个自信”，坚持集中力量办大事的制度优势，就一定能够使全党全国各族人民紧密团结起来，发挥出攻坚克难、推动事业发展的强大能量；科学决策和创造性应对是化危为机的根本方法，只要准确识变、科学应变、主动求变，就一定能够在抗击大风险中创造出大机遇；科技自立自强是促进发展大局的根本支撑，只要秉持科学精神、把握科学规律、大力推动自主创新，就一定能够把国家发展建立在更加安全、更为可靠的基础之上。“五个根本”内涵丰富，充分体现了以习近平同志为核心的党中央在引领中国经济破浪前行中，不断总结的工作规律和工作经验，是习近平新时代中国特色社会主义经济思想最新成果的高度概括。

三是善于驾驭复杂局面、凝聚社会力量、防范政治风险，切实担负好党和人民赋予的政治责任，真正成为政治上的明白人。要求我们善于运用习近平新时代中国特色社会主义思想的立场观点方法，不断提高辨别政治是非、保持政治定力、驾驭政治局面、防范政治风险的能力。要保持政治定力，在复杂多变的国际国内局势中，从维护党和国家政治安全的角度分析问题，辨别是非。要强化忧患意识、风险意识，能及时发现容易诱发政治问题特别是重大突发事件的敏感因素、苗头性倾向性问题，做到防患于未然。

作为疾控专业工作者，我们一定要有大局意识，清醒认识到科学无国界，但科学家有祖国。我国实现全面建成社会主义现代化强国、实现中华民族伟大复兴的宏伟目标，我们就必须把切实维护国家安全和人民利益放到个人利害得失之前。“两弹一星”元勋邓稼先，从 34 岁接受任务开始，隐姓埋名 28 年，连妻子都不知道他在做什么，在生命的最后一个月，身份才得以公之于众，完成“两弹”研究后，国家只奖励了他“两弹”各 10 元奖金。中国第一代核潜艇总设计师、中国工程院院士黄旭华说“我的一生属于祖国”，为研制核潜艇隐姓埋名 30 年。他们的一心为国和大局意识是我们广大科技工作者的榜样。现在，个别科技工作者对目前意识形态领域和外部环境风险防范意识不足，更要向老一辈科学家学习，胸怀“国之大者”，不仅科学研究要一丝不苟，论文发表、参加论坛活动也要履行规章制度，严格按照程序审核，坚决服从组织安排。如果不能站在国家利益立场上充分考虑风险、听党的话，就可能对国家、对集体和个人利益造成不可挽回的损失。我们一定要坚决贯彻落实习近平总书记关于意识形态工作的重要论述精神，深刻认识意识形态工作的极端重要性，各单位各部门负责人要扛起主体责任，看好自己的人、管好自己的门，恪守意识形态职责，坚决防范政治风险。

2. 提升思维能力，增强工作的科学性、预见性、主动性、创造性

思维能力反映的是用马克思主义世界观和方法论观察问题、分析问题、解决问题的能力，是做好工作的前提基础。学而不思则罔，思而不学则殆。我们要在主题教育中努力提升思维能力，做到善于把握事物本质、把握发展规律、把握工作关键、把握政策尺度。

中国共产党人历来高度重视思想方法和工作方法。早在 20 世纪 30 年代，毛主席就专门论述了“注意工作方法”的问题。他把任务与方法的关系比作“过河”与“桥或船”的关系，指出：“不解决桥或船的问题，过河就是一句空话。”毛主席在党的七届二中全会报告中论述了“党委会的工作方法”并概括为十二条方法，涵盖党委会工作的方方面面：既有对党委书记这个“班长”的要求，也有对党委这个“班集体”的要求；既有对党委班子成员相处艺术的要求，也有对党委委员向群众学习的要求；既有对日常工作方法的要求，也有对政治纪律和政治规矩的要求。其中蕴含实事求是的方法、调查研究的方法、矛盾分析的方法、从群众中来到群众中去的方法、正确区分和处理不同性质矛盾的方法等，体现了我们党高超的领导艺术和科学的工作方法，值得我们好好学习。

习近平总书记对党的科学思想方法和工作方法进行了坚持和发展。他强调，提升思维能力，要把新时代中国特色社会主义思想的世界观、方法论和贯穿其中的立场观点方法转化为自己的科学思想方法，增强工作科学性、预见性、主动性、创造性。

增强科学性，习近平总书记强调，要“使提出的点子、政策、方案符合实际情况、符合客观规律、符合科学精神”。对于我们来说，强调工作科学性就绝不能脱离实际硬干，

既要做正确的事，做符合客观规律和未来发展趋势的事，又要做有利于疾控事业发展稳定的、能够让老百姓交口称赞的好事实事，力求做到“说一件，干一件；干一件，成一件”。

增强预见性，习近平总书记强调，领导干部要懂得看“桅杆顶”，要有“草摇叶响知鹿过、松风一起知虎来、一叶易色而知天下秋的见微知著能力”。对于我们来说，疾控工作的一个重大任务就是要做好不明原因传染病和突发公共卫生事件的预警应对，要时刻绷紧这根弦，把增强早期监测预警能力作为健全公共卫生体系当务之急，第一时间预警、应对突发公共卫生事件，体现疾控工作的预见性。

增强主动性，习近平总书记强调：“有多大担当才能干多大事业，尽多大责任才能有多大成就。”对于我们来说，增强主动性表现为一种积极进取工作的精神状态。在新冠疫情防控工作中，中心一大批专业技术人员用自己的实际行动，履行疾控工作的职责使命，为疫情防控工作提供了专业技术支撑。中心累计派出 475 人 1 724 人次参加新冠疫情现场处置与督导工作，包括中共党员 315 人；中心成立的溯源专班先后有 360 多人参与，日报专班、疫苗专班和监测预警专班分别有 100 多人参与。参与制修订十版疫情防控方案以及“二十条”和新“十条”等防控优化措施，撰写《全国新冠肺炎疫情分析研判每日简报》408 期，疫情信息、疫情分析、流调溯源及防控建议等各类报告 3 000 多份，《全国疫情最新情况》965 份、《24 时 WHO 通报稿》965 份，为有效开展疫情防控付出了辛苦的努力，体现了疾控工作人员越是艰险越向前的工作主动性。

增强创造性，习近平总书记强调：“科技创新特别是原始创新要有创造性思辨的能力、严格求证的方法，不迷信学术权威，不盲从既有学说，敢于大胆质疑，认真实证，不断试验。”对于我们来说，就是要创造性地让顶层设计落地生根，积极探索既适合疾控事业发展实际情况又能体现党中央决策部署精神实质的新方法、新路径、新举措。这次体系改革就有很多创新工作任务，比如在医疗机构中建立疾控监督员制度推动医防协同；在原有四级疾控系统基础上增加疾控区域中心建设，在市、县整合疾控与卫生监督机构，发挥“1+1 ≥ 2”的功能；成立国家疾控局，将疾控体系的业务指导改为业务领导等涉及改革顶层设计的新要求，都要创造性地抓好落实。

3. 提升实践能力，不断提高专业化水平

习近平总书记指出，提升实践能力要“增强推动高质量发展、服务群众、防范化解风险本领，加强斗争精神和斗争本领养成，着力增强防风险、迎挑战、抗打压能力，及时填知识空白、补素质短板、强能力弱项，不断提高专业化水平”。

对于我们来说，提升实践能力，首先，要在专业上下功夫，既要拓展横向知识面，又要做到坚持干什么学什么，有针对性地深钻细研履行岗位职责所必备的各种知识，努力成为所在工作领域的行家里手。

在这次新冠疫情中，我们也深刻感受到，绝大部分地方各级党政主要领导在疫情前可能都不熟悉疾病控制或公共卫生专业，甚至没有分管过卫生工作，但通过三年疫情防控的实践学习，迅速补充了传染病防控知识技能，很多领导都成为新冠防控的“专家”，这就是因为他们能够按照实践要求，迅速补充防控工作相关的专业知识，实现有效、专业的指挥，满足疫情防控的需要。现在，中国式现代化疾控事业的发展对我们的能力和水平提出了更高的要求。无论是分析形势还是做作出决策，无论是破解疾病控制高质量发展难题还是解决涉及群众利益的问题，都需要专业思维、专业素养、专业方法，所以我们要进一步认真落实好提升实践能力、不断提高专业化水平的工作要求，以适应党和国家的需要、适应现代化疾控建设的需要。

其次，要践行以人民为中心的发展思想，深入群众、深入基层，采取更多惠民生、暖民心举措，着力解决好人民群众急难愁盼问题。我到中心后，面临着一些迫在眉睫的、亟待解决的、跟职工利益息息相关的问题：基础设施建设面临着要提速保质问题；干部队伍建设面临着干部短缺问题；职工待遇方面面临着解决岗位聘任问题；后勤保障面临着提高管理服务水平问题。在疫情防控进入新阶段后，新老班子集体团结一心，将这些问题作为重点工作认真抓好解决，取得了实质性的进展：通过党委换届，抓各级党组织建设；加快推进二期工程建设，注重抓好基建工作中的党风廉政问题，决不能大楼立起来、干部倒下去；抓干部队伍建设，推动干部的交流调整，推进干部摸底调查和选任工作，不断充实干部队伍；加快人才队伍建设，开展岗位聘任工作，争取55%高级岗位并制定配套制度，提升职工待遇；为职工提供自助洗车、自助贩卖机、食堂熟食窗口等便民服务，不断提升职工的幸福感等，贯彻落实了习近平总书记关于提升实践能力的要求。

二、提升“三种能力”，全面推动中国式现代化疾控建设

要通过以学增智，从习近平新时代中国特色社会主义思想中汲取奋发进取的智慧和力量，不断提升疾控党员干部的政治能力、思维能力、实践能力，并联系实际，将理论学习转化为坚定理想信念、强化宗旨意识的内生力量，转化为奋进新征程、建功新时代的务实行动，从下面两方面大力推动中国式现代化疾控建设。

（一）加强党对疾控事业的集中统一领导，持续提升党员干部的“三种能力”，不断引领疾控事业高质量发展

疾控事业的高质量发展首先离不开党的全面领导。“七一”前夕，习近平总书记代表党中央向全国广大共产党员致以节日问候，同时，对党的建设和组织工作作出重要指示，强调要坚持以习近平新时代中国特色社会主义思想为指导，全面贯彻党的二十大精神，深刻领会党中央关于党的建设的重要思想，深入落实新时代党的建设总要求和新时代党的组织路线，深入推进新时代党的建设新的伟大工程。

1. 以党的政治建设为统领，为中国式现代化疾控建设指明正确政治方向

要认真贯彻落实习近平总书记在中央和国家机关党的建设工作会议上的重要讲话精神，深化政治机关意识教育，引导中心党员干部把对“两个确立”决定性意义的深刻领悟转化为做到“两个维护”的高度自觉和实际行动。要严明政治纪律和政治规矩，把党章党规党纪作为党员干部培训的必修课，把提升“三种能力”作为当前重要要求，特别是要不断提升政治能力，不断提高政治判断力、政治领悟力、政治执行力。要发挥党建政治引领和保障作用，推动中心各级党组织和广大党员干部聚焦“国之大者”，切实担负起保障人民群众生命安全和身体健康的职责使命，以党建工作促进党中央关于疾控工作决策部署和国家疾控局党组各项工作要求落实落地。

2. 深化党的思想建设，坚持不懈用习近平新时代中国特色社会主义思想凝心铸魂，为疾控事业高质量发展奠定坚实思想基础

要坚持把理论武装作为主题教育的首要任务，严格落实“第一议题”制度，通过开展党委理论学习中心组学习、党支部“学思践悟”小课堂系列活动、青年理论学习小组等形式，推动各级党组织和全体党员干部在全面学习、全面把握、全面落实习近平新时代中国特色社会主义思想上下功夫。要通过学习，深学笃用党的创新理论所蕴含的领导方法、思想方法、工作方法，不断提升党员干部的政治能力、思维能力和实践能力。同时，各级党组织要密切联系实际，组织开展提升“三种能力”的学习讨论交流。要做深做实思想政治工作，开展疾控系统干部职工思想动态调研。要充分发挥中国卫生健康思想政治工作促进会疾控分会作用，引领带动全国疾控系统思想政治工作。

3. 夯实组织建设，为疾控事业高质量发展奠定坚实组织基础

持续推进党支部标准化规范化建设，在中心既有 9 个“四强”党支部基础上，总结推广好经验、好做法，发挥典型示范引领作用，推进争创中央和国家机关“四强”党支部。发挥“两优一先”的榜样作用，带动全体党员干部创先争优。不断增强中心基层党组织的政治功能和组织功能，把中心各级党组织建设成为有效实现党的领导的坚强战斗堡垒，助推中心各项工作和重大任务完成。要坚持党管干部原则，把“信念坚定、为民服务、勤政务实、敢于担当、清正廉洁”的好干部标准落到实处，选拔忠诚干净担当的干部队伍，选拔适应新时代要求、具备“三种能力”要求的干部队伍，打造一批政治站位高、思想素质硬、实践能力强的疾控人才。

4. 持续加强作风建设，为疾控事业高质量发展创造良好的政治生态

要认真落实中央八项规定及其实施细则精神，持续纠正“四风”。深入学习贯彻二十届中央纪委二次全会精神，强化经常性纪律教育，坚持党性党风党纪一起抓，增强中心党员干部纪律意识。要以学正风，大兴调查研究，加强作风建设，在主题教育中力戒形式主义、官僚主义，避免对基层重复调研、多头调研；要坚决杜绝“低级红”“高级黑”，确保主题教育落地见效。

这段时间，我先后带领国家疾控局卫生与免疫规划司、综合监督一司、综合监督二司，中国疾控中心到黑龙江、安徽、贵州、陕西等地，主要围绕疾控体系建设、疫情防控、地方病和血吸虫病防治情况及能力建设情况、卫生监督能力建设、建立医疗机构监督员制度等开展调研。

围绕疾控事业高质量发展、疾控体系改革和群众最关心的问题难题等，中心其他领导班子成员和各单位、各部门也都深入基层开展调研，形成了调研问题清单。下一步，希望大家能按照问题清单内容，结合实际，加快推进整改，把“问题清单”变为推动中心事业发展的“成果清单”，以问题引领“调研”识别真问题，找到硬办法，不搞纸面调研、报告文学，抓好调研成果转化，做到边调研、边梳理、边对照、边整改。

5. 落实管党治党政治责任，推动落实全面从严治党责任

压实各级党组织全面从严治党主体责任和书记第一责任人职责、领导班子成员“一岗双责”，层层推动落实管党治党责任，确保一贯到底。要按照 2023 年度党风廉政建设和反腐败分工意见表，推动落实各项具体工作。扎实做好基层党组织书记党建述职评议考核工作，强化考核结果运用。要深化“以案促改”，常态化开展警示教育。要在主题教育中做好干部队伍的教育整改工作，对照 9 个方面问题开展自查自纠，坚持边查边改、立查立改，着力锻造政治上绝对可靠、对党绝对忠诚的疾控干部队伍，为疾控事业高质量发展创造良好的政治生态。

当前，中心党风廉政建设和作风建设整体趋势向好，但是中心党员违纪违法现象时有发生。这说明我们还要在层层传导全面从严治党压力上下更大的功夫，要进一步加强对党员干部，特别是“关键少数”的教育管理监督，同时还需要扎牢扎紧制度牢笼，在标本兼治上下功夫，一体推进不敢腐、不能腐、不想腐。

（二）持续提升“三种能力”，奋力谱写中国式现代化疾控事业新篇章

中国式现代化是党领导全国各族人民在长期探索和实践中历经千辛万苦、付出巨大代价取得的重大成果，是现代化强国建设的必由之路。我们要进一步全面深刻理解中国式现代化的重要意义，按照党的二十大对疾控工作提出的新目标新任务，奋力谱写中国式现代化疾控事业的新篇章。

1. 要在系统重塑疾控体系上下功夫

习近平总书记提出“整体谋划、系统重塑、全面提升”的疾控体系改革的总体原则，强调“优化完善疾病预防控制机构职能设置”。为此，我们重点强化三个方面的问题。

一是强化疾控机构核心职能。我们要加快推进疾控体系改革，明确各级疾控机构核心职能。首先，作为国家级疾控中心，怎样才能更好地发挥疾控系统领头雁作用？这就要重点强化疾病预防控制、卫生应急、科学研究、教育培训、全球公共卫生治理等职能。我们

紧抓推进二期工程建设、P4 实验室建设，研究推动预防医学科学院学科建设、落实 55% 高岗比例、确定中心“三定”方案、争取公共卫生人才培养项目、筹备直属科研类公益二类事业单位，利用开展主题教育的契机，努力强化方方面面的工作。其次，国家区域公共卫生中心正在遴选，下一步确定后，将发挥区域内辐射支援与示范带动作用，建立完善相应工作机制。再次，省级疾控机构要强化省域传染病疫情防控和突发公共卫生事件应急处置、实验室检验检测、应用性技术研究、公共卫生信息统筹管理和对外合作交流等职能。最后，市、县级疾控中心要做好重新组建工作，稳妥有序推进与同级卫生监督机构整合，强化疫情防控和公共卫生监督执法职能。随着改革的不断深入，各级疾控机构发展定位和建设目标仍是亟须我们研究和回答的问题。

二是加强医疗机构疾控工作。制定医疗机构公共卫生责任清单和经费保障政策，提高医疗机构公共卫生履责能力。探索建立疾控监督员制度，探索多种模式在公立医院、基层医疗卫生机构和社会办医院设立专兼职疾控监督员，并接受属地疾控机构的业务指导。

三是夯实疾控工作基础。强化落实疾控属地责任、部门责任、单位责任、个人责任。进一步明确机关、企事业单位和社会组织的疾控任务。学校、监所、托幼机构及有条件的养老机构、儿童福利机构和未成年人救治保护机构等要设立卫生室（医务室、保健室、保健观察室），配备专兼职卫生技术人员或保健员，做好疾控工作。完善社会力量参与疾控工作机制，培育相关领域社会组织和专业社工、志愿者队伍。

2. 在全面提升疾控专业能力上做文章

习近平总书记强调，“改革疾病预防控制体系，提升疫情监测预警和应急响应能力”。要不折不扣落实党中央关于疾控体系改革的总体部署要求，一是提升监测预警能力。改进不明原因疾病和异常健康事件监测机制，组织开展早期监测预警和风险评估技术研发，提升数据集成、风险识别、智能分析、精准预警能力。加强疾控体系与各部门业务系统数据联动监测和实时共享，打通传染病防控和公共卫生相关的数据和信息壁垒，完善预警制度和信息发布制度。通过近期调研发现，数据不融合仍是当前阻碍监测预警能力提升的关键问题，需要尽快研究建立相应的工作机制，推动问题解决。二是提升应急处置能力。建立健全集中统一高效的应急指挥体系和联动联防联控机制。针对本次调研中发现的流调队伍缺乏的实际，重点培养各级疾控机构流调人才，提高流行病学调查和风险评估能力，为政府决策提供支撑。完善传染病疫情和突发公共卫生事件应急预案体系，加强公共设施平急转换能力，定期开展应急处置培训演练。三是提升检验检测能力。近期调研发现，部分地区实验室建设和设备配置还存在缺口，更大的问题是，地市级和县级疾控机构实验室专业人员显著不足，检验检测能力提升缺乏专项支持，资质认定项目缩减，配置的设备用不上、用不好。必须大力开展检验人员培养培训，建立常态化质控考核机制，加强实验室规范化管理和生物安全管理。建立以疾控机构实验室为主体、联系各方检验检测力量的公共卫生实验室网络，提高检测能力。四是提升传染病救治能力。统筹应急状态下医疗卫生机构动员响应、区域联动、人员调集，建立健全分级、分层、分流的重大疫情救治机制。依托高水平医疗机构，升级改造建设国家重大传染病防控救治基地。五是提升公共卫生干预能力。持续加强艾滋病、结核病、病毒性肝炎等重点传染病防控。强化疫苗预防接种，国家免疫规划疫苗接种率保持在 90% 以上。巩固重点寄生虫病、地方病防治成果。健全环境健康综合监测网络体系和风险预警平台，推动环境健康风险评估制度建设。建立并完善重点公共场所健康风险监测、调查与评估制度，加强学生常见病和健康危险因素监测及综合干预，推进儿童青少年近视防控等工作。国家疾控局提出要求，要严格学生常见病监测数据传送安全保护问题，疾控中心研究承担这项工作，要坚持安全底线思维、加强挂靠单位管理，与高校合作分析。加强职业卫生、放射卫生、伤害监测、营养健康、妇幼健康、老年人健康危险因素监测及重点慢性病的早期筛查、干预、分类管理和健康指导。六是提升卫生健康监督行政执法能力。习近平总书记强调，“健全权责明确、程序规范、执行有力的疫情防控执法机制”。要着力打造国家、省、市、县四级卫生健康综合监督行政执法体系，在国家、省级层面强化宏观行政领导，探讨卫生监督技术支撑机构，加强监督机构规范化建设，满足监督工作业务用房等需求，加强监督队伍培训，提升监督人员的业务能力和水平，提高监督效能。七是提升宣传动员能力。切实发挥党委政府的主导作用，全面加强疾控宣传教育工作，建立平急结合的疾控信息发布、新闻舆论引导、科学知识普及和社会宣传动员统筹推进工作机制。完善宣传部门统筹，网信、卫生健康、疾控等部门参与的舆论引导快速反应机制，把握正确的舆论导向，及时回应社会关切。广泛普及疾控科普知识和政策，各级各类媒体要加大宣传普及力度，形成全社会共同关心参与疾控工作的良好局面。

3. 在强化保障措施落实上见实效

习近平总书记指出，“要把全国疾控体系建设作为一项根本性建设来抓，加强各级防控人才、科研力量、立法等建设，推进疾控体系现代化”。要落实好习近平总书记的重要指示精神：

第一，加强人才队伍建设。一是构建院校教育—毕业后教育—持续教育贯通的人才培养体系，加强系统内继续教育，加强 CFETP，做强做大，为全国应急处置、提升现场流行病学能力提供保障。二是加强疾控体系人才队伍的专业化建设，确保人才队伍的专业化水平。三是建立健全选人用人机制，激发疾控人员活力。四是建立合理的薪酬制度、考核机制和激励机制，提高人员积极性。

第二，推进法治建设。一是要建立高效、完善的疾控领域法规体系，强化疾控工作的法律保障，维护司法公正，强化国民法治意识。二是要建立突发公共卫生事件应急动员相关法律法规，确保组织有序、政令畅通、运转高效。三是要加快推进传染病防治法、突发公共卫生事件应对法、应急处置条例等法规的修订工作。四是要加大执法力度，保障疾控工作的顺利推进，加强疾控法律法规的宣传，树立国民的知法、守法意识。

第三，推动信息化建设。一是建立公共卫生多点预警监测平台。二是依托国家全民健康信息平台，以电子病历、健康档案以及全员人口数据库为基础，在信息安全、标准规范、运行维护保障体系支撑下，健全和完善覆盖全国的疫情报告监测预警及其公共卫生突发事件信息网络体系。三是充分利用大数据、云计算、5G、物联网、区块链、人工智能、数学模型等技术手段，实现与医疗机构的数据联通，智慧化、自动化地采集病原体、相关综合征和健康异常等信息，并自动发出预警信号，在常态化监测、疫情预警处置、趋势预测研判、传染源追本溯源、资源调配和防控救治方面发挥重要支撑作用。四是建立高效的信息决策管理机制。

第四，加强科学研究。一是在科技项目布局、基地建设、人才培养等工作中，强化协同攻关机制，鼓励与高校科研院所合作，优化数据、平台等科研资源的共享开放机制，培育跨学科、跨领域的科研团队。二是加强病原学诊断产品、药物及疫苗研发、病原学与流行病学等领域的持续科研攻关，逐步在药物研发以及试剂开发、评价等方面与社会力量开展合作，推动产学研协同发展。三是实施疾控研究项目单独分类专项计划，加大科研支持力度，建设科研攻关体系，重点支持重大传染病防控策略、核心防控技术和干预措施研究。四是构建现代化实验室检测网络体系。在国家层面和区域层面布局建设重点实验室，加强公共卫生体系实验室的统筹管理，加强对临床实验室、社会服务实验室的指导，扩大实验室检测范围，提升检测质量，缩短检测时限。

第五，加强医防协同和医防融合。一是在保持疾控体系独立性和权威性的同时，探索公卫、临床医师之间的工作岗位互换。二是实现各级疾控机构传染病信息管理系统与医院诊疗信息平台的对接，完善信息平台之间的互联互通，消除疾控机构与医疗机构部门之间的信息壁垒，避免信息“孤岛”，搭建疫情信息传递的“高铁”。三是建立疾控机构和医疗机构的互动协同监测机制，提高传染病报告工作中医院自查反馈和疾控机构调查督促的工作运转效率。

同志们，新时代疾控现代化是中国式现代化的重要组成部分，是党赋予疾控人的新时代神圣使命，新征程对疾控广大党员干部提出了更高要求。一是实现中国式现代化疾控，推动疾控高质量发展，迫切需要广大党员干部增强智慧，提升能力，提高本领。二是切实提升政治能力，答好“理论题”，要利用好碎片时间，强读强记，常学常新。三是切实提升思维能力，答好“发展题”，在工作中勇于啃最硬的骨头、挑最重的担子、闯最险的难关，切实把能力提升起来，把干劲激发出来。四是切实提升实践能力，答好“为民题”，要把人民对美好生活的向往作为奋斗目标，把群众关心的事一件一件办好。

我们要以提升“三种能力”为出发点，以忘我的情怀、一心报国的情怀，以功成不必在我、功成必定有我，不求发光、只求发热的信念，全身心投入建设中国式现代化疾控的伟大事业，奋力谱写中国式现代化疾控新篇章。

今天的党课到此结束，谢谢大家！

在学习贯彻习近平新时代中国特色社会主义思想主题教育总结大会上的讲话

中国疾病预防控制中心党委书记　卢江

（2023 年 9 月 15 日）

尊敬的局指导组，同志们：

自主题教育开展以来，中心党委按照党中央部署要求和国家疾控局党组工作安排，在国家疾控局主题教育指导组有力指导下，深入学习贯彻落实习近平总书记关于主题教育系列重要讲话和重要指示批示精神，牢牢把握主题教育总要求，锚定具体目标，把理论学习、调查研究、推动发展、检视整改、建章立制贯通起来，有机融合、一体推进，推动中心各级党组织高标准严要求完成主题教育各项工作任务，达到了预期目的，取得了良好成效。下面我代表中心党委从 4 个方面做主题教育总结报告。

一、中心主题教育取得的主要成效

（一）深入学习贯彻习近平新时代中国特色社会主义思想，中心各级党组织和广大党员、干部知信行统一的能力进一步提升，政治忠诚进一步筑牢

中心党委和各级党组织以坚持和加强党中央对疾控事业的集中统一领导为最高原则，认真学习习近平总书记“以学铸魂、以学增智、以学正风、以学促干”等关于主题教育的系列重要论述，以及习近平总书记对疾控领域的重要指示批示精神。

一是坚持领导带头、以上率下深入开展学习。中心各级党组织严格落实“第一议题”制度，先后召开 11 次党委理论学习中心组学习和 4 次中心组扩大学习，中心领导和各单位领导班子坚持先学一步、学深一层，通过党委常委会、主题教育动员部署会、读书班、研讨交流等形式，全面系统、及时跟进传达学习习近平总书记最新重要讲话和重要指示批示精神。

二是认真制定中心主题教育理论学习方案，推动全体党员、干部读原著学原文悟原理，深入研读党的二十大报告和党章、《习近平著作选读》、《习近平新时代中国特色社会主义思想专题摘编》等指定书目，全面领会习近平新时代中国特色社会主义思想的科学体系、核心要义、实践要求。

三是分类指导推进基层党组织开展形式多样的理论学习。依托理论学习大讲堂和“学思践悟”小课堂、微课堂、自学堂、云课堂等形式，同时结合“四强”党支部创建、“三会一课”、主题党日，通过领导干部带头讲专题党课、在职党员分享交流学习心得、青年干部开展“与信仰对话”主题团日、学生党员写学习心得、离退休党员结合“光荣在党50年”纪念章颁发活动开展集中学习等形式，有力推动理论学习常态化。

自主题教育开展以来，中心各党支部以及党小组共开展“学思践悟”小课堂和微课堂1 284次，在中心开展的主题教育知识测试中，所有党委（总支）的平均成绩均在96.62分以上，理论学习成效十分显著。通过理论学习，切实提升了中心党员、干部的理论素养，锤炼了党性修养，有力推动了中心广大党员、干部坚定理想信念，促进真心爱党、时刻忧党、坚定护党、全力兴党的政治自觉进一步增强。

（二）深入基层开展调查研究，中心各级党组织和广大党员、干部履职能力水平进一步提升

中心领导班子带领分管部门处室深入学习领会习近平总书记关于调查研究的重要论述，聚焦疾控事业发展最紧迫的问题、人民群众最关心的急难愁盼问题，赴21个省（自治区、直辖市）、43个地市组织开展了56项调研课题，形成高质量的调研报告，并根据调研发现的问题有力推动重点工作落实落地。

加快推动了《疾控体系高质量发展指导意见》《加快实现消除血吸虫病目标行动方案（2023—2030年）》《关于遏制我国黑热病疫情回升策略和措施的建议报告》和中心2023—2030年信息化建设发展规划方案等文件的出台，加快修订疾控机构实验室设备配置标准和检验检测能力标准；进一步掌握了各地监测预警能力建设情况，推动中心科技、教育、人才培养等工作协同高效发展；提出“纪检监督与审计监督贯通协同实施办法”的工作思路和建议；全面掌握当前疾控系统干部职工思想状况，有针对性地开展典型案例征集活动，有力提升疾控行业思想政治工作。

另外，中心坚持以职工需求为导向，通过调整摆渡车、增设自动冷饮食品售卖机、自动咖啡机、北区食堂增设主副食外卖、南区食堂增开晚餐供应、提供洗衣服务等措施，不断提高后勤服务质量，进一步提升中心职工幸福感。

（三）以推动疾控事业高质量发展为首要任务，中心各级党组织和广大党员、干部干事创业的精气神进一步提振

通过主题教育，中心全体党员、干部用党的创新理论指导实践、推动工作的意识和能力持续提高，干事创业、担当作为的精气神更加昂扬。中心“四位一体”核心职能的各项

重点工作加快推进，取得明显成效。

一是抓好传染病防控、卫生应急处置工作。持续做好传染病监测和急性传染病暴发流行控制，在山东等地开展布病不良治疗结局及影响因素专题调查，对安徽、湖南等7个血吸虫病重点省份开展血防春查。协助制订《结核病防治中长期行动计划（2023—2030年）》；启动凉山州全域艾滋病、丙肝、梅毒、结核多病共防项目。有序开展洪涝灾后防疫等卫生应急处置工作，环境卫生消杀工作及时到位，确保大灾之后无大疫。指导相关地区开展猴痘疫情和人感染禽流感疫情调查处置，圆满完成多次重大活动保障任务，扎实推进各类传染病防控工作。优化提升慢性病预防控制能力，稳步提高公共卫生健康危害因素监测水平。持续开展2022年全国居民营养与健康状况监测，推进2023年度中国食物成分监测；组织开展职业病、放射性危害因素监测，并利用监测数据开展风险评估；推进国家人体生物监测和国家环境与健康监测，持续开展城乡饮用水水质监测，完成《生活饮用水标准检验方法》系列标准以及《全国城乡饮用水水质监测工作方案（2023年版）》修订工作；开展妇幼健康子系统联通共享试点，实施青少年心理健康发展、中西部宫颈癌筛查等项目，持续推进孕产妇及新生儿健康监测；利用全国成人和青少年烟草流行监测系统进行烟草调查数据的整合分析。

二是聚焦国际一流疾控中心目标能力建设。加强国际交流和全球项目管理，通过全球性、区域间、与国际组织的项目合作和高层对话，开展传染病防控与公共卫生专题业务培训，加强信息沟通和协同发展，提升中心全球公共卫生治理能力和话语权。成功申报获批2个全国重点实验室建设项目，进一步加强国家重大传染病防控科技攻关力量。建立统一的病毒病监测数据分析平台；健全多层次多渠道检验检测体系。动物生物安全三级实验室（ABSL-3）改建已通过科技部审查批准。模式动物生物安全三级实验室建设进入收尾调试阶段。稳步推进中心二期工程建设，积极促成与高校院所的人才双向培养，计划正式启动公共卫生博士招生工作。

三是积极推动疾控体系改革。有序推进中国预防医学科学院挂牌和中心“三定方案”出台。组织筹建国家疾病预防控制专家委员会，形成《专家委员会管理办法（初稿）》。

四是加强中心干部人才队伍建设。第一，加强中心干部队伍建设，完成30余名处级干部的选任和岗位调整工作。目前提任正处13名，提任副处12名，下周将研究启动第二批。第二，全力推动《三年内部岗位聘任方案》，今年以来，完成400余人的职称评定和岗位聘任。同时，在国家疾控局的大力关心和支持下，中心积极争取专业技术高级岗比例获批提升至55%。在稳步推进岗位评聘工作的同时，积极落实国家对新冠疫情防控一线人员职称评聘绿色通道策略的使用，为中心人才成长和队伍建设提供了更加广阔的发展空间。第三，高层次人才绩效工资单列试点工作进展顺利，形成《中心2023年度高层次人才绩效工资单列实施考虑》。第四，制定《首席专家管理办法》，下周开始评定，更好地发挥专家助力科学决策的作用。第五，持续推进公共卫生人才培养项目组织实施及管理工作，已完成组织推荐中心 4 个方向 18 名高层次人才参加全国遴选，已有 7 名同志被推荐成为高层次人才。

五是全面提升中心党建工作质量。把政治建设摆在首位，认真学习贯彻习近平总书记关于推进中央和国家机关党的政治建设重要指示精神，切实全面提升中心干部队伍的政治意识、政治规矩。不断夯实组织建设，成立总部党委，完成中心机关两总支所属党支部的调整优化和队伍充实；组织 8 个党支部申报中央和国家机关“四强”党支部，推进支部建设标准化规范化；开展“两优一先”评选，营造了学习先进、干事创业的浓厚氛围。持续加强作风建设和纪律建设，通过主题教育，一方面，进一步严格组织纪律、请假制度；另一方面，严肃调研作风，特别是及时解决调研发现的问题，前期在强化关心群众职工生活、抓好后勤保障方面取得的成效，充分表明我们的工作作风在不断提升；抓好党风廉政建设，加强对二期工程的政治监督；开展警示教育月活动，全体党员、干部增强了纪律意识、规矩意识，筑牢不想腐的思想防线。

（四）坚持刀刃向内进行检视整改，中心各级党组织和广大党员、干部勇于自我革命精神进一步增强

中心党委和各级党组织对标对表习近平新时代中国特色社会主义思想和党中央重大决策部署，坚持边学习、边对照、边检视、边整改，抓好突出问题的整改整治，推动各项问题整改取得明显成效。对照 6 个方面要着力解决的突出问题，系统梳理调查研究发现的问题、推动发展遇到的问题、群众反映强烈的问题，归纳形成 4 条问题清单，逐项抓好落实整改。目前，2 条问题已经完成整改，涉及人才流失和后勤服务质量的问题已完成阶段性目标，并将长期坚持。印发《关于查找基层治理不良现象 更新整改整治工作问题清单的通知》，经查摆，中心目前未发现基层治理不良现象方面有突出问题。开展“五个一”专项检查，全面排查检视中心意识形态工作存在的问题和风险隐患，筑牢中心意识形态安全防线。认真开好专题民主生活会和组织生活会，有力促进问题的检视整改。

（五）严肃认真开展干部队伍教育整顿，中心风清气正的政治生态进一步形成

中心坚持把主题教育和干部队伍教育整顿一体部署、一体推进，有力推动中心干部队伍高质量发展。围绕干部队伍教育整顿目标任务，特别是 9 个方面的突出问题，在中心总部和直属单位中深入开展自查自纠，形成 2 条问题清单，并从加强中心干部队伍建设、加强党规党纪学习和警示教育两方面制定了切实有效的整改举措。进一步强化建章立制，主题教育开展以来，中心共制修订工作制度和管理规定文件 13 项，不断夯实制度保障和制度约束，中心党员、干部公正用权、依法依规用权、为民用权、廉洁用权的自觉性明显

增强。

同志们！在党中央坚强领导下，在局党组正确领导下，在局指导组精心指导下，通过5个多月扎实深入开展主题教育，中心各级党组织和广大党员、干部理论武装进一步强化，政治素质进一步提升，能力本领进一步增强，为民情怀进一步厚植，作风建设进一步加强，中心全体党员、干部进一步增强了坚定拥护“两个确立”、坚决做到“两个维护”的政治自觉、思想自觉和行动自觉，更加坚定了奋力谱写中国式现代化疾控新篇章的信心决心。

回首5个月以来的主题教育，局指导组各位同志不辞辛苦，出席参加中心主题教育重要会议和活动，对主题教育各环节全过程给予悉心指导和大力帮助，有力推动中心主题教育走深走实，也为我们做出了表率、树立了榜样。在此，让我们再次以热烈的掌声，向局指导组同志们表示衷心的感谢！

二、经验总结

同志们，在总结5个月的主题教育成效的同时，我们认真总结提炼成功经验，将其作为未来需要长期持久发扬光大的好的做法，并以此推动下一步的理论学习、调查研究和推动疾控事业高质量发展。这里主要归纳了5个方面的经验。

一是必须坚持以党的政治建设为统领。习近平总书记高度重视这次主题教育，多次作出重要指示批示，为全党开展主题教育提供了根本遵循、树立了标杆。局党组高位推进，贺胜局长亲自抓、亲自部署安排，有力指导全局主题教育各项工作的开展。中心党委切实提高政治站位，把主题教育作为加强政治建设、担当政治责任、推进全面从严治党的政治淬炼，作为捍卫“两个确立”、做到“两个维护”的首要政治任务，教育引导中心各级党组织和全体党员、干部以高度的政治自觉、严肃的政治态度、饱满的政治热情投身于主题教育中，确保取得实效。通过主题教育，严肃请假制度、严肃纪律管理，有效提升了中心广大干部职工在大是大非面前、在重大工作事项面前的政治意识、规矩意识、纪律意识。

二是必须坚持以理论武装为基础。在主题教育中，中心党委牢牢把握“学思想”这一要求，坚持“第一议题”制度，第一时间全面及时跟进学习习近平总书记最新重要讲话精神，第一时间全面贯彻落实局党组各项工作要求；保证规定动作不走样、不变形；同时，结合中心工作实际，分类指导在职党员、学生党员、离退休党员开展形式多样的理论学习，打下坚实的思想理论基础。这些成功的做法要长期持久地坚持下去。

三是必须坚持以推动发展为落脚点。中心党委坚持把开展主题教育同贯彻落实党中央对疾控工作的部署要求结合起来，围绕疾控事业高质量发展任务目标，研究形成一批务实管用、操作性强的工作思路和具体举措，切实把学习成效转化为发展实效，坚持以推动中心高质量发展、提高人民生活品质的新成效检验主题教育成果。要以这次主题教育为契机，深入研究思考各个部门、各个专业领域的发展方向和目标。前期，洪兵同志带领大家深入思考并提出了一系列的发展思路，但是高质量发展不是一蹴而就的。目前中心领导班子的各位同志都通过主题教育系统调研，规划未来的发展方向。例如，科研成果转换，如何聚焦疾控主业发展开展科技成果研究；如何利用中心平台资源开展成果转换，全面提升广大科研人员和全体干部职工的待遇，全面调动其积极性；如何尽可能抓住一切政策机遇，推动人事人才工作；如何抓好信息化，统筹规划发展等。中心班子领导给大家带了好头，希望各部门的领导同志都能够静下心来，把这次主题教育形成的一些好的、管用的思路和措施进一步拓展坚持下去。

四是必须坚持以作风建设为抓手。中心党委把学习领会习近平总书记关于坚决防止和克服形式主义的重要指示纳入主题教育调查研究和理论学习的重要内容，深刻认识形式主义和“低级红”“高级黑”的严重危害，在坚持深入基层开展调研的同时，力戒形式主义、官僚主义，以严实作风确保了主题教育质量和实效。

五是必须坚持以落实责任为保障。中心党委和各单位党委（总支）切实扛起主体责任，党政主要负责同志担任各单位主题教育领导小组组长，靠前指挥、督促指导，大力推进主题教育的组织落实，为各级党组织和全体党员、干部当了示范、做了表率。中心和各单位领导班子成员切实履行“一岗双责”，在做好自身教育的同时，加强对分管领域的督促指导，推动落实责任。中心成立 5 个指导组，加大对各级党组织的督导检查。在局党组的大力领导下，在局指导组的悉心指导下，在中心党委的积极推动下，中心各级党组织全面加强组织协调和工作推进，真正发挥了一级带一级、一级推一级的作用，为主题教育顺利开展提供了坚强的组织保障。

三、存在的问题和不足

从整体来看，中心党员、干部对主题教育的感受深、收获多、满意度高，在随机抽取 138 人开展的无记名集中测评中，所有同志对中心开展主题教育的总体评价均为“好”。在充分肯定成绩的同时，我们也要清醒看到，对照党中央部署、局党组要求和人民群众的期盼，还存在一定的差距。

突出表现：在理论学习方面，中心广大干部职工的学习自觉性不够强，基层党组织缺乏学习系统性规划性，对党员日常学习的督导管理力度还不够大、约束机制还不够完善；在调查研究方面，调查研究的案例解剖、经验总结、成果转化等工作力度还不够大，要持续推进重点课题调研成果剩余 10 个问题清单的转化运用；在工作作风方面，还存在关心职工思想工作不够、个别部门领导干部的大局意识和群众意识不强、凝聚力不足。中心的一些想法还没有及时传达到群众中。个别干部缺乏做群众思想工作的意识、带好团队意识。在这次干部选拔中，我们坚持了好干部标准，坚持了干部选拔程序，更重要的是，听取了各部门领导的意见，深入群众，听取了群众的意见。我们的体会是，有的部门，有的领导班子核心作用不够，班子团结不够，和群众沟通不够。下一步在选聘中，希望各部门加强整改，把优秀的干部、群众满意的干部选拔出来，把各种好的职称评聘政策落实下去，把好事办好，创造良好的政治生态。在安全管理上，我们还存在保密工作责任制落实不够到位、保密制度建设不够完善、保密宣传教育培训力度不够大、保密要害部位和秘密载体管理不够规范等问题，亟须下大力气抓好整改。在推动发展上，还需要进一步加大政策争取力度，克服抓工作任务措施落地落实韧劲不足、力度不够等问题，在检视整改上，常态化推进问题整改的有效机制还要进一步完善，对于个别需长期坚持的整改措施要持之以恒。对于以上差距和不足，需要在今后的工作中持续用力抓好整改落实，建立健全长效机制，确保主题教育常态长效。

四、下一步工作

一是要认真学习贯彻落实习近平总书记关于认真总结第一批主题教育的成功经验的重要要求，持续巩固主题教育成果，要将主题教育“学思想、强党性、重实践、建新功”的总要求和以学铸魂、以学增智、以学正风、以学促干的目标任务，作为中心各级党组织政治理论学习的长期目标，抓好理论学习常态化、制度化，将主题教育成效转化为推动疾控事业高质量发展的强大力量，不断提高运用习近平新时代中国特色社会主义思想的世界观和方法论指导实践、破解难题、推动工作的能力。

二是要认真贯彻落实习近平总书记提出的“党员干部一定要加强理论学习、厚实理论功底”的重要要求，持续强化理论学习和思想引领。要充分发挥好党委理论学习中心组学习的示范作用，坚持发挥领导带学促学作用，整体提升中心党员、干部的政治理论水平和学以致用能力。要继续用好“学思践悟”系列学堂的作用，鼓励引导各级党组织结合实际打造学习品牌，不断丰富学习形式和载体，进一步提升学习成效，引导党员、干部在深学细照笃行中不断夯实坚定拥护“两个确立”、坚决做到“两个维护”的思想根基。

三是要坚决贯彻落实习近平总书记关于树牢造福人民的政绩观的重要指示精神，持续树牢和践行正确的政绩观。要不断加强中心工作作风，抓住一切机遇，迎难而上，争取和用好有利于加快解决中心发展所需、改革所急、群众所盼、民心所向的问题。岗位聘任工作要在争取到55%高级岗位比例的同时，规划好未来年度使用计划，要在落实好2019—2022年岗位聘任方案的同时，千方百计研究论证新冠疫情防控期间的绿色通道政策，从根本上解决岗位聘任长期积累的困扰广大干部职工的问题。另外，中心正在尽快出台中心科研成果管理办法，科学、公平地用好中心的平台和资源，提升中心职工整体待遇。

四是要坚决贯彻落实习近平总书记关于疾控工作的重要指示批示精神，准确把握新时代疾控工作的使命任务，不断建立健全与中国式现代化相适应的疾控工作机制；加快推进疾控体系改革，确保年底前高质量完成改革任务；要发挥国家队“领头雁”作用，在提升专业核心技术能力、增强高水平基础和应用研究、加强高层次人才建设等方面下更大功夫，使主题教育推动事业发展的作用更加彰显。

五是要坚决贯彻落实习近平总书记关于健全全面从严治党体系的重要论述精神，推动各级党组织切实履行全面从严治党主体责任，督促各单位领导班子成员履行“一岗双责”，支持纪委发挥监督责任，建立层层传导压力的中心全面从严治党工作机制。要密切关注违反中央八项规定及其实施细则精神的新动向、新表现，盯住苗头性倾向性问题不放松。要大力推进中心新时代廉洁文化建设，通过经常性的监督提醒和批评教育，一体推进“三不腐”，推动中心形成清清爽爽的同志关系、规规矩矩的上下级关系。

六是要以习近平总书记关于党的建设的重要思想为指导，以党的政治建设为统领，全面推进中心党的政治建设、思想建设、组织建设、纪律建设、作风建设、制度建设、党风廉政建设和反腐败工作。要充分发挥党建引领保障作用，以高质量党建推动疾控事业高质量发展，全力提升中心各类传染病防控、慢病防控、五大公共卫生管理、科学研究、教育培训、全球公共卫生治理能力水平，积极推动疾控体系改革任务落地见效，在服务人民群众生命安全和身体健康中发挥更有力的专业技术支撑作用。

同志们，站在疾控事业发展新的历史起点上，我们责任重大、使命光荣。让我们更加紧密地团结在以习近平同志为核心的党中央周围，全面贯彻落实党的二十大作出的决策部署，巩固拓展主题教育成果，坚定理想信念、凝聚思想共识，以高度负责、奋发有为的精神状态，奋力谱写中国式现代化的疾控篇章，为推进中华民族伟大复兴贡献新的更大力量。

第二部分

工作进展

党办工作

【深入开展学习贯彻习近平新时代中国特色社会主义思想主题教育】印发主题教育实施方案、大兴调查研究实施方案、理论学习方案等文件，组织中国疾控中心党委理论学习中心组学习扩大会 4 次，中心党员干部 144 人讲专题党课，开展“学思践悟”小课堂和微课堂 1 284 次、知识答题活动 1 386 人参加。创建中心总部党建文化墙 29 块，制作专题展板 40 张、宣传背景板 1 块，道旗 45 副，横幅 2 条，营造良好的学习氛围。组织开展主题教育专题民主生活会、组织生活会，迎接中央指导组莅临检查 2 次，完成主题教育“回头看”总结工作。

【加强理论武装工作】深入学习宣传贯彻党的二十大精神，组织中国疾控中心党员干部 400 余人参加“深入学习贯彻党的二十大精神”专题培训，组织全国疾控系统 80 余名专兼职党务干部参加“学习贯彻党的二十大精神”党务干部培训。组织中心专兼职党务干部 120 余人次参加中央和国家机关工委、国家卫生健康委、国家疾控局相关理论学习培训。

【推进组织建设工作】完成国家疾控局直属机关第一次党代会委员候选人和代表推选等工作，优化调整机关两总支及总部党支部设置，成立中心总部党委，指导病毒病所党委、改水中心党总支换届工作。开展“两优一先”评选表彰，中心 139 名党员、48 名党务工作者和 37 个基层党组织受到表彰。深化“四强”党支部建设，中心 6 个党支部获评 2023 年中央和国家机关“四强”党支部，8 个“四强”党支部通过复核。完成中心党委

2023 年发展党员计划 29 人。

【夯实意识形态工作】组织中国疾控中心直属各单位、总部各处室签订意识形态工作责任书 46 份。成立中心意识形态工作领导小组，组织召开中心意识形态工作专题会议。开展中心意识形态相关工作检查，形成夯实意识形态工作责任制专项工作情况表和 2023 年度意识形态工作总结。

【落实全面从严治党主体责任】制定印发中国疾控中心党委落实全面从严治党主体责任清单、全面从严治党、党风廉政建设和反腐败工作分工意见表、党风廉政建设和反腐败领导小组工作规则等文件，召开领导小组会议，组织开展“以案促改”专题民主生活会。落实 2022 年度党建综合督导和党建述职评议考核工作。

【开展疾控分会工作】完成疾控分会第四届理事会换届选举，组织召开 1 次理事大会、2 次常务理事会、1 次会长办公会、1 次秘书长扩大会。推荐 6 个单位申报全国卫生健康系统思想政治工作“示范单位”，征集全国疾控系统思想政治工作典型案例 60 余份。

【开展思政调研工作】开展全国疾控系统干部职工思想动态摸底调研、全国疾控机构思政工作调查。收集调查问卷 6 万余份，现场访谈 90 余人，形成关于疾控系统干部职工思想状态调研报告。

（项春、曾彦、贾惠岩）

综合管理

【保障中心运转】印发《2023年中心工作要点》，优化中心公章管理流程和信息化审核。运转公文1.6万件。协调8家挂靠单位顺利接入中心OA（office automation，办公自动化）系统。筹备完成全国疾控中心主任工作会、中心工作会和中层干部例会、主任会等32次。完成各级领导调研接待8次。鉴印3 200余套。完成经济合同动态管理流程审查891条。归档6 000余件档案。完成《中国疾病预防控制中心年鉴（2021年）》和《中国疾病预防控制中心年鉴（2022年）》编纂。

【落实"制度建设年"】汇编中心内部管理制度186项，聚焦办公室职责，完成中心8项制度的制修订。

【推进援疆援藏】印发中心年度援疆工作计划，接收2名人员进修学习，组织召开中心年度援疆工作会议。

【做好新闻宣传】审核发布各类新闻类稿件1 100余篇，协调派员参加国家卫生健康委新闻发布会28场36人次，受理媒体采访54件，实时监测、及时应对热点敏感信息风险。制发中心特色宣传材料、影像资料、文创办公用品等。

【狠抓安全生产】组织完成中心各类安全生产督导检查4次，接待上级部门检查2次。印发《中心安全生产工作方案（试行）》。

【筑牢保密防线】调整中心保密委员会，成立密码工作领导小组，召开7次保密专题会议，组织7次保密审查和3次直属单位保密检查，妥善处理保密违规事件。组织中心开展2次风险隐患排查整改。

【完善对外合作】推动中心与中国生物技术股份有限公司、中国海关科学技术研究中心签订战略合作协议，出台接受公益捐赠管理办法，积极协调中心与科研单位、企事业单位合作事宜。

（夏宏伟、郭岩）

传染病控制

【开展全国传染病疫情监测及重点传染病和病媒生物监测、风险评估与预警工作】完成手足口病等肠道传染病、流感等呼吸道传染病、布病等重点动物源性及媒介传染病的疫情分析、风险评估并提出防控建议，积极参与流感疫情应对及流感疫苗需求评估。持续加强法定报告传染病疫情监测分析与预警，组织传染病常规监测日报、周报、月报，月度疫情形势风险评估报告、月度疫情新闻发布代拟稿，以及冬春季、春夏季、夏秋季和秋冬季重点传染病疫情分析报告。组织编发《2022 年中国传染病监测报告》，2023 年，累计编发各类监测分析报告 450 余期。

【制修订寄生虫病中长期规划、多项技术方案，推动重点寄生虫病的控制或消除】传染病管理处和寄生虫病所，配合国家疾控局，组织专家参与制定《加快实现消除血吸虫病目标行动方案（2023—2030 年）》。2023 年 6 月 16 日，国家疾控局联合其他 10 个部门正式发布了该项规划，提出了分阶段的目标与具体的策略和行动措施，为全面打好消除血吸虫病的攻坚战、加快血吸虫病消除进程、实现 2030 年的消除目标指明了方向。组织专家参与制定《全国包虫病等重点寄生虫病综合防治实施方案（2024—2030 年）》，推动包虫病等重点寄生虫病的控制和消除工作。组织专家制修订《土源性线虫病传播控制与阻断考核方案（试行）》《土源性食源性寄生虫病防治项目终期评估方案》《全国黑热病监测技术方案》《黑热病防治技术方案》《消除后疟疾监测方案》，并下发了《土源性食源性寄生虫病防治项目终期评估方案》，指导相关评估工作的开展。

【开展推进重点寄生虫病控制或消除后维持进程，提升寄生虫病队伍和能力建设重点调研课题】为推进重点寄生虫病控制或消除后维持进程，提升寄生虫病队伍和能力建设，按照中国疾控中心党委关于大兴调查研究实施方案的要求，中心党委书记卢江亲自带队赴黑龙江、安徽、贵州、陕西和山西等省开展推进寄生虫病防控进程和队伍能力建设专题调研。2023 年 5 月 15 日—7 月 13 日，传染病管理处和寄生虫病所的相关同志陪同分赴调研省份开展调研，了解了全国重点地区血吸虫病、包虫病、黑热病、疟疾、土食源性寄生虫病的控制或消除和监测工作现状、存在的主要困难和问题，掌握了重点寄生虫病防治机构改革和人才队伍建设短板、技术需求及发展方向，提出了有针对性的防控规划、项目、人才发展和队伍建设等方面的建议，积极推进全国重点寄生虫病控制和消除进程。

【做好新冠疫情平稳转段及常态化疫情防控】2023 年 1 月 8 日，新冠病毒感染开始实行“乙类乙管”。在此背景下，传染病管理处抽调处室骨干力量参加国家疾控局监测预警专班，分析全国疫情监测数据，及时研判疫情发展趋势，形成监测分析日报、风险评估专题分析报告等，并受国家疾控局委托，定期在中国疾控中心网站上发布全国新冠疫情感染情况（中英文版本），为实现新冠疫情的平稳转段打下了坚实基础。疫情转段以来，继续抽调处室人员参加中国疾控中心新冠疫情监测预警专班工作，持之以恒地开展新冠疫情研判、监测报告撰写、风险评估等工作。

【统筹全国呼吸道传染病多病原监测工作】2023 年 10 月以来，我国呼吸道传染病疫情高发。为了及时掌握急性呼吸道传染病不同病原的流行特征和病原谱变化，提升对重点呼吸道传染病的监测预警能力，2023 年 10 月 18 日，国家疾控局下发通知，开展急性呼吸道传染病多病原监测试点工作，中国疾控中心传染病管理处组织传染病所、病毒病所等多部门统筹哨点医院和网络实验室布局、开展监测试点工作技术培训、撰写全国呼吸道传染病多病原监测周报，分析全国呼吸道传染病疫情形势研判，并根据监测结果及时回应国际机构的关切。联合信息中心，依托中科软科技股份有限公司，开展新冠哨点监测和呼吸道传染病多病原监测系统的网络系统建设，为高效开展呼吸道传染病监测打下了坚实基础。

【多措并举助力流感防控】2023 年 2 月中旬至 4 月底，我国呈现一个以甲型 H1N1 亚型为主的流感流行季，强度略高于新冠疫情前的自然流行年份。为做好新冠、流感等呼吸道传染病疫情控制工作，中国疾控中心传染病管理处组织专家研判国内外新冠、流感等呼吸道传染病流行趋势，定期向国家疾控局报送新冠、流感疫情分析研判报告。接种疫苗是预防流感最经济有效的措施，为做好我国流感疫苗接种工作，传染病管理处组织专家梳理国内外流感疫苗研究进展，于 2023 年 5 月底启动了《中国流感疫苗预防接种技术指南（2023—2024）》（简称《指南》）的修订工作，并于 2023 年 9 月初通过中心网站、微信公众号发布《指南》，指导各地开展流感疫苗接种工作。《指南》发布后被新华社、央视网等权威媒体转载，进一步扩大了影响力。此外，通过流感疫苗效果监测评价网络的监测数据分析发现，2022—2023 年流行季，60 岁及以上老年人接种流感疫苗的保护效果达到 50% ~ 56%，该数据为政府决策提供了询证依据，并有力地支撑了浙江省嘉兴市、宁波市等地继续开展老年人群流感疫苗免费接种工作。

【组织、参与修订常规传染病防控技术指南、规范及方案】组织、参与修订常规传染病防控技术指南、规范及方案，包括《中国流感疫苗预防接种技术指南（2023—2024）》《全国手足口病哨点监测方案（2023 版）》《手足口病预防控制指南（2009 版）》《2023 版狂犬病暴露预防处置规范》《狂犬病监测方案》《发热伴血小板减少综合征防控技术指南（2024 版）》《土源性线虫病传播控制与阻断考核方案（试行）》《土源性食源性寄生虫病防治项目终期评估方案》《全国黑热病监测技术方案》《黑热病防治技术方案》《消除后疟疾监测方案》《包虫病防治手册》等。

【推动肠道传染病防控调研，组织专家进行疫情处置】2023 年 5 月 14—17 日，传染病管理处派专家前往云南省开展肠道传染病督导。2023 年 5 月 18—19 日，传染病管理处派专家前往湖南省开展肠道传染病督导。2023 年 8 月 30 日，在宜昌市夷陵医院肠道传染病监测调研座谈。2023 年 10 月 8 日，传染病管理处派专家赴安徽省马鞍山市含山县参加一起由聚餐引起的霍乱疫情处置工作。2023 年 11 月 17 日，召开《全国手足口病监测方案（2023 版）（初稿）》研讨会。

【开展登革热和发热伴血小板减少综合征等重点病种专题风险评估与疫情处置】完成登革热专题风险评估 4 期、登革热周报 10 期。2023 年 7 月下旬和 8 月下旬，分别举办重点省份和全国 31 个省（自治区、直辖市）登革热疫情分析风险评估专题视频会，通报云南等重点省份疫情，向各省发出预警信号并提供指导意见。2023 年 9 月 17 日和 25 日，分别协助国家疾控局监测预警司、国家卫生健康委医疗应急司对重点省份疾控机构、医疗机构开展登革热疫情防控工作培训。2023 年 9 月下旬，组织专家 4 人次赴云南省西双版纳傣族自治州景洪市开展现场疫情处置指导。开展钩端螺旋体病、发热伴血小板减少综合征和基孔肯雅热专题风险评估各 1 期。2023 年 11 月中旬，组织专家 3 人次赴安徽省合肥市肥东县开展发热伴血小板减少综合征聚集性疫情处置。

【完成人畜共患病疫情月度通报】根据中国疾控中心与中国动物疫病预防控制中心（简称中国动物疫控中心）联合建立的月度人畜共患病疫情通报机制，2023 年，完成 1—12 月的重点人间人畜共患病疫情形势通报，并正式发函向中国动物疫控中心通报。

【完成防控技术指南制修订和培训工作】协助国家疾控局完成 2023 版狂犬病暴露预防处置工作规范修订工作，组织专家论证会，并由国家疾控局于 2023 年 9 月 13 日正式下发；作为主要师资单位，协助国家疾控局完成 2 期全国培训，每期培训 100 名省级和高发疫情区县骨干。2023 年 8 月 16 日，与中国动物疫控中心联合向各省、自治区、直辖市及计划单列市动物疫病预防控制机构、动物卫生监督机构、疾控机构，新疆生产建设兵团畜牧兽医工作总站、疾控机构下发《全国炭疽防控技术要点（第一版）》。

【开展“同一健康”相关工作】2023 年 8 月下旬、11 月上旬和 12 月上旬，分别与中华预防医学会、中国动物疫控中心联合举办 3 期“同一健康”在重要人畜共患病防控领域的理念和相关技术培训班，每期培训 30 名学员，3 期共培训 90 名来自省级和部分高发疫情区县的疾控中心和动物疫控中心骨干。本系列培训班聚焦布病、炭疽和狂犬病 3 个重点人畜共患病，通过理论讲座、疫情处置案例分析、小组讨论分享联防联控和疫情处置经验，以及实地考察农村犬只规模免疫运动现场、先进的无疫养殖企业等新颖方式开展培训，收到良好的培训效果，并促进动物疫控和疾控基层骨干提升防控能力、夯实联防联控基层工作网络。

【做好中华预防医学会狂犬病预防控制工作委员会相关工作】作为中华预防医学会狂犬病预防控制工作委员会秘书处，2023 年 5 月 11 日，组织完成换届工作。2023 年 5 月 12—13 日，联合中华预防医学会在太原市召开全国狂犬病学术年会，来自各级疾控机构、医疗机构、科研单位的参会人员 2 000 余人，向社会各界宣传消除目标、交流相关技术进展，并于 2023 年 5 月 12 日晚间开展健康科普直播，通过各类网络媒体平台，增加目标人群覆盖量。

【继续开展布病不良治疗结局发生率和影响因素专题调查】2023 年 4—7 月和 10—11 月，分别赴新疆维吾尔自治区、内蒙古自治区和山东省共 6 个项目县开展 2 轮现场实地调查和实验室检测工作。2023 年 11 月上旬，组织召开项目进展交流会，研讨项目存在的问题并提出解决方案。该项目预期获得来自真实世界的布病不良治疗结局发生率和影响因素的数据，并为调整我国布病防控项目目标和病例管理措施提供参考信息。

【开展基于数字健康技术的布鲁氏菌病患者综合管理模式试点项目】2023 年，在内蒙古自治区赤峰市翁牛特旗、巴彦淖尔市乌拉特前旗、鄂尔多斯市达拉特旗 3 个旗县，开展基于数字健康技术的布鲁氏菌病患者综合管理模式试点项目，旨在探索基于电子药盒和信息系统及手机督导软件等数字健康技术的新型布病患者综合管理模式，以促进病例依从性、降低布病慢性化危害。2023 年 4 月中旬，赴项目旗县开展督导工作。2023 年 11 月上旬，举办项目进展交流会。布病电子药盒试点项目初见成效：项目地区共纳入 1 200 名患者，对已完成疗程的 563 名患者的初步分析结果显示，不规律服药率改善了 58%（干预组：对照组为 14.60%：34.92%）；治愈率提高了 45%（干预组：对照组为 70.91%：48.96%）。

（张彦平、郑亚明、耿梦杰、彭质斌、常昭瑞、陈秋兰、孙军玲）

卫生应急

【做好重大活动卫生保障工作】2023 年，协调派出中心专家共 73 人次，为中国共产党第二十届中央纪律检查委员会第二次全体会议、第 31 届世界大学生冬季运动会、全国两会、中国—中亚峰会、成都第 31 届世界大学生夏季运动会、杭州亚运会、上海第六届中国国际进口博览会、2023 年中国朝觐活动、俄罗斯专访等重大活动提供保障。

【做好自然灾害应对工作】2023 年 8 月 3 日，启动京津冀等地洪涝灾害三级响应，及时组织风险评估，向灾区派出专家 25 人次，并紧急组织对灾区 4 000 多名防疫人员培训。2023 年 12 月，派出 5 人专家组赴甘肃省积石山县地震灾区开展灾后卫生防疫工作。共开展洪涝、地震等自然灾害公共卫生风险评估 17 次。

【做好监测预警与风险评估工作】按时、保质完成重点传染病疫情及突发公共卫生事件系统的常规监测分析。2023 年，共完成突发公共卫生事件监测日报 249 期、季报 3 期、年报 1 期，组织开展重点传染病和突发公共卫生事件每日情报会商 249 次、月度评估 12 次、年度风险评估 1 次；及时发布节假日健康提示 3 期；组织开展鼠疫、猴痘、台风洪涝灾害、成都第 31 届世界大学生夏季运动会、杭州亚运会等专题风险评估近 30 次。

【持续开展新冠肺炎疫情防控】2023 年 3 月，组织完成 10 个省 16 万例新冠肺炎既往感染者再感染调查，为疫情趋势研判提供了重要证据。2023 年 4 月，组建中国疾控中心监测预警专班，承担多渠道监测系统管理及数据收集、分析、报告和发布工作，共编发监测预警工作简报 265 期、新冠病毒感染监测预警异常信号日报 93 期、新冠病毒变异监测周报 45 期，完成 221 起聚集性疫情追踪。2 次赴北京市现场指导学校新冠肺炎疫情防控；开展社区人群新冠肺炎感染前瞻性队列和血清学变化研究工作。

【推进智慧化多点触发监测预警体系建设】按照中国疾控中心大兴调研工作部署，赴浙江省、山东省、上海市、湖北省等地开展智慧化多点触发监测预警调研，明晰了建设思路和亟须解决的问题。参与国家疾控局监测预警体系建设指导意见的撰写、讨论和修改，完成全国传染病监测预警基本情况调查。

【筹建国家疾病预防控制专家委员会】根据国家疾控体系改革的相关要求，负责组建国家疾病预防控制专家委员会。组建方案已经中心主任会议通过，拟采用广泛提名、专业评选的方式，经中国疾控中心和国家疾控局审定专家委员会委员及顾问名单。

【开展新发和再发传染病防控】

1. 人感染新亚型流感防控

2023 年，全国共报告人感染禽流感 17 例，其中人感染 H5N6 禽流感 6 例（四川省 3 例、重庆市 2 例、广西壮族自治区 1 例），人感染 H9N2 禽流感 9 例（四川省 5 例、湖南省 2 例、广西壮族自治区 1 例、江西省 1 例），人感染 H5N1 禽流感 1 例（江苏省），人感染 H3N8 禽流感 1 例（广东省）。指导当地及时开展疫情调查处置，组织召开多部门联合风险评估会议，规范全国禽流感疫情报告管理工作，及时向世界卫生组织通报我国疫情信息。

2. 鼠疫防控

2023 年，全国报告人间鼠疫疫情 3 起（均为内蒙古自治区），累计报告确诊病例 5 例，死亡 1 人。协调派出鼠疫防控专家赴现场开展疫情处置。同时，针对全国动物间鼠疫监测结果，以及近两年我国内蒙古自治区动物间鼠疫高发疫情和蒙古国人间鼠疫疫情，联合中国疾控中心鼠布基地先后针对蒙古国疫情和我国秋冬季鼠疫疫情开展风险评估。同时，推动鼠疫监测方案、应急预案等防控指导文件的修订。此外，为进一步提高各省（自治区）鼠疫国家监测点的监测技术水平，2023 年 8 月，组织举办全国鼠疫相关啮齿动物生态学培训班。

3. 猴痘防控

及时启动猴痘疫情防控二级响应，组织艾防中心、病毒病所等部门联合开展应对工作。及时监测疫情进展和收集流行病学调查结果，每日报告疫情进展，每周和每月组织开展疫情信息分析。此外，协助国家疾控局成立国家猴痘疫情应对专家委员会，组织开展防控方案起草和修订工作；开发并上线猴痘流行病学调查系统，组织开展全国培训。

4. 其他新发传染病防控

2023 年，继续开展西尼罗病毒病监测工作，共采集蚊媒、血清等标本 11 000 余份。继续追踪全球尼帕病毒病、埃博拉病毒病、寨卡病毒病和中东呼吸综合征等新发传染病疫情，完成食肉菌感染、偏肺病毒、寨卡病毒病、马尔堡病毒病专题风险评估。

【推进应急准备与应急能力建设】

1. 加速推进国家卫生应急立法和预案修订

完成《中华人民共和国突发公共卫生事件应对法（草案送审稿）》，组织对司法部征求意见稿研究反馈。修订《国家突发公共卫生事件应急预案》，多次举行专家会进行完善。着力推进《突发公共卫生事件应对法》和《国家突发公共卫生事件应急预案》出台，为维护国家安全和规范事件应对提供法律制度保障。

2. 拓宽国家—地方疾控机构合作渠道

2023 年 9 月，为促进疾控体系高质量发展，加强国家和地方合作，与广东省疾控中心召开突发急性传染病防控技术合作中心（广东）2023 年度工作会议，完成 2023—2027 年度合作协议续签。确定未来 5 年通过 12 个项目合作，共同提升广东省卫生应急能力和技术水平。

3. 扎实开展食品安全相关工作

做好食物中毒类突发公共卫生事件的监测分析和风险评估，向国家卫生健康委报送季报 4 期、年报 1 期和相关监测数据 4 期，开展食物中毒事件月度风险评估 2 期。参加国家食品安全风险监测多部门会商，参与修订《食源性疾病判定及处置技术指南（试行）》和《食品安全与营养健康综合试验区建设评估内容及要点（试行）》等。

4. 开展自然灾害防治相关工作

2023 年，做好中国疾控中心重大自然灾害卫生应急先遣队值守安排。2023 年 4 月，对先遣队员进行调整充实；2023 年 6 月，组织先遣队员在新疆维吾尔自治区开展综合培训演练；2023 年 7 月，在浙江省绍兴市举办全国自然灾害卫生应急培训。

5. 提升卫生应急队伍能力

2023 年 9 月，与内蒙古自治区综合疾控中心举办卫生应急联合演练，邀请新疆维吾尔自治区、西藏自治区、宁夏回族自治区派员参加；2023 年 9 月，为国家突发急性传染病防控队伍（新疆）举办卫生应急业务培训班。完成中国疾控中心应急物资轮储工作，做好卫生应急车辆维护和过期应急物资处置工作。

6. 深度参与全球卫生安全治理

2023 年，根据国家疾控局指示，应急中心先后 6 次派出专家作为中国代表团核心专家赴瑞士日内瓦参加《国际卫生条例》修订和《大流行公约》制定的政府间谈判。中国疾控中心牵头对多版案文进行研究，制定中方立场文件，为大流行后全球法律架构制定贡献中国力量。

【制定规范性技术文件】参与编写《大型活动新冠病毒感染疫情防控工作指南》《传染病疫情风险评估管理办法（试行）》《洪涝灾害灾后卫生防疫技术指南》。

（施国庆、王琦、黄旭）

结核病预防控制

【结核病疫情】2023 年，全国共报告肺结核患者约 61 万例，肺结核报告发病率为 43.5/10 万，肺结核报告发病数较 2022 年上升 9.3%。在 2023 年登记的 54 万例肺结核患者中，约有 36 万例病原学阳性患者，阳性率为 67%，较 2022 年的 61.3% 有所提高，其余患者为临床诊断病例。2023 年，全国登记的活动性肺结核患者治疗覆盖率为 99.6%。

【进一步完善结核病防治中长期发展规划】进一步修订完善《中国结核病防治中长期发展规划（2023—2030 年）》。编制 2024 年中央转移支付地方结核病项目预算及申报文件。完成《遏制结核病行动计划（2019—2022 年）》终评报告并提交国家疾控局。

【开展全国结核病防治综合质量控制工作】完成结核病防治综合质量控制标准化培训课件上网和现场调查问卷编制，组织召开结核病防治综合质量控制工作会，并对 6 个省进行结核病防治综合质量控制现场技术指导和核查，28 个省（自治区、直辖市）建立了综合质量控制组织，进一步提升结核病防治工作质量。

【推动社会动员、患者关爱及无结核社区三大行动】以结核病防治“三大行动”为抓手，联合中国防痨协会、中国性病艾滋病防治协会等社会组织，积极推动结核病防治社会动员行动；探索患者就诊、治疗管理全流程的结核病关爱工作。截至 2023 年 12 月，已累计扩展到 15 个省（自治区、直辖市）40 个项目点；无结核社区行动已累计扩展到全国 19 个省（自治区、直辖市）300 余个区县，正以点线面的形式逐步扩展到无结核区县、地市和省份。

2023 年 3 月 8 日，结控中心在湖北省咸宁市顺利召开无结核社区启动培训暨创建经验交流研讨会。中国疾控中心副主任刘剑君、咸宁市副市长刘复兴、湖北省疾控中心主任张险峰出席开幕式并讲话。无结核社区试点项目涉及的 19 个省 34 个县区的相关工作人员共约 300 人通过线上和线下参加了此次会议。

2023 年 4 月 10—12 日，结控中心主任赵雁林一行赴江西省开展无结核社区工作调研和技术指导，美国疾控中心在华项目负责人威廉·施麓德（William Schluter）、副主任余雪莲（Sue Lin Yee）等受邀参加此次活动，江西省疾控中心副主任熊英、结核病防治所副所长黄钦一同参加调研。

2023 年 4 月 19 日，结控中心在湖南省长沙市成功召开结核病关爱行动公益项目启动会，中国疾控中心副主任刘剑君、中国预防性病艾滋病基金会理事长孙新华、湖南省结核病防治所所长何晓出席会议。参加本次会议的还有中国预防性病艾滋病基金会、5 个项目省和 10 个项目县的代表共计 50 余人。

2023 年 10 月 12 日，结控中心在福建省宁德市召开结核病关爱行动试点项目中期进展研讨会。结控中心副主任陈明亭、福建省疾控中心副主任邓艳琴、福建省宁德市卫生健康委副主任施容出席了会议开幕式。15 个患者关爱项目省分管领导和结核病防治机构相关负责人以及参与试点项目工作人员共计 60 余人参加了会议。

2023 年 10 月 31 日，结控中心在北京市召开无结核社区建设经验交流暨专家研讨会，来自全国 18 个开展无结核社区建设的省（自治区、直辖市）及部分项目点负责人共计 40 余人参会。

【开展重点人群、重点地区结核病防控】进一步加强学校结核病疫情防控工作，累计完成学校结核病疫情周报 48 期；完成 6 个试点省的活动性肺结核患者家庭内学生密切接触者筛查项目，组织 3 个省开展高二学生筛查，开展重点人群监测培训，提升重点人群结核病防治信息监测质量。跟踪、指导、处置 2 起学校结核病突发公共卫生事件。

【加强结核病监控】进一步更新、完善全民健康保险体系下的新型结核病监测系统，完成国家级监测数据分析平台、结核病监测数据质量核查工具建设工作，加强全国结核病监测信息质量监控，完成年度、季度监测信息报告撰写。

2023 年 4 月 18—19 日，结控中心在长沙市召开全国结核病监测评价工作会议。来自全国 31 个省（自治区、直辖市）和新疆生产建设兵团疾控中心 / 结核病防治所（院、科）分管领导与统计监测和监控评价负责人员约 70 人参加了会议。

【开展结核病健康促进工作】组织“3 · 24 世界防治结核病日”全国主题宣传现场活动，启动“百千万志愿者提升行动”，世界卫生组织结核病和艾滋病防治亲善大使彭丽媛教授受邀出席启动仪式；组织全国 30 个省（自治区、直辖市）开展“为终结结核病　点亮城市的红”的国际倡导活动。联合团中央等机构开展“防治结核，志愿有我”1 000 所大学、10 000 支宣讲队志愿宣讲活动，录制培训课件并完成 6 种共 11 000 份宣传材料印发等工作。联合制作国家公益宣传片《最美防痨人》，设计制作和分发海报、宣传品等 1.2 万余份，制作和向全国分发志愿者队旗等示范品 1 700 余份，完成《中国结核病防治百千万志愿者指导手册》电子版，开发系列科普短视频和图文等作品。编写并由世界卫生组织在其官网正式发布《多部门合作结核病防治指南——中国最佳实践与案例》。在 2023 年第 54 届全球肺部健康大会上做 2 个相关的主旨报告。持续开展“一网一微”官方平台宣传倡导；发布结核网信息 2 000 余条，微信 300 余条。微信平台粉丝超过 18 万人。

2023 年 5 月 25 日，结控中心在山西省太原市召开全国结核病健康促进与社会动员会议，国家疾控局传染病防控司艾滋病结核病管理处处长贾波、中国疾控中心结控中心副主任陈明亭、中国卫生科教音像出版社社长刘童童、山西省卫生健康委二级巡视员侯天慧、山西省疾控中心副主任陈靖、中国疾控中心副研究员夏宏伟、山西省疾控中心结核病防治所所长范月玲等领导和专家出席开幕式，来自全国31个省（自治区、直辖市）、部分地市结核病防治机构、四川省凉山州疾控中心和喀什地区疾控中心的业务负责同志及健康促进骨干近50人参加了会议。

【开展科学研究、技术创新和国内外项目合作】2023年3月20日，国家重点研发计划“我国艾滋病和结核病病原体基因数据库及智慧化精准防控平台建立与应用”的项目牵头单位中国疾控中心结控中心在北京市顺利组织召开项目启动会，项目负责人结控中心主任赵雁林主持会议。中国疾控中心副主任刘剑君、国家卫生健康委科技发展研究中心处长王敏出席了会议。中国疾控中心科技处、财务处、艾防中心、结控中心和项目所有参加单位的代表共约60人参会。国家重点研发计划“我国老年疾病谱现状与发展趋势研究”项目“八种主要老年疾病流行状况与危险因素研究”课题启动会在北京市成功召开。结控中心2023年度新申请实施课题5项，包括科技部重点研发科研课题2项，组织实施“结核病患者关怀项目”“梅里埃三期项目”“礼来基金会项目”“中盖疫苗项目”“世界卫生组织合作项目”等多项国内外合作项目。累计发表中英文论文43篇。

【对“三区三州”① 等重点地区给予技术帮扶和援助】派遣黄飞研究员作为第十批中组部援疆干部前往新疆维吾尔自治区喀什地区中国疾控中心南疆工作站，开展为期1年的技术援助工作。组织开展1期针对怒江傈僳族自治州（简称怒江州）各级结核病防治人员的结核病防治技术操作与理论实践培训班，累计培训当地结防工作人员50余人。

派遣王倪和王前2名专家赴四川省凉山州分别任第7任、第8任凉山工作站站长，提供为期半年的技术支持。王倪和王前驻凉山工作站期间，积极发挥工作站的组织协调联系沟通作用，加强央地信息沟通，密切帮扶专家团队的工作联系，重点开展人员培训、检查督导、技术引进、重点帮扶，组织业务人员技能培训550余人次，现场督导调研10个县市30天，完善《凉山州四病共防现场工作手册》和《凉山州耐药肺结核攻坚工作试点方案》，引进AI智能读片技术并在西昌市县区开展试点。

2023年10月20日，结控中心在北京市成功召开凉山州结核病防治工作策略措施研讨会议。中国疾控中心艾防中心党委书记刘中夫和结控中心主任赵雁林出席了会议。来自四川省疾控中心及凉山州疾控中心、首都医科大学附属北京胸科医院、北京市朝阳区疾控

① “三区三州”指西藏自治区、青川滇甘四省藏区、南疆四地州和四川凉山州、云南怒江州、甘肃临夏州。——编辑注

中心、上海市疾控中心、深圳市第三人民医院、浙江省疾控中心、宁波市疾控中心、山东省公共卫生临床中心、承德市疾控中心、中国人民解放军总医院第八医学中心、中国疾控中心结控中心相关部门负责人等专家共计 32 人参加了会议。

组织“三区三州”地市级结核病防治负责人参加全国结核病防治所长会议和专项工作会议、培训，学习和了解全国结核病防治工作进展与各地防治经验和做法。结控中心派遣 4 名专家参与西藏自治区全区结核病防治工作培训班授课及现场技术指导，先后派遣 2 批 24 人次对西藏自治区的 7 个地市开展为期 6 周的结核病防治现场技术援助，协助西藏自治区完成全区结核潜伏感染筛查工作。

2023 年 10 月 13—14 日，结控中心在云南省怒江州举办梅里埃基金会“提高云南省怒江州少数民族贫困地区的结核病发现水平”项目 2023 年结核病防治技术对策与实践培训班。来自怒江州州本级及下辖县市区卫生健康委分管领导、疾控中心主任 / 分管主任、结防工作人员、定点医院的分管院长，临床医生、实验室检测人员等 50 余人参加了此次培训。

2023 年 10 月 18 日，结控中心在新疆维吾尔自治区喀什地区召开“耐药结核病例和患者管理研讨会”。来自全疆 14 个地州疾控中心和定点医院从事耐药结核病防治工作的 50 余名学员参加了会议。

（赵雁林、陈明亭、张慧、王前、王嘉）

免疫规划

【助力做好新冠病毒疫苗接种工作】2023 年 1 月至 2 月中旬，协调传染病所、艾防中心、环境所继续选派人员参加新冠病毒疫苗接种专班工作，每日对接各省接种进展，收集各省的困难、问题和建议。完成调度工作简报 45 期，推动各省持续加快老年人等重点人群新冠病毒疫苗接种进度。组织每日收集和分析各省接种数据，撰写新冠病毒疫苗接种进展报告，分析各人群接种和加强免疫接种进展，完成接种数据日报 331 期、进展周报及周通报 71 期。

【技术支持国家免疫规划专家咨询委员会论证新冠病毒疫苗接种策略】根据国家疾控局卫生与免疫规划司（简称卫生免疫司）部署，2023 年 1 月 26 日和 3 月 13 日，共召开 2 次国家免疫规划专家咨询委员会新冠病毒疫苗接种策略研讨会，就我国新冠病毒疫苗接种策略进行研讨，为国家新冠病毒疫苗接种策略制定提供建议。国家免疫规划技术工作组新冠病毒疫苗工作组为此提供技术支持。2023 年 1 月 26 日召开的研讨会从接种人群、疫苗选择、感染与接种的时间间隔三个方面进行论证，针对可能出现第二波新冠疫情提出疫苗接种策略。2023 年 3 月 13 日召开的研讨会重点对下阶段我国新冠病毒疫苗接种策略进行研讨，针对以“防重症、减死亡”为目标的近期接种策略，以及目标人群优先顺序、接种间隔和疫苗选择方面提出明确建议；同时，考虑到近期流感流行，也提出流感疫苗接种相关建议。

【维护改造疑似预防接种异常反应监测系统，推进历史数据信息核实更新】针对疑似预防接种异常反应（adverse event following immunization，AEFI）历史数据迁移后有少数数据的报告单位和录入单位等信息未能按照新系统对应转换，2023 年 3 月 6 日，免疫中心下发各省通知，推进历史数据信息核实更新，实现了将历史数据纳入新系统的常规维护管理和统计使用。同时，根据监测需求，及时在 AEFI 监测系统中调整增加疫苗加强免疫等变量，实现疫苗批号信息的自动调取，改进系统界面和操作流程，不断优化全国 AEFI 监测系统功能。

【开展 2023 年度全国新冠抗体血清流行病学调查】2023 年 3 月，开展一次全国横断面血清流行病学调查，采用三阶段分层整群随机抽样方法，抽取全国 31 个省（自治区、直辖市）的 164 个县（区）约 8.3 万人进行现场调查和血标本采集，获得全国新冠病毒高强度流行后的免疫水平和人群感染情况数据。2023 年 5 月、8 月和 11 月，在东部（天津市、江苏省、福建省）、中部（山西省、安徽省、湖北省）和西部（重庆市、甘肃省）8 个省（市），连续开展 3 次新冠病毒抗体水平监测，分别完成 1 717 人、1 699 人和 1 691 人现场调查和血标本采集，获得调查对象新冠病毒血清抗体动态变化数据，并评估相邻两次调查期间的新冠病毒感染情况。基于上述研究结果，完成 5 份专业技术报告并上报国家疾控局，为国家新冠病毒感染风险评估和新冠病毒疫苗接种策略优化提供数据支撑和科学依据。

【开展预防接种微故事及海报征集活动】2023 年“4·25 全国儿童预防接种日”期间，面向各级疾控机构、接种单位，通过线上平台，合作开展预防接种微故事及海报征集活动。该活动得到各单位的大力支持及踊跃参加，共计征集微故事类、海报类作品 456 件，入围作品 21 件，评选出优秀作品 9 件。

【赴新疆维吾尔自治区指导开展Ⅲ型疫苗高变异株脊灰病毒调查处置】2023 年 5 月 5 日，中国疾控中心病毒病所国家脊髓灰质炎（简称脊灰）实验室对新疆维吾尔自治区疾控中心送检的分离自一名和田市急性弛缓性麻痹（acute flaccid paralysis，AFP）病例粪便标本的Ⅲ型脊灰病毒阳性分离物进行序列测定，发现该病毒与Ⅲ型脊灰疫苗株相比，VP1 区有 8 个核苷酸发生变异，为疫苗高变异株脊灰病毒。考虑到南疆地区曾经发生脊灰野病毒输入和传播，为防范可能的疫苗衍生脊灰病毒（vaccine-derived poliovirus，VDPV）传播，免疫中心对此事件进行持续跟踪和技术指导，于 2023 年 6 月 4—9 日，派专家组赴现场开展调查，指导对患儿后续标本和周围接触者标本采集及检测、儿童接种率调查分析、AFP 病例主动搜索、患儿标本管理等。

【国家免疫规划疫苗集中采购工作】中国疾控中心免疫规划中心和资产管理处密切合作，推动 2023 年国家免疫规划疫苗采购工作，共采购 17 个品目疫苗合计 1.15 亿支，采购预算为 18.75 亿元。免疫中心负责收集、汇总 31 个省（自治区、直辖市）和新疆生产建设兵团 2023 年国家免疫规划疫苗采购计划和使用计划表，制定 13 个品目国家免疫规划儿童用疫苗采购技术参数，参与第一阶段入围疫苗生产企业资格审查，配合资产管理处制定国家免疫规划疫苗采购框架协议文件，会同资产管理处抽取采购评审阶段采购人代表派出省份等，同时与各省沟通疫苗供需信息，对国家免疫规划疫苗供应情况开展监测和评价，协调解决疫苗供应出现的问题。

【下发《疫苗供需和使用情况监测工作方案》】2024 年 2 月 2 日，根据中央对地方转移支付重大传染病防控项目扩大国家免疫规划项目工作安排，受国家疾控局卫生免疫司委托，组织制定并下发《疫苗供需和使用情况监测工作方案》（中疾控免疫发〔2024〕20号），指导各级疾控机构和接种单位通过免疫规划信息系统开展疫苗供需和使用情况数据录入，并要求各省加强免疫规划信息系统疫苗流通数据的分析和利用，定期对疫苗流通数据开展疫苗流向查询和追踪测试，保证信息系统数据质量。

【开展国家免疫规划信息系统疫苗流通数据交换测试工作】为进一步提高国家免疫规划信息系统疫苗流通数据的交换质量，委托内蒙古自治区、黑龙江省、江苏省、山东省、湖北省、广东省、重庆市、贵州省、甘肃省、青海省10个省（自治区、直辖市）开展免疫规划信息系统疫苗流通数据交换测试工作，并印发《中国疾病预防控制中心关于开展国家免疫规划信息系统疫苗流通数据交换测试工作的通知》（中疾控免疫便函〔2023〕1671号）。通过对10个省（自治区、直辖市）开展数据比对测试，进一步发现了各地疫苗流通数据存在的问题，指导各地优化了信息系统数据交换功能，不同程度地提高了各类数据的一致率。

【赴安徽省指导开展Ⅰ型疫苗衍生脊灰病毒调查处置】2023年6月8日，中国疾控中心病毒病所国家脊灰实验室报告，对安徽省疾控中心送检的一名宿州市健康儿童两份粪便标本的Ⅰ型和Ⅲ型脊灰病毒核酸提取物进行序列测定后，发现Ⅰ型病毒与脊灰疫苗株相比，VP1区分别有14个和12个核苷酸发生变异，属于Ⅰ型VDPV；Ⅲ型病毒与脊灰疫苗株相比，VP1区有5个核苷酸发生变异，属于Ⅲ型疫苗株。2023年6月18日，派出调查组赴VDPV检出地安徽省宿州市萧县，与安徽省疾控中心、宿州市疾控中心、萧县疾控中心共同开展现场调查，指导VDPV健康携带者后续标本和周围接触者标本采集及检测、儿童接种率调查分析、AFP病例主动搜索、VDPV健康携带者管理等。根据前述处置工作结果，专家研判认为，本次疫情发生病毒广泛传播的风险为低风险。已通过"可能构成国际关注的突发公共卫生事件通报表"将此疫情报告世界卫生组织。

【修订并提交《预防接种异常反应调查诊断和鉴定办法（征求意见稿）》】完成《预防接种异常反应调查诊断和鉴定办法（征求意见稿）修订意见》，2023年6月29日，提交国家疾控局，并继续会同中华医学会持续协助国家疾控局修订《预防接种异常反应调查诊断和鉴定办法（征求意见稿）》。该办法的修订有助于规范和提升全国预防接种异常反应调查诊断和鉴定工作。

【推进两次脊灰疫苗免疫策略调整期间出生仅接种1剂灭活脊灰疫苗儿童的补种】对两次脊灰疫苗免疫策略调整期间出生（出生日期为2016年3月1日至2019年9月30日），仅接种1剂灭活脊灰疫苗（inactivated poliovirus vaccine，IPV），即仅有1剂含Ⅱ型成分脊灰疫苗免疫史的儿童进行补种。接种 1 剂 IPV 针对Ⅱ型病毒的保护不足，该年龄段的大部分人群针对Ⅱ型病毒的疫苗免疫保护不足，始终是免疫薄弱的风险点。对此，脊灰疫苗技术工作组准备两次脊灰疫苗免疫策略调整期间出生仅接种 1 剂 IPV 儿童的补种建议，提交国家免疫规划专家咨询委员会审议并通过，从而全国安排补种工作。

【组织开展预防接种相关健康主题日宣传活动】协助国家疾控局组织开展“4·25 全国儿童预防接种日”宣传活动，确定宣传主题为“主动接种疫苗，共享健康生活”，组织设计制作宣传海报 4 幅以及相关宣传品。联合中国肝炎防治基金会，开展“7·28 世界肝炎日”宣传活动，组织设计制作海报 2 幅，协助开展线上肝炎防治知识竞赛活动等。进一步宣传预防接种政策、普及预防接种知识，营造预防接种的良好氛围，倡导全社会重视、关心和支持预防接种工作，保护人民群众的生命健康。

【起草上报 2023 年度中国消除麻疹风疹进展报告】2023 年 7 月 28 日，中国消除麻疹证实委员会 2023 年度会议在国家疾控局召开。免疫中心和病毒病所分别汇报了中国消除麻疹和风疹工作进展、麻疹风疹实验室网络工作进展情况。各位委员审阅了 2023 年度中国消除麻疹风疹进展报告，对我国消除麻疹和风疹所做的工作给予高度肯定，并就麻疹监测方案的改进、新冠疫情对麻疹风疹监测和疫苗接种的影响、消除风疹工作的推动、先天性风疹综合征监测的开展方式、病毒基因型监测情况等内容进行了讨论，提出继续巩固常规疫苗接种、加强疾病监测和流行病学调查工作，阶段性总结工作成果，持续推动麻疹和风疹消除工作。该报告经各位委员一致同意并签字，提交世界卫生组织。

【指导江西省开展Ⅲ型疫苗衍生脊灰病毒调查处置】2023 年 8 月 12 日，中国疾控中心国家脊灰实验室收到江西省疾控中心送检的 1 份Ⅲ型脊灰病毒核酸提取物，该脊灰病毒来自南昌市青山湖区 2023 年 7 月采集的环境污水样本。2023 年 8 月 16 日，国家脊灰实验室经测序和分析，鉴定该病毒为Ⅲ型 VDPV。免疫中心指导当地开展现场调查，包括增加环境监测点并提高监测频率，健康儿童粪便标本采集并检测、儿童接种率调查分析、AFP 病例主动搜索等，并通过“可能构成国际关注的突发公共卫生事件通报表”报告世界卫生组织。

【指导浙江省开展Ⅲ型疫苗衍生脊灰病毒调查处置】2023 年 8 月 24 日，中国疾控中心国家脊灰实验室收到浙江省疾控中心送检的 1 份Ⅲ型脊灰病毒核酸提取物，该脊灰病毒来自 2023 年 7 月 31 日于杭州市萧山钱江污水处理厂采集的环境污水样本。2023 年 8 月 25 日，国家脊灰实验室经测序和分析，鉴定该病毒为Ⅲ型 VDPV。免疫中心指导当地开展现场调查，包括增加环境监测点并提高监测频率，健康儿童粪便标本采集并检测、儿童接种率调查分析、AFP 病例主动搜索等，并通过“可能构成国际关注的突发公共卫生事件通报表”报告世界卫生组织。

【起草上报 2023 年度中国维持无脊灰进展报告】2023 年 8 月 25 日，中国维持无脊灰证实专家委员会 2023 年度会议在国家疾控局召开。免疫中心和病毒病所分别汇报了中国维持无脊灰工作进展和脊灰网络实验室运转情况。各位委员对中国维持无脊灰所做的工作给予肯定，并对脊灰病毒监测工作现况、脊灰疫苗免疫策略转变、两次脊灰疫苗免疫策略调整期间出生仅接种 1 剂灭活脊灰疫苗的儿童接种第 2 剂灭活脊灰疫苗的补种以及脊灰病毒封存工作研提意见与建议。各位委员审阅了 2023 年度中国维持无脊灰进展报告，一致同意中国继续维持无脊灰状态。各位委员签字认可后，将报告提交世界卫生组织西太平洋地区办公室。

【指导广东省开展Ⅲ型疫苗衍生脊灰病毒调查处置】2023 年 8 月 25 日，中国疾控中心国家脊灰实验室收到广东省疾控中心送检的 1 株Ⅲ型脊灰病毒，该脊灰病毒来自一名手足口病例的粪便样本。2023 年 8 月 29 日，国家脊灰实验室经测序和分析，鉴定该病毒为Ⅲ型 VDPV。该儿童在采样前 3 个月曾居住于广东省和福建省，免疫中心工作人员联系广东省疾控中心和福建省疾控中心指导开展调查处置工作，包括 VDPV 健康携带者后续标本及周围接触者标本采集及检测、儿童接种率调查分析、AFP 病例主动搜索、VDPV 携带者免疫功能相关检测等。已通过“可能构成国际关注的突发公共卫生事件通报表”将此疫情报告世界卫生组织。

【援助青海省、西藏自治区开展免疫规划业务培训】根据中国疾控中心援藏（援青）工作安排，2023 年 8 月，派员赴青海省开展免疫规划能力提升培训，为全省免疫规划相关工作人员讲解常规免疫接种率监测、数据上传进展及质量等内容。2023 年 9 月，派员赴西藏自治区完成“预防接种服务与操作规范”培训工作，为西藏地区疾控中心和接种单位工作人员讲授预防接种服务与操作规范，并进行答疑交流，赴林芝市疾控中心指导免疫规划信息系统建设。

【发挥专家优势，开展疫苗接种科普宣传】派出免疫规划首席专家参加 2 次国务院联防联控机制发布会、1 次国家卫生健康委新闻发布会工作，准备相关备答口径；先后接受中国健康教育中心、健康报社、中华预防医学会、中央电视台共 4 次节目录制，对疫苗接种进行科普宣传，回应群众健康关切。同时，协助国家卫生健康委、国家疾控局完成科普问答、图文及科教电影等 20 余份相关科普材料的审核工作。

【继续开展新冠病毒疫苗疑似预防接种异常反应专项监测工作】继续推进新冠病毒疫苗AEFI监测分析工作，完成AEFI周报、月报等监测报告，为国家免疫规划专家咨询委员会提供监测信息作为参考。同时，按照国务院联防联控机制指示，先后定期向6家新冠病毒疫苗生产企业反馈其紧急使用疫苗AEFI监测数据，以促进监测数据的分享利用，维护疫苗接种安全。

【参加世界卫生组织对我国疫苗国家监管体系随访评估相关工作】参加世界卫生组织对我国疫苗国家监管体系（National Regulatory Authority，NRA）警戒板块疑似预防接种异常反应监测处置相关评估工作，包括参加药监部门举办的NRA评估培训会，作为NRA评估警戒板块中方答辩人之一，参加2023年7月世界卫生组织对我国的NRA随访评估活动。

【继续推进重点关注疾病与新冠病毒疫苗因果关联研究工作】继续推进新冠病毒疫苗接种后重点关注疾病（adverse event of special interested，AESI）的发病水平及其与疫苗因果关联的研究，举办项目地区上市后监测与评价工作沟通会，多次组织人员赴无锡、南通、厦门、济南、宜昌、绵阳等项目地区开展调研，推动病例复核及信息上报等工作。同时，完成关注疾病监测模块的试运行及上线使用，可根据项目需求，实现对项目地区AESI监测信息的上传、整理和分析等功能。

【持续开展含百白破成分疫苗基础免疫策略研究】2022年，开展国内含百白破成分疫苗基础免疫策略研究，该研究在江苏、浙江、广东和云南4个省5个研究现场进行。2023年，完成所有研究现场基础免疫前后7 833份血标本采集和送检，基础免疫数据整理和分析工作按计划进行中。

【持续开展急性脑膜炎脑炎症状监测研究】继续开展急性脑膜炎脑炎症状监测工作。2023年，项目地区有所调整，将河北省石家庄市调整为广东省茂名市，目前项目地区为山东省济南市、湖北省宜昌市、陕西省宝鸡市和广东省茂名市。2023年，完成1 462例监测病例，完成1 196份脑脊液或血标本样本的采集和送检，开展乙脑病毒、肺炎球菌、b型流感嗜血杆菌、脑膜炎奈瑟菌的检测，并召开年度工作总结和进展会议。

【推进常规免疫接种率监测工作】修订常规免疫接种率监测方案、免疫规划信息系统预防接种信息收集和报告工作方案，撰写《中国疾病预防控制中心关于开展基于预防接种电子档案的常规免疫接种率监测工作的请示》，上报国家疾控局。推进各省按照国家方案进行适应性改造，支持新冠病毒疫苗和常规接种工作开展。召开免疫规划信息化研讨会，进一步研讨和完善常规免疫接种率监测工作方案。

【修订预防接种工作规范等规范性文件】协助国家疾控局完成新版预防接种工作规范修订工作，组织专家制作工作规范培训课件和教材，制定全国培训日程，协助筹备和举办预防接种工作规范全国培训班。协助国家疾控局，修订新版《狂犬病暴露预防处置工作规范》，主要对狂犬病预防处置接种单位设置要求和备案以及信息报告、AEFI 处置等内容进行修订。协助国家疾控局，修订疾控相关统计调查制度，主要对接种情况统计部分及疑似预防接种异常反应数据提出修订建议。

【开展主题教育调研】一是开展电子预防接种证政策研究，赴浙江、湖北、贵州等省调研各级疾控机构、信息系统承建方和接种单位，访谈受种者和监护人，了解电子预防接种证的公众需求、建设难点和探索创新，以此为基础，在全国 11 个省（自治区、直辖市）启动电子预防接种证建设和应用试点工作。二是开展免疫规划信息系统建设和应用情况调研，赴贵州、湖北、广东、江苏、四川和云南等省，现场了解免疫规划信息系统的建设发展和运行管理，了解建设需求、挑战及建议。三是开展预防接种单位设置和规范化服务调研，赴贵州、广东、江苏、四川和云南等省，了解接种单位设置与管理、疫苗接种、疫苗和冷链管理、规范化服务等情况。

【推进免疫规划信息化建设进程】指导跨省异地接种数据共享项目承建公司，进一步完善国家级免疫规划信息系统，督促各省按照国家要求进一步适应性改造；定期反馈各省上传国家数据交换错误，分析异常原因；每月抽取 6 个试点省 3 000 份档案进行一致性核查；讨论制定跨省异地接种数据共享实施方案、跨省重档处理规则和流程；参与试点省跨省异地数据共享测试工作。举办全国免疫规划信息系统省级应用培训班，针对信息化建设进展、网络信息安全、系统功能应用、基于电子档案的接种率监测等内容进行培训。举办全国免疫服务指导与评价培训班，全面讲授预防接种规范化服务相关内容，分享各省工作经验。

【继续开展原发性免疫缺陷病儿童脊灰病毒携带情况监测】随着全球消灭脊灰工作不断进展，原发性免疫缺陷病（primary immunodeficiency，PID）患者长期携带并排出脊灰病毒的潜在风险日益引起关注。为了探讨 PID 患者脊灰病毒排毒情况，2023 年，继续在上海、河南、重庆并新增深圳 4 个省（市）开展 PID 患者脊灰病毒携带状况监测项目，印发继续开展监测方案。2023 年，在 1 名 PID 患儿粪便标本中监测到Ⅲ型 VDPV。

【基于五省七市的区域卫生健康信息平台，开展高强度流行下的新冠疫苗流行病学效果评价】2023 年 2—12 月，按照国务院联防联控机制工作部署，在广州国家实验室的支持下，基于山东、江苏、福建、湖北和四川五省七市的区域卫生健康信息平台，开展高强度流行下的新冠疫苗流行病学效果评价。该研究纳入 2022 年 12 月 1 日—2023 年 2 月 28 日在区域内医院就诊（门诊、住院）的所有新冠病毒确诊患者（核酸 PCR 阳性）及新冠样症状患者的基本信息（姓名、身份证号码）、基础性疾病、就诊信息（就诊时间、就诊医院）、临床症状和诊断信息，并通过身份证号码匹配疫苗接种信息，按照年龄、性别和地区开展倾向性评分匹配，采用病例 – 病例分析，评估在高强度流行下，不同年龄组新冠疫苗降低奥密克戎变异株所致肺炎、重症和死亡的风险程度，形成专题报告并上报卫生行政部门。

【开展吸入用腺病毒载体新冠病毒疫苗第 2 剂次加强免疫保护效果研究】 2022 年 12 月—2023 年 3 月，联合广东省疾控中心、广州市疾控中心，基于 2022 年底国内奥密克戎高强度新冠疫情流行现场，开展腺病毒第 2 剂次加强免疫预防新冠病毒奥密克戎所致感染的前瞻性队列研究，评估 18 ~ 59 岁和 60 岁及以上人群中第 2 剂次加强免疫的真实世界的相对保护效果，为疫情防控措施的优化调整提供参考意见，形成专题报告并上报卫生行政部门。

【开展不同时间间隔接种 2 剂灭活脊灰疫苗免疫原性调查】 鉴于全球脊灰疫苗免疫策略转换以来，国际上Ⅱ型 VDPV 的传播风险增加，我国两次脊灰疫苗免疫策略调整期间出生（出生日期为 2016 年 3 月 1 日至 2019 年 9 月 30 日）仅接种 1 剂 IPV 的儿童Ⅱ型抗体水平保护不足而存在风险，建议补种第 2 剂 IPV。为了探讨不同间隔时长接种 2 剂 IPV 的免疫原性情况，在山西、四川、云南和陕西 4 个省开展不同时间间隔接种 2 剂 IPV 免疫原性研究。

（尹遵栋、余文周）

公共卫生政策研究

【助力疾控体系改革】一是持续开展国内外疾控政策和体系改革进展研究，编印12期《疾病预防控制政策信息》、2期《疾控机构改革进展交流》、3期《国外疾控政策参考》，为推动健康融入所有政策提供信息支持。二是编制《全国疾病预防控制中心发展成就及展望材料汇编》，整理省级和计划单列市疾控体系改革进展材料，撰写《改革完善疾病预防控制体系地方进展报告》。三是组织筹建国家疾病预防控制专家委员会，优化完善备选专家库并提出委员人选建议，初步形成《专家委员会管理办法（初稿）》，纳入中心改革方案。2023年，该项工作已按照中心统一安排移交应急中心。四是开展公共卫生政策研究，赴5个省开展疾控体系高质量发展专题研究；开展美国疾控中心改革研究；设计各地疾控体系改革进展问卷，并在省级疾控中心进行调查；与全球公卫中心开展公共卫生海外分支机构调研工作。

【组织发展规划各项工作】一是积极推进中心中长期发展规划编制工作。根据国家规划和最新政策，按照中心2023年工作要点安排，初步修改形成中心中长期发展规划初稿框架，与相关机构合作开展规划前期研究，印发通知并正式启动编制工作，就规划框架征求外部专家意见。二是组织配合完成国家多项规划中期评估。根据国家疾控局要求和中心领导批示，组织有关单位（处室）完成《“十四五”国民健康规划》《“十四五”医疗卫生服务体系规划》《西北大开发“十四五”实施方案》等相关规划中期评估和材料提供工作。

【开展政策法规制度研究】一是落实中心“制度建设年”要求，推进中心内部制度建设，制定印发《中国疾病预防控制中心规划管理办法（试行）》和《中国疾病预防控制中心调查研究工作管理办法》，推动中心规划和调研工作管理规范化、制度化、长效化。二是配合完成《中华人民共和国突发公共卫生事件应对法（草案送审稿）》意见征求工作。

【参与中心主题教育工作】一是落实党中央关于大兴调查研究部署，编制中心大兴调研实施方案，聚焦疾控核心能力提升与推进事业高质量发展等重点改革问题，形成中心调研课题计划56项（其中重点调研10项、一般调研46项），汇总各项调研调查问卷统一发到调查单位填报，组织重点调研课题报送进展信息，编印工作简报。二是积极组织开展主题教育宣传工作。编制中心主题教育宣传工作方案，在中心门户网站上新增设主题教育专栏，宣传中央最新精神和重要论述 34 条，审核发布中心进展动态 200 余条，配合展板、横幅、道旗、海报、手册等多种形式，营造主题教育浓厚学习氛围。同时，指导病毒病所和妇幼中心开展主题教育各项工作。

【承担文稿撰写和党建工会活动】一是编印以“关注热点难点　助力疾控事业高质量发展”为主题的《中国新闻》两会专刊，供两会代表和委员参阅。二是起草与中国管理现代化研究会交流座谈致辞，参与中心人事人才交流材料撰写；参与中心改革研究，起草公益二类事业单位筹建报告、三定方案调整思路、中心改革发展的考虑等文件。三是对接国家疾控局规划财务与法规司（简称规财法规司），负责每月统筹更新，并报送国家疾控局“加快推进疾控体系改革”重点任务台账中心牵头及协办工作进展；跟进《国务院办公厅关于推动疾病预防控制事业高质量发展的指导意见》（国办发〔2023〕46 号）进展，并提供政策解读及舆情应对等材料。四是以争创“四强”党支部为目标，高标准开展支部规范化建设，积极开展支部书记讲党课、联学联做、主题党日、警示教育、参观学习等系列活动。

（陈浩、王园）

网络安全与信息化

【完善制度建设，优化管理体系】依据《中华人民共和国网络安全法》，按照等级保护相关管理标准，梳理中国疾控中心网络安全管理规范和制度，对现有制度和管理体系进行优化。2023 年 2 月，组织中心各单位和部门负责人签署网络与信息安全责任承诺书，压实主体责任。各单位和部门结合自身业务特点，细化制定内部的网络与信息安全责任承诺书，由全体职工签署，将责任落实到人、具体到岗。

【做好重要时期网络安全保障工作】在全国两会、国庆节等重要政治活动时期，由中心副主任严俊组织召开网络安全专题会议，部署落实期间网络安全保障相关工作，实行每日“零报告”制度，开展网络安全自查自纠和风险评估工作，对重点保卫目标进行网络安全事件应急演练和网络安全扫描与检测，建立 7×24 小时值班值守制度，完善应急保障措施，发生重大网络安全事件时，按程序及时报告，并加强舆情应对和供应链安全管控等。

2023 年，累计启动“零报告”工作 8 次，包括全国两会、第三届中国国际消费品博览会、第四届联合国世界数据论坛、中国—中亚峰会、第十四届夏季达沃斯论坛、第三届中非经贸博览会、成都第 31 届世界大学生夏季运动会（简称成都大运会）、杭州第 19 届亚洲运动会（简称杭州亚运会）、杭州第四届亚洲残疾人运动会（简称杭州亚残运会）期间等，共计 95 天。

【做好信息系统等级保护工作】开展 2023 年度测评工作。对中国疾控中心的 3 个三级信息系统（中国疾病预防控制信息系统、职业病及健康危害因素监测信息系统、协同办公系统）、1 个二级信息系统（中国烟草流行调查管理与数据分析系统）进行等级保护测评。

【做好信息系统网络安全保障工作】对中心及直属单位的门户网站进行 7×24 小时安全监测，针对中心及直属单位的重要信息系统（等级保护三级）、大数据平台、云租赁等重要基础设施，采用计算机系统与人工相结合的方式，进行 4 轮渗透测试。落实中心及直属单位网站安全漏洞整改（含公安部、国家疾控局、北京市公安局、北京市国家安全局下发的安全漏洞扫描结果和整改通知）。

2023 年 2 月 21—23 日，由中心领导带队，组织开展网络安全现场检查工作。

【做好应急保障、网络安全事件处置和攻防演练工作】一是保障网络和信息安全，加强疫情专班网络和数据安全保障能力。二是完成各类应急事件处置，发布网络安全预警通报 16 期，发布网络安全情报共享通报 20 期，发布漏洞整改通知并开展系统整改工作 16 次。三是开展关键基础设施系统保障系列工作，包括开展风险评估、安保技术支持、现场值守及应急处置演练等；参加部级攻防演练 1 次，历时 15 天。

【做好数据安全保护工作】一是依托国家卫生健康委和国家疾控局的相关管理制度要求，进一步做好中国疾病预防控制信息系统数据分级分类管理工作。二是开展数据安全专项检查，2023 年 9 月 18—20 日，由中心领导分组带队，网安处组织开展全中心数据安全专项检查。从制度建设和责任落实、网络和信息系统数据安全、终端数据使用安全、安全教育和培训等方面，对各单位和部门的数据安全进行了一次全面摸底和检查，及时发现风险隐患。

【做好培训和教学工作】一是安排工作人员参加注册网络安全渗透评估专业人员（Certified Cybersecurity Penetration Assessment Professional，NSATP-A）、注册网络安全专业防御人员（Certified Cybersecurity Defense Professional，NSATP-D）培训。在组织的网络安全专业培训（NASATP-D）中，参加 6 人，通过结业考试 3 人。二是 2023 年 9 月 13 日，协助国家疾控局组织实施并完成全国疾控领域网络安全和信息化工作年会，进行网络和数据安全培训。三是开展研究生教学工作，完成 2023 年度“网络安全”课程组织，完成昌平校区、潘家园校区各 32 课时的教学及出题阅卷工作。

【做好国家疾控局技术支撑相关工作】一是协助国家疾控局制定 1 项标准《疾控数据分类分级标准框架》。二是协助国家疾控局开展涉疫数据督导检查，参与山东等地方督导检查，进行数据收集、整理、分析和报告撰写等。三是承担委托项目。国家疾控局官网系统建设管理与基础环境运维、国家疾控局外网机房运维服务、卫生监督信息系统运维服务管理、卫生监督信息系统安全等级和密码测评、信用信息平台运维服务管理、传染病监测预警平台建设关键技术研究、传染病智慧监测预警评估指标体系构建与应用 7 个委托项目均按计划完成工作任务，国家疾控局官方网站已于 2023 年 11 月 18 日正式上线运行。四是提供技术支持。5 人参加国家疾控局中央转移地方资金监测预警与应急指挥能力提升项目任务书编制和实施指导工作专班，编写 2023 年项目方案和项目工作任务清单。5 人参加国家传染病智能监测预警前置软件建设专项工作组，编写软件技术需求书。五是接受国家疾控局委托，开展其他相关工作。

【做好信息化规划工作】中心编制并于 2023 年 12 月正式印发《中心信息化建设规划（2023—2030 年）》《网络安全和信息化建设 2023—2028 年工作方案（试行）》，提出中心信息化顶层设计，以及统一部署信息化基础设施、统一建设信息化项目、统筹使用信息化经费、统筹网络安全和新技术发展应用、统筹信息化人员使用、建立健全组织机构和管理制度等下一步工作计划。

【做好数据共享机制建设和保障服务】一是编制形成公共卫生大数据合作和共享审查委员会章程与数据共享规则初稿。二是通过开展数据汇交系统使用培训、通报工作情况等措施，积极推进数据汇交工作。截至 2023 年 12 月，完成数据汇交工作项目 54 个，汇交数据集 120 个，数据量超过 108 TB。编写形成《2022 年度数据汇交工作报告》初稿和《2022 年数据资源目录》初稿。三是保障基于云桌面的数据共享审核系统，审核数据文件 1 009 个。四是提供流行病学动态数据采集系统在线调查表单定制维护、数据采集服务，定制 37 张数据采集表单，采集数据 30.18 万余条，高质高效地支撑 9 项调查的在线数据采集和管理。五是引进和维护 13 个科技文献数据库，提供科技文献数据库使用咨询 169 次，发布“公共卫生学术热点追踪”微信公众号消息 72 期。

【做好信息化调研和技术指导工作】中心网络安全与信息化分管领导、信息中心与网安处组成调研组，赴广东省、浙江省、湖北省、贵州省调研，形成中心网络安全和信息化高质量发展调研报告。参加国家疾控局在上海市、山东省、湖北省、安徽省、浙江省等地的调研。

【做好 IT 基础设施和核心信息系统运维工作】保障数据中心和中国疾病预防控制信息系统、协同办公平台、中心网站群等核心信息系统的安全稳定运行。维护约 855 台 / 套设备、71 条虚拟专线、52 条 SDH（synchronous digital hierarchy，同步数字体系）专线、14 条互联网专线，系统可用率达 99.99%。重点完成中国疾病预防控制信息系统从集装箱机房到中心北区四楼机房系统迁移和重要业务个案数据的异地数据备份。推进疫苗预防接种电子档案跨省异地信息共享技术交换测试。

【做好网络安全和数据安全防护工作】2023 年 2 月，组织网络安全事件应急演练，模拟网络设备故障和网络攻击等突发事件应急处置，全面检验网络安全应急处置能力。2023 年 6 月，中国疾病预防控制信息系统用户访问扫码验证功能上线运行，进一步提升了系统用户访问的安全性。2023 年 9 月，参加数据安全检查组，在中心直属单位和机关处室开展数据安全专项检查，全面掌握数据安全现状。2023 年 11 月，组织数据中心机房安全自查和在京 7 家直属单位机房安全检查。2023 年 12 月，编制形成《中国疾病预防控制中心办公网络使用管理办法》，并征求中心总部各处室、中心南区和北区相关直属单位的意见。

【做好信息标准工作】一是承担第一届国家疾病预防控制标准委员会信息标准专业委员会秘书处工作，完成专业委员会组建和2023年度6个信息标准申报立项工作。二是牵头组织基于电子病历（electronic medical record，EMR）的传染病症候群主动感知监测数据元、实验室病原检测协同数据集、传染病监测预警智慧化成熟度评估指标体系3个已立项标准的研制工作。

【做好卫生应急和援疆工作】参加中心新冠肺炎[①]疫情一级响应工作框架数据管理与信息技术组、新冠肺炎日报专班、新冠病毒感染疫情监测预警专班、猴痘疫情防控二级响应监测与流行病学组，提供信息技术支持、系统保障和数据服务。按照中心安排，赴新疆维吾尔自治区疾控中心和新疆生产建设兵团疾控中心指导省统筹区域传染病监测预警信息平台建设工作。

【开展教学、科研和培训】承担中心硕士研究生“医学信息检索与利用”和“卫生信息技术”两门课程120学时的教学任务。2023年，在研课题10项，发表科研论文13篇，其中SCI论文4篇。组织开展全国疾控大数据应用技术培训、中国疾病预防控制信息系统保障技术培训、协同办公平台技术培训等7次。

【组织全国性工作会议和学术交流活动】一是2023年9月，联合国家疾控局规财法规司，组织全国疾病预防控制信息化工作年会；2023年10月，组织中国疾病预防控制信息系统标准编码工作会。二是依托中华预防医学会、中国卫生信息与健康医疗大数据学会、中国社区卫生协会相关分支机构，组织开展6次全国性学术交流活动，各级医疗卫生机构的专业技术人员600余人次参与。

（苏雪梅、万明、赵自雄、赵嘉、傅罡、张英杰、赵梓辰）

① 其全称是新型冠状病毒肺炎。2022年12月26日，国家卫生健康委员会发布公告，将新型冠状病毒肺炎更名为新型冠状病毒感染。——编辑注

公共卫生管理

【持续做好公共卫生各专业领域技术管理】持续做好与营养所、环境所、职业卫生所、辐射安全所等单位的沟通协调和业务管理工作，2023 年，撰写中心发文 73 件、部门便函 130 件，审核各专业监测技术报告 11 份。支持地方病中心、学校卫生中心的业务工作，合作开展大骨节病患者管理和救治效果调研、低氟砖茶防病效果评估技术方案编制、近视防控的专业指导、检查评估、监测技术支持等。

【稳步推动“特定健康问题哨点监测”项目实施】作为国家项目管理办公室，组织实施中央转移支付项目——特定健康问题哨点监测，持续监测全人群超重肥胖、特定人群贫血现状和动态变化趋势，以及健康中国行动部分指标的落实情况。2023 年，完成工作方案、技术方案和工作手册编制，完成监测系统问卷定制和抽样系统研发实施，举办 3 期监测技术培训班，覆盖全部 100 个监测哨点，培训 300 余人次；对 32 个省级实验室和 100 个监测哨点区县开展血红蛋白、尿钠和尿钾实验室检测盲样考核；组织对 12 个省 6 个维度共计 816 项次工作开展现场督导和质控，发现和纠正问题 26 处，评选亮点工作 23 处；抽取每个省 5% 尿样标本进行尿钠、尿钾、尿肌酐、尿碘的实验室检测复核。截至 2023 年 10 月 30 日，全国 31 个省（自治区、直辖市）和新疆生产建设兵团共收集监测个案 186 853 例。

【持续做好学校卫生工作技术支撑】一是编制中国儿童青少年健康状况文稿，总结分析儿童青少年的主要健康状况、重要风险因素、政策体系和顶层设计建议。二是组织开展全国疾控中心学校卫生工作体系调研，完成调研方案与技术手册编写、线上电子问卷定制和预调查等工作，分别于 2023 年 4 月和 11 月组织召开省级疾控中心学校卫生所（科）负责人座谈研讨。三是继续与北京市、上海市、江苏省、浙江省、广东省建立“2+4”近视防控工作机制，支撑各地开展近视等常见病防控适宜技术研究、应用及推广工作。四是协调开发符合学生常见病和健康影响因素监测数据传输安全需求的信息报送通道，为全国 31 个省（自治区、直辖市）和新疆生产建设兵团开通省级业务管理员权限，组织完成系统操作培训。五是参与国家疾控局组织编制的《儿童青少年近视防控公共卫生综合干预技术指南》《儿童青少年脊柱弯曲异常公共卫生综合防控实施指南》等技术文件。

【统筹协调组织全国城乡饮用水水质监测项目】组织环境所、辐射安全所、改水中心完成《2023 年全国城乡饮用水水质监测工作方案》和《2022 年全国城乡饮用水水质监测技术报告》，并上报国家疾控局；承担饮用水监测信息系统业务权限管理工作，分配 1 名国家级用户和 2 名省级业务管理员权限。

【牵头开展饮用水监测信息系统升级改造工作】根据全国城乡饮用水水质监测工作方案，牵头开展饮用水监测信息系统升级改造工作。组织 1 次专题工作会、5 次工作组例会、1 次用户测试，2023 年 7 月 21 日，启用升级版信息系统。以会商会形式，组织开展全国省级机构用户新系统使用培训。新系统调整了水样信息管理和水质监测能力报告卡管理的数据采集、查询和导出功能，调整了快速录入管理功能等。

【承担"国家气候变化健康适应行动策略措施研究与实施"项目】承担国家疾控局卫生免疫司委托项目——国家气候变化健康适应行动策略措施研究与实施，成立中心国家气候变化健康适应行动方案编写组，组织召开 4 次集中修改会议和 1 次外部专家审核会议，开展气候敏感疾病和重要健康风险、脆弱人群特征、气候变化健康适应干预策略和技术措施框架的国内外文献调研，持续修改形成 7 稿行动方案讨论稿。

【组织开展中国老年人消化功能与营养需求调查项目】与上海君石生命科学研究院等机构合作开展中国老年人消化功能与营养需求调查，完成覆盖全国 21 个省（自治区、直辖市）87 个区县调查点 300 余人次的线上技术培训，开展 2.5 万余名 45 岁及以上人群的现场问卷调查工作，组织 4 支国家现场质控专家队赴 10 个省（自治区、直辖市）开展调查现场指导工作。

【积极开展特定领域专业技术科学研究】一是开展特定海洋区域放射性核素在贝类的迁移富集规律及其所致人群健康风险评估课题研究，在福建省采集贝类样品 36 份、海水 9 份、浮游生物 9 份，并完成采集样品检测。二是开展氡相关科学研究，编制出版《氡科学手册》，内容涵盖氡的特性、来源、分布、利用、健康危害和防控措施等，与北京市疾控中心合作开展托幼机构室内氡水平探测研究，完成 3 个省市共 41 所幼儿园的室内氡水平调查，与中国科学院近代物理研究所合作进行 TiO_2 改性实验、分析和评价改性后 TiO_2 发光性能研究，与北京化工大学合作开展氡检测所用固体核径迹材料研发与应用，完成径迹片样品和制备工艺研究报告。

【持续开展中西部地区专业技术培训与帮扶】连续 10 年组织开展中西部地区公共卫生业务技术培训与帮扶工作，2023 年，根据新疆维吾尔自治区、青海省等地的技术帮扶需求，组织举办新疆数据分析与报告撰写培训班、青海省尘肺病诊断技术培训班，培训采取课件讲座与现场实操相结合的形式，培训对象来自新疆维吾尔自治区和青海省各地、市、州疾控中心、职业病防治院所、综合医院和社区卫生服务中心等单位，共计170余人次。

【积极开展公共卫生科普宣传工作】编写制作《小心看不见的氡》《中小学校重点人群诺如病毒感染防控核心要点之家长与学生篇》科普材料，并在“中国疾控动态”微信公众号上发布，分别获得2023中国健康科普大赛三等奖和优秀奖；协助国家疾控局卫生免疫司审改《公众应对气候变化健康素养及释义》；组织编写氡防控科普漫画书籍，加强托幼机构、学校等的氡防控宣传。

【支援“三新”产品卫生行政许可的申报受理相关工作】审核上报5份新涉水、消毒产品技术评审资料，按照中心部署，派员到国家疾控局综合监督二司饮用水卫生监督处借调，借调期间，协助开展新消毒和新涉水产品卫生行政许可的申报受理及处内事务性相关工作，共受理涉水及消毒线上申报材料30件，接受业务办理咨询电话和线上咨询80人次。

（戴政、丁库克、唐小哲、张荔、林琳、刘瑶、赵晨杉）

慢病与老年健康管理

【举行 2023 年健康生活方式核心要点发布解读会】2023 年 9 月 26 日，中国疾控中心（全民健康生活方式行动国家行动办公室）在北京市举行 2023 年健康生活方式核心要点发布解读会。中国健康教育中心、中国营养学会、中国妇幼保健协会、中国老年学和老年医学学会等机构领导，在京 10 余家媒体及专家代表共 60 余人现场参会。此次会议正式发布了《健康生活方式核心要点（2023）》，六类人群（孕妇、乳母、婴幼儿、儿童青少年、职业人群及老年人）共计 43 条核心要点，从合理饮食、规律运动、戒烟限酒、心理平衡、良好睡眠、积极社交、主动学习等方面，对不同人群的健康生活方式给出了更加精准的指导，引导各类人群积极践行文明健康的生活方式，推动“做自己健康第一责任人”理念落实。

【发布实施《家庭减盐行为指南》团体标准】2023 年 6 月 12 日，全民健康生活方式行动国家行动办公室提出，中国疾控中心牵头，联合多家机构共同起草完成的《家庭减盐行为指南》（T/CNSS 022—2023）由中国营养学会正式批准发布。该标准规定了指导家庭开展减少食盐摄入量（减盐）的基本原则、目标和方法，适用于相关专业机构指导家庭开展减盐活动，也适用于家庭自主开展减盐活动时规范食材选购、烹饪及就餐等过程所涉及的具体行为。该标准的正式发布有助于向公众进一步传播低盐饮食知识，促进全社会共同关注并践行减盐行为，推动我国阶段性减盐目标的实现，助力健康中国行动。

【推进老年人失能失智预防干预项目】在国家卫生健康委老龄健康司的支持下，组织 16 个省（自治区、直辖市）开展老年人综合干预。2023 年，组织开展国家级培训工作，推动各试点开展干预工作、组织交流互访、举行基层人员培训等。对项目地区全人群开展老年健康促进健康教育，对失能失智高危老年人开展慢性病危险因素管理、八段锦锻炼、膳食指导、抗阻训练、放松训练、体重管理和工娱活动等综合干预。该项目提升了试点地区老年人的健康素养及健康水平，广泛受到老年人好评，基层医疗卫生服务人员的老年健康服务能力得到进一步提升。

【发布老年健康促进系列标准】与中国老年学和老年医学学会及中国疾控中心慢病中心合作，继续推动《骨质疏松症社区管理规范》（T/LXLY 17—2023）、《老年人失能预防服务规范》（T/LXLY 18—2023）、《老年人认知障碍预防干预技术规范》（T/LXLY 19—

2023)、《老年人心理健康促进社区服务规范》(T/LXLY 20—2023)、《健康老龄化支持性环境建设指南》(T/LXLY 21—2023)5项团体标准的征求意见及完善，这些标准于2023年3月发布，为开展老年健康促进工作提供技术支持。

【组织开展第六次全国慢性病防控能力补充调查】为系统了解全国疾控系统慢性病防控工作人员在新冠疫情期间开展各项工作的情况，2023年3—9月，在原有第六次全国慢性病防控能力调查的基础上，通过网络调查系统，收集了2020—2022年全国各省（自治区、直辖市)、地市和县区三级所有疾控中心慢性病防控人员开展工作的情况。

【开展基层高血压、糖尿病管理十年队列数据库标准化建设】为深入评估国家基本公共卫生服务慢性病管理效果，进一步做好数据挖掘和利用，2023年，对2012—2022年国家基本公共卫生服务高血压、糖尿病管理评估项目四轮调查数据进行系统性梳理，组织完成8个省（自治区、直辖市）16个县（区）基层高血压、糖尿病管理十年队列数据库标准化建设工作，为完善基本公共卫生服务政策建议夯实基础。

（赖建强、司向、高欣、朱晓磊、张晓畅、杨一兵、王静雷、宋隽清）

流行病学应用与实践

【开展流行病学和卫生统计学核心能力研修项目第三期培训】2023 年，持续开展第三期项目培训，共招收 9 名学员。截至 2023 年 12 月 31 日，已完成为期 1 个月的流行病学和卫生统计学集中培训、1 个月的公共卫生实践，组织学员参加 1 次国内学术大会交流。根据项目进度安排，组织学员准备流行病学方案研究设计答辩，持续跟踪学员的科研论文产出。

【举办流行病学应用与实践继续教育培训班】为持续提高疾控系统流行病学应用与实践能力，2023 年 8 月 8—11 日，在四川省成都市举办为期 4 天的第十七期流行病学应用与实践培训班。此次培训班从流行病学设计与统计分析方法、国民健康指标测量和项目评估方面进行深入讲解，培训学员 50 人。学员来自全国各省疾控中心，培训内容重在流行病学与卫生统计学理论与方法的应用实践。

【开展流行病学、卫生统计学和卫生经济学教学工作】2023 年，完成博士研究生和硕士研究生共计 13 门课程的设计、组织、管理、考核和总结，包括博士研究生“医学研究统计方法”“流行病学高级方法应用与实践”两门课程共 120 学时的教学工作，以及硕士研究生流行病学、卫生统计学和卫生经济学等相关 11 门课程共计 608 学时的教学工作。

【做好爱国卫生运动技术指导和支持工作】推动做好国家爱国卫生信息系统数据管理、技术支持和系统升级。参与 2023 年度国家卫生城镇全年复审工作，开展线上评估数据审核和评分、满意度调查评分、评审结果管理，参与卫生城镇现场评审工作、国家卫生城镇标准宣贯，以及国家卫生城镇标准和管理办法、现场评估规范的修订。

【开展公共卫生与预防医学名词编审工作】组织完成首批 21 个二级学科的名词定名终审和预公布工作，推进 21 个学科名词释义一审工作。承担流行病学、爱国卫生运动理论与实践两个学科的名词编审秘书处工作。

（胡跃华）

控烟工作

【完成 2022 年全国成人烟草流行调查数据分析】2022 年，全国成人烟草流行调查覆盖全国 31 个省（自治区、直辖市）和新疆生产建设兵团的 373 个监测点（区、县、市、旗、团），共计 211 689 名 15 岁及以上非集体居住的中国居民参加调查。2023 年，中国疾控中心控烟办完成调查数据的整理、清洗和分析，撰写 2022 年中国成人烟草调查执行摘要和主要结果报告，并正式上报国家卫生健康委。

【开展 2023 年全国青少年烟草流行调查】2023 年，中国疾控中心控烟办完成全国 31 个省（自治区、直辖市）和新疆生产建设兵团 1 845 所学校、5 498 个班级的抽样和 270 937 名学生的烟草流行病学调查。

【推动烟草流行监测进入国家统计调查制度】2023 年，烟草流行监测统计调查制度获得国家统计局批准同意。至此，我国的烟草流行监测工作得到了强有力的法律保障。

【升级改造中国控烟数据管理平台】完成中国控烟数据管理平台升级改造招标，包括软件安全升级和云计算资源租赁。完成平台基础支撑系统、戒烟门诊管理系统和青少年烟草调查系统升级与系统部署。完成云服务器的系统管理配置、数据库管理配置、云安全配置、短信配置等。完成平台网络安全等级保护二级测评。

【开展社区戒烟干预试点工作】2023 年，银川社区戒烟试点工作取得明显成效，受到国家卫生健康委的高度肯定，并于 2023 年 5 月组织 31 个省（自治区、直辖市）的控烟行政领导赴银川市参观学习。2023 年 10 月，世界卫生组织官员赴银川市现场考察试点项目情况，给予高度评价。此外，中国疾控中心控烟办还推动社区戒烟干预试点工作在深圳市、苏州市、许昌市、青岛市、长沙市、秦皇岛市等城市推广。

【开展世界无烟日控烟宣传倡导工作】2023 年 5 月 31 日是第 36 个世界无烟日，主题为“无烟　为成长护航”。中国疾控中心控烟办主要开展了以下三个方面的工作：一是制作世界无烟日宣传系列材料，包括海报、折页等，发给全国 31 个省（自治区、直辖市）和新疆生产建设兵团，组织开展世界无烟日宣传活动。二是承办由全国爱国卫生运动委员会办公室（简称全国爱卫办）在宁夏回族自治区银川市主办的“无烟　为成长护航”2023

年世界无烟日宣传活动。全国爱卫办主任，国家卫生健康委党组成员、副主任于学军出席活动并讲话。三是与媒体合作开展一系列世界无烟日主题宣传倡导活动。

通过积极的宣传倡导，据不完全统计，全国在世界无烟日期间的控烟相关信息总数超过 10 万条，控烟办在微博平台上主动策划的控烟话题阅读讨论量超过 5 000 万次。世界无烟日宣传工作取得了良好的效果，发挥了积极的社会影响。

【承办青少年控烟绘画征集活动】组织承办由国家卫生健康委和教育部主办的“绘少年力量，画无烟未来”青少年控烟绘画征集活动。根据两部委办公厅《关于开展青少年控烟绘画征集活动的通知》，组织各省（自治区、直辖市）及新疆生产建设兵团按照要求征集并提交各地控烟绘画优秀作品。据统计，全国共提交作品 636 幅，其中包括小学组作品 317 幅、中学组作品 319 幅。经过专家评审与审核，共评选出入围优秀绘画作品 100 幅，包括小学组作品 50 幅、中学组作品 50 幅。入围优秀作品通过国家卫生健康委办公厅、教育部办公厅《关于青少年控烟绘画征集活动评选结果的通报》进行公布，并通过多种形式的宣传材料进行推广。根据各省上报情况，全国超过 1.6 万所学校和 260 万名学生参与了此次青少年控烟绘画征集活动。此次活动使控烟科普进入了校园，取得了良好的宣传效果。

【开展青少年控烟科普宣传活动】与中国科技馆合作开展青少年控烟科普宣传。2023 年 5 月 19 日，与中国科技馆共同主办的“助力健康中国 · 共话健康真意”主题周青少年控烟主题大众科普日活动拉开了青少年控烟科普宣传的序幕，此次活动在中国科技馆“共话健康真意”健康展厅举办。2023 年 6—11 月，控烟办依托中国科技馆场馆资源，以“控烟 + 科学”为元素，结合中国科技馆健康展厅控烟展品，有计划地在中国科技馆投放控烟宣传视频，开设控烟科普大讲堂，设置青少年控烟科普展板，并展出“绘少年力量，画无烟未来”青少年控烟绘画优秀作品等，进一步将青少年控烟科普宣传推向高潮。2023 年 10 月 27 日，控烟办与中国科技馆合作开展控烟科普大讲堂活动，现场近 400 名中小学生共同参与，获得良好的科普效果。2023 年 10 月 30 日，国家卫生健康委副主任于学军、中国疾控中心党委书记卢江、中国科技馆馆长殷皓等有关领导赴现场参观调研，对此项工作给予高度评价。

【开展技术保障国家控烟履约工作】中国疾控中心控烟办作为国家卫生健康委规划司重要的技术支持单位，承担大量的控烟履约相关工作，包括参与编写 2023 年《中华人民共和国履行世界卫生组织烟草控制框架公约报告》，完成相关内容的填报与审核工作；控烟办主任肖琳参加世界卫生组织烟草控制框架公约缔约方大会第十届会议（简称 COP10）预备会；起草 COP10 国家代表团一般性发言，并对会议相关文件研提发言口径；组织筹备 COP10 展台相关宣传材料，包括海报、中国控烟进展折页、控烟宣传品；参加国家控烟履约协调领导小组工作会议和世界卫生组织控烟履约两次技术会议。

【推进无烟立法和执法】更新国家控烟相关政策和地方控烟相关法规，编写《控烟执法工具包》，为全国立法执法提供技术工具书。2023 年，为 10 余个省近 60 个城市的无烟立法、修法和执法提供现场及线上技术支持。2023 年 3 月 13—14 日，举办全国控烟立法执法培训班。2023 年 7 月 25—26 日，举办无烟政策高级研讨会暨 2023 年控烟执法经验交流会，有效推广先行城市控烟执法经验。派专家参加 10 余个省市控烟立法培训，培训班学员超过 2 000 人。通过项目支持西安市、西宁市开发控烟一张图小程序，用科技手段助力控烟执法。

【推进全国无烟环境建设】2023 年 7—9 月，与国家卫生健康委共同组建专家队伍，赴福建、河南、吉林、青海、四川和海南 6 个省开展控烟工作综合调研评估，包括控烟立法和执法、无烟党政机关建设、戒烟门诊创建和青少年烟草流行调查情况，并指导地方开展工作。2023 年 10—11 月，对全国 12 个省 144 家无烟党政机关开展无烟环境效果评估，持续推进与巩固无烟环境建设成效。

【推进全国戒烟干预工作】推广标准化戒烟干预技术，加强全国戒烟干预服务能力，完成 31 个省（自治区、直辖市）和新疆生产建设兵团的国家级培训，提高各地提供简短戒烟干预技能及戒烟门诊规范化建设水平。开展移动戒烟模式研究，开发个性化戒烟干预 App，在 1 278 名研究对象中开展临床随机对照试验研究，进行 1 个月、3 个月、6 个月戒烟效果评价，为戒烟新模式推广提供科学依据。

（肖琳、杨杰、刘世炜、南奕、谢莉、熙子、邹兰花、冯薇薇）

健康传播

【2023 中国健康科普大赛】2023 年 5—11 月，牵头举办 2023 中国健康科普大赛。此次大赛共征集到来自全国疾控系统、医疗机构、科研单位、媒体机构、大中小学、学会协会等的健康科普作品 8 000 余个，最终评选出一等奖、二等奖、三等奖及优秀奖共 454 个，最佳贡献奖 1 个，优秀组织奖 5 个。此次大赛首次与北京卫视《我是大医生》栏目合作录制和现场直播大赛演讲之星决赛夜。本届大赛征集作品数量创历年新高，参与机构进一步拓展，活动形式不断创新，基本实现为助力健康中国建设贡献力量的活动目标。

【健康教育工作及人员服务能力情况调查】2023 年 3—5 月，受国家疾控局委托，组织开展健康教育工作及人员服务能力情况线上调查。共收集全国疾控范围内各级疾控机构和个人调查问卷 1 万余份，为了解疾控系统开展健康教育工作现状、不断推进健康教育工作能力全面提升提供依据。

【健康教育、健康传播工作调研】2023 年 2—8 月，按照中国疾控中心大兴调研及指导地方开展健康教育相关工作安排，中国疾控中心传播中心组织先后赴广东、上海、海南、四川等 11 个省市疾控机构进行实地调研，深入了解各地健康教育工作推进情况，为进一步研究疾控系统健康教育与健康传播新模式奠定了基础。

【全国疾控系统健康科普培训班】2023 年 8 月 22 日，在重庆市举办全国疾控系统健康科普培训班，32 个省级疾控中心、中国疾控中心相关业务处所健康教育人员 50 余人参加了培训。此次培训班邀请知名专家就科学技术普及工作政策解读、新时代健康传播规律和健康科普策略、疾控领域舆情特征与舆论引导等主题进行授课。培训现场效果良好，学员满意度高，持续为全面促进疾控系统健康教育人才队伍建设助力。

【12320 卫生热线管理中心办公室】中国疾控中心传播中心作为 12320 卫生热线管理中心办公室，积极组织协调全国 12320 卫生热线短号码开展舆情监测工作。2023 年 1—3 月、6—12 月，分别对新冠疫情和猴痘疫情进行周监测。2023 年，共完成全国 12320 卫生热线受理月报、节假日专报、新冠疫情舆情监测周报和猴痘百姓关注热点监测周报共 47 期，监测百姓咨询 106 万件次。完成 2023 年工信部电信网码号资源使用年报，保证全国各地 12320 卫生热线短号码正常使用。

【新媒体平台管理及运营】2023 年 7 月和 11 月，中国疾控中心传播中心先后组织开展中国疾控中心全媒体平台检查和新媒体风险隐患排查工作，通过走访调查和风险台账梳理，形成问题清单，有针对性地提出整改措施和具体要求。2023 年，传播中心负责运营中国疾控中心官方微信公众号、新浪微博账号、头条号、百家号、抖音号、快手号 6 个新媒体账号，发布原创健康科普作品 500 余条，总阅读量破亿。积极为公众获取科学的健康科普知识搭建渠道，发挥公众健康引导作用，及时为公众答疑释惑。

【春节期间传染病防控科普信息开发】2023 年春节期间，中国疾控中心传播中心针对农村地区新冠等传染病防控要点开发大量健康科普信息，重点关注“一老一小”及孕产妇等特殊人群，并以短视频、长图文、海报等易被百姓接受和理解的形式进行广泛传播，为喜庆节日的百姓健康保驾护航。

【2022—2023 年度摄影作品征集评选活动】2023 年 9 月，中国疾控中心传播中心组织举办 2022—2023 年度摄影作品征集评选活动，共征集摄影作品 533 幅，经多轮评选，授予《健康之托》等 80 幅作品工作风采类和人文风貌类奖项。本次活动紧紧围绕中国疾控中心各业务领域工作情况开展，通过摄影作品，充分展示中国疾控中心的工作状况、职工的精神面貌。

（荣蓉、杨玲燕、赵悦乔、于子涵、姚建义、李浩）

卫生标准

【第一届国家疾病预防控制标准委员会成立】2023 年 11 月 14 日，国家疾控局召开第一届国家疾病预防控制标准委员会成立大会，该委员会下设 8 个标准专业委员会。国家疾控局局长王贺胜，国家疾控局副局长、中国疾控中心主任沈洪兵现场出席会议并做重要讲话。本次会议总结了疾控标准工作取得的进展和成就，提出了下一阶段疾控标准工作的任务要求。中国疾控中心作为新一届国家疾病预防控制标准委员会协调管理机构，承担标准管理具体工作。

【标准立项建议协调性审查】2023 年 8 月 25 日和 9 月 19 日，分别组织开展 2023 年度疾病预防控制标准与 2024 年度公共卫生领域卫生健康标准立项建议协调性审查，共涉及疾控领域 8 个专业和其他类的共计 55 条立项建议、公共卫生领域 4 个专业和其他类的共计 52 条立项建议。

【标准审核和上报】根据国家卫生健康委法规司与国家疾控局规财法规司要求，分别组织完成公共卫生领域卫生健康标准和疾病预防控制标准报批材料审核 99 项与 30 项。作为其他类标准秘书处，完成 14 项标准草案预审、7 项会审、2 项复审。

【标准培训与宣贯】在新疆维吾尔自治区昌吉回族自治州、江苏省苏州市、福建省厦门市举办 3 期标准宣贯师资培训班，150 余名市（州）级疾控标准管理人员现场参加培训，培训班通过在线方式覆盖多个省市。围绕 10 月 14 日世界标准日，开展以“执行放射卫生标准，守护人民群众健康”为主题的标准宣传活动，制作 5 000 份宣传海报和 30 000 份折页并分发各省，充分利用专题研讨会、网站与微信等多种形式开展宣传。编撰《卫生健康标准化有问有答》，向全国卫生标准化工作人员及大众宣贯普及法律法规、政策管理和常见问题。以首个病原微生物菌毒种保藏生物安全标准体系建立为契机，制作《病原微生物保藏标准体系》科普专题片。

【标准基础性研究与前期研究】受国家卫生健康委法规司委托，开展“生物安全体系研究”，组织开展“我国卫生健康领域标准物质现状典型调查和政策策略研究”。分别委托学校卫生、地方病和卫生有害生物防制 3 家标准专业委员会开展基础性研究和标准研究与制定。面向全国分专业征集遴选标准化前期研究项目 116 项，并予以支持。验收 2022 年度57项标准前期研究项目。

【标准化试点】通过征集与评审，2023年，在全国共建立21个“公共卫生领域卫生健康标准化试点”，积极推动区域标准实施、宣传、培训与评估等工作。验收2021年度10个标准化试点地区工作并研讨《公共卫生领域卫生健康标准化试点项目管理办法》。

【标准追踪评价与实施评估】通过标准推荐、征集与评审，2023年，委托全国疾控中心、医疗卫生机构、科研院所、高等院校等60家机构对20项推荐性标准开展评估。验收2022年度47家机构的标准评估工作并研讨《公共卫生领域标准评估项目管理办法》。

【国际交流与合作】参与“中国与非洲国家公共卫生管理标准化合作官员研修班”授课。

【公共卫生标准舆情监测】开展公共卫生领域卫生健康标准舆情监测，完成舆情监测数据5期、月报3篇、季报1篇和年报1篇。

【卫生健康监督技术支撑与综合协调】2023年5月，根据国家疾控局要求，中国疾控中心的三定方案中将增加卫生监督技术支撑与综合协调相关内容，具体工作由卫生标准处负责组织开展。梳理完成《中国疾控中心卫生监督技术支撑工作职责分工》；配合信息中心做好卫生监督信息系统梳理、数据质控与数据分析工作；协助国家疾控局综合监督一司开展“医疗机构疾病监督员制度试点”工作，承接“医疗机构疾控监督员制度信息化建设业务需求研究”与“信用体系建设疾控机构技术支撑能力研究”两项委托办事项目；参与国家疾控局综合监督二司《全国卫生健康监督统计调查制度（2024版）》修订，组织开展“卫生监督执法技术支撑专家库”中国疾控中心专家的申报和推荐。

（雷苏文、蒋炜、孙乃玲、姚竗洁、刘开琦）

人事管理

【人员基本情况】截至 2023 年 12 月 31 日，共有正式职工 1 874 人，其中包括管理人员 79 人、专业技术人员 1 766 人、工勤人员 29 人。在专业技术人员中，具有高级资格的人员占 64%，具有中级资格的人员占 23%，具有初级资格的人员占 13%。

【干部选拔任用】2023 年，启动 53 个岗位选拔任用工作，选任到位 37 人，开展 25 个岗位平级交流。截至 2023 年 12 月 31 日，共有处级干部 90 人，其中包括总部处室处级干部 51 人、直属单位领导班子成员 39 人。

【干部职工教育培训】2023 年，组织开展处级干部和首席专家培训班，处级干部和首席专家共 90 余人参加培训；组织开展新职工岗前培训班，2021—2023 年新入职职工共 236 人参加培训。

【干部监督管理】2023 年，落实领导干部个人有关事项报告和核查制度，完成领导干部个人有关事项年度集中报告 94 人，随机抽查 14 人，重点查核 53 人。

【人才上下互派】2023 年，接收"西部之光"访问学者 5 人、免疫高级研修学者 2 人、新疆特培学员 1 人，重庆千名科研人员顶岗培养计划学员 2 人，各省市疾控专业人员 46 人。

【人才引进和公开招聘】2023 年，引进人才 89 人，其中包括高校毕业生 40 人、社会工作人员 44 人、京外调干人员 5 人，接收人员中具有硕士研究生及以上学历的人员占比达 83%。

【专业技术资格申报评审】2023 年，组织 202 名职工申报专业技术资格评审，包括 1 名破格申报人员、57 名抗疫一线申报人员（其中，18 名符合"优先晋升条件"）。202 人通过本单位、卫生人才中心交叉互审，最终 132 人通过，其中申报正高职称 39 人、副高职称 58 人、中级职称 35 人，通过率为 65%。同时，全年为 6 人办理高级会计师、高级审计师专业技术资格委托评审手续。

【人才选拔推荐】2023 年，开展人才选拔推荐 40 余人次。环境所唐宋入选第八批国家高层次人才特殊支持计划青年拔尖人才；传染病所阚飙、病毒病所谭文杰、中国疾控中心副主任施小明、中国疾控中心免疫规划中心尹遵栋入选第十届国家卫生健康突出贡献中青年专家，中国疾控中心审计处袁灵华被评为 2020—2022 年度全国内部审计先进工作者；中国疾控中心副主任李群入选 2023 年享受政府特殊津贴人员。2023 年，选派中共中央组织部、人力资源和社会保障部第十一批援疆干部人选 2 人，选派第 24 批博士服务团成员 1 人。2023 年，5 名职工继续借调国际组织任职，新派出 2 名同志。2023 年，卢金星、张建中、刘起勇、周晓农、韩孟杰、徐东群、孙全富、马家奇、王华庆被聘任为中国疾控中心首席专家。

【公共卫生人才培养】2023 年，完成公共卫生人才选拔推荐 16 人次，李群、周蕾、张丽杰、赵雁林、阚飙、王大燕、段招军入选公共卫生人才培养支持项目；周蕾、王丽萍、王富珍、杨振宇、胡跃华入选中华预防医学会公共卫生高层次人才培养项目疾控体系领军人才领导力提升子项目；尹建海、单多、齐金蕾、汉锋入选中华预防医学会公共卫生高层次人才培养项目公共卫生青年精英高级研修子项目。

【岗位聘任】2023 年，持续研究和平稳推进岗位聘任工作，完成 2019 年度各类各级岗位聘任工作，完成 2020 年度和 2021 年度专业技术二级岗位聘任工作，共聘任 317 人。

【岗位设置】2023 年 5 月 23 日，获国家疾控局批复，完成中心岗位设置优化调整，专业技术岗位占总编制的比例为 92%，专业技术高级岗位所占比例提高至 55%。

【博士后管理】2023 年，为博士后办理出站 7 人，进站 2 人，拨付经费 2 人次。2023 年，组织中心在站博士后人员申报中国博士后科学基金优秀学术专著出版资助、第 73 批和第 74 批面上资助、第 5 批特别资助（站前）、第 16 批特别资助（站中）。

【日常人事管理】2023 年，办理因公出国（境）政审 182 人次；调整在职人员薪级及职务变动工资 262 人次；按月核定在职人员津贴补贴发放 366 人次；审核并公示过渡期第一阶段参加疫情防控人员 477 人台账情况；完成 2019 年岗位聘任通过人员 30 人的工资核定及补发统计。核定在职人员 238 人的养老保险、职业年金缴费基数及补缴情况；按月核定在职人员 237 人、退休人员 178 人的养老保险征缴及发放工作；完成参加养老保险人员退休、增减、数据采集确认等信息变动 38 人次。办理人员调入、调出、退休等工资核定 44 人次；核定 4 名去世人员抚恤金发放；办理直属单位 3 位专家提高退休费比例手续；办理中心和直属单位法人证书年检及有关直属单位法人变更手续，提供法人证书复印件 60 余次。

【外聘人员管理】截至 2023 年 12 月 31 日，共发布招聘启事 19 期；签订劳动合同 99 份；出具证明材料 9 份；申报职工生育险 7 人次；按月计算工资、社会保险和公积金达 140 余万元；办理发放经济补偿金手续 3 人；办理离职手续 28 人；办理社保增减员手续 105 人次。

（吕艳、黄彦、刘杨、李南南、刘娜娜、李琪琪、何嘉玉、于泽楷）

基础设施建设

【中国疾控中心二期工程顺利举行奠基仪式】2023 年 3 月，中国疾控中心二期工程举行奠基仪式，国家发改委、国家卫生健康委、国家疾控局及北京市属地有关部门领导出席，仪式取得圆满成功。

【中国疾控中心二期工程取得“三通一平”、文物勘探等批复】中国疾控中心二期工程分别在 2023 年 3 月 20 日、5 月 4 日、5 月 26 日、6 月 14 日取得《临时建设工程规划许可证》《北京市公安局公安交通管理局影响交通安全的占道施工许可证》《北京市昌平区税务局二期工程临时用水行政许可决定书》及《公路掘占道施工许可证》。2023 年 6 月，完成该项目建设用地范围内（除食堂二部被占用外）文物勘探工作，取得北京市考古研究院批复。

【中国疾控中心二期工程全面开展工程建设】2023 年 7 月 26 日，在中国疾控中心二期工程完成项目现场施工前各项准备工作，通过昌平区组织的“六方环境联检”后，监理单位签发开工令，施工总承包单位全面开展土方开挖等施工作业。

【中国疾控中心二期工程资金拨付顺利，全力推动工程建设】2023 年 9 月，经中国疾控中心商请国家疾控局多次协调国家发改委、财政部等部门，财政部拨付中心二期工程 2023 年度预算 3.2 亿元，中心于国庆节前夕支付施工总承包单位 2.25 亿元预付款，有效地保障了施工进度及农民工工资支付事宜。

【中国疾控中心二期工程临时联合党支部成立】2023 年 11 月 29 日，组织北京市昌平区百善镇党委、中国建筑第八工程局有限公司中国疾控中心二期项目部、北京方圆工程监理有限公司中国疾控中心二期项目部、中国中元国际工程有限公司中国疾控中心二期项目部及中心二期工程领导小组建设工程办公室五方单位成立二期工程临时联合党支部。临时联合党支部将组织深入学习贯彻习近平总书记关于安全生产的重要论述和重要指示精神，继续发扬优良传统，团结带领共建单位党员和全体工作人员尽职尽责、高质高效地推进中心二期工程建设，切实发挥党支部的战斗堡垒作用。

（蒋晋生、薄珊珊）

科研管理

【重点专题调研】开展科技教育与培训支撑疾病防控体系发展专题调研，先后走访6个省市县疾控中心、5所高校，参观实验室、数字化业务平台设施，在24家单位开展10场座谈会；在中心南区、北区组织召开2场中心青年职工座谈会，形成《科技教育和培训支撑疾病防控体系发展专题调研报告》，对各地疾控机构、高校好的经验做法给予借鉴和推广，推动中心科技、教育、人才“三位一体”协同高效发展，及时解决当前难题，推进科技工作高质量发展。

【科研项目管理】2023年，中心获准国家级科研项目（课题/任务）70项、省部级科研项目9项，总经费达1.9亿元。其中，国家重点研发计划项目4项、课题21项、任务17项，总经费共11 756.9万元；科技创新2030—“农业生物育种”重大项目1项，总经费为5 280万元；科技基础资源调查专项课题2项，总经费为280万元；国家自然科学基金项目15项、参与10项，总经费约为1 330万元；北京市自然科学基金项目9项、上海市自然科学基金项目1项，总经费共398.2万元。

【国家自然科学基金申报及管理】改革中心国家自然科学基金申报工作，2023年12月底，完成国家自然科学基金账号合并，组织各单位开展多种形式的国家自然科学基金申报培训、专家指导，组织各单位凝练学术研究方向。

【组织中心青年基金立项】为培养中心青年科研人员独立主持科研项目、进行创新研究的能力，支持和鼓励青年科研人员自由探索，助力青年科研人员抓紧“起步黄金期”，组织2023年度中心青年基金立项工作，共立项15项。

【科研相关制度建设】以激发科研人员的积极性、规范科研人员的行为为主要目标，开展12项科研相关制度的制修订。正式印发《中国疾病预防控制中心伦理审查管理办法》《中国疾病预防控制中心科技论文发表管理规定》《中国疾病预防控制中心科研诚信规范与科研失信行为调查处理规则》等8项制度；初步完成《中国疾病预防控制中心横向科研项目管理办法》《中国疾病预防控制中心科研项目管理规定》《中国疾病预防控制中心院士工作站管理办法》修订；起草《中国疾病预防控制中心总部科研激励管理办法》。

【科技援疆援藏工作】建立中心科技帮扶新疆维吾尔自治区、西藏自治区多学科专家库，协调专家指导科研项目申报、立项、实施，先后共组织专家22人次前往新疆维吾尔自治区疾控中心、新疆医科大学进行交流。

帮扶西藏自治区疾控中心获批“西藏自治区传染病预防控制重点实验室”，帮助西藏自治区疾控中心完成国家卫生健康委包虫病防治研究重点实验室考核任务。

【科技平台建设】组织国家重点实验室重组工作，获批传染病溯源预警与智能决策全国重点实验室、创伤与化学中毒全国重点实验室（陆军军医大学牵头，职业卫生所参与）。组织召开传染病溯源预警与智能决策全国重点实验室启动会议、第一次学术会议及青年学术交流会。青年学术交流会每年举办一次，是青年科技工作者以及研究生进行学术交流的平台。

出台《传染病溯源预警与智能决策全国重点实验室科技人才奖励办法（试行）》《传染病溯源预警与智能决策全国重点实验室学术带头人（PI）管理制度》。完成中心环境与健康重点实验室验收工作。组织国家卫生健康委重点实验室更名工作，国家卫生健康委微生物基因组研究中心更名为微生物基因组重点实验室，国家卫生健康委微量元素与营养重点实验室更名为公共营养与健康重点实验室。

【学术与管理交流】自2023年10月起，在中心层面组织开展学术交流活动，邀请国内外知名专家举办6场学术报告，并建立常态化机制，每月举办1 ~ 2场学术交流活动。2023年12月6—7日，在重庆市召开全国疾控机构科技管理工作会，深入学习中央科技体制改革重要精神，深刻理解新时期推进疾控体系现代化科技创新重点工作，为落实国家疾控局科技工作部署、提升全国疾控机构的科技管理水平发挥了重要作用。

【科研诚信、伦理审查及人类遗传资源管理】2023年，受理伦理审查32项，跟踪伦理审查13项；出具科研项目申请伦理证明17份；推荐国家科技伦理委员会委员2名及优势研究团队1个；完成4项科研诚信举报调查；申报并获批人类遗传资源采集审批1项，组织中心直属各单位人员参加《人类遗传资源管理条例实施细则》培训。

【科研成果统计】开展中心科研成果统计，截至2023年12月31日，中心共获准专利59项，获批软件著作权19项，主编 / 参编专著118部。发表中文论文898篇、英文论文736篇，SCI期刊的总影响因子为5 498，其中50以上的为12篇。

赵天明、吴尊友在 *The Lancet*（《柳叶刀》）上发表了通讯文章 Prevention of a potential mpox outbreak in China（《预防中国可能发生的猴痘疫情》），影响因子为168.9。

张晓畅等在 *BMJ* 上发表论文 Effect of home cook interventions for salt reduction in

China: cluster randomised controlled trial（《中国家庭主厨减盐干预效果—整群随机对照研究》），影响因子为 107.7。

张梅、王丽敏等在 *BMJ* 上发表论文 Prevalence, awareness, treatment, and control of hypertension in China, 2004-18: findings from six rounds of a national survey（《2004 至 2018 年中国成人高血压患病、知晓、治疗与控制状况：来自 6 轮国家代表性调查的结果》），影响因子为 107.7。

【科研成果管理】组织申报北京市科技奖 7 项，获得二等奖 1 项；申报中华医学科技奖、中华预防医学会科学技术奖等各类社会科技奖共 19 项，共获奖 10 项，其中一等奖 2 项。

积极推动科技成果转化工作，印发《中国疾病预防控制中心科技成果转化管理办法（试行）》，承担中心总部科技成果转化合同审理和登记 4 项，合同金额共计 280 万元。

【大型科研仪器设备共享管理工作】负责中心大型科研仪器设备共享考核工作，组织年度考核填报培训，完成大型科研仪器设备共享平台建设工作，并实现与科技部国家网络管理平台对接。

（李振军、王吉春、陈亮、魏民、秦宇、李晓杰、杨剑、刘天琪、魏依依）

外事与港澳台事务

【工作概况】2023 年，共办理因公出国（境）任务 194 批 336 人次，成行 137 批 224 人次，成行率为 71%。其中，短期出国（境）130 批 215 人次，长期出国（境）7 批 9 人次。审核线上任务 29 批 44 人次。办理外宾来华 77 批 215 人次。申报举办线上和线下国际会议或培训班 3 个。与朝鲜、韩国、中国香港对口机构签署合作备忘录 3 项。审批或备案国际合作项目立项申请 23 项。组织申报外国专家来华工作项目 1 项，亚洲合作资金项目 9 项，发展中国家技术培训项目 2 项。与中国台湾地区疾控部门交换传染病疫情信息共 132 期。制定与发布《中国疾病预防控制中心外籍专家因公临时出国（境）管理办法（试行）》和《中国疾病预防控制中心外籍及港澳台人员研修管理办法（试行）》。

【召开全国疾控系统国际交流合作与能力建设研讨会】2023 年 11 月 1—2 日，在湖南省长沙市召开全国疾控系统国际交流合作与能力建设研讨会。来自国家疾控局、中国疾控中心、全国各省（自治区、直辖市）和计划单列市疾控中心外事管理部门的领导及专家代表共计百余人参加会议。

【组织召开外事工作会议和举办外事专办员培训】2023 年，中国疾控中心外事处组织召开外事工作会议和举办外事专办员培训 5 次。外事培训讲座旨在提升公共卫生领域专家国际合作、跨文化交流以及参与全球卫生治理能力，每年将以季度为周期召开。

【召开中美疾控中心技术交流系列视频会议】2023 年，中美疾控中心联合举办 7 期技术视频交流系列会议。内容涉及新冠疫情防控、新冠病毒感染疫情监测、新冠疫苗接种和长新冠、慢性病防控、全健康、疟疾监测与防控、儿童环境健康、公共卫生人力资源开发。

【组织推荐 1 名外籍专家申报中国政府友谊奖并获奖】2023 年，组织推荐中国疾控中心免疫规划高级顾问劳伦斯·埃弗里特·罗德瓦尔德（Lawrence Everett Rodewald）博士申报中国政府友谊奖并获奖。

【实施中—英合作支持世界卫生组织公共卫生人力发展路线图项目】2023 年 1—4 月，中国疾控中心外事处与英国卫生安全局联合开展“中—英合作支持世界卫生组织公共卫生人才发展路线图项目”，召开合作伙伴会议，分享最佳实践案例，组建中英公共卫生人才队伍建设技术工作组。

【开展全国省级疾控中心国际交流合作现况调研】2023 年 3—8 月，中国疾控中心外事处通过问卷调查和现场考察等方式，对全国 31 个省级疾控中心开展国际交流合作现况调研，为开发国家级和省级疾控机构国际交流合作整体布局与联动方案、加强国际交流合作人员和外事队伍能力建设相关工作提供参考。

【参加第 76 届世界卫生大会】2023 年 5 月 20—31 日，组织专家团组赴瑞士日内瓦参加第 76 届世界卫生大会，积极参与全球卫生治理，拓展国际伙伴关系，并从技术和管理层面为国家疾控局代表团提供支持。

【开展国外疾控机构专业人员核心能力培训现况研究】2023 年 7—11 月，受国家疾控局科技教育与国际合作司（港澳台办公室）委托，中国疾控中心外事处开展国外疾控机构专业人员核心能力培训现况研究，对我国疾控体系，特别是传染病防控体系人才队伍建设高质量发展规划提出建议。

【与美国比尔及梅琳达·盖茨基金会北京代表处召开双边主任年会】2023 年 7 月 4 日，中国疾控中心与比尔及梅琳达·盖茨基金会北京代表处 2022—2023 年度双边主任年会在北京市召开，就全球卫生、疟疾、结核病、计划免疫、儿童营养等领域项目进展、挑战及下一步合作计划进行了交流，现场 20 余名专家与会。

【与香港特别行政区卫生署卫生防护中心签署合作谅解备忘录】2023 年 7 月 21 日，中国疾控中心主任沈洪兵和香港特别行政区卫生署卫生防护中心总监徐乐坚医生签署了两个机构的合作谅解备忘录，双方将在传染病、突发公共卫生事件、慢性非传染性疾病等多个领域开展合作。

【与荷兰卫生官员探讨传染病防控合作】2023 年 8 月 10 日，荷兰卫生、福利和体育部公共卫生司战略和组织处处长蒂姆·杜马（Tim Douma）先生和荷兰王国驻华大使馆卫生、福利和体育参赞史明康（Nico Schiettekatte）先生等一行 3 人访问中国疾控中心，就传染病防控政策和健康促进等议题与中方专家进行了交流。

【与朝鲜保健省中央疾病预防控制所签署合作谅解备忘录】2023 年 8 月 22 日，中国疾控中心主任沈洪兵与朝鲜保健省驻华代表石用国（Sok Yongguk）博士在北京市签署

《中国疾控中心与朝鲜保健省中央疾病预防控制所合作谅解备忘录》。双方未来5年将扩大并密切公共卫生领域的实质性技术合作，包括传染病、慢性非传染性疾病及伤害控制相关的监测与防控、实验室体系建设、职业卫生和环境健康、公共卫生应急响应、公共卫生政策制定等。

【为推进全球卫生应急队倡议提供中国智慧】2023年8月24日，中国疾控中心主任沈洪兵与国家级公共卫生机构国际联盟（International Association of National Public Health Institutes，IANPHI）主席邓肯·塞尔比（Duncan Selbie）教授进行线上会晤，并以IANPHI执行委员会成员及中国疾控中心主任的身份，分享对推进世界卫生组织全球卫生应急队倡议的相关观点和看法，贡献中国智慧和经验。

【协调中方代表出席第78届联合国大会高级别会议】2023年9月19—23日，派出外事工作人员赴美国纽约负责中方代表出席第78届联合国大会大流行预防、准备和应对高级别会议、抗击结核病高级别会议和发言的协调工作。

【接待缅甸卫生部副部长一行】2023年10月24日，中国疾控中心主任沈洪兵会见缅甸卫生部副部长埃吞（Aye Tun）阁下一行8人，并与缅方代表交流中国疾控中心机构建设情况，探讨中缅疾控机构潜在合作。

【参加第六届中俄传染病研讨会】2023年11月7—8日，第六届中俄传染病研讨会在俄罗斯圣彼得堡召开。中国疾控中心病毒病所、艾防中心、结控中心等单位派员参会。与会专家就流感、艾滋病、结核病等领域的热点学术议题进行了积极和深入的交流。

【承办中俄医学大会—传染病防控分论坛】2023年11月17日，由俄罗斯国家医学会和中华医学会共同主办、中国疾控中心协办的“中俄医学大会—传染病防控的形势和面临的挑战分论坛”以视频会议的形式在北京市召开。发言嘉宾就流感、艾滋病、新冠病毒、呼吸道病毒等议题进行了交流。

【举办中哈鼠疫等人兽共患传染病防控在华交流活动】2023年12月2日，举办中国—哈萨克斯坦鼠疫等人兽共患传染病防控在华交流活动，包括召开研讨会、考察鼠疫源地、访问新疆维吾尔自治区疾控中心等。该活动对加强传染病防治合作、共筑两国公共卫生安全屏障有着重要意义。

【与韩国疾病预防控制署签署合作谅解备忘录】2023年12月4日，中国疾控中心主任沈洪兵与韩国疾病预防控制署署长池荣美（Jee Youngmee）博士在韩国首尔签署机构间合作谅解备忘录。双方未来 5 年将在传染病防控、慢性病监测和防控、公共卫生应急等 11 个领域开展务实合作。

【参加第 17 届中日韩传染病防控论坛暨联合研讨会】2023 年 12 月 4—5 日，第 17 届中日韩传染病防控论坛暨联合研讨会在韩国首尔召开。中国疾控中心主任沈洪兵率团参会，并与日本、韩国及蒙古国专家就大流行应对准备、抗生素耐药控制、蜱虫和媒介传染病防控、呼吸道传染病防控、麻疹消除及结核病防控等议题开展交流与讨论。会间，沈洪兵主任还分别与韩国疾病预防控制署署长池荣美博士、日本国立感染症研究所所长脇田隆字（Takaji Wakita）博士进行年度会晤。

【召开中美疾控中心主任年度视频会晤】2023 年 12 月 13 日，中国疾控中心主任沈洪兵与美国疾控中心主任曼迪・科恩（Mandy Cohen）举行线上视频会晤。双方就中美疾控中心合作关系的发展前景以及共同关心的技术问题进行了交流。

【组织开展中国疾控中心小额资助在华交流项目】2023 年，以中央财政事业经费资助开展 4 项疾病防控在华交流小额资助项目并圆满完成，促进了疾控领域“请进来”工作在疫情后启动，涉及艾滋病防控、辐射安全、寄生虫病预防、鼠疫等人兽共患病防控等领域。

（王晓琪、冯宁、胡静然、丁旭虹、邹运铎、刁菲、黄伊人）

全球公共卫生

【持续升级完善“全球疫情数据分析和风险评估平台”】持续建设和维护“全球疫情数据分析和风险评估平台”中英文版并与东盟国家分享，对平台包含的多个功能模块进行升级完善。2023 年，基于此平台，发表 12 篇学术文章和《全球传染病疫情态势和政策分析报告》等 40 余篇分析报告，为开展全球传染病常态化监测提供保障，为建设人类卫生健康共同体贡献中国力量。2023 年 1 月，该平台荣获国家卫生健康委文明办、共青团中央青年发展部、中国青年创业就业基金会联合开展的“创青春”首届全国卫生健康行业青年创新大赛“疾病防控与卫生管理类”金奖。

【派出专家赴非洲疾控中心总部担任实验室领域技术顾问】2022 年 8 月—2023 年 8 月，中国疾控中心张益副研究员作为 P4 级别技术顾问赴非洲疾控中心任职。在非洲期间，张益与中国驻非盟使团沟通了中国疾控中心对于支持非洲疾控中心建设的规划和项目方案，与非洲疾控中心各级领导交流合作项目内容，推动成立“中国疾控中心驻非洲疾控中心项目办公室”，建立长期合作机制。张益积极参与非洲疾控中心实验室领域技术工作，在病原检测、高通量测序、宏基因组分析、生物信息学分析、分子流行病研究等方面开展培训和研讨，并协调非方与中国疾控中心的技术交流，分享中方的实验室网络建设经验，介绍相关技术平台和实操案例。张益还作为外部专家，参与非洲疾控中心监测处主任、应急处项目官员等职位的应聘筛选与面试工作，发挥了中国疾控中心的影响力。

【完成援塞拉利昂固定生物安全实验室第三期技术援助项目验收工作】2023 年 12 月，由全球公卫中心负责组织实施的援塞拉利昂固定生物安全实验室第三期技术援助项目完成所有项目计划活动，并通过商务部国际经济合作事务局的内部检查验收，验收结论为绩效优良。该项目自 2021 年 1 月起实施，先后派出 12 名专家赴塞拉利昂长期工作，工作周期为 14 ~ 21 个月。该项目支持塞拉利昂新冠肺炎疫情防控和重要传染病哨点监测，协助制定国家病毒性肝炎防治规划，培养当地公共卫生技术人员，在塞拉利昂疫情防控、加强国家公共卫生体系能力、增进中非友谊、促进健康合作方面发挥了积极的作用，为推进南南合作和构建人类命运共同体做出了应有贡献，较好地实现了立项目标。

【推进中国—塞拉利昂公共卫生“一带一路”联合实验室建设】2023 年 1—12 月，全球公卫中心持续推进中国—塞拉利昂公共卫生“一带一路”联合实验室建设。该联合实验室是科技部在全球支持建设的53家联合实验室之一，定位于支撑共同发展的民生科技，围绕全球性挑战开展科技援外，助力能力建设。2023年，开展联合实验室塞方人员测序能力培训，完成人员交流互访8人次，探索并实现病原样本核酸提取物的国际运输。

【开展公共卫生国际交流与培训平台建设】2023年4月，全球公卫中心获批外交部公共卫生国际交流与培训平台建设项目。该项目旨在建设一个基于互联网的在线仿真演练和培训平台。未来作为开展公共卫生交流与培训的重要载体，其将包括国内外案例学习、案例分享、核心知识点课程、桌面演练、合作伙伴维护与管理等多种功能。该项目作为重要成果在中国—东盟卫生发展高官会上被宣布并做介绍。

【开展国家级公共卫生海外分支机构建设调研】2023年5—11月，全球公卫中心联合政研室开展国家级公共卫生海外分支机构建设调研。该项工作是中国疾控中心2023年度重点调研课题计划。通过实地走访、座谈交流、电话调研和书面调研等方式，赴中国疾控中心寄生虫病所、江苏省寄生虫病防治研究所、云南省疾控中心、深圳市疾控中心、中国科学院上海免疫与感染研究所（原中国科学院上海巴斯德研究所）、中国科学院曼谷创新合作中心、中国科学院中—非联合研究中心、深圳华大基因股份有限公司、华为技术有限公司、中国乡村发展基金会、美国帕斯适宜卫生科技组织，以及塞拉利昂和埃塞俄比亚当地部分国际组织等多家机构开展调研。在此基础上，形成了中国疾控中心海外分支机构建设可行性报告。

【建设世界卫生组织开源防疫信息中国疾控中心工作网络】2023年5月16—18日，在北京市举办开源防疫信息（Epidemic Intelligence from Open Sources，EIOS）网络培训班，世界卫生组织柏林总部、日内瓦总部、西太平洋地区及中国办公室的专家来华现场授课，培养国内首批利用EIOS系统开展疫情监测工作的人员。2023年9月，派员赴德国参加EIOS师资培训，培养国内首批EIOS师资，以进一步提升国家及省级疾控人员的全球传染病监测预警能力。

【举办中非疾控中心实验室能力建设与病原监测需求调研研讨会】2023年9月25日，在北京市举办中非疾控中心实验室能力建设与病原监测需求调研研讨会。中国疾控中心副主任李群、世界卫生组织驻华代表处乔建荣协调员和非洲疾控中心索夫尼阿斯·凯夫·特撒玛（Sofonias Kifle Tessema）博士出席本次会议并讲话。非洲疾控中心实验室部门专家、世界卫生组织驻华代表处代表、中国疾控中心实验室领域专家以及多家省级疾控中心和高校的专家共30余人参加会议。本次会议介绍了非洲疾控中心现状及非洲大陆实验室网络建设成果与目标，分享了中方各领域的工作和经验，中非双方就共建多方合作伙伴关系、先进技术转移、病原检测监测、非洲公共卫生学员培养、共建培训基地等方面开展了深入讨论。会后，非洲疾控中心专家参观了传染病所与艾防中心相关实验室。中非双方专家在本次会议中深入沟通了各自的重点工作与共同感兴趣的合作领域，为中非疾控中心技术合作开辟了新的道路。

【中国疾控中心代表团访问世界卫生组织大流行和流行病情报中心】2023 年 11 月 7 日，国家疾控局副局长、中国疾控中心主任沈洪兵院士带队中心外事处、全球公卫中心、流病办、应急中心、办公室等相关处室专家，前往位于德国柏林的世界卫生组织大流行和流行病情报中心（简称 WHO Hub）访问交流。其间，沈洪兵与世界卫生组织助理总干事、WHO Hub 负责人希奎·伊海克维祖（Chikwe Ihekweazu）博士进行双边会晤，并出席中国疾控中心与 WHO Hub 旗舰项目介绍和合作伙伴联席会议。希奎·伊海克维祖博士对中国疾控中心代表团表示热烈欢迎，认为代表团的到访为双方进一步促进交流合作、共同推动全球卫生战略奠定了基础。沈洪兵表示，中国始终支持世界卫生组织在全球卫生治理中发挥的领导作用，也愿意积极参与并贡献中国智慧。在合作伙伴联席会议上，德国联邦卫生部、罗伯特·科赫研究所的相关专家出席会议并分享了与 WHO Hub 的交流合作进展。各方合作伙伴均表示愿意促进中、德、WHO Hub 三方共同合作，构建双多边战略合作伙伴关系，共同推动全球卫生治理，保障全球卫生健康安全。

【中国疾控中心代表团访问非洲疾控中心总部】2023 年 11 月 10 日，国家疾控局副局长、中国疾控中心主任沈洪兵院士带领中国疾控中心专家团队赴非洲疾控中心总部访问。其间，沈洪兵主任与非洲疾控中心主任让·卡塞亚（Jean Kaseya）博士进行双边会谈，出席非洲疾控中心伍连德实验室揭牌仪式，并参加双方专家团队技术交流研讨会。中国驻非盟使团胡长春大使、吕瑞浩公参等陪同参加相关活动。在双边会谈中，沈洪兵表示，中国疾控中心一直高度重视并积极参与非洲疾控中心建设项目，未来也将一如既往地参与和支持非洲疾控中心战略规划下的各项活动，积极申请中非疾控中心公共卫生技术合作项目，全面推动中非疾控机构合作交流。让·卡塞亚表示，非洲疾控中心将依托总部和实验室建设，逐步加强非洲国家疾病监测、应急处置和实验室检测等核心能力，并愿意与中方继续共同努力深化合作。会后，沈洪兵与让·卡塞亚共同主持了由中国支持援建、以中国现代医学及公共卫生先驱伍连德命名的非洲疾控中心高等级实验室揭牌仪式。在技术交流研讨会上，中非双方专家就非洲疾控中心未来发展方向、能力建设、业务需求等共同关注的领域及下一步合作方向进行了交流讨论。

【美国疾控中心总部及驻华流感项目管理团队访问中方管理和实施机构】2023 年 11 月 13—15 日，美国疾控中心总部及驻华流感项目管理团队在北京市与中美疾控中心合作项目中方项目管理办公室就管理流程、流感项目执行情况、合作策略和优先领域等进行会谈，并听取中方 2018—2024 年项目进展、财务管理报告。美方专家肯定了中方项目管理团队的高质量管理以及流感项目总体所取得的成果，双方就未来合作领域进行了探讨。

【举办国际项目管理培训班】2023 年 12 月 18—19 日，在北京市举办全球公共卫生援助合作能力建设国际项目管理培训班。来自世界卫生组织、红十字国际委员会、美国疾控中心、中华预防医学会、中国疾控中心，以及中国社会科学院大学、武汉大学、中共中央党校（国家行政学院）等的专家进行授课，分享全球卫生前沿动态，讲授理论知识，还分享了全球公共卫生援助合作能力建设国际项目管理实践经验。

（戚晓鹏、周蕾、陈虹、王立立、庞明樊、杨昕娉、武洁雯、房元圣、纪瀚然、赵青）

教育培训

【研究生招生工作】2023 年，扩招录取研究生 332 人，其中包括博士研究生 84 人、学术型硕士研究生 110 人、全日制公共卫生硕士研究生 130 人、非全日制公共卫生硕士研究生 8 人。实际报到新生 329 人，保留入学资格到期入学报到 1 人，放弃入学资格 4 人（其中包括博士研究生 1 人、全日制公共卫生硕士研究生 2 人、非全日制公共卫生硕士研究生 1 人）。

【“相约疾控”夏令营活动】2023 年 8 月 1—4 日，举办第十届全国优秀大学生“相约疾控”夏令营活动，来自北京大学等全国 34 所高校的 84 名优秀大学生参加了本届夏令营。其间，新疆医科大学公共卫生学院选派了 32 名师生同步参与联合开展的暑期夏令营研学活动。本届夏令营活动包含开营式、宣讲营、交流营、考察营、闭营式 5 个环节，开展了学术讲座、考察参观、师生交流和招生答疑等多种形式的活动。

【研究生毕业典礼暨学位授予仪式】2023 年 7 月 4 日，举行 2023 届研究生毕业典礼暨学位授予仪式。

【首期公共卫生青年精英高级研修项目】2023 年 8 月 21 日—12 月 31 日，接收中华预防医学会首期公共卫生青年精英高级研修项目 11 名学员，进行学制 4 个月的培训。

【研究生入学教育周活动、开学典礼】2023 年 8 月 28 日—9 月 1 日，举办 2023 级研究生新生入学教育周活动。2023 年 9 月 1 日，举办新生开学典礼。

【疾控院校合作与交流】2023 年 3 月 23 日，与 17 所院校机构签署了战略合作协议，构建协作平台，开展高质量务实合作。2023 年 5—7 月，组织中心及相关院校研提合作需求建议并进行梳理，推荐中心 2 名骨干人才入读南京医科大学攻读公共卫生博士。2023 年 8 月 4 日，与南京医科大学就联合培养研究生和深化务实合作进行座谈交流。2023 年 10 月 25 日，在青海省西宁市组织召开疾控院校务实合作研讨会。

【《公共卫生专业人员队伍教育培训指导意见》】根据国家疾控局工作安排，协助提供《公共卫生专业人员队伍教育培训指导意见》修改意见和建议。

【规章制度制修订】2023 年，教育培训处（研究生院）共制修订规章制度 31 件，其中印发完成 19 件。

【公共卫生博士专业学位授权点申报】成立中心公共卫生博士专业学位授权点申报工作组，组建申报工作专班，组织开展公共卫生博士需求分析与论证、专业领域和研究方向凝练、国内外一流高校培养模式比较研究等工作，系统分析并填报中心近五年在人才培养、师资队伍、科学研究、业务支撑、产教融合、社会服务、学生就业等方面的做法与成效，制定中心公共卫生博士培养方案，完成《申请博士硕士专业学位授权点简况表》《现有学位授权点骨干教师基本情况汇总表》等全套申报材料编制工作。

【研究生学位课程】中国疾控中心教育培训处（研究生院）集中开设 59 门课程，共计授课 2 620 学时；组织各研究生培养单位开设专业课 32 门，共计授课 1 076 学时。

【教学与管理】2023 年 9 月，中国疾控中心寄生虫病所新开设专业课“全球健康”（课程编号：Z1JS006）。2023 年 10 月，中心机关健康传播中心新开设专业课“健康传播与健康教育实用技术与方法”（课程编号：Z1JG002）。2023 年 12 月，首次为博士研究生增设学位课程“公共卫生与预防医学概论”（课程编号：S3B0301）。

【“疾控讲堂”研究生系列专题讲座】2023 年，共举办 12 场“疾控讲堂”研究生专题讲座：袁钟教授讲授“与文化相适应的公共卫生”、江宇教授讲授“循证公共卫生”、刘起勇研究员讲授“气候变化健康风险评估及适应策略”、董小平研究员讲授“从病毒性传染病防控到新型疾控体系建设”、孙承业研究员讲授“蛇之七寸”、孙东东教授讲授“《医师法》立法变化与运用”、王聪教授讲授“急诊室的故事——走近急诊医学”、樊书慧教授讲授“新生适应与压力管理”、刘康迈研究员讲授“我的援疆经历及疾控文化与文化自信”。

【研究生安全管理】加强对研究生的安全管理，夯实做好学生通勤住宿情况台账，根据中心安全生产工作部署，开展常态化季度及重要节假日前的安全检查。为进一步规范和加强中心联合培养研究生的管理，印发《中国疾病预防控制中心联合培养研究生管理规定》。

【研究生思想政治教育工作及党、团建设】深入学习贯彻习近平新时代中国特色社会主义思想和党的二十大精神，进一步贯彻落实全国高校思想政治工作会议和全国卫生计生系统思想政治工作会议精神，组建 2023 级新生党、团支部，指导研究生党支部做好入党积极分子的培养、考察和组织发展等工作，指导党、团支部认真落实中心党委、团委部署，开展好各项活动。2023 年 9—12 月，研究生党支部组织了为期 4 个月的党员读书活动，全体党员研读党课书籍，撰写读书笔记。2023 年 10 月，举办“学习贯彻习近平新时代中国特色社会主义思想”主题教育。

【研究生德育工作队伍建设】加强班主任和辅导员队伍建设，提升德育工作水平。继续加强与研究生班主任和辅导员的沟通联系，探讨研究生管理方面的成功经验和做法。2023 年 1 月，召开班主任、辅导员学习工作交流会。

【评选奖、助学金及优秀研究生】落实在读研究生（不含延期毕业生）基本助学金的核定发放工作。组织开展研究生新生奖学金、学业奖学金、基本奖学金、优秀研究生、优秀研究生干部评选工作，共计评选一等学业奖学金 80 人（其中 65 人同时获得“优秀研究生”称号）、二等学业奖学金 121 人、优秀研究生干部 74 人。

【落实研究生管理助理制度】组织落实研究生院和各直属单位研究生管理助理设置工作，开展研究生“助管”岗位选聘，核定发放“助管”费用 142 人次。

【研究生交通综合意外保险办理】为全体在读研究生、2023 届毕业研究生、2023 级研究生新生办理交通综合意外保险的年度续保、减保、增保工作。

【研究生困难补助评定】2023 年 10 月，召开研究生困难补助评审会，核定并确认困难补助发放名单 56 人。

【研究生助学贷款】协助中心研究生办理生源地助学贷款 91 人次，上传并采集研究生助学贷款相关信息。

【联合举办健康科普大赛】中国疾控中心研究生院协助中华预防医学会，举办 2023 年全国大学生健康科普大赛。

【研究生会建设】完成 2023—2024 学年研究生会招新工作。完成 2023 年换届暨工作总结交流会以及 3 次研究生会例会工作。开展研究生会微信平台运营工作，“疾控学子”微信公众号推送内容 72 条。

【研究生文体活动】2023 年 3 月 6 日，举办第六期博硕论坛“乘风破浪，开拓未来——求职经验分享会”。2023 年 4 月，举办 2023 年“心怀爱国情，光影献祖国”研究生摄影大赛。2023 年 4 月 15 日，举办第七期博硕论坛“学术争鸣，青春碰撞”论文写作辅导。2023 年 4—5 月，举办 2023 年研究生健康科普大赛。2023 年 5 月，举办“一路疾驰，活力出发”师生趣味运动会、2023 年毕业季帆布包设计大赛、京内高校及科研院所校园文化交流座谈会。2023 年 4—6 月，举办“倾听疾控声音，传递健康力量，传承公卫精神”活动。2023 年 8—9 月，举办“后浪入海，迎新聚力”新生留言活动。2023 年 10 月，举办“踏星河万里，赴美好‘卫’来”研究生文艺汇演。2023 年 11 月，举办研究生篮球赛。2023 年 12 月，举办第八期博硕论坛“R 语言数据分析与绘图”，全年开展“我在中国疾控中心的一天”投稿分享活动、研究生安全系列活动（宿舍安全海报设计大赛、宿舍安全提示小助手活动）。

【学位授予及研究生导师队伍建设】经中心第七届学位评定委员会审定，授予博士学位 49 人、硕士学位 92 人、公共卫生硕士专业学位 118 人。评选中心优秀博士学位论文 6 篇。增选博士研究生导师 13 人、学术学位硕士研究生导师 21 人、公共卫生硕士研究生导师 39 人。截至 2023 年底，共有研究生导师 442 人，其中包括博士研究生导师 118 人、硕士研究生导师 171 人、公共卫生硕士研究生导师 153 人。2023 年，共有 865 人担任研究生副导师。

【研究生学籍注册、学历学位服务】落实研究生新生学籍电子注册 329 人，在校生学年电子注册 968 人，毕业生学历电子注册 262 人。完成研究生入学登记、毕业登记。办理研究生延期毕业、更换导师、休学 / 复学、更换副导师、增聘副导师等备案共计 108 人次。提供毕业研究生学历学位相关服务 66 人次。

【第七届学位评定委员会组成人员调整】2023 年 6 月，中国疾控中心副主任施小明担任中心第七届学位评定委员会副主席，委员人数由 25 人调整为 23 人。

【《中国疾病预防控制中心学位评定委员会章程（试行）》印发】2023 年 6 月 25 日，中心第七届学位评定委员会第三次会议审议并原则通过《中国疾病预防控制中心学位评定委员会章程（试行）》。2023 年 11 月 23 日，该章程经第 21 次中心主任会审议通过后印发。

【获得北京市优秀博士学位论文】2023 年 4 月，按照北京市部署，依据《优秀博士学位论文评选办法》，推荐 2022 年中心优秀博士学位论文一等奖获得者的学位论文参评北京市优秀博士学位论文。2023 年 12 月，环境所 2022 届博士研究生石婉荧的学位论文《基于多组学的细颗粒物元素成分对健康老年人心脏电生理的影响研究》获得 2023 年北京市优秀博士学位论文。

【预防医学科住培与公共卫生医师规培试点技术支撑】开展对规范化培训各试点基地有关规培工作的咨询、技术指导。根据国家疾控局安排，提供关于《中华人民共和国医师法》配套文件修订稿的修改意见、关于《探索赋予公共卫生医师处方权试点工作方案（2024年版）》的修改建议、《疾病预防控制主要指标（2024—2025年）》补充意见、关于规培与公共卫生硕士培养医教协同背景材料等。2023年4月，参加湖南省公共卫生医师规培临床实践教学研讨会并提供授课支持。2023年5月，参加湖北省公共卫生医师规培师资培训班并提供授课指导。2023年7月，协助国家疾控局为公共卫生医师规培国家级师资培训班提供内容支持并现场授课。2023年7—11月，受中华预防医学会委托，教育培训处（研究生院）牵头组织开展对19个基地公共卫生医师规培现状与需求的问卷调查及专家咨询，明确新形势下我国公卫医师规培的政策需求。教育培训处组建课题组，共调查19个疾控基地、20个临床实践基地、685名规培学员。在研究方案制定、现场调查实施、文献研究及资料整理分析、调查报告撰写等方面发挥核心作用。2023年8月，受首都医科大学孙志伟教授团队邀请，开展有关公卫医师规培工作的调研座谈。参加湖南省公共卫生医师规培师资培训班并提供授课指导。2023年9月，协助参与国家疾控局举办的2期全国疾控机构教育培训管理培训班并提供培训内容指导。2023年10月，参加四川省公共卫生医师规培师资培训班并提供授课指导。2023年10月25日，在全国疾控机构教育培训年会期间，设置公共卫生医师规培专题交流模块，开展相关交流、研讨。2023年11月，参加海南省公共卫生医师规培师资培训班并提供授课指导。2023年12月，组织专家参加中国医师协会2023年度住院医师规范化培训年度水平测试审题筹备工作。

【管理国家级继续医学教育项目】2023年，获批国家级继续医学教育项目共65项，其中包括国家级继续医学教育普通项目43项（执行42项）、传染病预防控制国家级继续医学教育基地项目22项（执行21项），实际共执行63项，累计培训学员8 012人次。根据全国继续医学教育委员会安排，统筹协调继续医学教育项目的管理工作，开展项目常规申报、备案、执行汇报和现场督导评估。按照全国继续医学教育委员会办公室《关于申报2024年国家级继续医学教育项目的通知》（全继委办发〔2023〕7号）的要求，教育培训处（研究生院）组织申报2024年第一批新项目34项。2023年2月，印发《中国疾病预防控制中心教育培训处关于做好2023年国家级继续医学教育项目工作的通知》（教育处便函〔2023〕14号），进一步修订了2023年中国疾控中心国家级继续医学教育项目举办标准化操作程序（standard operating procedure，SOP）、管理标准化操作程序。2023年3月，对艾防中心举办的2023年全国丙肝防治及消除丙肝行动培训班进行现场督导评估。2023年7月，召开中心国家级继续医学教育项目管理工作会议，总结交流工作，培训管理人员。2023 年 8 月，对流病办举办的第十七期流行病学应用与实践系列培训班进行现场督导评估。

【2023 年全国疾控机构教育培训工作会议】2023 年 10 月 25—26 日，在西宁市组织召开 2023 年全国疾控机构教育培训工作会议。各省级疾控中心和计划单列市疾控中心教育培训分管领导、教育培训主管部门负责人、业务骨干或管理人员，以及中国疾控中心机关及各直属单位教育培训业务骨干等约 140 人参加会议，旨在总结、交流教育培训工作，研讨疾控机构与高等院校之间的人才培养合作交流机制，共商疾控人才队伍建设发展。

【全国公共卫生与预防医学名词编审项目】教育培训处作为全国科学技术名词审定委员会公共卫生与预防医学办公室（简称全国公卫名词办）秘书处成员单位，代表全国公卫名词办深入开展全国公共卫生与预防医学名词编审项目。组织召开名词工作会、规范化建设培训会，对 25 个分支学科工作开展过程管理与指导，完成首批 21 个学科名词终审和预公布，开展 9 个分支学科现场调研，推动“公卫名词”微信公众号建设与系统优化等，为提升我国公卫名词规范化建设品质保驾护航。

2023 年 4 月 15—16 日，在北京市组织召开全国公共卫生与预防医学名词规范化建设培训会。24 个二级学科名词编审秘书与专家等共约 100 人参加了培训。2023 年 4 月 20 日，全国公卫名词办组织召开公共卫生与预防医学名词工作会议。通过本次会议，公共卫生与预防医学名词工作进一步明确了近期和远期目标。2023 年 6—11 月，开展 9 个分支学科现场调研，了解高校公共卫生人才培养和项目合作高校所承担的学科名词编审工作进程，加强中国疾控中心和高校之间的合作交流。2023 年 8 月，全国公卫名词办在南京市组织召开全国公共卫生与预防医学名词释义及应用培训。

【参与中国疾控中心研究生学位课程设计与管理】在中国疾控中心研究生学位课程“公共卫生与预防医学（PH&PM）概论”的课程负责人指导下，参与课程大纲的设计与编排、课程建设管理，并作为公共卫生与预防医学教育模块的授课教师，协助研制课程内容、现场授课等。

【统筹做好培训项目相关工作】在中国疾控中心新冠肺炎疫情一级响应框架下，作为培训督导组的牵头部门，持续开展培训组相关工作。利用网络媒介，持续为各省提供技术材料，开展培训组周报、月报等信息报送以及培训工作总结编制等。2023 年 3—5 月，协助中心办公室开展中心 2023 年专业技术人员培训计划（519 项）以及培训项目（68 项）和岗位练兵（5 项）信息的收集与汇总。2023 年 5—6 月，根据国家疾控局组建国家级“公共卫生队伍培训专家库”的相关部署及要求，协助安徽医科大学开展专家推荐并推荐相关专业领域专家97人。2023年9—10月，协助流病办开展省级疾控人员继续教育课程现状及需求调查。2023年11月，作为协办方，协助中国科学院大学召开第四届中国疫苗学培训。

【录取CFETP第二十二期学员】2023年1月6日，录取两年制CFETP第二十二期学员25人，其中包括中国疾控中心6人、省级疾控机构6人、地市级疾控机构9人、大学院校4人。CFETP自2001年成立以来，已累计招收学员469人。

【录取中级FETP第八期学员】2023年1月12日，录取中级FETP第八期学员40人。中级FETP自2016年启动以来，已累计招收学员319人。

【举办CFETP第二十二期暨中级FETP第八期开学典礼】2023年3月1日，举办CFETP第二十二期暨中级FETP第八期开学典礼。国家疾控局副局长、中国疾控中心主任、中国工程院院士沈洪兵，中国疾控中心副主任、研究生院执行院长刘剑君等领导出席活动。中国疾控中心应急中心、传染病管理处、病毒病所和传染病所的专家先后向学员介绍了各实习单位（部门）的业务及学员培养情况。

【CFETP第二十二期学员责任导师及第一阶段培训实习单位】2023年4月13日，根据CFETP实施办法，经与有关部门沟通确认，按照学员的工作背景和专业方向等，选定阚飙等25位专家为CFETP第二十二期学员责任导师。同时，按照学员的专业培训需求和责任导师意见，确定第二十二期学员第一阶段培训实习单位。

【中级FETP第八期学员毕业答辩】2023年10月30—31日，中级FETP第八期学员进行毕业答辩。此次答辩分6组进行，内容为学员在培训期间开展的暴发调查或专题研究等产出。

【CFETP第二十三期学员招生工作启动】2023年11月6日，正式启动2024年学员招生工作。招生面向国家级、省级、地市级的疾病控制、结核病、寄生虫病防治、环境卫生、职业卫生、营养与食品卫生等公共卫生专业机构和行政部门从事现场流行病学相关工作的专业人员及管理人员，教育部和国家卫生健康委联合设立的高层次应用型公共卫生人才培养创新项目院校的骨干教师，地市级及以上医疗机构从事公共卫生相关专业的人员，以及具有预防医学、临床医学、护理学、生物学、兽医学、动物卫生、信息科学等相关专业本科及以上学历并有志于在CFETP毕业后从事现场流行病学相关工作的专业人员和在读研究生。

【CFETP 第二十一期学员毕业答辩】2023 年 12 月 11 日，CFETP 第二十一期 22 名学员进行毕业答辩。此次答辩分 2 组进行，内容为学员在培训期间开展的暴发调查或专题研究等产出。

【2024 年中级 FETP 第九期学员暨监测预警后备人才培养项目第一期学员招生工作启动】2023 年 12 月 23 日，正式启动 2024 年中级 FETP 第九期学员暨监测预警后备人才培养项目第一期学员招生工作。中级 FETP 第九期招生 40 人，在兼顾既往西部地区和东北地区各省招生、毕业情况的基础上，将河北、山西、河南 3 个省纳入中级 FETP 第九期招生范围。按照国家疾控局要求，后备人才培养项目每期招收 16 人，由各省以轮换制每年推荐的方式推荐人选，第一期拟从新疆维吾尔自治区、四川省、青海省、云南省、甘肃省、内蒙古自治区、重庆市、宁夏回族自治区、陕西省、辽宁省、黑龙江省、海南省、吉林省、广西壮族自治区、贵州省、西藏自治区各招收 1 人 。

【举办 CFETP 第十八届学术年会】2023 年 8 月 23—24 日，在湖南省长沙市举办 CFETP 第十八届学术年会。中国疾控中心领导、湖南省各级领导、香港卫生署卫生防护中心领导、专家、CFETP 两年制学员及毕业生、中级 FETP 学员、责任导师等参加会议。国家疾控局副局长、中国疾控中心主任、中国工程院院士沈洪兵，中国疾控中心副主任、研究生院执行院长施小明，中华预防医学会秘书长冯子健、副秘书长李全乐，湖南省卫生健康委党组书记、主任李小松出席活动。此届年会共收到投稿摘要 454 篇，其中 33 篇被收录为口头报告，68 篇被收录为展板报告。经专家评选，评出口头报告金奖 1 名、银奖 2 名，口头报告优秀奖 3 名，优秀壁报奖 6 名。CFETP 主任马会来主持会议。会议同时进行了现场直播。

【举办 2023 年 CFETP 指导教师培训班】2023 年 4 月 20—21 日，2023 年 CFETP 指导教师培训班在北京市举办。全国部分省（自治区、直辖市）疾控中心的责任导师、培训基地的现场导师、CFETP 项目教师以及中心有关直属单位和总部处室人员等共百余人参加培训。此次培训班邀请 7 名指导教师分享了指导学员开展暴发调查、监测分析及专题研究的经验。中国疾控中心免疫规划高级顾问兰斯·罗德瓦尔德（Lance Rodewald）博士讲授了英文论文和摘要撰写。

【举办 2023 年 CFETP 培训基地管理会】2023 年 5 月 9—10 日，2023 年 CFETP 培训基地管理会在成都市举办。24 家省及地方 CFETP 培训基地的分管领导、现场导师、管理老师，以及广州市疾控中心、成都市疾控中心和太原市疾控中心的分管领导和专家，CFETP 项目教师等共 70 余人参加会议。此次会议邀请四川省疾控中心、湖北省疾控中心、浙江省疾控中心、广东省疾控中心、深圳市疾控中心、苏州市疾控中心、北京市朝阳区疾控中心 7 家培训基地代表分享了指导学员开展暴发调查、监测数据分析及专题研究的带教指导经验，以及如何发挥 CFETP 培训基地的优势，并组织专家对培训基地遴选标准以及基地考核评估指标与量化评分标准进行了研究讨论。

【举办疾控机构骨干人才培训项目会议暨现场流行病学培训项目国家级师资培训班】 2023 年 5 月 15—17 日，疾控机构骨干人才培训项目会议暨现场流行病学培训项目国家级师资培训班在海口市举办。国家疾控局、海南省卫生健康委相关领导出席会议。各省（自治区、直辖市）疾控中心骨干人才培训项目负责人和一线人员 FETP 国家级师资代表、CFETP 教师及海南省骨干人才培训项目师资约 150 人参加会议。此次培训班采取理论学习与案例讨论相结合的方式，讲授了暴发调查、监测数据分析和数据质量核查，以及调查报告、摘要撰写和口头演讲幻灯片制作等带教指导原则、关键环节和注意要点，并进行了分组讨论和总结汇报。

【CFETP 与美国疾控中心召开一线人员 FETP“同一健康”试点培训讨论会】 2023 年 2 月 6 日，CFETP 与美国疾控中心针对在一线人员 FETP 指导教师中开展“同一健康”试点培训事宜召开线上讨论会。美方专家介绍了在全球 6 个国家一线人员 FETP 指导教师中开展“同一健康”培训的情况，CFETP 主任马会来介绍了中国一线人员 FETP 的最新进展。双方讨论了在中国一线人员 FETP 指导教师中开展“同一健康”试点培训的可能性，并初步达成共识。

【CFETP 参加东盟与中日韩现场流行病学培训网络视频会】 2023 年 2 月 7 日—5 月 31 日，东盟与中日韩现场流行病学培训网络（ASEAN Plus Three Field Epidemiology Training Network，ASEAN+3 FETN，简称东盟 +3 FETN）协调办公室和世界卫生组织东南亚地区办公室相继举办主题为“从新冠应对中吸取经验，加强东盟 +3 FETN 成员国现场流行病学培训”的系列视频会。作为东盟 +3 FETN 的成员之一，CFETP 参会并交流经验。

【CFETP 参加第十四届东盟 +3 FETN 指导教师培训班】 2023 年 8 月 13—27 日，CFETP 第十三期毕业生、青岛市疾控中心贾静赴泰国参加第十四届东盟 +3 FETN 指导教师培训班。参加此次培训的人员来自中国、新加坡、马来西亚、泰国等 8 个国家，共 18 人。培训内容涉及学员管理和专业培训两个方面。此次培训有力地提升了 CFETP 培训基地现场导师的带教指导能力，为学习借鉴他国现场流行病学培训经验、提升应对全球公共卫生挑战的能力提供了良好的平台。

【CFETP 参加东盟 +3 FETN 数据科学指导教师培训班】 2023 年 8 月 14—18 日，

CFETP 第十四期毕业生、南京市疾控中心马涛赴泰国，与来自泰国、新加坡等 11 个国家的 13 名现场流行病学培训项目指导教师共同参加了东盟 +3 FETN 数据科学指导教师培训班。授课形式包括理论和案例介绍。此次培训提升了指导教师对公共卫生和流行病学中数据科学的认识，强化了使用监测数据和时间序列分析模型开展预测研究的能力，以及在短时间内完成数据分析、展示汇报交流的能力。

【CFETP 参加四国现场流行病学培训慢病项目线上技术交流会】2023 年 8 月 16 日，CFETP 指导教师张丽杰及项目官员蔡夕琛、慢病方向毕业生赵艳芳参加了美国疾控中心组织召开的中国、埃塞俄比亚、泰国和印度四国现场流行病学培训慢病项目线上技术交流会，在会上做了主旨发言及讨论交流。此次会议旨在促进各国现场流行病学培训慢病团队之间相互学习、分享团队经验，为未来的合作奠定基础。

【CFETP 参加东盟 +3 FETN 关于加强应急快速反应能力的研讨会】2023 年 9 月 4—6 日，CFETP 指导教师裴迎新参加了在老挝万象举办的“通过多部门协作和伙伴合作的方式加强 FETN 应急快速反应能力研讨会：与各国联络人及合作伙伴的首次磋商会”。来自 9 个东盟国家与中日两国的 19 位代表及国际合作伙伴近 30 人参加了会议。会上，各成员项目通过分组交流、代表报告以及问答交流的形式发表了有关应激反应能力建设的各自见解，并共同确定了后续会议议题。

【CFETP 参加第一届南亚现场流行病学和技术网络科学会议】2023 年 9 月 11—15 日，第一届南亚现场流行病学和技术网络（South Asia Field Epidemiology and Technology Network，Inc.）科学会议在澳大利亚堪培拉举办。CFETP 共 12 名学员的 13 篇摘要入选此次会议，包括长口头报告 10 篇、短口头报告 2 篇、展板报告 1 篇，内容涉及虫媒疾病、食源性疾病暴发、抗生素耐药、新冠疫情应对、疫苗可预防疾病、人畜共患病、生殖健康、传染病暴发调查、慢性病等多个领域。CFETP 主任马会来、指导教师张丽杰带队参会。4 名学员在会上进行了现场报告，3 名学员通过预先录制视频的方式分享了各自的调查经验，1 名学员通过海报展示的方式分享了自己的调查报告。

【CFETP 参加东盟 +3 FETN 执行委员会第十三次会议】2023 年 12 月 13 日，东盟 +3 FETN 执行委员会第十三次会议在泰国芭提雅举办，CFETP 在线参加，做了各成员项目最新进展的主旨报告，并参加了讨论。除日本及韩国未参会以外，菲律宾线上参会，其他 9 个东盟国家的代表以及东南亚“同一健康”大学网络等合作伙伴现场参加会议。

（么鸿雁、廖凯举、邓晋琦、屈水令、朱永芳、刘学通、陈慕磊、王娟、张甲、马静、刘梦冉、马会来、李菁）

学术出版管理

【主办期刊管理】

（1）组织 8 本主办期刊参加国家卫生健康委主管（简称委管）报刊社会效益评价考核工作，《中国疾病预防控制中心周报（英文）》《生物医学与环境科学（英文）》和《疾病监测》3 本期刊被评为优秀，其余 5 本期刊均为良好。

（2）在委管出版物主题宣传成果推荐工作中，《疾病监测》和《中国媒介生物学及控制杂志》的 3 篇文章获得委管出版物主题宣传优秀文章。

（3）根据中心安全生产工作部署，组织主办期刊开展风险问题隐患排查工作，包括意识形态、网络数据安全、新媒体管理、办公环境安全和内部管理等。

（4）制定并发布《中国疾病预防控制中心主办期刊发表论文政策评估管理办法（征求意见稿）》。

【编辑能力和论文写作培训】举办“全国疾控系统首期主办承办期刊编辑能力提升培训班”和“医学论文写作之数据安全发表培训班”，对疾控系统编辑和科研人员的学术评价能力提升、数据共享和安全使用、防止数据发表后的安全风险等方面进行培训指导。

【《中国疾病预防控制中心周报（英文）》出版】

（1）《中国疾病预防控制中心周报（英文）》获得首个 SCI 影响因子 4.7，在期刊引证报告中位列“公共卫生、环境卫生和职业卫生”专业领域 SCIE：Q2（58/207），SSCI：Q1（37/180），并获评“2023 中国国际影响力优秀学术期刊”。

（2）获得国家新闻出版署批复的网络出版服务许可，是国内第一家以单刊编辑部为申请主体、同时获批期刊出版许可和网络出版许可的出版单位。

（3）在美国疾控中心基金“健康沟通能力建设”项目支持下，举办全国疾控系统科研骨干英文学术论文高级写作培训班，对《中国疾病预防控制中心周报（英文）》编辑部进行师资培训，并初步建立国家公共卫生通报类期刊影响力评估体系指标。

（4）与西安杨森制药有限公司签署捐赠资助协议，开展“公共卫生学术能力建设研究”，举办公共卫生学术循证研究论坛。

【《生物医学与环境科学（英文）》出版】

（1）《生物医学与环境科学（英文）》的 SCI 影响因子为 3.5，创历史新高；申请并入选“中国科技核心期刊”（中国科技论文统计源期刊）；获评“2023 中国最具国际影响力学术期刊”。

（2）成功举办《生物医学与环境科学（英文）》创刊 35 周年编委座谈会，中国疾控中心主任沈洪兵院士、国家食品安全风险评估中心总顾问陈君石院士、中国疾控中心副主任施小明研究员以及与会的专家学者共话《生物医学与环境科学（英文）》的历史、现况和未来，就发展目标和实现路径等提出指导意见。

（赵赤鸿、张群、许嫒嫒、崔云裳、陈钰）

财务管理与审计

【加强预决算管理，做好绩效管理工作】

（1）组织完成2022年单位决算。编报汇审中心本级及11家直属单位（含妇幼中心）2022年单位决算及财务报告。组织中心本级2022年单位决算和财务报告编制，完成部门决算、住房改革支出决算、卫生健康快报及年报、工会决算、财务报告等报表，并编写分析报告。

（2）组织完成2024年预算申报。按国家疾控局要求，完成2024—2026年项目入库及2024年“一上”预算上报。在对财政项目预算进行深度整合的基础上，组织中心本级及10家直属单位申报2024年财政项目（不含中央基建投资项目）60个，申请金额约为8.33亿元。

（3）完成2023年预算公开和2022年决算公开工作。保证公开的文本内容、结构及格式规范、严谨，公开的数据准确无误。预算公开后未产生重大舆情影响。

（4）开展预算绩效监控与评价。汇审中心本级及10家直属单位2022年178个项目的绩效自评和2023年152个项目的绩效中期监控，绩效管理资金全覆盖。开展中心本级2022年42个项目（含归拢非财政项目）的绩效自评和2023年37个项目的绩效中期监控。

【健全财务管理制度，规范财务收支行为】

（1）梳理和完善财务管理相关制度，印发《中国疾病预防控制中心经费支出审批权限管理规定的通知》（中疾控财务发〔2023〕22号）、《中国疾病预防控制中心关于印发收入管理规定（试行）的通知》（中疾控财务发〔2023〕60号）、《中国疾病预防控制中心关于印发预算管理办法的通知》（中疾控财务发〔2023〕71号）、《中国疾病预防控制中心关于印发经济合同签署签字管理规定的通知》（中疾控财务发〔2023〕72号）、《中国疾病预防控制中心关于成立财会监督领导小组和印发财会监督和预算执行监督专项行动实施方案的通知》（中疾控财务便函〔2023〕529号）等财务管理相关制度。

（2）严把财务审核关口。严格按照各项财务制度规定，严把审核关，对财务报账从预算符合性、票据合规性、依据充分性、签批完整性等多方面进行把控，保证资金正确支付。

（3）加大力度督促预算执行和存量资金清理消化。继续贯彻落实预算执行责任制度，坚持按月通报各单位、各部门的预算执行进度，对本级执行缓慢的项目进行“红黄灯”预警；对部分重点项目，通过建立执行计划台账、定期通报计划实施进展、多次召开预算执行专题推进会等方式督促预算执行。财政存量资金执行率为86.79%。继续实行咨询费、会议费、培训费、因公出国（境）费用、公务用车购置和运行费、公务接待费等费用支出台账管理，按照核定的额度监控额度使用，严格报销审核，保证费用的支出在总额度内进行，严格执行“三公”经费支出管理。

（4）配合外部审计和检查。配合专项审计、项目验收机构组织等开展的课题验收结题审计等12次，对审计过程中提出的问题和情况，及时做出说明和解释。

【加强内部控制工作，组织全面实施预算一体化】

（1）开展内部控制自评工作，上报年度内部控制报告。梳理总结2022年度单位内部控制实施情况，开展本级内部控制自评工作，并汇总上报全中心2022年度内部控制报告。

（2）开展财会监督和预算执行监督专项行动。成立财会监督领导小组并印发专项行动实施方案。组织中心本级及10家直属单位通过自查和交叉互查的方式开展专项行动，并形成《中国疾病预防控制中心财会监督和预算执行监督专项行动自查自纠工作报告》。

（3）在中央预算一体化系统中，全面开展预算执行。2023年，在中央预算一体化系统中，办理财政经费日常资金支付。实现预算管理一体化系统集中反映单位基础信息、会计核算、资产管理等预算信息，以系统化思维和信息化手段推进预算管理工作。

【开展预算执行和财务收支审计】按照2023年度审计计划，结合中心实际情况，制定中国疾控中心开展直属单位2022年度预算执行和财务收支审计工作方案并下发审计通知，委托北京和兴会计师事务所有限责任公司在2023年6—9月，分别对5个直属单位（传染病所、艾防中心、慢病中心、营养所、妇幼中心）2022年度预算执行和财务收支情况进行了审计。审计检查内容主要包括预决算编制及执行和绩效管理、政府采购方式和程序、资产使用和处置、基本建设和修缮工程管理、收支管理（重点是“三公”经费和会议费、培训费、差旅费等支出）、科研经费管理、财务管理与会计核算、经济合同管理、重大经济事项决策执行和效果、内部控制制度建设及执行情况、以往审计发现问题整改情况等。审计处成立专项质控小组，加强对审计质量把关，及时协调、督促和检查会计师事务所的各项工作进展情况。质控小组到各单位听取了项目审计组的审计意见反馈，了解各单位对审计问题的认领意见，并对双方有争议的问题进行了审核认定。对会计师事务所出具的审计报告进行了审核与质量把控。审计报告已发给各单位，本次审计共发现问题15个（均已完成整改），提请关注事项3个。针对审计发现的问题，发文向各直属单位进行了通报并提出了整改要求。通过本项审计，揭示了风险隐患，有效地规范了各直属单位的资金使用和内部管理，履行了中心总部对直属单位的监管职责，实现了审计全覆盖的要求。

【开展领导干部经济责任审计】根据中国疾控中心人事处《关于对张荣同志进行经济责任审计的函》（人事处便函〔2023〕8号）、《关于对许文波等10名同志进行经济责任审计的函》（人事处便函〔2023〕72号）的要求，2023年3—11月，审计处对以上11位同志开展了经济责任审计。按照中心审计程序，分别成立了审计小组，向6个单位（改水中心、病毒病所、环境所、职业卫生所、辐射安全所、寄生虫病所）下发了审计通知，召开了进点会。审计现场结束时，审计处组织召开了由审计组和各所班子成员及相关部门负责人参加的审计意见反馈会，对审计组提出的问题进行了认定。截至2023年12月31日，张荣同志的经济责任审计报告已正式印发中心人事处、改水中心及其本人，除许文波同志的经济责任审计报告出于特殊原因经批准不再出具以外，其他9位同志的经济责任审计报告正在征求意见。2023年，经济责任审计涉及金额达88亿元，通过审计，对被审计领导干部履行经济责任情况进行了评价，并对存在的问题及其所应承担的责任进行了界定。

【开展合同事前审计】实施审计关口前移，开展合同事前审计。2023年，对中心169份5万元以上的经济合同实行了签订前的审计，主要从经费预算、采购规定执行、合同条款、律师意见执行等方面进行了审计，审计金额总计16.05亿元，发现并纠正了320个问题，其中，制止了2份已招标但不合规的合同签订，涉及资金额384.94万元，还纠正合同错误金额2.33万元。通过合同事前审计，实现了审计关口前移，有效地确保了中心合同签订与资金使用的合规性。

【开展中心二期工程项目过程跟踪审计】中国疾控中心审计处对中心二期工程建设项目开展了过程跟踪审计。2023年，完成中心二期工程过程跟踪审计54份，其中包括13份拟签工程合同、10份拟招标的工程量清单及控制价（或预算）审核、1份总包单位投标文件清标审核、7份拟招标文件审核、3份单项结算审核、17份进度款支付审核、3份其他咨询意见。共计审减金额763万元，纠正漏项错误金额89万元，为控制中心二期工程造价和规范管理起到了有效的监督作用，确保了工程项目资金合规、有效使用。

【开展2个专项审计】按照中国疾控中心领导要求，审计处开展了2个专项审计。一是完成了中心本级小额印刷项目专项抽查审计，出具了审计报告并发给问题责任部门，同时抄送了资产处、运管中心、纪检部门阅研，针对存在的问题向中心各部门印发了审计问题通报。二是对病毒病所的科研成果转化情况开展了专项审计，出具了书面审计报告并提交中心领导，同时对不规范的资金发放进行了制止。

【开展审计问题整改督促】审计处作为中国疾控中心牵头协调部门，配合国家疾控局规财法规司完成了高福同志的经济责任审计。根据高福同志的经济责任审计报告提出的问题，组织责任部门制定了整改分工方案，并在中心第23次党委常委会上进行了汇报，经党委常委会审议通过，于2023年9月印发《中国疾病预防控制中心关于高福同志经济责任审计问题整改方案的通知》（中疾控审计便函〔2023〕1398号），明确了整改牵头责任部门、责任人、时限，要求牵头部门每月向审计处报送整改完成及进展情况。同时，向国家疾控局规财法规司上报《中国疾病预防控制中心关于高福同志经济责任审计问题整改情况报告》（中疾控审计报〔2023〕321号）；积极督促各部门审计整改，定期向中心领导汇报整改进展情况。

【开展审计调查研究】按照中国疾控中心相关部署，立项并开展了审计结果运用情况的调研，通过问卷和现场访谈等方式，共调研了18家单位，其中包括11家直属单位、3个省级疾控中心、4家国家卫生健康委直属单位；起草完成了调研报告。根据调研发现的问题，在中心印发的《进一步加强中国疾病预防控制中心内部审计工作通知》（中疾控审计发〔2023〕28号）中进一步明确提出了审计结果应用的相关要求。另外，还采用提示和建议的方式给党办、人事相关部门提出审计结果运用的意见。

【印发进一步加强内部审计的通知】为进一步贯彻落实中共中央总书记、国家主席、中央军委主席习近平在二十届中央审计委员会第一次会议上的重要讲话精神，更好地发挥内部审计监督作用，有效防范化解各种风险，中国疾控中心审计处起草了进一步加强中心内部审计工作的有关要求，经中心2023年第19次党委常委会审议通过，下发了《进一步加强中国疾病预防控制中心内部审计工作通知》（中疾控审计发〔2023〕28号），明确规定了加强党的领导、实行审计全覆盖、深化纪审协同机制、强化审计结果运用、提高内审专业胜任能力五个方面的要求。

【组织内审培训】为了提升中国疾控中心系统内部审计人员的专业胜任能力和职业素质，培养清正廉洁的专业化内部审计队伍，2023年12月7日，审计处举办了一期内部审计业务培训班，邀请国家卫生健康委、国家疾控局领导讲解了新出台的制度规定和审计工作要求，中央纪委国家监委驻委纪检监察组领导讲解了廉政建设相关规定并开展了案例警示教育，审计处处长袁灵华通报了2023年审计发现的主要问题并提出了整改要求。中心总部及11家直属单位主管内部审计的领导、内部审计人员以及相关部门的管理人员近40人参加了培训。

【制订2023年内审工作计划】中国疾控中心审计处围绕中心2023年重点工作内容并结合内部审计人力资源实际情况，编制了中心2023年度内部审计工作计划，经2023年第3次党委常委会审议通过后执行，同时印发各直属单位并上报国家疾控局规财法规司。

【采购 2 家会计师事务所】完成了 2 家会计师事务所的采购工作。编制了经济责任审计和预算执行审计的招标需求文件，通过公开招标，选定了 2 家会计师事务所，其中北京和兴会计师事务所有限责任公司负责中心预算执行和财务收支审计，天圆全会计师事务所负责经济责任审计，并与中标的 2 家会计师事务所签订了协议，服务期限为 2023 年 3 月至 2025 年 3 月。

（胡文上、付轲、袁灵华、徐博霞）

资产管理

【采购工作】遵照国家法律法规及中国疾控中心的相关规定，与各部门共同协调配合，采用公开招标、竞争性谈判、竞争性磋商、询价等多种采购方式，共完成采购项目 86 项，总计采购预算约为 12 051.51 万元，总计中标金额约为 11 886.34 万元。

【固定资产管理工作】截至 2023 年 12 月 31 日，中心本级资产总量为 30 416 台/件，总金额为 1 333 967 287.7 元（约 13.34 亿元）。通用设备为 15 378 台/件，总金额为 276 334 710.03 元；专用设备为 2 111 台/件，总金额为 237 713 319.57 元。家具为 10 629 台/件，总金额为 19 207 008.45 元；无形资产为 2 147 台/件，总金额为 151 784 679.28 元。

【财政一体化系统相关工作】审批政府采购计划共 196 条，共计政府采购预算约为 3.8 亿万元；政府采购计划执行合同 334 条，共计执行政府采购金额 3.62 亿元；办理当年政府采购预算调剂 8 个项目，涉及政府采购预算金额约 4.9 亿元，办理往年政府采购预算 11 个项目，涉及政府采购预算金额约 1.4 亿元。

【中心二期工程建设项目】组织完成 2023 年中国疾控中心二期工程施工第三方检测服务采购项目。配合中国建筑第八工程局有限公司开展的 3 个暂估价项目仍在进行，包括室外老旧管网改造工程项目、边坡及挡墙工程项目和电梯工程项目。

【国家免疫规划疫苗集中采购工作】根据《国家免疫规划疫苗集中采购方案》（2023 年），采用开放式框架协议 + 项目采购（公开招标）的方式组织集中招标，各省实行统一采购。2023 年，共计采购 17 种品目、1.15 亿支疫苗，总预算为 18.75 亿元。

【对外投资工作情况】根据国家卫生健康委和国家疾控局要求，统计上报相关投资情况数据。按照财政部和中央培训疗养机构各个领导小组要求，开展中心投资全资企业北京医学卫生技术培训中心改革工作。

【中心采购与资产管理风险隐患排查工作】制定《中心采购与资产管理风险点排查表》各直属单位版和各处室版，并要求各直属单位和各处室对采购与资产管理开展了风险排查工作。

【制度建设工作】 重新修订并发布《中国疾控中心采购工作管理办法》和《中国疾病预防控制中心无形资产管理办法（试行）》。

（王文珺）

实验室和实验动物管理

【中心生物安全四级实验室建设工作】2023 年，对中心生物安全四级（BSL–4）实验室建设项目领导小组和建设办公室成员进行了调整，召开 4 次工作例会，确定了 BSL–4 实验室的整体设计原则和实际需求，组织更新《中国疾病预防控制中心生物安全四级实验室建设项目方案》，并向国家疾控局上报了《中国疾病预防控制中心关于建设生物安全四级实验室的报告》，与国家疾控局及北京市规划和自然资源委员会双向沟通在京选址事宜，积极推动中心 BSL–4 实验室报建工作。

【国家菌（毒）种保藏中心建设工作】

（1）成立国家人间传染的病原微生物保藏中心（简称国家保藏中心）。2023 年 9 月，依托中国疾控中心成立国家保藏中心，协助国家卫生健康委加强人间传染的病原微生物保藏制度建设和体系建设，负责全国病原微生物保藏技术指导和管理评价工作，并以国家保藏中心的身份开展国际合作交流，促进我国人间传染的病原微生物资源保护与有效利用，确保生物安全。

（2）开展新冠病毒变异株等重要资源国家保藏。按照国家保藏中心的工作职责，采集、入库、编号、对外提供新冠病毒变异株等病原微生物资源。通过国家保藏中心协调机制，对国药集团中国生物技术股份有限公司、北京科兴中维生物技术有限公司、深圳康泰生物制品股份有限公司组织开展新冠灭活疫苗生产企业毒株送交保藏，并圆满完成任务。

（3）完善国家病原微生物保藏标准体系，不断夯实保藏工作高质量发展和安全基础。完成 1 项国家标准发布，推进 1 项行业标准修订和 2 项行业标准报批、实施与宣贯，完成 5 项团体标准发布，推动国家标准株评价与应用，组织国家标准株研究专刊，制作病原微生物保藏标准科普宣传片。

（4）探索和推动国家病原微生物保藏体系建设。制定国家病原微生物保藏中心建设发展实施方案，开展深圳样本库试点工作，积极参与《病原微生物实验室生物安全管理条例》修订，组织参与全国病原微生物保藏机构监督检查工作，积极参与世界卫生组织大流行病条约和脊灰病毒封存工作交流。

（5）深化多方（国际）交流合作渠道，继续扩大保藏工作的权威性与影响力。与世界卫生组织国际癌症研究机构续签生物资源合作谅解备忘录，并召开生物资源国际合作研讨会。

【实验室监督检查工作】

（1）为保障实验室安全、高效、稳定运行，对在京直属单位进行季度实验室安全与质量现场监督检查4次、专项检查3次，接受外部实验室安全飞行检查8次，对内外部检查发现的问题进行督促整改和清零。

（2）按照国家疾控局和中心安全生产专项工作的统一部署和要求，认真梳理实验室安全重点场所、重点人群和重要环节，要求有关单位立即开展自查和上报整改落实情况。制定BSL-3实验室和菌（毒）种保藏中心专项检查工作方案和检查表，2023年12月，对中心15个BSL-3实验室进行生物安全风险全面排查。

【实验室人员培训工作】

（1）2023年8—11月，中国疾控中心联合传染病所、病毒病所、艾防中心及动物中心，举办2023年高等级病原微生物实验室生物安全培训班，完成94名生物安全三级实验室人员培训、考核工作，培训合格率为95.8%。

（2）为了强化实验室工作人员的安全意识，提高其安全技能，面向中心各直属单位及全国各省级疾控机构，有针对性地开展各项培训，累计培训7期，共1 000余人次。

【生物安全宣传活动】

（1）2023年4月14日，开展以“贯彻总体国家安全观，增强全民国家安全意识和素养，夯实以新安全格局保障新发展格局的社会基础”为主题的全民国家安全教育日活动。此次活动面向北京市昌平区城北中心东关小学150余名师生进行了生物安全知识科普讲座，他们现场体验了穿脱防护服。

（2）2023年4月23—28日，举办以“践行党的二十大精神，将实验室安全落到实处”为主题的中心第十七届实验室安全周活动。开展生物安全进校园、专题讲座、应急演练、实验室检查等活动，使公众和实验室人员增强生物安全意识。

【病原微生物运输审批及运输相关协调工作】开展跨省运输至中心的高致病性病原微生物菌（毒）种及样本运输审批工作。2023年，共办理182个运输准运证书，涉及新冠病毒、高致病性禽流感病毒、结核杆菌、鼠疫耶尔森菌等10余种病原。安排24小时手机值班，及时办理运输审批，并为运输单位解答各类问题。依据《出入境特殊物品卫生检疫管理规定》的要求，2023年，共审核办理23个医用特殊物品出入境申请。

【检验检测机构资质认定工作】

（1）2023年，组织完成7家检验检测机构的技术评审和13家机构的变更审批；组织行业内102名评审员参加网上测评考试；对行业评审组内6家获证机构开展监督检查工作；制定《病原微生物实验室检测工作规范》《卫生行业评审组技术评审人员选派管理办法（草案）》等。

（2）委托中国疾控中心艾防中心、江苏省疾控中心、上海市疾控中心，在全国疾控系统分别开展 HIV-1 病毒载量测定、生活饮用水中高锰酸盐指数和饮料中柠檬黄、苹果粉中毒死蜱实验室间比对考核项目。

【对外援助工作】针对全疆各地州疾控中心，开展新疆病原微生物运输管理培训班；接收浙江省疾控中心、山东省疾控中心 2 名人员进修实验室安全及质量管理工作。

【灾情和疫情防控等应急工作】中国疾控中心猴痘二级响应期间，实验室管理处成员承担实验室检测与生物安全组工作。同时，受国家疾控局委派，2023 年 8 月，派员指导河北省洪涝灾区灾后防疫工作。2023 年 9 月，派人和派车（移动高等级生物安全实验室车和移动式固废 / 液废无害化处理车）参加中国疾控中心在内蒙古地区开展的应急演练。

【国家卫生健康委和国家疾控局技术支撑工作】协助国家卫生健康委制修订《关于加强与人体健康有关的一级二级实验室备案管理和指导意见（征求意见稿）》《病原微生物实验室生物安全管理条例》《人间传染的病原微生物目录》等法律法规文件。配合国家疾控局有关司局业务工作，承担委托任务 9 项。协助申报和组织实施中央财政转移支付地方“传染病实验室检测质量提升”项目。

【条件平台及资源库建设工作】

（1）开展全国疾控系统实验动物相关工作调研，并进行了“全国疾控系统实验动物条件及资源进行详细的摸底调查方案”“全国疾控系统实验动物平台设立的可行性进行分析”“探讨设立全国疾控系统实验动物专家委员会方案”3 个相关专题的研讨。

（2）2023 年 5 月，动物生物安全三级实验室（ABSL-3）通过了科技部的高等级病原微生物实验室建设审查，病毒病所于 2023 年 11 月底向中国合格评定国家认可委员会（China National Accreditation Service for Conformity Assessment，CNAS）提交了实验室生物安全认可申请。

（3）模拟 ABSL-3 实验室第一阶段项目建设竣工并投入使用，附属病理实验室、质量检测实验室、分子生物学实验室等实验平台全新升级并投入使用。

（4）实验动物中心二层西区转型改造为实验动物生产设施并取得许可证［SCXK（京）2023-0017］。

【法规、标准及技术培训工作】

1. 开展体系文件的制修订工作

（1）完成动物生物安全二级实验室（ABSL-2）体系文件的修订，共计 309 个各类文件。

（2）新完成实验动物生产设施体系文件的制定工作，共计 225 个各类文件。

（3）与病毒病所联合制修订 ABSL-3 实验室体系文件，共计 208 个各类文件。

2. 开展动物生物安全及实验动物相关培训工作

（1）举办全国疾控系统动物生物安全管理及技术培训班，各省（自治区、直辖市）疾控中心和新疆生产建设兵团疾控中心以及计划单列市疾控中心等共 50 余位代表参加培训。

（2）举办 2 期实验动物从业人员上岗证培训班，培训人员 236 人次。

（3）承办国家高等级病原微生物实验室生物安全培训基地 2023 年 2 期培训班，培训学员 80 人次。

（4）承办北京实验动物学学会动物生物安全实操培训班，培训实验动物从业人员 30 人次。

（5）举办内部 ABSL-2 实验室岗前培训班 30 余次，培训实验人员 135 人次。

【动物设施管理工作】

1. 开展技术服务项目方面

（1）签订动物实验协议 62 项，协议金额为 480 万元。

（2）完成动物中心成果转化方案的修订，并制定动物中心成果转化具体分配方案模板，有 9 个技术服务项目通过北京市科学技术委员会的成果转化项目登记备案，总金额为 717 万元。

2. 设施设备管理方面

（1）完成公共区域消防应急疏散系统新增设工作。

（2）完成将 ABSL-3 实验室的 UPS（uninterruptible power supply，不间断电源）电池组从高低压配电室地下夹层搬迁至动物楼室外集装箱的安全整改工作。

（3）完成 ABSL-3 实验室照明系统的远程集中控制改造升级工作。

（4）完成独立通风笼具（individually ventilated cages，IVC）、生物安全柜、鸡隔离器、兔负压饲养柜、犬（猴）负压饲养柜等运维相关设备的维保工作。

3. 其他工作

（1）召开中国疾控中心实验动物管理工作会议，来自中国疾控中心实验动物管理委员会、中国疾控中心实验动物福利伦理委员会共 30 位委员参会。

（2）与总部相关处室及职业卫生所协作完成“中国疾控中心南纬路动物实验室管理责任书”签订工作。

（3）完成实验动物使用许可证年检工作。

（4）完成 CNAS 的定期监督评审工作。

（5）按照总部统一部署，积极参与全重实验室申请工作。

4. 著作及标准编写

（1）由动物中心牵头组织翻译且已入选《“十四五”时期国家重点图书、音像、电子出版物出版专项规划》的《实验动物医学（英文）》（*Laboratory Animal Medicine*, Third Edition）中文版（美国实验动物医学会）已由中国农业出版社整理出样稿。

（2）团队以第一作者或责任作者公开发表论文各 6 篇；获得实用新型专利 2 项；参编国家标准和团体标准各 1 个；参编书籍 3 本。

5. 获奖及荣誉称号

（1）1 人获 2023 年北京实验动物学学会积极贡献奖，1 人获“2023 年度北京实验动物行业优秀管理者”。

（2）2 人获 2023 年度北京实验动物行业先进个人称号。

（谭枫、魏强、国原源、姜孟楠、刘梦莹、卢选成、刘美）

离退休人员管理

【离退休人员基本情况】截至2023年底，离退休人员共1 513人，其中离休干部为22人，退休干部为1 218人，工人为273人；党员为708人；新增退休人员93人，去世32人。机关离退休人员共181人，其中离休干部为1人，退休干部为157人，工人为23人；党员为118人；中心机关司局级领导为14人，处级干部为43人，具有副高以上职称的为90人；年龄在90岁及以上的为5人，80 ~ 89岁的为23人，70 ~ 79岁的为54人，60 ~ 69岁的为91人，59岁及以下的为8人；新增退休人员16人，去世3人。

【定期工作通报】中国疾控中心领导高度重视离退休干部工作，离退处认真贯彻落实相关方针政策，在实际工作中，突出政治引领，用心、用情做好管理和服务。坚持依托微信平台，确保与老同志全天候沟通交流，传达学习有关文件精神和通知要求；组织老同志收听中组部举办的全国离退休干部网上专题报告会3场；每月结合集中收取医药费单据，定期与老同志见面，听取老同志的意见和建议，不断改进和完善工作。

【走访慰问】元旦和春节期间，在工会全年福利平台上为中心机关的168位老同志安排了慰问品，自主兑换、快递到家，实现送温暖全覆盖；同时，重点走访慰问老党员、老专家、老领导和生活困难的老同志，与中心机关一总支共同确定慰问15人，及时送上组织的关怀。“八一”建军节，召开复转军人座谈会，对中心机关的31名退休复转军人进行慰问。继续做好看望离休老干部和慰问急病、重病、大病老同志，机关全年共慰问12人次；为符合条件的43位高龄老同志送上生日祝福。

【医疗健康服务】一是配合财务系统，与有关处室合作，梳理就近定点医院清单，调整集中收取医药费单据时间，优化报账流程和模块，确保老同志医药费收取、报销不跨月、不跨年，全年共收取520人份约355万元药费单据。二是做好体检工作，协助组织退休职工参加年度体检，有88位老同志参加；与相关处室协调，安排中心老领导体检事宜。三是送别离休老同志，协助机关3位去世老同志家属办妥逝者告别、抚恤金和丧葬费领取等事宜，并对家属进行慰问。

【日常管理】做好OA系统的文件处理和档案管理、保密安全、报账资产等工作。管理和使用好办公经费和老干部活动经费。做好涉及中心机关老干部相关信息的统计，对机关离退休人员的有侨关系等信息进行统计。关注老同志的思想、健康和生活状况，防止极端事件发生。继续管理好机关离退休通知微信群，除发送通知提示和交流沟通以外，坚持每日推送《人民日报》的“来了！新闻早班车”、天气预报和健康知识，引导老同志了解时政要闻和大政方针，关注天气变化，提升健康素养；同时，在微信群中加强引导，明确要求不信谣、不传谣和进行国家安全教育，遵守中心接受新闻媒体采访等规章制度，配合做好意识形态方面的管理；根据情况，转发反诈、保密等方面的提示。

【能力建设】召开中心离退休干部工作交流座谈会，利用线上和线下形式，传达学习会议精神，促进工作交流，加强学习借鉴，部署工作要求；做好中心潘家园老干部活动室管理，优化环境布置和调剂配置办公家具等，并对中心直属单位开放，用于收取药费单据、支部等活动，实现资源优化共享；认真做好中心离退休干部统计年报工作，完善更新全国离退休干部信息管理系统中的信息数据。

【其他工作】2023 年，组织春季参观游览香山革命纪念馆和国家植物园，约 50 人参加；举办母亲节主题插花活动，20 余人参加；为中心获得“光荣在党 50 年”纪念章的 8 位老同志举办颁发仪式活动；推荐直属单位太极拳队参加中央国家机关活动并获奖；组织秋季参观游览，40 余位老同志参观国药中生集团；推荐机关离退休人员参加中心 2022—2023 年摄影评选活动，获得一等奖和三等奖；协助中心机关女声小合唱组织排练活动约 20 次，购买电子琴和聘请专业人员教学，以不断提升水平。配合中心机关一总支加强离退休党建工作，协助安排支部活动，共同进行学习，交流体会心得；做好报纸杂志订阅，为老干部活动室和 101 位机关老领导、老同志订阅报纸杂志，丰富其精神生活。

（王晓锋、丁宏斌、余水晶、黄建军）

安全保卫管理

【综合治理工作】在中心党政领导的直接领导下，中国疾控中心保卫处围绕中心安全生产总目标，贯彻“管行业必须管安全、管业务必须管安全”的总要求，不断强化红线意识和底线思维，切实履行好安全生产主体责任。连续多年实现无火灾、无重大责任事故、无重大刑事案件“三个零”工作目标，为中心各项疾控事业稳定运行提供了坚强的安全保障，较好地完成了上级交办的各项任务。

【安全教育宣传培训】贯彻中心安全生产总要求，不断提升中心消防“四个能力”建设及安全生产意识，全面加强安全教育。2023 年 9 月，中国疾控中心保卫处开展入学新生安全教育工作，2023 年 12 月，开展新入职职工安全教育工作。2023 年 11 月消防安全宣传教育日，保卫处开展消防安全主题活动，组织中心北区物业、安保人员开展灭火器灭火、紧急逃生等应急演练。

【安全制度和人员管理】为加强管理，中国疾控中心保卫处制定《中国疾病预防控制中心直属单位消防安全自查记录表》，协助中心办公室制定完成中国疾病预防控制中心《安全生产监督检查表（试行）》，完善《中国疾控中心北区中控室调阅监控录像规定》《综合楼钥匙借用管理规定》《保卫处印章使用管理规定》等相关制度，加强对保安队伍的管理，通过组织培训，提高安保人员的安防、消防专业技术能力，安保人员值班、执勤能力符合岗位要求。

【安全保卫督导检查】通过定期检查、随机抽查、专项督查等方式，及时了解安全生产工作情况，确保各项保障措施落实到位。在重要节日、重大会议、重点时期，提前下发通知，提示直属单位、机关处室做好相关安全保卫工作，督促大家开展安全自查。

【突发应急事件处置】妥善处理南大门治安突发事件 20 起，发现报告并协助处理跑水事件 12 起，及时处置突发微小火险事件 3 起；防汛期间，与后勤运营管理中心联合进行防汛抢险演练 1 次；完成中心较大会议安全保卫保障工作 3 次；配合属地公安部门调取录像 2 次、北区各单位部门调取录像 3 次并妥善处理；旗杆损坏维护 12 次。

【反恐怖及培训演练】2023 年，开展园区反恐怖应急处置演练 4 次，指导北区直属单位保卫处开展所内重点区域反恐怖应急处置演练 1 次。处置演练中产生的问题并及时总结，形成分析报告。

【人民防线建设工作】积极开展国家安全人民防线建设工作，与国家安全部门和外事处规范中心外宾来访相关事项。全面贯彻实施《中华人民共和国国家安全法》《中华人民共和国保守国家秘密法》《中华人民共和国反间谍法》及相关实施办法或细则等法律法规，联合相关部门开展工作，强化“防渗透、防策反、防窃密”工作。

【安全保卫基础设施改造】中国疾控中心保卫处牵头开展“中国疾控中心生物安保建设项目”工作。完成中国疾控中心生物安保建设项目（2023）并投入运行。开展中心北区消防器材及灭火器维修、更换项目与消防设施和电气防火检测项目。完成中心北区西大门修缮工作。

（王海东、祁强）

后勤管理与园区运营

【后勤行政工作】完成中心总部及直属单位 3 辆车的资产处置工作；完成直属单位 2 辆公务用车指标的申请工作。完成央产房（中央在京单位已购公有住房）70 位业主的审核房屋上市、过户相关手续，协助办理超标处理 20 户，办理无房证明 23 份。发放总部职工住房补贴 50 余万元。协助北京市西城区住房和城市建设委员会完成中心涉及“庆成宫腾退项目”职工与房屋的腾退工作。

审核总部职工、研究生医药费 1 570 人次，组织完成总部职工 407 人体检。承担中心集体户口 495 人管理，办理户口迁出 67 人、户口资料外借 140 人次。组织完成无偿捐献血工作。

完成中心及相关直属单位的地下空间管理，储备防汛物资，开展防汛演练。

【南北办公区、研究生院学生及职工家属区的后勤保障】承担中心北区、南纬路办公区、潘家园办公区、南纬路 2 号院学生宿舍、天坛西里宿舍区、天坛西里家属区、潘家园家属区、潘家园宿舍区等多个辖区的运营管理和安全生产工作。2023 年，中心通勤、保洁、绿化、收发、公寓、会议服务、物业维修、工程管理等各项后勤维护保障系统运行正常，无火灾事故、无刑事案件、无安全责任事故，保障中心北区 39.2 万人次的用餐、专家公寓 1.4 万人次的入住、0.37 万次会议的接待、各类布草 1.9 万余件的洗涤、470 人次学生住宿的接收。

组织完成中心及直属单位 2024—2026 年大型修缮项目的评审，编制完成 2024 年北区实验室及工作维持运转项目和 2024—2026 年中心公共设备大修项目申报书、可行性报告。

【重点民生工作】通过与同类型后勤保障单位开展调研和座谈，收集中心职工关于北区后勤保障工作的合理化建议，并根据建议反馈，分别于中心北区主楼、传染病所、动物中心等办公区域增设 6 台自动冷饮食品售卖机，在南纬路办公楼、病毒病所等办公区增置 4 台自动咖啡机，在食堂增设主食外卖窗口，增加职工洗衣、洗车、理发服务，优化中心昌平班车线路及东四环班车线路时间，完成中心部分楼宇窗户、北区部分楼宇空调系统、中心供暖系统部分设备维修改造等工作。进一步提升了中心后勤服务质量，完善了中心后勤保障项目，有效地提高了中心职工的幸福感、满意度。

【安全生产工作】每月定期对管辖区域开展设施设备、消防安全、车辆、学生宿舍等方面的安全检查工作，组织开展防汛、燃气、车辆、出租出借房屋安全、学生宿舍安全等6次专项安全生产检查，印制发放安全生产工作简报13期。同时，对在京各直属单位的后勤工作开展安全检查、督导。对检查发现的问题建立安全隐患台账并限期整改，责任到人，逐一落实处理，有效地排除安全隐患，杜绝安全生产事故的发生。

组织驻南纬路办公区中心总部相关处室，慢病中心、营养所、职业卫生所、环境所的安全员、职工、学生，潘家园教学区的学生，开展消防安全知识培训。

【大型修缮项目管理】

（1）中心南区消防设备升级。针对南区消防设备设施老化问题，完成消防水和排烟系统维修，加装4樘乙级防火门，更新灭火器等消防器械1 000余件；打通潘家园居民区主消防车通道，新增监控点位18个，对居民楼加装电动自行车禁入监控装置，消除安全隐患。

（2）动物中心空调机组更新。动物中心原有风冷热泵机组3台，主要负责实验区制冷、供暖、加湿、通风等。该机组于2010年投入使用，故障频发，多次维修后依然无法达到预期效果，2023年完成机组更换，保障了动物中心中央空调系统的正常运行。

（3）中心北区部分实验室暖通管道更新。病毒病所及传染病所中央空调系统所用供水管道自2008年安装使用至今，存在管道老化、腐蚀严重、阀门连接处有锈迹等情况，发生多次管道漏水，存在严重安全隐患。2023年，完成两所181台机组的供水管道更换工作，共计3 000余米，消除安全隐患。

（4）中心各辖区部分楼宇防水层修缮。重新铺设完成中心北区、潘家园辖区、天坛西里10号院居民楼共约1 200平方米防水层，更换室外雨水管78米。保证了各楼宇的正常使用、雨水管的正常排放，有效地防止了雨水积聚、漏水等问题。

（谷鑫、陈同年、王晓雪）

纪监工作

【细化警示教育月活动，强化纪律教育】中国疾控中心纪委协助中心党委制定警示教育月活动方案，落实国家疾控局直属机关纪委“八个一”要求，张贴廉洁文化宣传海报、组织开展“党风廉政建设”知识测试、发放“廉洁文化书单”、组织40岁以下的年轻干部共读《年轻干部廉洁教育案例读本》等。强化纪律教育，转发典型案例通报8批次，利用中心纪委扩大会集中学习5次，发送廉政短信6批次，举行纪委书记讲廉政党课3次，开展纪律规矩宣讲2次。

【扎实开展医药领域腐败问题集中整治工作】中国疾控中心纪委按照中心党委的具体部署，先后组织召开2次纪委全委会专项研究部署，制定工作方案、组建领导小组，定期召开领导小组办公室例会，重点关注中心二期工程、科技成果转化和药品、疫苗、实验室设备、耗材等招标采购回扣，以及落实中央八项规定精神及其实施细则等易发多发问题，全面开展自查自纠工作，总部各处室共提交自查表483份，“关键少数”、关键岗位个人自查报告53份；直属各单位均提交自查报告，合计完成自查表1 894份，做到集中整治工作全领域、全链条、全覆盖。

【开展纪检干部队伍教育整顿工作】中国疾控中心纪委深入学习习近平总书记关于加强纪检监察干部队伍建设的重要讲话和重要指示批示精神，充分认识开展教育整顿的重大意义，制定《中国疾病预防控制中心纪检干部队伍教育整顿工作方案》，开展清仓起底处置线索、警示和纪法教育、个人事项自查及党性分析等自查自纠工作，督促各级纪检组织和28名专职纪检干部切实提高思想认识和政治站位。深化以案促改，召开警示教育大会。开展专题组织生活会，严肃批评与自我批评。

【着力推动中心纪检制度化建设】中国疾控中心纪委落实“制度建设年”总体部署，结合单位实际，制定《中国疾病预防控制中心纪委党风廉政意见回复工作办法》《中国疾病预防控制中心纪委关于与党员干部开展谈心谈话的工作指引》《中国疾病预防控制中心专职纪检干部日常行为规范》等制度，规范和细化工作标准、程序、权限，促进制度优势转化为治理效能。

【围绕“国之大者”对中心二期工程建设开展政治监督】中国疾控中心纪委制定《关

于加强二期工程建设政治监督的工作方案（试行）》，紧盯二期工程项目推进、责任落实等重点环节，推动落实完善权力运行明细表和《二期工程建设管理工作规则》等制度规定，靠前发挥监督作用，对招投标活动中招标人代表行为、资格预审及评标结果核实、相关投诉和举报处理等关键事项进行核实处置，开展重点人群的廉政谈话，随机进行明察暗访，全面梳理二期工程可能存在的风险隐患，坚持底线思维，既要做好优质工程、安全工程，更要做好廉洁工程。

【加强执纪问责，严把党风廉政意见回复关】中国疾控中心纪委清仓起底全面处置线索，抓紧查办督办重点初核件及长期未结件，深入剖析原因，着力推动案件办理，依规依纪立案 1 件，给予批评教育 1 人次，党纪轻处分 2 人次，下达纪律检查建议 1 份，不断彰显纪律审查效果。坚持“严”字当头，做好党风廉政意见审查工作，回复党风廉政意见 600 余人次，提出否定性意见 6 人次，提出暂缓性意见 3 人次，严把政治关、品行关、作风关、廉洁关。

（刘海龙、于欣平、武虔虔、孙建军）

群团工作

【开展政治理论学习】2023 年，中国疾控中心工会根据中华全国总工会《关于学习宣传贯彻习近平总书记重要指示精神的通知》精神，组织开展学习活动，不断增强工会组织的引领力、组织力、服务力，努力提升履职尽责能力。

【培养选树先进典型】2023 年，中国疾控中心工会组织参评 2023 年全国五一劳动奖和全国工人先锋号相关奖项，推荐申报全国五一劳动奖章人员 1 名；为中心曾获得“全国五一劳动奖章”及“中央和国家机关五一劳动奖章”的劳模申报并办理参加 2023 年中央和国家机关劳模疗休养活动；完成劳模信息统计填报及慰问金发放工作。

【活跃职工文体生活】2023 年 4—10 月，中国疾控中心工会承办国家疾控局组队参赛任务共计 18 大类、51 个项目，组织参赛报名 617 人次，举办选拔赛 15 场，选送正式队员 234 人次。

【加强工会组织建设】2023 年，中国疾控中心工会印发《2023 年中国疾病预防控制中心工会、妇女工作要点》；召开中心工会委员会 9 次；组织各级工会干部参加国家疾控局直属机关工会干部培训班。

【关心关爱女性职工】2023 年，中国疾控中心工会女职工委员会举办“三八国际妇女节”系列活动，开展女性职场形象礼仪知识讲座，带领职工赴中国宋庆龄青少年科技文化交流中心进行“缤纷玫瑰”5 项传统文化活动体验，140 余名女职工参与；举办“学思践悟二十大　巾帼建功新时代”主题活动；开展 2023 年“六一”儿童节关爱干部职工子女系列活动，举办儿童爱眼护眼专题云讲座，共 547 名职工子女参加；举办职工子女暑期夏令营，700 余名职工子女参与。

【开展消费帮扶】2023 年，中国疾控中心工会女职工委员会组织职工参加中央和国家机关妇女工作委员会“恒爱行动——百万家庭亲情一线牵”公益编织活动，60 名职工编织爱心毛织品共 79 件；采购定点帮扶县农特产品 200.74 万元。

【规范工会经费管理和使用】2023 年，中国疾控中心工会督办各级工会组织工会经费的管理和使用，办理2023年度工会经费收缴工作；向国家卫生健康委直属机关工会上缴2023年度中心工会经费；完成工会经费接收及回拨工作。

【开展暖心帮扶活动】2023年，中国疾控中心工会慰问中心院士、首席专家、全国政协委员，援非、挂职干部，困难职工，复转军人、军烈属等422人次。

【完成国家疾控局直属机关工会第一届会员代表大会选举】2023年9月，中国疾控中心工会协助推选国家疾控局直属机关工会代表大会代表52名参加国家疾控局直属机关工会第一届会员代表大会，选举产生了国家疾控局直属机关工会第一届委员会、经费审查委员会、女职工委员会委员，中心党委常委、纪委书记梅扬当选国家疾控局直属机关工会第一届委员会副主席。

【颁发工作周年及退休纪念牌】2023年，中国疾控中心工会完成中心工作周年纪念牌设计及制作，联合各级工会组织及人事部门，为在中国疾控中心工作满5周年、10周年、15周年、20周年的在职干部职工颁发周年纪念牌394套，为退休职工颁发退休纪念牌80套，激励干部职工岗位建功。

【推进青年理论学习提升工程】2023年，中国疾控中心团委举办学习贯彻党的二十大精神专题学习，各青年理论学习小组超过200人次线上观看；为83个青年理论学习小组配发学习书目，各青年理论学习小组围绕党的二十大精神和党的二十大报告中关于推进健康中国建设、疾控相关重点工作等召开专题学习研讨，提交心得体会158篇；2023年7月，举办团十九大精神学习会，邀请国家卫生健康委直属机关团委书记石宁辉传达团十九大精神，集中学习中共中央总书记、国家主席、中央军委主席习近平同团中央新一届领导班子成员集体谈话时的重要讲话精神，170余名青年参加；2023年8月，召开主题教育学习交流研讨会。

【开展理想信念教育】2023年3月，中国疾控中心团委举办“弘扬雷锋精神　争做时代新人”主题教育，50余名团员青年到辽宁省抚顺市雷锋纪念馆参观，共读雷锋日记；2023年5月，举办第九届“与信仰对话”主题团日活动，邀请中心党委副书记周宇辉围绕党的二十大精神和青年理想信念做专题授课，与会青年共同学习习近平总书记给第19批援中非中国医疗队的回信精神，观看《中心援非工作纪实》视频，回顾中心自2014年以来的援非工作历程；2023年5月24日，开展省级疾控中心团青干部联学活动暨“追忆红色历史　铭记长征精神”主题教育，70名疾控系统团青干部参观了芦花会议遗址和纪念馆。

【开展主题志愿服务活动】2023 年 5 月 21—24 日，中国疾控中心团委举办第七届“青年专家走基层”活动暨“走基层·阿坝行”活动，68 名青年志愿者讲授健康课程 140 课时，发放健康宣传物品 4 500 余件、学习文具 15 000 多件、体育用品 300 多件。

【举办“读讲一本书”活动】2023 年 3 月，中国疾控中心团委举办 2023 年“读讲一本书”活动暨“奋进新征程、勇担新使命”青年演讲比赛，25 名青年参加中心“读讲一本书”选拔赛，推荐 4 名优秀青年参加上级团委的演讲比赛复赛，最终 2 名青年进入决赛并取得一等奖的优异成绩。

【扎实做好团青推优工作】2023 年，中国疾控中心传染病管理处荣获“二星级全国青年文明号”荣誉称号，11 月 28 日，在中心北区举行授牌仪式；完成传染病所青年先锋队第 22 届全国青年文明号的创建报备工作。成功创建国家卫生健康委直属机关首个全国青年安全生产示范岗，编辑制作团队宣传片，在中央和国家机关团工委微信号“机关青年”发布；4 个项目参加“创青春”首届全国卫生健康行业青年创新大赛，荣获金奖 2 项、银奖 2 项。

【深化青年课题研究】2023 年，中国疾控中心团委在全国疾控系统进行重复横断面的对比调查，累计回收问卷调查 1.8 万份，并完成 6 个省的省、市、县三级疾控机构专题访谈 70 余人次；组建 2 个课题组，开展“关键小事”调研攻关活动；获批国家疾控局委托课题 1 项。

【搭建青年学习平台】2023 年，中国疾控中心团委推荐 2 名直属单位团组织负责人参加国家卫生健康委直属机关群团干部培训班，组织 38 名青年参加国家疾控局直属机关团干培训班；2023 年 4 月 7 日，举办团干部集中学习培训，团青干部围绕党的二十大精神等 4 项专题开展专题学习并分享心得体会；推荐 1 名青年代表参加共青团中央在井冈山的集中学习。

【服务青年职工】2023 年，中国疾控中心团委召开 1 次青年座谈会；举办“相约青春　牵手疾控”单身青年联谊会，13 对青年现场牵手成功；为青年联系免费观影或演出票，截至 2023 年底，累计超过 300 人次参与；开展“寻访红色足迹　重温红色记忆”主题拓展活动，青年重温入党誓词，104 名团员青年参与。

【做好共青团基础工作】2023 年，中国疾控中心团委完成团内统计、团费收缴、智慧团建登记等工作，累计完成“智慧团建”系统转接和审核 400 余条目，撰写通讯稿 10 篇；召开 1 次团组织生活会。

【开展党外人士主题教育】2023 年 6 月—2024 年 1 月，中国疾控中心群团处落实主题教育工作方案，为中心各级人大代表、政协委员，无党派人士，民主党派基层组织负责人等配发学习书目，支持民主党派基层开展好主题教育，及时报送亮点工作。开展国家卫生健康委“归国留学政治思想状况调查问卷”和“新时代卫生健康系统党外代表人士队伍建设”调研，170 余人参与。

【加强党外人士思想引领】2023 年，中国疾控中心群团处推荐无党派人士及民主党派代表参加“卫生和健康系统党外人士和统战干部培训班”和“2023 年中央和国家机关党外代表人士培训班”，加强理论学习交流。

【召开党外代表人士座谈会】2023 年 12 月，中国疾控中心群团处召开“凝心铸魂强根基　团结奋进新征程”党外人士座谈会，集中学习了中共中央总书记习近平在党外人士座谈会上的重要讲话；围绕“凝心铸魂强根基”交流主题教育学习心得体会，共 15 人参加。

【夯实统战工作基础】完成中国疾控中心 6 名无党派人士的政治面貌认定，支持党外人士政审考察。完善统战信息库，扩大统战对象范围。落实定期报告制度，全年按时报送信息。调整中心统战联络人，搭建线上交流平台，每月排查风险隐患。

【支持党外人士参政议政】2023 年，中国疾控中心群团处强化新入民主党派成员的政审工作，协助考察作为相关机构成员及代表候选人的具体情况，中心 2 名民主党派成员当选中国人民政治协商会议第十四届全国委员会委员。

（项春、陈思）

第三部分 直属单位工作概况

传染病预防控制所

【工作概况】2023 年，中国疾控中心传染病所党政领导班子和全体职工以习近平新时代中国特色社会主义思想为指引，认真抓好基层党组织建设，认真落实主体责任，立足本职工作，把开展主题教育作为首要政治任务，通过多种方式开展学习教育。中心纪委紧扣工作主线，建立内部控制机制，推动办案、整改、治理贯通融合，取得了多方面的工作成效。

（1）内部控制建设方面。以“2023 制度年”为基调，强化规矩意识，开展各项管理制度的制修订 28 项；升级完善内部控制信息平台，创新建立论文审核、合同 / 协议管理等流程；推进档案数字化管理系统升级；完善科研论文管理、因私出国（境）人员管理等所内部审核流程。建立健全内部控制机构设置，开展内部控制风险评估、工作会议等，推进内部控制的不断完善。

（2）人才培养方面。以立项、立任务的方式助力所内业务骨干的全面发展，经评审，设立了传染病防控能力提升青年基金项目 20 项，支持开展疾控相关研究，并增强产出绩效；利用转化管理经费设立创新医疗化产品及标准物质研究项目 20 项；开展传染病标准前期化研究项目及对应管理项目 9 项。

（3）疾控应急方面。2023 年，累计派出 12 人次分赴重庆市、吉林省、北京市、内蒙古自治区、云南省等地开展洪涝灾害现场指导灾后卫生防疫、鼠疫疫情处置及登革热疫情防控工作；派出 5 批次 10 人参与新冠病毒感染疫情监测预警专班轮换工作；派出 2 人执行杭州亚运会的卫生保障任务；派出5人次参与重要保障工作；派出38人次参加2023年中心重大自然灾害卫生应急先遣队综合培训演练以及中心与内蒙古自治区举办的移动高等级实验室现场卫生应急联合演练。

组织国家致病菌识别网内的各实验室开展多次疫情协查，包括霍乱、支原体肺炎等，开展病原基因组流行病学分析，评估流行程度和病原变异。发现甲鱼养殖污染以及由其引发的多省多起霍乱疫情，并从中发现多个霍乱弧菌新的和罕见血清群产毒株，发布预警，后续在霍乱病人中发现此类产毒株的感染；发布支原体肺炎疫情升高的风险评估报告，开展网络实验室检测能力培训，持续获得多地分析数据，并提供专家力量，为疫情分析提供技术支持。

（4）监测网络和技术平台建设方面。国家致病菌识别网、全国媒介生物监测网、国家微生物耐药监测及防控平台、细菌性疫苗可预防疾病实验室网络、病原生物分析平台、基因组测序创新技术与应用平台、“未知细菌发现和功能研究”创新单元、抗原抗体技术平台相关工作均顺利推进开展。

（5）科研教育方面。2023年，新获得立项重点研发课题级课题4项、任务级课题1项，国家自然科学基金青年基金1项等；发表科研论文324篇，其中包括SCI文章220篇，平均影响因子为5.98；新招收2023级研究生34人（其中包括博士研究生14人、硕士研究生20人），招收2024级推荐免试（简称推免）研究生6人，毕业研究生31人；组织完成6项共7次继续医学教育培训班（含基地项目）。

（6）技术交流和援助方面。开展阿尔金山地区传染病生态学研究联合实验室工作；开展世界卫生组织媒介生物监测与管理合作中心、中国医学科学院未知细菌发现和功能研究创新单元、国家病原微生物资源库、国家微生物科学数据中心病原菌分中心、中国疾病预防控制中心传染病预防控制所—首都医科大学附属北京地坛医院感染识别联合实验室、传染病溯源预警与智能决策全国重点实验室、国家疾病预防控制标准委员会传染病标准专业委员会秘书处等合作及挂靠工作；全面贯彻落实全民推进乡村振兴重点工作部署的实施，团总支赴四川省阿坝藏族羌族自治州为基层医疗卫生人员开展“霍乱弧菌的实验室检测与监测”培训，并到中小学开展健康科普志愿活动。

【机构设置和人才培养】编制人数300人，截至2023年12月底，在编职工268人，其中包括专业技术人员254人、管理人员7人、工勤人员7人；在专业技术人员中，有取得正高级资格的83人、取得副高级资格的80人、取得中级资格的49人、取得初级资格的42人；具有大学及以上学历的职工占职工总数的94.03%，其中具有研究生学历的职工占67.91%。

【开展干部队伍建设】截至2023年底，共有领导班子成员4人，调整5人次，已有中层干部职位44个。招聘编内新职工24人，招聘接收在编应届毕业生10人，招聘社会工作人员14人；新招录外聘13人，返聘退休人员13人，接收中心进修人员10人、“西部之光”访问学者5人，管理所研修人员36人；完成2019年31人的岗位聘任工作，核算并补发41人的工资；组织国家疾控局职称评审，申报正高级专业技术职称9人、副高级专业技术职称6人、中级专业技术职称10人，共计25人；进行摸底谈话、谈话推荐、考察谈话243人次，完成第一批中层干部选拔任用9人，第二批中层干部选拔任用11人。

【树立规矩意识，完善内部控制建设】以“2023制度年”为基调，强化规矩意识，开展各项管理制度的制修订28项；升级完善内部控制信息平台，创新建立论文审核、合同/协议管理等流程；推进档案数字化管理系统升级；完善科研论文管理、因私出国（境）人员管理等所内部审核流程。建立健全内部控制机构设置，开展内部控制风险评估、工作会议等，推进内部控制的不断完善。积极落实联合监督机制，对“三重一大”、中央八项规定精神落实情况进行专项检查，组织全员审计问题风险防范培训。

【开展纪检监察工作】传染病所纪委始终坚持以习近平新时代中国特色社会主义思想统领纪检工作，牢牢抓住监督基本职责、第一职责，紧紧围绕“规范行为、规范制度、规范决策、规范监督”四个方面，将协助党委全面监督、纪委专责监督、各职能部门监督、党支部日常监督、党员民主监督等融为一体，利用多种方式积极为疾控事业高质量发展提供坚强的纪律保障。

完善纪委纪检工作制度体系。一是建立常态化学习机制。制订纪委年度学习计划，定期组织专兼职纪检干部，以及人事、信访、财务、审计等职能监督部门开展政治理论学习和业务知识培训，2023年，共组织开展学习研讨5次、集中培训3次。二是健全制度建设。制定传染病所《纪律检查工作委员会工作规则》、《党风廉政意见回复办法》、《执纪审查工作流程》（试行）、《党纪处分工作流程》（试行）、《审计事项移送管理办法》和《纪检干部工作行为规范》6类管理制度。

推动政治监督具体化、精准化、常态化。对主题教育开展情况进行监督；以“警示、警醒、守纪、守法”为主题，以“八个一”为抓手，在全体党员、干部中开展警示教育月系列活动；开展“廉政小课堂”，纪委书记带领纪检干部讲廉政党课16次；纪委书记积极开展日常谈心谈话，修订廉政谈话内容，2023年，共开展“一对一”日常谈心谈话41人，集体谈话6次；开展传染病所医药领域腐败问题集中整治工作。

【获得奖励及称号】阚飙研究员获“国家卫生健康突出贡献中青年专家”称号，以及国家疾控局公共卫生人才培养支持项目；万康林研究员获第二十三届吴阶平—保罗·杨森医学药学奖；病原生物分析中心肖迪研究员团队荣获中华全国妇女联合会授予的“全国巾幅文明岗”；卢金星、张建中、刘起勇 3 位研究员分别当选中心卫生应急、细菌学、媒介生物学首席专家。传染病所诊断室肺炎支原体研究团队与苏州大学附属儿童医院密切合作，开展儿童重症 / 难治性肺炎支原体肺炎基础与临床研究，共同申报的“儿童重症 / 难治性肺炎支原体肺炎精准诊疗体系的建立及推广应用”分别获 2023 年度华夏医学科技奖三等奖、江苏医学科技奖三等奖。

【重视青年人才培养及发展】为促进青年人才培养及发展，2023 年，经评审，设立了传染病防控能力提升青年基金项目 20 项，支持开展疾控相关研究，并增强产出绩效；利用转化管理经费设立创新医疗化产品及标准物质研究项目 20 项；开展传染病标准前期化研究项目及对应管理项目 9 项。以立项、立任务的方式助力传染病所业务骨干的全面发展。

【组织召开全国细菌性传染病防控工作研讨会】2023 年 3 月 28 日，在浙江省杭州市召开全国细菌性传染病防控工作研讨会。此次会议围绕疾控系统细菌性传染病防控工作，总结近年来我国细菌性传染病的流行现状、监测工作进展和防控中存在的问题，部署 2023 年细菌性传染病防控工作重点。

【举办真菌实验室检测能力建设研讨会暨病原真菌的公共卫生风险防控培训会】2023 年 4 月 18 日，联合中心实验室管理处在北京市举办真菌实验室检测能力建设研讨会暨病原真菌的公共卫生风险防控培训会，全国各省（自治区、直辖市）疾控中心的 55 位实验室分管领导及相关负责同志参加活动，进一步加强病原真菌防控能力建设，以期有效应对真菌引发的公共卫生事件。

【发挥专业优势，服务疾控应急】2023 年，累计派出 12 人次分赴重庆市、吉林省、北京市、内蒙古自治区、云南省等地开展洪涝灾害现场指导灾后卫生防疫、鼠疫疫情处置及登革热疫情防控工作；派出 5 批次 10 人参与新冠病毒感染疫情监测预警专班轮换工作；派出 2 人执行杭州亚运会的卫生保障任务；派出 5 人次参与重要保障工作。

【作为骨干力量参加卫生应急联合演练活动】2023 年 9 月 5—12 日，在内蒙古自治区鄂尔多斯市参加由中国疾控中心与内蒙古自治区综合疾控中心联合举办的卫生应急演练活动。共派出 30 余名技术人员和 1 辆先导车、4 辆应急特种车，涉及指挥、指导评估、筹备、现场综合协调、移动实验室运行保障、现场调查采样和实验室检测等，为提升移动实验室在现场开展应急检测和连续监测的能力发挥了重要作用。派出 7 人参加 2023 年中心重大自然灾害卫生应急先遣队综合培训演练活动，提高队员灾害现场的自救互救能力和野外生存能力，增进新老队员相互了解，加强团队建设。

【参加甘肃省地震灾区灾后卫生防疫工作】2023 年 12 月 19—27 日，传染病所副所长张必科参加国家工作组，赴甘肃省临夏回族自治州（简称临夏州）积石山保安族东乡族撒拉族自治县（简称积石山县）地震重灾区开展灾后卫生防疫工作。专家对甘肃省、临夏州及其所属县、乡镇的 480 余名卫生专干和防疫人员进行了呼吸道传染病防控、饮用水卫生、环境卫生、消毒、安置点管理、健康教育等方面的培训，并指导当地制定了临时安置点卫生防疫工作指引、受灾群众集中安置管理服务工作指引、居民安置点卫生管理技术指引、临时接种点设置和现场组织实施方案等技术方案。此外，专家还积极配合中央电视台对灾后传染病监测、安置点环境卫生及饮用水卫生等进行了宣传报道。

【国家致病菌识别网组织网络实验室开展霍乱、支原体肺炎等重要传染病疫情协查和预警】国家致病菌识别网组织各级网络实验室开展多起疫情协查，包括霍乱、支原体肺炎等，开展病原基因组流行病学分析，评估流行程度和病原变异。发现甲鱼养殖污染以及由其引发的多省多起霍乱疫情，并从中发现多个霍乱弧菌新血清群产毒株，发布预警，后续在霍乱病人中发现这类菌株的感染；撰写支原体肺炎疫情升高的风险评估分析并上报国家疾控局，开展网络实验室检测能力培训，持续获得多地分析数据，并提供专家力量，为疫情分析提供技术支持。

【完成《中国幽门螺杆菌感染防控》白皮书】2023 年 6 月 3 日，发布《中国幽门螺杆菌感染防控》白皮书。

这是国内第一部具有中国特色的幽门螺杆菌感染防控的指导性文件，由中国初级卫生保健基金会与中国疾控中心传染病所共同发起，由中国疾控中心张建中研究员领衔的幽门螺杆菌感染防控团队牵头，组织全国相关临床、基础、肿瘤、慢病及公共卫生领域专家共同完成。该白皮书系统总结了中国幽门螺杆菌感染在防控领域取得的成就，全面梳理了关于幽门螺杆菌感染相关疾病及疾病负担，以及在大众认知度、医疗卫生水平、临床治疗和公共卫生方面的基本情况，并提出了系统的应对策略和建议。该白皮书发布后，受到社会广泛关注和专业引用。

【做好肺炎支原体感染疾控应急工作】2023 年入秋以来，我国多省市陆续出现了肺炎支原体感染流行，感染患儿数量激增，给临床救治和疾病防控带来巨大的压力。传染病所开展疫情分析和研判，两次向国家疾控局监测预警司提交支原体疫情专题风险评估及防控建议报告，并通过国家致病菌识别网开展肺炎支原体感染协查和加强监测工作，为疫情趋势研判及应对策略制定提供重要数据支持。为消除社会层面过度焦虑和民众恐慌，传染病所肺炎支原体负责人赵飞研究员接受新华社记者专访报道，正确引导民众科学应对。

【对新疆、西藏重点地区的环境和食品样本进行肉毒梭菌分布调查】派遣专业人员赴新疆维吾尔自治区和西藏自治区，对当地的肉毒中毒情况开展深入的流行病学调查和采样工作，确定肉毒中毒高发地区新疆维吾尔自治区伊犁哈萨克自治州和塔城市、西藏自治区日喀则市土壤及相关食品中的肉毒梭菌污染情况。同时，对日喀则市疾控中心人员进行了现场流行病学调查及采样、菌株分离鉴定的培训，提升了当地技术人员对肉毒梭菌的流调及检测能力。

【持续推进抗原、抗体平台建设】完成构建库容量达 10^{10} 的鸡源天然单链抗体细胞库和幽门螺杆菌鸡源免疫单链抗体库，具备了自主建库能力。构建了库容量达 10^{11} 的人源天然噬菌体展示 Fab 抗体库和超大容量羊驼天然噬菌体展示纳米抗体库。这些抗体库将为传染病救治用的抗体药物研发和诊断用抗体筛选提供通用的技术平台支撑。

【推进国家致病菌识别网建设和监测工作】2023 年，持续完善国家致病菌识别网监测网络，新增地市级网络实验室 52 家，区县级网络实验室 102 家，哨点监测医院 179 家；组织各级网络实验室，2023 年，共完成样本采集 18.4 万份，分离获得了各类病原菌 3.4 万余株并开展病原菌检测、鉴定和实验室分析工作，实验室检测 3.1 万项次，聚集疫情事件检测 270 件；编写 2022 年和 2023 年《国家致病菌识别网年度监测报告》；完成全国网络实验室菌株和样本的复核工作；完成全国网络实验室基因组测序、耐药性检测质控考核工作；开发并运行智能可视化系统，提高了监测数据应用和辅助决策的效率；接受来自中央指导组、海关总署、国家卫生健康委科技教育司、国家疾控局、北京市昌平区人民政府、非盟培训班和非洲疾控中心、各级地方疾控及中心寄生虫病所等相关部门的人员前来指导、交流和参观。

【推进全国病媒生物监测网络建设和监测工作】2023 年，持续推进完善全国病媒生物监测网络，调整优化少数省的病媒生物国家级监测点；印发全国病媒生物监测控制工作要点及监测点名单；开展全国病媒生物监测工作评估专项调查；成功举办 2023 年全国病媒生物监测工作会议和技术培训班（含抗药性、病原学）；支持西藏自治区、新疆维吾尔自治区病媒生物监测工作的推进。赴云南省开展登革热疫情处置媒介应急监测控制技术指导，赴重庆市万州区、陕西省、吉林省、北京市昌平区开展洪涝灾后病媒生物应急监测控制指导；编写 2022 年《中国重点传染病和病媒生物监测报告》中的病媒生物章节；利用全国媒介生物监测数据，支持国家疾控局、中国疾控中心登革热风险评估与预警，主要参与完成中国疾控中心登革热风险评估 3 期、重点月份登革热第 37 ～ 46 周周报。上述活动的开展为我国媒介生物传染病科学防控及提升我国媒介生物控制的国际影响力与话语权奠定了基础。

【推进细菌性疫苗可预防疾病实验室网络工作】细菌性疫苗可预防疾病实验室网络建设是实验室的重点工作方向和任务，2023 年，成功举办全国细菌性疫苗可预防疾病实验室检测和监测技术培训班，31 个省（自治区、直辖市）的实验室专业技术骨干 80 余人参加，取得良好效果。在全国 11 个省（自治区、直辖市）建立和开展细菌性疫苗可预防疾病专项监测试点工作，基于实验室开展疾病负担、健康人群带菌调查、疫苗免疫抗体水平工作。根据国家疾控局和中国疾控中心监测网络发展的要求和规划，为下一步开展疫苗可预防疾病实验室网络工作探索了工作模式。

【参与组织开展全国重点实验室组建工作】2023 年，传染病预防控制国家重点实验室正式重组为传染病溯源预警与智能决策全国重点实验室。重组后的全国重点实验室依托中国疾控中心、南开大学和首都医科大学附属北京地坛医院三家单位。聚焦病原体变异和溯源、X 病原体和生态社会环境、监测预警和智能决策三个研究方向。建成立足中国、惠及全球、世界先进的新突发传染病溯源预警和智能决策技术体系，全面实现覆盖全国范围的疫情预警网络速报智能化、信息化和自动化，为疫情防控提供辅助决策技术支撑；在病原体变异和溯源、X 病原体早期快速识别、传染病监测与预测预警等方面，形成核心理论、突破关键技术和提供适宜产品，实现理论引领、技术领先、产品输出、人才集聚；培养一支集合传染病监测预警、现场调查、应急处置、检验检测、分离溯源和智能辅助决策的实战型人才队伍，为应对公共卫生和生物安全的长期威胁提供科技支撑和人才保障。

【建立属地政府直接管理的传染病所与阿克塞县疾控中心“阿尔金山地区传染病生态学研究联合实验室”】以“同一健康”理念为导向，开展阿尔金山地区地方性主要危害传染病的生态学和防控研究。应急实验室工作人员先后 10 余次、累计 700 余人天赴阿克塞哈萨克族自治县（简称阿克塞县）工作现场，进行样本采集与实验室研究工作，并在现场建立了常规分子生物学检测和细胞培养平台。同时，通过知识讲座、现场实操、科普视频讲解等多种方式，对当地疾控人员进行培训指导，帮助当地完成鼠疫、布病的基础监测工作。通过“技术支持、人员互通、资源共享”的工作模式，助力当地传染病防控水平和应急处置能力的提升，推进当地鼠防专业人才培养和队伍能力建设。2023 年，阿尔金山地区传染病生态学研究联合实验室取得了以下工作成果：建立了对高度腐败与痕量残骸的鼠疫耶尔森菌样本高敏感度检测方案、灵敏度高、特异性强的多病原检测方案以及高效的鼠疫耶尔森菌特异性噬菌体分离纯化方法，构建了青藏高原喜马拉雅旱獭鼠疫自然疫源地主要动物及生物媒介标本资源库；发现了与人心内膜炎相关的新型的 *B.washoensis*；对当地布病感染高危因素和不同年龄组血清滴度时序变化特点进行了阐释，与当地联合发表 SCI 论文 3 篇（影响因子合计 12.2）、中文核心期刊 2 篇。

【持续开展副猪链球菌监测与致病机制研究工作】在全球首次报道副猪链球菌为人畜共患病病原的科学发现的基础上，持续开展副猪链球菌监测与致病机制研究工作。在广西壮族自治区开展表观健康、病猪携带副猪链球菌的监测工作，共分离副猪链球菌 15 株，证实其优势型别与临床分离株一致，证实副猪链球菌在当地有重要的公共卫生学威胁。开展副猪链球菌引起中枢神经系统炎性反应的特征研究，证实副猪链球菌具有引起感染患者出现脑膜炎的致病能力，为副猪链球菌感染的防控提供了科学依据。

【发现青藏高原野生动物细菌新种】2023 年，徐建国院士课题组开展青藏高原野生动物新病原发现研究，聚焦藏羚羊、高原鼠兔等野生动物和环境样本，从中分离鉴定并命名发表了 21 个细菌新种（截至 2023 年 12 月，课题组累计发表细菌新种 120 余个），相关论文发表在国际微生物分类学权威期刊 *International Journal of Systematic and Evolutionary Microbiology*（《国际系统与进化微生物学杂志》）上。在已发表的细菌新种中，有 1 个新发现的植物病原菌，命名为山梨醇欧文菌（*Erwinia sorbitol* sp. nov），该细菌能引起蔷薇科（如梨等）植物叶片和果实腐坏。

【发现新的沙粒病毒】2023 年 3 月，传染病所罗雪莲副研究员报道了一种全新的沙粒病毒——高原鼠兔病毒，发表在 *Emerging Microbes & Infections*（《新兴微生物和感染》，影响因子为 19.568）杂志上。该文章报道该病毒是独立于旧大陆（Old World，OW）和新大陆（New World，NW）之外的全新沙粒病毒，命名为高原鼠兔病毒（plateau pika virus，PPV）。随后进行沙粒病毒与宿主共进化分析，结果支持沙粒病毒与宿主共进化这一理论。经过进化时间推算，PPV 的分化时间（8 000 万年前）明显早于 OW 和 NW 群（3 000 万年前）。因此，将 PPV 所处的新分支命名为远古群（ancient group）。动物感染模型结果表明，对干扰素缺陷小鼠采用颅内注射，第 5 天实验小鼠出现震颤、死亡。在多个组织中检出高滴度的病毒 RNA。病理分析显示，脑组织有炎性浸润。更重要的是，回顾性调查发现，青海省玉树州门诊 335 例不明原因发热病人的血清中 8 例病人 PPV 特异性抗体的阳性，提示该病毒可能对人类具有潜在的致病性。该研究在成功分离一种新型沙粒病毒的基础上，利用反向病原学理论研究其遗传进化、致病性，揭示其公共卫生学意义，这些成果对于主动发现、提前预警新发突发传染病具有借鉴意义。

【持续开发微生态制剂抗感染研究与应用】2023 年，徐建国院士牵头立项了国家重点研发项目“公共安全风险防控与应急技术装备应急项目——植物乳杆菌 GUANKE 菌株抗新冠病毒作用研究”，研究 GUANKE 的免疫调节功能和非特异性抗病毒免疫机制，完成 GUANKE 抗新冠和流感的动物药效评价和安全性评价，并申请 I 期临床试验。另外，研究发现，戊糖片球菌 MIANGUAN 具有增强疫苗免疫应答和抗流感效果，已先后授权 2 项、申请 2 项国家发明专利，发表 5 篇 SCI 论文。

【举办 2023 年病原菌药物敏感性检测质量控制与管理培训班，提升疾控系统耐药监测能力】为持续推进疾控系统病原菌耐药监测工作，2023 年 10 月 16—18 日，在山东省济南市举办了“细菌耐药检测监测质量管理与控制技术”国家级继续医学教育培训班，对来自全国 15 个省（自治区、直辖市）的 80 余名微生物检验的技术骨干进行了为期 3 天的培训，分别对全球耐药现状，我国临床、动物养殖监测网络、疾控系统病原菌耐药监测存在的问题及碳青霉烯酶的检测等内容进行了系统的讲解，并组织安排了碳青霉烯酶表型检测和肉汤 / 琼脂稀释细菌药物敏感性检测的实验操作实践。培训满意度超过 99%，通过考核，有 30 位学员获得了“优秀学员”荣誉称号。

【举办“齐心协力　遏制微生物耐药”科普活动】2023 年 11 月 18—24 日，在“世界提高抗微生物药物认识周”期间，举办了“齐心协力　遏制微生物耐药”科普活动，制作了 1 篇科普文稿和 6 幅宣传图片，通过疾控科普公众号对公众发布，点击量累计达近万人。2023 年 11 月 20 日，在中国疾控中心昌平园区成功组织了“我为遏制耐药做贡献”的科普宣传打卡、朋友圈集赞活动，提高了公众对抗微生物药物和细菌耐药的认识。

【BSL–3 实验室获得从事高致病性病原微生物相关实验许可，为疫情防控和科研工作提供有力支撑】中国疾控中心传染病所 6 套 BSL–3 实验室继续维持国家卫生健康委高等级生物安全实验室实验活动许可，实验活动涉及 2 种高致病性病毒、10 种高致病性细菌及 4 种高致病性真菌。2023 年，累计正常运行 199 天 311 次，保障了新冠肺炎疫情、猴痘疫情防控检测及重要传染病的实验室研究；移动式高等级实验室完成冬春季维护保养，进行多项更新维护，保障传染病移动监测任务顺利完成。

【BSL–3 实验室通过持续生物安全实验室认可资格评审】2023 年 5 月 18—19 日，中国疾控中心传染病所 5 套 BSL–3 实验室完成 CNAS 现场复评审，完成鼠疫 BSL–3 实验室监督评审，持续生物安全实验室认可资格。

【积极推进财政专项立项实施，科研条件保障有力提升】立足传染病所“五位一体”中心工作需求，组织完成 2024—2026 年大型购置和修缮预算项目编报工作。如期完成“传染病所实验室仪器设备购置项目（2023 年）”和“公共卫生创新计划——传染病防控项目（2023年）”2个大型购置项目实施工作，23台（套）仪器设备投入使用，助力疾控和科研能力提升；对于“学生宿舍及水泵房修缮项目”，按照中心对学生管理的整体工作要求，及时调整设计方案，稳步推进。

【落实生产安全责任，提供周到综合服务保障】认真贯彻落实中心安全生产和风险隐患排查各项工作要求，制定有效整改措施，及时消除安全隐患。抓好后勤服务保障工作，提供优美、整洁的工作环境，以及水、电、气、暖、车辆、会议、宿舍等综合保障和应急维修服务，为全所“五位一体”中心工作保驾护航。

【发挥地域优势，全力配合中心二期工程建设】发挥熟悉地域和情况的优势，协助完成中心二期工程施工现场的地形勘查、房屋拆除、地下管线改线、树木移伐等；积极满足中心二期工程施工临时用电需求，将传染病所200千伏安线路提供给施工单位临时使用。助力中心二期工程顺利施工。

（阚飙、赵红庆、郑敏、马远）

病毒病预防控制所

【人员基本情况】截至 2023 年 11 月底，共有正式职工 240 人，其中包括专业技术人员 218 人、管理人员 20 人、工勤人员 2 人。在专业技术人员中，具有高级专业技术资格的占 65.6%，具有中级专业技术资格的占 20.6%，具有初级专业技术资格的占 13.8%。

【持续加强党的建设，推动主题教育走深走实】病毒病所党委深入学习贯彻党的二十大精神，扎实推进学习贯彻习近平新时代中国特色社会主义思想主题教育，发挥党委理论学习中心组的引领作用，落实“第一议题”制度，深刻领悟习近平新时代中国特色社会主义思想的真理力量和实践伟力。制定宣传工作方案，采取展板横幅、宣传专栏、编发简报等多种形式开展宣传。举办“永远心向党，奋进新征程”诵读会，引领广大党员以习近平新时代中国特色社会主义思想凝心铸魂。组织召开主题教育总结会，提炼经验做法，制定整改措施，推动整改落实。围绕“持续推动学习贯彻党的创新理论入心见行、善思善用，问题清单整改，专项整治，上下联动整改”四个方面，深入开展主题教育整改整治“回头看”。加强组织建设，圆满完成党委纪委换届工作。支部认真落实“三会一课”，围绕标准化规范化建设，积极创建“四强”党支部，第一党支部被中央和国家机关评为“四强”党支部。发挥群团的桥梁纽带作用，坚持以职工为中心的工作导向，团结带领职工永远跟党走。组织职工参加中央和国家机关第二届运动会，组织开展“欢庆六一、放飞梦想”书画摄影作品展示活动、“三八”国际妇女节职工慰问、送清凉、健步走等活动，丰富职工的文化生活。通过青年理论学习小组，推动理论学习在青年职工中全覆盖，深入学习习近平新时代中国特色社会主义思想、党的二十大精神和团十九大精神，通过集中研讨、撰写心得体会等方式，促进青年干部在学习中加快成长成才。

【开展新冠疫情防控工作】

（1）承担新冠哨点监测工作。依托哨点医院，开展流感样病例新冠核酸检测阳性率的收集工作，撰写多项监测报告与评估报告，参与多次疫情分析评估会议。通过哨点医院监测数据，及时掌握我国新冠病毒产生的疾病负担等，为开展新冠流行态势的研判以及风险评估提供依据。

（2）承担我国新冠病毒变异株监测工作。累计完成 15 763 条输入和 109 053 条本土病例全基因组序列分析工作，创建《我国新冠病毒变异株监测周报》，累计完成并拟稿发文周报 45 期。创建新冠病毒变异监测预警可视化系统，实时进行监测、预警和可视化展示，依托监测系统，首次发现我国流行的重组株 XCN 和 XDC，对我国新冠病毒变异监测做出了重要贡献。

（3）承担全国血清流调工作。共完成 4 批次来自全国 31 个省（自治区、直辖市）和新疆生产建设兵团共 13 237 份血清样本新冠病毒抗体水平检测工作，揭示我国人群针对原始株、XBB.1、EG5.1、JN.1 等多种毒株的中和抗体阳性率和 GMT 水平，预估不同时期人群感染率，为我国新冠疫情防控政策决策和疫情预警提供了重要的数据参考。

（4）参与国家疾控局及中国疾控中心新冠监测预警专班工作。2023 年，共派出 42 人参与国家疾控局监测预警专班和中国疾控中心监测预警专班工作，包括全国哨点医院和网络实验室流感样病例监测数据分析、新冠变异株监测。2023 年，完成并拟稿发文新冠病毒基因组序列分析报告 2 971 份。组织专家起草各类变异株风险研判报告 40 余份。

【开展全国重点病毒性疾病监测工作】

（1）开展标本检测、鉴定分离和分子流行病学研究。对季节性流感、禽流感、脊灰、手足口病、麻疹 / 风疹 / 腮腺炎、出血热、发热伴血小板减少综合征、登革热、病毒性肝炎、病毒性腹泻、病毒性脑炎、狂犬病、克 – 雅病等共计 2 万余份临床样本以及相关环境样本进行检测、鉴定；对部分毒株进行抗原性分析和全基因组序列分析。

（2）对全国省级疾控中心及部分地市级疾控中心网络实验室进行新冠病毒、猴痘病毒、流感病毒、肠道病毒、脊灰病毒、轮状病毒、诺如病毒和狂犬病毒等检测能力盲样考核，开展质量评估；为省级疾控中心提供盲样考核用样本；提供多种病毒检测用试剂 / 细胞等。

（3）病毒病所相关专家参与编写中国疾控中心《2022 年中国传染病监测报告》，完成了流行性出血热、流感、手足口病、登革热、狂犬病、病毒性腹泻、发热伴血小板减少综合征和克 – 雅病监测报告，分析了 2022 年我国重要病毒病的流行病学特征和病原谱分布，总结了其流行规律和动态变化。

【应对新发 / 突发病毒性传染病】

（1）在发热伴血小板减少综合征高发季节（5—7 月），派出专家、技术骨干赴湖南、安徽、山东、辽宁 4 个省开展现场调研和技术指导工作。2023 年 4 月和 6 月，赴新疆维吾尔自治区和田地区现场开展了Ⅲ型疫苗高变异株脊灰病毒调查处置。

（2）2023 年 7 月 5—6 日，派遣专家赴浙江省金华市兰溪市现场调查处置“一犬伤多人”事件，对暴露者血清采用 RFFIT（rapid fluorescent focus inhibition test，快速荧光灶抑制试验）方法检测中和抗体检测，结果显示均达到保护效力。

（3）2023 年 9 月，赴云南省参加当地的登革热疫情处置工作，指导当地积极落实各项防控工作。

【开展重大活动卫生保障工作】 派遣专家作为国家专家组成员，参加成都大运会、杭州亚运会、中国—中亚峰会、第18届东亚峰会、二十国集团领导人第十八次峰会、第六届中国国际进口博览会等多次重大活动的卫生防疫保障工作。

【开展救灾防病工作】

（1）2023年8月8—18日，派遣专家赴黑龙江省洪涝灾害灾区开展卫生防疫工作，对受灾乡镇村屯的灾后卫生防疫工作进行风险评估和技术指导。

（2）2023年12月19—27日，派遣专家赴甘肃省临夏州积石山县地震灾区开展卫生防疫工作，对受灾乡镇的灾后卫生防疫工作进行风险评估和技术指导。

【开展应急技术储备工作】

（1）完成引起登革热、发热伴血小板减少综合征、肺综合征出血热等疾病病原体快速核酸检测技术以及血清学检测技术储备工作。

（2）对国产三代测序平台与二代测序平台进行对比验证，开展去宿主基因组试剂验证、宏基因组测序试剂盒验证、三代技术数据分析技术优化，做好未知病原鉴定应急技术储备。

（3）建立新的多病原检测平台，并与原有检测技术平台对比验证，提升呼吸道病原多重检测能力。

（4）建立和完善多种病毒的检测监测平台，包括全基因组测序、病毒分离、电镜与切片技术以及疫苗和药物研发平台。

（5）建立基于RT-RAA-CRISPR/Cas12a的新冠病毒与包含猴痘病毒在内的正痘病毒的核酸检测方法。针对新冠病毒VOC毒株Omicron的特征性基因突变位点，初步建立了6种实时荧光定量RT-PCR（reverse transcription-polymerase chain reaction，逆转录-聚合酶链反应）检测方法，可用于相关新冠病毒突变体的快速鉴定。

（6）建立基于华大MGISEQ-2000、Illumina Miseq、Oxford Nanopore等测序平台的宏基因组测序方法，并成功应用于不明原因感染的病原体诊断和呼吸道/腹泻等样本的病原谱研究。

（7）研发十几套新冠核酸荧光PCR检测试剂盒，包括BA.5.2、BF.7、BQ.1、XBB、XBB.1.5、BF.7.14、XBB.1.19.1、XBB.1.9.1、XBB.1.16、EG.5、EG.5.1、EG.5.1.1、XBC.1.6、XBB.1.5.24、BA.2.86及亚分支变异株的鉴定试剂盒，作为病原鉴定的技术储备。

（8）建立多套全基因组富集方案，包括猴痘病毒、副流感Ⅰ型、副流感Ⅱ型、副流感Ⅲ型、副流感Ⅳ型、人腺病毒40型、人腺病毒41型、肺炎支原体、呼吸道合胞病毒和人偏肺病毒全基因组富集方案。

（9）4 株流感疫苗株被列入世界卫生组织流感疫苗株清单。

【开展培训交流工作】

（1）2023 年 7—8 月，对全国流感监测网络实验室进行流感病毒核酸检测能力考核，此次考核共包括 70 家全国流感监测网络实验室。对全国流感网络实验室人员进行手把手培训，包括细胞培养、病毒分离、深度测序、抗原分析、生物学耐药性检测和多病原检测，累计 1 922 人天。

（2）2023 年 9 月 7—8 日，2022—2023 年度“全国流感监测与防控工作年会”在云南省昆明市顺利召开。国家疾控局、各省（自治区、直辖市）卫生健康或疾控行政部门，以及流感监测网络成员单位的领导和专业人员出席了本次会议，参会人数约为 150 人。

（3）2023 年 11 月 15—17 日，在江苏省扬州市主办“全国第九届病原体核酸检测新技术高级培训班”，来自全国 31 个省（自治区、直辖市）和新疆生产建设兵团的 252 个市县区级疾控中心，共计 650 余名学员在现场参加了这次培训。

【制定技术性文件】

（1）参与完成《中华人民共和国第 29 届 WHO 西太平洋地区消除脊髓灰质炎证实会议报告》（中、英文版）。

（2）完成重要数据《2020 年中国肾综合征出血热监测报告》及数据集的报送。

（3）更新修订《流行性出血热诊断标准》（WS 278—2008），通过国家卫生健康标委会预审和会审，已报国家卫生健康标委会。

（4）参与撰写《全国新冠病毒感染疫情监测预警工作方案》。

（5）参与修订《丙型肝炎病毒实验室检测技术规范》。

（6）参与修订《狂犬病暴露预防处置工作规范（2023 年版）》。

（7）组织修订《人间传染的病原微生物目录》。

（8）参与制定团队标准《疫苗临床前研究相关常用名词术语》（T/CAV 001—2023），编写团体标准《人呼吸道合胞病毒感染诊断》（CT/CPMA 028—2023），修订完善《流行性出血热诊断》（WS 278—2008），编制《猴痘病毒实验室检测技术指南》。

（9）参与编写《疾控专业技术人员科研与实践能力培训讲义》，参与编写《病原微生物保藏鉴定技术》并出版，撰写 2023 年春秋冬季人呼吸道合胞病毒风险研判及防控建议。

（10）牵头编制技术规范及标准指南共 2 项：《高等级生物安全实验室评审专家指南》和《疫苗生产车间生物安全通用要求》。

【规范科研管理，制度建设先行】2023 年 7 月 10 日，印发《中国疾病预防控制中心病毒病预防控制所学术论文管理办法（试行）》（中疾控科技发〔2023〕9 号）；2023 年

8月15日，印发《病毒病预防控制所关于开展论文审核工作的通知》（中疾控病科技便函〔2023〕300号）；2023年9月12日，印发《病毒病预防控制所青年科学基金管理办法（试行）》（中疾控病科技发〔2023〕17号）。2023年7月3日，正式印发《中国疾病预防控制中心病毒病预防控制所在华开展国际合作项目管理办法》。

【科研项目管理概况】2023年，申请各级各类课题156项，获准课题41项，获准课题经费约为7 041万元，在研课题为109项，到位科研课题经费约为13 381万元（不含国际合作项目）。

【科研重要进展】2023年，科研攻关稳步迈进，在新发疫情的病原学鉴定和风险评估、新病毒的分离发现、新检测方法的建立等多方面取得突出成绩，发布多个数据库参考标准，申请了多项行业/发明专利。具体内容如下：

（1）建立全链条技术平台，为猴痘疫情防控提供技术支撑。建立系列猴痘疫情防控技术平台，包括猴痘病毒血清中和抗体评价技术、体外抗病毒药物评价技术，合作建立了猴痘感染小鼠模型与恒河猴模型，为我国猴痘疫情防控的核酸检测、疫苗与抗病毒药物研发提供了重要的技术支撑。

（2）鉴定新病毒生物学特征，为新发病毒大流行风险预测预警。在于中朝边境采集的森林革蜱中鉴定到一种新病毒，命名为Antu病毒；证明该病毒可能存在以蜱为媒介感染人/哺乳动物的风险，会对中朝地区乃至全球公众健康构成潜在威胁；证明人群对新型H3N8禽流感病毒没有预存免疫力，接种季节性流感疫苗病毒无法产生针对其的交叉保护抗体，但奥司他韦可用于临床治疗H3N8病毒的感染，初步评估了H3N8禽流感病毒的风险。

（3）研发多维检测新方法，为多种病毒检测监测提供新手段。建立人A组轮状病毒抗原检测方法；建立鉴定PD（Parkinson's disease，帕金森病）患者的脑和皮肤组织中错误折叠的α-Syn的α-Syn RT-QuIC方法；建立国内自主研发的结核分枝杆菌耐药检测POCT平台；建立一种基于深度Transformer的病毒电镜图像信息实例分割网络，可自动获取电镜图像中病毒的位置、轮廓和类别信息，快速、准确地完成病毒的鉴定。

（4）建立参考数据库标准，为平急结合政策制定提供依据。发布团体标准《人呼吸道合胞病毒感染诊断》（T/CPMA 028—2023），解决我国HRSV（human respiratory syncytial virus，人呼吸道合胞病毒）感染的疾病负担不明确、诊断方法难选择，以及缺乏标准化的规范指导的问题；完成建立6种医学病毒（流感病毒、肠道病毒、腹泻病毒、肝炎病毒、冠状病毒、鼻病毒）的参考数据库标准，实现“平”时能够分析已知流行重要呼吸道病毒的变异和进化，并探知未知或新的病原体，“急”时能够对突发新发呼吸道病毒感染进行快速响应，探知突发公共卫生事件的病毒致病因子，为国家制定相关病毒病治疗和防控策略提供科学依据。

（5）突破行业技术瓶颈，申请专利彰显成绩斐然。免疫 RAA（recombinase-aid amplification，重组酶介导的等温扩增技术）技术获得重要突破，整合免疫反应的高特异性与 RAA 技术的高灵敏度和快速的优势，申请行业专利 1 项；“疫苗衍生脊灰病毒中和抗原突变位点信息分析处理系统”克服了现有技术的不足，提供了一种具有避免 VDPV 循环和疫情暴发的疫苗衍生脊灰病毒中和抗原突变位点信息分析处理系统，申请发明专利 1 项。

【组织科研项目申报工作】完成重点研发项目的申报、立项、年度报告、中期考核等管理工作。2023 年，作为项目级单位申报 7 项，作为课题级单位申报 18 项，作为任务级单位申报 34 项；截至 2023 年底，获批项目级 3 项、课题级 4 项、任务级 9 项；累计完成 7 项重点研发项目年报的申报工作，1 项重点研发项目的中期考核报告。组织并完成 48 项国家自然科学基金项目的申报工作，承担申报 29 项，参与申报 19 项；组织并完成 10 项北京市自然科学基金项目的申报工作，承担申报 9 项，参与申报 1 项。2023 年 5 月，组织科技基础资源调查专项 2023 年度项目申报工作。2023 年 7 月，组织申报首都卫生发展科研专项项目 1 项。

【开展中心青年科学基金申报遴选工作】2023 年 9 月，中国疾控中心青年科学基金申请工作开始，病毒病所完成 8 个项目的申报受理工作，组织开展中心青年科学基金推荐项目遴选工作，最终推荐 5 个项目申报中国疾控中心青年科学基金项目。

【设立病毒病所青年科学基金】为培养青年科研人员在疾控领域独立主持科研项目、提升创新研究能力，根据中共中央办公厅、国务院办公厅印发的《关于进一步加强青年科技人才培养和使用的若干措施》，以及科技部、国家自然科学基金委员会、北京市自然科学基金委员会和中国疾控中心等的有关规定，2023 年 9 月 12 日，正式印发《病毒病预防控制所青年科学基金项目管理办法（试行）》（中疾控病科技发〔2023〕17 号）。每年计划资助总经费原则上不超过 100 万元，每项计划资助经费不超过 15 万元。

【开展病毒病所青年科学基金评审立项全流程工作】2023 年 11 月 23 日，组织召开 2023 年度病毒病预防控制所青年科学基金项目评审会议。此次会议邀请来自中国疾控中心科技处、传防处、传染病所、艾防中心，中国医学科学院病原生物学研究所、首都医科大学公共卫生学院、首都医科大学附属北京地坛医院传染病研究所的 9 位专家组成评审专家组，评审会上有 18 位青年科研人员参加答辩，经过评委的无记名投票，最终评选出 6 位青年科研人员作为病毒病所青年科学基金候选人。整个评审过程严格做到了公平、公正、公开、透明。

【研判重大疫情应急】2023 年 1—8 月，根据病毒病所领导的要求，完成来自国务院办公厅、科技部、国家卫生健康委、国家疾控局各司、中央政策研究室国际研究局以及中国疾控中心等单位的重大疫情应急研判任务 120 件。

【开展人类遗传资源管理工作】按照《病毒病预防控制所人类遗传资源管理办法（试行）》的要求，认真审核业务科室提交的人类遗传资源的申报材料，并做好备案工作。2023 年，共办理人类遗传资源项目审批 11 项，截至 2023 年底，获批 6 项。完成人类遗传资源国际合作科学研究项目总结报告 4 项。2023 年 3 月，组织项目负责人完成北京地区人类遗传资源分类分级调研工作。

开展人类遗传资源项目自查工作，主要对病毒病所 2020—2023 年获批的人类遗传资源 22 项（批准 17 项）进行自查，其中采集审批 6 项（批准 5 项）、国际合作科学研究审批 5 项（批准 3 项）、材料出境审批 6 项（批准 6 项）、信息对外提供或开放使用备案 5 项（批准 3 项）。通过自查，所有批准项目均与批复决定的内容一致。

【开展伦理审查】2023 年，病毒病所伦理审查委员会审理伦理项目 57 项，获批 22 项，其中包括会议审查 17 项、备案审查 5 项、申报项目提供审查证明 35 项。2023 年 11 月，根据中心工作的统一安排，启动《病毒病预防控制所伦理审查管理办法》的修订工作。

【参加全重实验室启动会】2023 年 9 月 28 日，在北京友谊宾馆举行传染病溯源预警与智能决策全国重点实验室启动会议暨全国重点实验室学术报告会，病毒病所领导、重点实验室全体 PI（principal investigator，项目负责人）和科技管理部门负责人参加了会议。

【成果申报与获得概况】2023 年，完成各类成果奖项申报 9 项，其中以第一完成单位申报 3 项，参与申报 6 项；按奖项类别，申报中华医学科技奖 1 项（参与）、中华预防医学会科学技术奖 2 项（第一完成单位）、北京市科学技术进步奖 2 项（第一完成单位 1 项，参与 1 项）、中国金属学会冶金医学奖 1 项（参与）、新疆维吾尔自治区科学技术进步奖 1 项（参与）、中国检验检测学会科学技术奖 1 项（参与）、湖北省科学技术进步奖 1 项（参与）。“实验室生物安全技术体系创建及其在重大疫情防控中的创新应用”获得 2022 年中华医学科技奖二等奖（单位排名第一）；“中东呼吸综合征冠状病毒病原生物学与免疫学研究及关键技术应用”获得 2022 年中华医学科技奖三等奖（单位排名第一）；“感染性病原体核酸检测系列技术及新产品研发”获得 2022 年中华医学科技奖三等奖（单位排名第二，个人排名第二、第五、第六）。

【科研论文发表概况】2023 年，发表论文 270 篇，其中包括中文论文 113 篇、英文论文 157 篇（SCI 收录 143 篇）。

【科技援疆援藏推荐专家】2023 年 8 月，组织 2023 年科技援疆援藏工作任务推荐专家工作，共计推荐专家 23 人。

【重点学术方向凝练】2023 年 9 月，为了给青年科技人才在重大科技任务中“挑大梁”“当主角”奠定基础，根据中心科技处通知要求，针对疾病防控工作中亟须解决的科学问题，凝练提出重点学术研究方向 19 项。

【排查科研风险】2023 年 11 月，根据《科技处关于开展科研风险排查及问题整改工作的通知》（科技处便函〔2023〕154 号）要求，开展科研风险排查及问题整改工作，并将科研风险隐患排查工作情况报告和排查清单上报中心科技处。

【因公出国（境）概况】2023 年 10 月 24 日，印发《科技处关于加强管理因公赴港澳出访审批流程的通知》，进一步规范和加强了因公赴港澳任务的报批管理工作。严格执行线下因公出国（境）审批制度。认真执行国家卫生健康委、中国疾控中心和病毒病所的相关规定，截至 2023 年 11 月，审批、审查、审核和办理线下因公出国共计 35 批 78 人次，办理签证手续 25 批次 59 人次，办理相关专家出境报备手续 12 批次 22 人次。

【国际会议】严格执行因公参加线上国际会议审批制度。截至 2023 年 11 月，因公参加线上国际会议 6 批次 12 人次。2023 年 1 月 11 日，推荐专家参加与国际合作伙伴机构召开的新冠疫情交流视频会议，首席专家董小平参会，中心实验室王佶作为会议发言人。

【开展技术援外与国际应急保障工作】2023 年 4 月 7 日，田婷婷赴塞拉利昂执行援塞拉利昂固定生物安全实验室第三期技术援助项目任务。

【国际交流访问】2023 年 9 月 14 日，巴西 Fiocruz 卫生技术发展中心卡洛斯・麦迪奇・摩尔（Carlos Medicis More）专家等一行 4 人访问中国疾控中心，并参观了病毒病预防控制所国家流感中心。2023 年 11 月 14 日，美国疾控中心驻北京办事处流感项目主任威廉・施麓德（William Schluter）等一行 4 人访问病毒病预防控制所国家流感中心，与该所专家讨论了相关项目的工作进展、项目未来工作计划安排。

【外事工作督导调研】2023 年 11 月 24 日，中国疾控中心外事处处长王晓琪和副处长冯宁针对外事管理工作风险对病毒病所进行现场督导检查。

【开展生物安全检查工作】2023 年，接受中国疾控中心、属地卫生健康委员会、属地科技教育司、属地安全生产监督管理局、属地环保局、北京市卫生健康委、国家卫生健康委等单位约 20 次检查，顺利完成全国两会、春节、中秋节、国庆节等国家重大活动和节假日期间实验室生物安全保障工作，全年未发生重大生物安全事故。

【实验室样本接收和特殊物品出入境办理】

（1）2023 年，开具 183 份样本运输接收证明，其中包括 AFP12 次、新型冠状病毒 37 次、流感病毒 33 次、克 – 雅病毒 10 次。

（2）2023 年，共计接收 39 732 份样本，发放 4 589 份样本，其中包括朊病毒病室、脊灰室、麻疹室、HIV（human immunodeficiency virus，人类免疫缺陷病毒）和疱疹病毒室（曾毅院士实验室）、应急技术中心、虫媒室、流行性感冒室、生物安全研究中心（P3、P4 实验室）、病毒性腹泻室、病毒性肝炎室等科室接收和发放的样品、毒种、盲样考核标本、血清等。

【完善病毒资源保藏工作】作为病毒保藏分中心，2023 年，接收毒株 10 次，发放（共享）毒株 3 次。

【开展医疗废弃物及化学废弃物处理工作】2023 年，处理废弃化学品 64 箱，其中包括液体 41 箱、0.5 吨，空瓶 64 箱、0.41 吨，共计 0.91 吨；动物尸体 32 袋，共计 0.011 吨。

【开展生物安全关键设备检测工作】对 21 台快开门高压灭菌器和 40 多台生物安全柜进行年度检测。

【负责保健保障工作】2023 年，完成国家自然科学基金委员会、国家卫生健康委、国家疾控局和中国疾控中心等单位的新冠检测保障任务 926 次，累计检测 19 094 人。

【开展实验动物伦理审查及课题生物安全审查工作】2023 年，完成 87 份实验动物伦理审查工作。2023 年，共完成 86 人次，147 次课题生物安全承诺备案工作。

【开展生物安全培训】2023 年，开展新入所人员的生物安全培训、全员培训、实验室主任和生物安全员培训、实验动物从业人员培训（二期）、病原微生物运输管理人员培训（二期）、压力容器上岗人员培训（一期）、高等级病原微生物实验室生物安全培训（二期）、北京市生物安全二级实验室骨干人员培训（一期）等专项培训。

（1）生物安全周活动。2023 年 4 月 24—28 日，成功举办以“践行二十大精神，筑牢生物安全防线”为主题的第十九届生物安全周活动，全所 300 余人参加。从“实验室危险化学品安全”“新冠核酸检测的质量控制”“新冠采样的规范和注意事项”“《生物安全领域反恐怖防范要求 第 1 部分：高等级病原微生物实验室》（GA 1802.1—2022）标准解读”等方面进行培训。组织各科室进行应急演练；对新旧址的所有科室进行生物安全监督检查；对病毒病所所有科室的应急处置药品全部予以更换。

（2）146 人参加了 2023 年新入所人员的生物安全培训。组织参加 2023 年实验室主任和安全员培训 1 次，参加人数为 39 人。

（3）组织参加实验动物从业人员上岗证培训 2 次，参加人数为 90 人，其中 90 人通过考试。

（4）组织参加病原微生物运输管理人员上岗培训 2 次，4 人通过培训考试。

（5）组织参加压力容器上岗人员培训 1 次，参加人数为 34 人。

（6）组织参加国家卫生健康委组织的高等级病原微生物实验室生物安全培训 2 次，参加人数为 29 人，为期 1 个月。

（7）组织参加北京市生物安全二级实验室骨干人员培训 1 次，参加人数为 21 人，为期 3 周。

（8）组织参加中心举办的实验室监督检查员培训 1 次，参加人数为 10 人。

（9）组织 3 人参加中国疾控中心委托北京市红十字会组织的“救护员培训”工作。

【开展研究生管理工作】组织开展研究生招生考试命题、阅卷、复试及录取工作。2023 年，共招收统招博士研究生 19 人、硕士研究生 28 人；接收联合培养研究生 52 人。组织开设 4 门研究生课程。为 30 名统招研究生（博士研究生 9 人、硕士研究生 21 人）办理毕业手续；为 10 名博士研究生办理延期毕业手续。组织开展 2024 年推免研究生复试工作，共录取 2 名推免研究生。截至 2023 年 11 月 30 日，在读研究生共 267 人，其中包括统招研究生 140 人（含博士研究生 66 人、硕士研究生 74 人）、联合培养研究生 127 人。2023 年，统招博士研究生共发表文章 43 篇，硕士研究生共发表文章 26 篇，总影响因子为 229.16。

【开展学位委员会工作】组织第二学位分委员会委员开展开题报告审核、中期考核、预答辩等工作，审核通过博士学位论文答辩。

【开展研究生生活保障工作】 建立健全宿舍管理制度，提高宿舍检查频率与加大检查力度。制定《病毒病预防控制所宿舍入住管理规定》，进一步强化研究生宿舍安全管理；开展研究生办公室与宿舍安全卫生检查近 20 次，检查后及时在研究生管理员群及全体研究生群进行通报，要求有关人员对安全隐患及相关问题进行及时整改；全面梳理住宿人员信息，建立住宿人员信息台账；加强与新址宿舍片区派出所的沟通和合作，并做到住宿人员流动信息实时报备，2023 年，共报备住宿人员信息 110 余人次。完成旧址研究生宿舍更换与搬迁工作；完成新址研究生班车续租工作。为统招研究生办理医药费报销 200 余人次，审核报销金额约 10 万元，并按时完成研究生医药费自费部分的收取与缴纳。

【研究生荣誉】 7 名研究生获得中国疾控中心“优秀研究生”称号；2 名研究生获得中国疾控中心优秀博士学位论文三等奖；8 名研究生荣获中国疾控中心 2023 年优秀研究生干部；在奖学金方面，7 名研究生获得一等奖学金，12 名研究生获得二等奖学金，其余 27 名研究生获得三等奖学金。

【研究生活动】 完成病毒病所新一届研究生会换届选举。积极组织研究生参加中国疾控中心研究生院组织的各项活动，包括参与“2023 年研究生文艺汇演”“疾控讲堂研究生专题讲座”活动；组织研究生会开展“团山健步走”“赛场大绳竞技”等系列体育活动。

【开展继续医学教育项目与培训工作】 完成 2023 年国家级继续医学教育项目申报 12 项，组织完成 2023 年国家级继续医学再教育项目 9 项，并顺利完成 2023 年国家级继续医学再教育项目执行汇报工作；完成督导国家级继续医学再教育项目 1 项；组织专业技术培训计划（非国家级继续医学教育项目电子学分）7 项。举办“全国高级病毒学培训班”，为全国 31 个省（自治区、直辖市）和新疆生产建设兵团疾控中心的相关专业技术人员开展理论授课。

【开展主题教育——干部教育整顿工作】 开展病毒病所整改整治工作，梳理、上报问题清单，形成整治方案及干部队伍教育整顿问题自查报告，并完成全所职工《干部个人自查事项报告表》的填报工作。

【启动“三定”工作】 按照中国疾控中心“三定”工作的统一部署，结合工作实际，对病毒病所及各科室的主要职责进行修订、完善，2023 年，已完成病毒病所工作职责的修订工作，并上报中国疾控中心。完成各科室工作职责的修改、完善工作。

【开展专业技术岗位聘任工作】 已完成病毒病所 2019 年岗位聘任工作；完成病毒病所

2020 年申报专业技术二级岗位人员审核工作。

【获奖情况】谭文杰研究员获得第十届国家卫生健康突出贡献中青年专家称号；2 名同志获得公共卫生人才培养支持项目。

【举办荣休仪式】为体现“以人为本”的管理理念，发扬尊重知识、尊重人才的优良文化，响应国家相关政策，为 2019—2023 年退休人员举办荣休仪式，以表达对退休职工的感谢与关怀。

【加强财务管理】在预算业务管理、收支业务管理方面，建立预算执行督促机制；制修订《病毒病预防控制所经费支出审批权限管理规定》等制度；完善收入确认、支出报销流程；完成关键岗位人员轮岗等方式，加强财务管理工作。落实预算执行责任制度，启动 OA 通报执行机制，分解任务和执行压力，并将预算执行进度通报落实至各处室，落实预算执行工作；通过制度，固化工作流程，减少了工作的随意性，增强了人员的规范意识、平等意识和标准意识，补齐之前工作中对于经费使用的必要性、规划性短板。

【全面梳理规章制度】完成对病毒病所规章制度各科室、各环节、全流程的梳理，对原有规章制度进行分类整理，督促各科室补充、修改、完善。建立病毒病所 2023 年规章制度台账，按照科室分类上传新增、修订的规章制度至钉盘。此次制度建设工作对进一步明确职能、简化程序、提高效率，逐步建立按制度办事、靠制度管人、用制度规范行为的长效管理机制具有重要意义。截至 2023 年底，共印发涉及安全生产工作、试剂耗材出入库、国际合作项目、发表学术论文、小额采购、仪器设备开放共享、信息系统等管理办法 26 项。

【开展后勤保障服务工作】持续推进抗震加固节能改造工程，完成对南区东配楼的结构安全鉴定工作；完成抗震加固的可研报告编制工作，并与财政部评审中心进行项目审批对接工作。

【大额资金委托采购管理工作】截至 2023 年 12 月 31 日，按照财政部法律法规及国家卫生健康委和中国疾控中心的相关规定，采用公开招标、竞争性谈判、询价等多种采购方式，共完成大额资金委托采购项目 71 项，总计采购金额为 4 000 余万元。

【固定资产登记与处置管理工作】截至 2023 年 12 月 31 日，办理登记新增专用设备、通用设备、家具、软件等固定资产 288 件，原值为 2 540 万元。办理报废处置固定资产总计 125 件，原值为 235 万元。

【批量集中采购及信息统计上报工作】2023 年，报送批量集中采购 5 种品目（台式计算机、笔记本电脑、复印机、打印机、空调）共计 13 台，采购金额为 5.3 万元。按时完成每季度及年度政府采购信息统计上报。

【采购与资产管理制度建设工作】2023 年，按照中国疾控中心关于落实“制度建设年”的要求，先后修订了《病毒病预防控制所试剂耗材出入库管理办法》《病毒病预防控制所小额采购管理规定》《病毒病预防控制所大型仪器开放共享管理办法》《病毒病预防控制所政府采购促进中小企业发展管理办法实施方案》《病毒病预防控制所采购工作管理办法》5 项管理制度。

【采购与资产管理信息化建设工作】2023 年，建立大型仪器设备开放共享平台，实现病毒病所透射电镜等 10 台大型仪器设备的对外开放共享，提高仪器设备使用率。建立试剂耗材出入库管理平台，出库、入库均进行扫码登记，强化了试剂耗材使用台账管理。按照财政部要求，预算管理一体化系统平台正式上线使用，逐步提高了各科室采购人员的政府采购预算管理水平。

（李旭彬、陈操、周为民、王宏、马洁琳、芦燕群、邹小辉、陈斌、李伯宁）

寄生虫病预防控制所（国家热带病研究中心）

【工作概况】

1. 学习贯彻党的二十大精神，推动党建业务融合

开展学习贯彻习近平新时代中国特色社会主义思想主题教育，理论学习、调查研究、推动发展、检视整改、建章立制一体推进。加强意识形态和保密工作，开展寄生虫病所高质量发展与强化管理大调研及安全风险隐患排查清零行动。完成寄生虫病所“十四五”发展规划中期自评估。与国家发改委、国家疾控局沟通异地扩建工程项目报批。

2. 推动全国实现血吸虫病传播阻断，推进包虫病等重点寄生虫病控制消除进程

配合国家疾控局，组织编制《加快实现消除血吸虫病目标行动方案（2023—2030年）》，起草《全国包虫病等重点寄生虫病综合防治实施方案（2024—2030）》，参与全国重点省份血防“春查”，参与筹备全国血防工作会议，开展云南、湖北2个省血防“回头看”和湖南、安徽、江西3个省血吸虫病传播阻断技术评估，设立12个血吸虫病消除推进试点县，推动2023年全国实现血吸虫病传播阻断，迈向消除血吸虫病的新进程。

组织高质量推进全国重点寄生虫病控制消除进程调研。提出遏制我国黑热病疫情回升策略和措施的专家建议报告。推进防止疟疾再传播、包虫病综合防治干预区、土源性食源性寄生虫病防治试点。

开展重点寄生虫病监测、媒介生物及其携带病原微生物调查。推动参比实验室网络建设，新增6个省级参比实验室。举办全国寄生虫病防治技能竞赛。启用新版寄生虫病防治信息管理系统。

更新寄生虫病所卫生应急队伍，开展演练，做好应急物资轮储。参与中国疾控中心新冠疫情监测预警专班和台风“杜苏芮”暴雨洪灾后卫生防疫指导。

3. 参与获批全国重点实验室，推进科研教育水平提高

参与获批中国疾控中心牵头的传染病溯源预警与智能决策全国重点实验室，组织开展“重要威胁人类寄生虫感染致病机制和防控干预技术研究”等国家重点研发计划。加强国家卫生健康委寄生虫病原与媒介生物学重点实验室建设，增设3个学术带头人团队。加快海南热带病研究中心（国家热带病研究中心海南分中心）建设，分中心乐城实验室初步具备入驻办公和实验条件。支持西藏自治区建设国家卫生健康委包虫病防治研究重点实验室。做好上海交通大学医学院—国家热带病研究中心全球健康学院合作共建，与上海交通大学医学院附属瑞金医院签署寄生虫病等感染性疾病临床研究联盟协议。强化国家级病原微生物菌（毒）种保藏分中心、国家寄生虫资源库以及钉螺与血吸虫保藏基地建设。成立

第一届国家疾病预防控制标准委员会寄生虫病标准专业委员会，加强寄生虫病标准建设。承办的学术期刊保持高影响力，《中国寄生虫学与寄生虫病杂志》的影响因子为 1.455，位列基础类核心期刊第一；*Infectious Diseases of Poverty*（《贫困所致传染病（英文）》）的 SCI 影响因子为 8.1，蝉联中国最具国际影响力学术期刊。

在研课题为 32 项，新增 8 项（其中包括国家自然科学基金项目 3 项、上海市自然科学基金项目 1 项、上海市加强公共卫生体系建设三年行动计划（2023—2025 年）重点学科项目 1 项）。以第一作者或通信作者发表 SCI 论文 57 篇，获第八届中国科学技术协会（简称中国科协）优秀科技论文 1 篇。授权专利 16 件。成功转化成果 1 项。获上海市自然科学奖二等奖 1 项、“创青春”首届全国卫生健康行业青年创新大赛银奖 1 项。强化研究生培养管理，在读研究生为 98 人，硕博士研究生导师为 32 人。

4. 优化网络，推进国际合作

续签新一轮世界卫生组织热带病合作中心，牵头成立世界卫生组织被忽视热带病合作中心网络。在津巴布韦国立卫生研究所挂牌国家级热带病国际联合研究中心。完成盖茨基金中国—坦桑尼亚疟疾防控合作示范项目外部评估总结。赴津巴布韦开展中非血吸虫病防控项目基线调查和技术产品测试。

【开展学习贯彻习近平新时代中国特色社会主义思想主题教育】开展学习贯彻习近平新时代中国特色社会主义思想主题教育，举办读书班、微课堂，组织高质量推进全国重点寄生虫病控制消除进程调研、全国血吸虫病防控机构能力维持和巩固专题调研、寄生虫病防治机构防治科研能力建设调研，将理论学习、调查研究、推动发展、检视整改、建章立制一体化推进。

【为 2023 年全国实现血吸虫病传播阻断提供技术支撑】组织编制《血吸虫病消除推进试点县工作方案（2023 年版）》《加快实现消除血吸虫病目标行动方案（2023—2030 年）》，开展血吸虫病重点流行区风险评估，选派专家参与全国重点省份血防“春查”，参与筹备全国血防工作会议，开展云南、湖北 2 个省血防“回头看”和湖南、安徽、江西 3 个省血吸虫病传播阻断技术评估，推动 2023 年全国实现血吸虫病传播阻断，迈向消除血吸虫病的新征程。

【加强重点寄生虫病防治监测预警工作】完善全国重点寄生虫病监测点网络，包括血吸虫病流行因素监测点 1 132 个、血吸虫病风险监测点 324 个、包虫病监测点 370 个、土源性线虫病监测点 233 个、食源性寄生虫病监测点 101 个、广州管圆线虫病监测点 9 个，以及疟疾蚊媒监测点 19 个和病媒生物抽样调查点 96 个，完成年度监测报告。实施媒传热带病监测预警体系建设项目，开展热带病及病媒生物分布现场调查监测和防控技术储备。

组织 7 个血吸虫病重点省份传染源控制暗访以及贵州省、四川省、重庆市洪涝灾害血吸虫病、包虫病、黑热病疫情风险评估。上线启用新版寄生虫病防治信息管理系统。做好全民健康保障信息工程疾控信息系统寄生虫病业务单元的运维保障。

【持续提升全国寄生虫病防治技术能力】开展寄生虫病防治机构防治科研能力建设调研，了解全国寄生虫病防治能力现状和技术需求，提出能力建设建议。组织 12 期寄生虫病防治技术国家继续教育培训班和全国血吸虫病消除推进试点县技能竞赛。受国家疾控局委托，2023 年 11 月 7—10 日，承办 2023 年全国寄生虫病防治技能竞赛，全国 31 个省（自治区、直辖市）和新疆生产建设兵团的 128 名选手参赛，以赛促学、以赛促练，持续提升全国寄生虫病防治能力。

【开展中国—坦桑尼亚疟疾防控合作示范项目外部评估总结】2023 年 3 月 13—18 日，赴坦桑尼亚完成盖茨基金中国—坦桑尼亚疟疾防控合作示范项目外部评估总结。由世界卫生组织全球疟疾项目技术官员马鲁·阿瑞佳维（Maru Aregawi）牵头的外部评估组评估认为，基于社区的快速筛查和响应策略（1，7–mRCTR）适宜于坦桑尼亚中、高度疟疾流行区，经过试点和示范项目实施，干预地区疟疾流行率从超过 30% 下降到 3% 左右，建议加强下一阶段项目设计实施，促进成果转化和政策开发，争取尽快纳入世界卫生组织指南，帮助推动非洲疟疾控制消除进程。

【举办"一江一河，一带一路，创建无疟世界"暨"一带一路"十周年世界防治疟疾日专题活动】2023 年 4 月 25—26 日，联合上海市科学技术协会、上海市卫生健康委，举办"一江一河，一带一路，创建无疟世界"暨"一带一路"十周年世界防治疟疾日专题活动。国家疾控局卫生免疫司司长夏刚、上海市科学技术协会主席陈赛娟出席开幕式，中国疾控中心寄生虫病所所长周晓农做"中国消除疟疾及中国方案的传播"主旨报告。此次活动围绕如何防止输入性疟疾再传播、加强疾病监测与响应、推进中国抗疟产品与方案的输出等主题进行了讨论，并组织开展了疟疾科普宣讲活动。

【联合举办"舌尖上的寄生虫"科普展】2023 年 9—11 月，在上海自然博物馆联合举办为期 2 个月的"舌尖上的寄生虫"科普展。此次科普展举办了多场讲座和互动活动，通过展示寄生虫的分类和分布，寄生虫的生存环境、媒介和宿主，寄生虫的生活史、感染途径和危害，以及寄生虫病的预防等方面的知识，将防治知识融入有趣的益智小游戏，营造沉浸式观展体验，约 12 万人次观展，获得良好的社会反响。中国疾控中心副主任施小明、上海市疾控局局长张浩出席开幕式。

【举行第七届中缅边境疟疾消除研讨会】2023 年 10 月 23 日，第七届中缅边境疟疾消除研讨会在北京举行。缅甸卫生部副部长埃吞（Aye Tun）、国家疾控局卫生免疫司司长夏刚、中国驻缅甸大使馆经商处参赞欧阳道冰出席开幕式，中缅双方共同探讨中缅疟疾合作机制及工作计划。缅甸卫生部代表团分别拜会国家疾控局局长王贺胜、国家国际发展合作署副署长邓波清和中国疾控中心主任沈洪兵。

（李石柱、周晓农、王汝波、郑彬、陶苾颖、周丹丹）

性病艾滋病预防控制中心

【工作概况】2023 年，在国家卫生健康委、国家疾控局和中国疾控中心的领导下，以习近平新时代中国特色社会主义思想为指导，深入学习党的二十大精神，凝聚全体职工的智慧和力量，全面贯彻落实上级党委的各项要求，强化党建与业务深度融合，开展防治体系队伍建设、戒毒药物维持治疗、扩大检测消除病毒性肝炎专题调研，推动艾滋病和慢性病毒性肝炎防治事业高质量发展。

1. 高质量防治取得新成效

持续加大检测力度，开展艾滋病检测 4.05 亿人次，较 2022 年增长 22.0%，新报告感染者 11.0 万例，较 2022 年上升 2.5%，报告现存活感染者 129.0 万例。完成艾滋病和丙肝疫情估计。不断扩大治疗覆盖面和治疗效果，正在治疗 122.6 万例，完成规范随访 123.2 万例，比例为 95.5%。诊断发现感染者比例为 84.3%，治疗覆盖比例为 95.1%，病毒抑制比例为 97.3%。推进“互联网 +”干预、安全套使用、戒毒药物维持治疗、暴露前后药物预防等干预措施。

2. 深入开展宣传教育

以“五进”为抓手，指导全国开展常态化宣传教育。利用公众号、融媒体、人工智能等新技术传播科普知识。编报《国艾委工作动态》《新时代艾滋病防治干部读本》等，组织贵州、江西、山东 3 个省领导干部防治政策宣讲。为全国大学生网上知识竞赛、“美好青春我做主”及“爱在阳光下”夏令营开营式提供技术支持，开发中学生艾滋病防治核心信息。举办世界艾滋病日主题宣传活动，营造良好的防治社会氛围。

3. 优先支持重点地区

推进凉山州艾滋病等重大传染病防控攻坚行动，推进 4 县 8 乡启动艾滋病、丙肝、梅毒、结核多病共防模式探索，推进北上广及爱心企业、其他社会力量支持攻坚。召开凉山工作站例会和攻坚行动专家组会议，提出有针对性的策略措施并将其纳入台账督促落实。凉山州主要防治指标保持持续向好态势。发挥示范区引领创新，形成第四轮示范区优秀防治模式汇编，启动第五轮示范区，组织全国示范区人员培训。加大援疆援藏艾防技术支持力度。

4. 开展防治技术交流

召开全国防治工作、重点地区、高层专家研讨会等，指导和部署全国防治技术工作。组织扩大检测、抗病毒治疗、实验室等多领域培训。开展疫苗及中和抗体等研究。完成第五轮分子流调、耐药调查等。制定流调、哨点监测技术需求和《全国艾滋病检测实验室质量控制指南》。推进分子网络支持精准干预。组织社会组织防艾交流。制定防治质量年活动实施方案和中长期计划。

5. 推进多病共防及应急工作

起草《消除病毒性肝炎公共卫生危害规划》框架。推进乙肝防治信息化建设和将病例报告内容纳入乙肝诊断行业标准。协调成人乙肝防治开展，推进慢性病毒性肝炎防控进程，落实领导小组职责分工和机制建设。制作丙肝宣传动画片，完善防治信息系统和哨点信息收集模块，加强监测检测和数据质量核查，组织制定丙肝实验室检测技术规范。开展猴痘宣传干预，成立干预机制，印发重点人群核心信息，推进监测，召开全国部署会和经验交流会，组织模式试点和知识调查与免疫学等研究。

6. 推进机构人员能力建设

加强队伍建设，完成 11 个科室正职选任。加强制度建设，修订科研及合作课题管理办法等。组织青年基金立项 8 项、国家自然科学基金面上项目 2 项、重大研究计划培育项目 1 项、北京市自然科学基金 2 项、首发项目 1 项。完成 75 名研究生教育管理。全面部署党风廉政建设和反腐败工作，针对违反中央八项规定精神问题，以案为鉴，通过警示教育深刻反省；全面开展安全风险隐患排查，切实做好风险隐患跟踪整改，为建设高水平的防治机构筑牢安全防线。

【艾滋病防治工作进展】

1. 宣传教育与信息交流

举办 2023 年“世界艾滋病日”主题宣传活动。制作并发布初中学生预防艾滋病核心信息、第十部艾滋病检测动画片《预防艾梅乙母婴传播　让每个宝宝健康成长》、老年人预防艾滋病公益宣传片《守住晚年的爱》和《人生，落棋无悔》，利用各种媒体平台，开展公益宣传，扩大艾滋病防治宣传的覆盖面和影响力。利用微信公众号推送科普短文达 140 篇。收集各地报送宣教材料 700 余份，更新艾滋病防治宣教材料库相关宣教材料 400 余篇，促进各地宣教材料设计制作和开展宣教活动。做好网站运维及内容建设，开通 2023 年世界艾滋病日专版，2023 年，发布网站信息 273 篇。加强舆情监测，2023 年，提交舆情监测报告 170 篇，其中包括猴痘专题舆情报告 1 篇。

2. 监测、检测

（1）哨点监测。全国运行艾滋病监测哨点共 1 674 个，覆盖 6 类监测人群。其中，吸毒者、男男性行为者、卖淫妇女、性病门诊男性就诊者、青年学生和孕产妇共有 1 668 个哨点被纳入分析，完成问卷调查 433 936 人，其中完成 HIV、梅毒和 HCV（hepatitis C virus，丙型肝炎病毒）抗体检测的人数分别是 433 850 人、433 869 人和 433 671 人；孕产妇哨点从 2020 年开始调整为收集哨点所在妇幼机构的检测信息，HIV

抗体检测 1 539 182 人，梅毒抗体检测 1 505 552 人；HIV、梅毒和丙肝粗阳性率分别为 0.3%、1.1%、4.0%。

（2）咨询检测。2023 年，全国开展 HIV 抗体检测 405 313 196 人次，较 2022 年检测数量（331 927 445 人次）增加了 22.1%；新报告 HIV/AIDS 数量为 110 491 例，较 2022 年（107 786 例）增加了 2.5%；检测发现病例比例为 0.027%，较 2022 年（0.032%）有所降低。

（3）实验室网络建设。全国艾滋病检测实验室网络建设持续加强，截至 2023 年底，全国共有艾滋病检测确证实验室 854 个（包括确证中心实验室 35 个、确证兼筛查中心实验室 530 个、确证实验室 289 个），覆盖了 96.0% 的地市；艾滋病检测筛查实验室 52 583 个（包括筛查中心实验室 204 个、筛查实验室 13 567 个、检测点 38 812 个），覆盖了 97.7% 的县区。已开展艾滋病相关 CD4 细胞检测、HIV 病毒载量检测、HIV 基因型耐药检测的实验室分别有 1 366 个、663 个、74 个。针对全国艾滋病检测实验室网络，开展血清学、病毒学、免疫学、耐药、丙肝等检测项目的能力验证工作，从 2023 年起，全面启用能力验证数据的电子化管理；积极参加相关检测项目的国际能力验证或室间质量评价活动。

（4）全国艾滋病疫情分析和估计。与联合国艾滋病规划署、世界卫生组织共同开展 2023 年中国艾滋病疫情估计。将联合国艾滋病规划署和世界卫生组织推荐的、目前国际上使用最为广泛的 Spectrum/EPP 方法作为疫情估计基本方法。基于我国艾滋病流行地区差异大的特点，在国家层面，根据艾滋病疫情流行特点和地域特征进行分区估计，得到全国估计结果。

截至 2023 年底，存活艾滋病病毒感染者和病人人数约为 153 万（142 万 ~ 163 万）人，全人群艾滋病感染率约为 10.8/ 万（10.1/ 万 ~ 11.5/ 万）。2023 年，新发感染人数约为 7.7 万（6.3 万 ~ 9.2 万）人，全人群新发感染率约为 0.55/ 万（0.45/ 万 ~ 0.65/ 万）。艾滋病病毒感染者和艾滋病病人的死亡人数约为 3.7 万（3.3 万 ~ 4.1 万）人，其中直接归因于艾滋病的相关死亡人数约为 1.7 万（1.3 万 ~ 2.2 万）人。

3. 艾滋病随访管理与抗病毒治疗工作

（1）随访管理。2023 年，各项随访管理指标在原有水平上进一步提高，艾滋病病毒感染者 / 艾滋病病人规范随访比例达到 95.5%；艾滋病病毒感染者 / 艾滋病病人的配偶 / 固定性伴 HIV 检测比例达到 95.9%；新发现艾滋病病毒感染者 / 艾滋病病人首次 CD4 检测比例达到 90.3%。

（2）抗病毒治疗。2023 年，各项抗病毒治疗指标在原有水平上进一步提高。报告存活艾滋病病毒感染者治疗比例达到 95.1%，2023 年，全国新报告发现感染者 30 天内接受抗病毒治疗比例为 77.0%。在治病人的病毒载量检测比例达到 96.8%，病毒抑制率达到 97.3%。完成 2023 年艾滋病临床进修培训，培训覆盖 22 个省（自治区、直辖市）的艾滋病治疗医生140人。

（3）发布新版免费治疗指南。2023年5月，出版并发布《国家免费艾滋病抗病毒药物治疗手册（2023年版）》，提出HIV感染者应在诊断后30天内尽快启动治疗；明确新增的利匹韦林和多替拉韦钠使用适应证；要求新启动治疗者应进行基线病毒载量检测，在治疗6个月、12个月后，应及时开展病毒载量检测，检测机构应在采样后30日内完成病毒载量检测和反馈。同月，在郑州市举办全国师资培训班，对新的诊疗规范进行宣贯。

（4）耐药监测。2023年，在全国31个省（自治区、直辖市）和新疆生产建设兵团开展当年HIV新诊断感染者耐药调查工作。本次通过分层抽样，共调查CD4大于200个/μL的HIV新诊断感染者6 634人。本次调查发现，2023年，HIV新诊断感染者总耐药率为10.5%（=696/6 634），高于2018年HIV新诊断感染者总耐药率8.9%（=381/4 276）（$P<0.05$）。2023年，耐药率较高的地区有新疆维吾尔自治区（28.1%）、宁夏回族自治区（18.2%，本次仅送样22份）、海南省（16.9%）和云南省（16.6%）。耐药毒株出现的主要耐药位点以NNRTI（non-nucleoside reverse transcriptase inhibitors，非核苷类逆转录酶抑制剂）类为主，NNRTI类因K103位点耐药突变超过10%的地区为新疆维吾尔自治区（19.4%）；在5% ~ 10%的5个地区为宁夏回族自治区（9.1%）、新疆生产建设兵团（7.4%）、四川省（6.8%）、云南省（6.3%）和浙江省（5.2%）。耐药突变类型与我国广泛使用的免费抗病毒治疗药物的种类相符。在HIV新诊断者中，耐药有显著上升的趋势，针对我国的一线免费抗病毒治疗药物耐药水平较高的情况，需高度重视。耐药监测结果已反馈到各省疾控中心。

（5）国产艾滋病药品免税政策。提供技术支持，全面落实2024—2027年国产药免税政策：延续对国家免费国产药免征生产环节和流通环节增值税，该项免税政策适用于政府采购中标药品以及生产中标药物的原料药。

（6）药品采购管理工作。组织召开全国艾滋病抗病毒治疗药品采购管理工作会议，31个省（自治区、直辖市）艾滋病抗病毒治疗药品管理机构负责人和管理人员参加会议，总结2022年药品采购管理工作、安排2023年采购供应保障工作，河北省、江苏省、山东省、河南省、湖北省、新疆维吾尔自治区6个省（自治区）分享管理经验。财政部关税司有关领导、专家出席会议，并对山东省药品管理及免税政策执行成效进行调研。

4. 高危人群干预工作

（1）经吸毒传播途径的干预。截至2023年底，30个省（自治区、直辖市）开展戒毒药物维持治疗（简称“维持治疗”）工作，共设立戒毒药物维持治疗门诊773家、延伸服药点361个，约4.8万人正在接受维持治疗，治疗人员年保持率为89.5%。全国门诊平均在治人数为62人，其中2个省（直辖市）的门诊平均在治人数为100人及以上，占全国开诊省份的6.7%。在治人数为200人及以上的门诊共有38个，占全国开诊门诊总数的4.9%；在治人数不足50人的门诊有486个，占全国门诊总数的62.9%。在治人员最近一年 HIV/HCV/ 梅毒三病检测率为 86.7%，与 2022 年同期（三病检测率为 83.1%）相比，稍有上升。

参加维持治疗吸毒人员艾滋病病毒新发感染率从 2006 年的 0.95% 下降到 2023 年的 0.05%，下降幅度为 94.7%。2004 年至今，维持治疗工作共避免了约 2 万名吸毒成瘾者感染艾滋病病毒，累计减少海洛因滥用约 180 吨，减少毒资交易约 1 000 亿元。

在针具交换工作方面，截至 2023 年底，全国月均有 444 个针具交换点开展工作，覆盖 334 个县（区），参加针具交换的月均人数为 12 415 人。参加针具交换的吸毒人员月均超过千人的省（自治区）有云南省、广西壮族自治区、四川省，上述 3 个省（自治区）月均参加针具交换人数占全国月均参加针具交换人数的 84.0%。2023 年，参加针具交换的吸毒人员进行 HIV 抗体检测 11 162 例，报告 HIV 抗体检测阳性 21 例，阳性检出比例为 0.19%。

（2）经性传播途径的干预。在暗娼人群干预方面，2023 年，继续围绕实现“三个 90%”工作目标，暗娼人群干预实施以安全套推广使用及检测促进为主的综合干预措施。2023 年，全国 31 个省（自治区、直辖市，不含新疆生产建设兵团）共有 2 901 个县（区）开展了高危人群干预工作。全国月均干预暗娼 34.7 万人，较 2022 年同期（32.6 万人）提升 6.4%；月均干预覆盖率为 77.9%，和 2022 年（76.5%）基本持平；暗娼人群 HIV 阳性检出比例为 0.05%（=505/986 610），和 2022 年的 0.05%（=431/918 530）持平；累计发放安全套约 2 372 万只，宣传材料约 617 万份。

在男男性行为人群干预方面，2023 年，全国月均干预男男性行为者 22.2 万人，与 2022 年（20.4 万人）有所提升；月均干预覆盖率为 70.2%，较 2022 年（67.5%）有所提升。2023 年，男男性行为人群 HIV 阳性检出比例为 1.6%（=10 100/649 941），和 2022 年同期 1.7%（=10 064/585 841）基本持平。

（3）开展第五次全国艾滋病病毒分子流行病学调查工作。共获得 6 634 条 HIV 感染者 pol 基因序列，占当季度报告全国 HIV 感染者总数的 28.6%。调查共检测发现 36 种不同基因型 HIV 毒株，包括 4 种非重组亚型，以及 32 种流行重组型（circulating recombination form，CRF）毒株。分析显示，在现阶段，我国主要的流行毒株仍然是 CRF07_BC、CRF01_AE 和 CRF08_BC，合计占全部样本的 84.3%。在上述流行毒株中，除 CRF08_BC 具有一定的流行区域（西南和华南）和传播途径（异性）倾向性以外，其他毒株均显示全国流行且在异性传播人群和男男同性传播人群中共同传播的特点。此外，本次调查还发现，主要在异性人群传播的新重组毒株 CRF85_BC 呈现快速增长态势。我国 HIV 重组毒株种类的快速增加表明在高危人群中多种毒株共同流行，导致大量共感染或超感染的发生。

5. 艾滋病综合防治示范区工作

完成第四轮全国艾滋病综合防治示范区（简称示范区）终期评估工作。第四轮示范区工作实现了预期目标，发挥了疫情“稳定器”、模式“试验田”和工作“先锋号”作用。

国务院防治艾滋病工作委员会办公室印发《关于第四轮全国艾滋病综合防治示范区终期评估情况的通报》。经专家评审，将114个优秀模式纳入《第四轮全国艾滋病综合防治示范区优秀防治模式汇编》，并在全国艾滋病防治工作会议、示范区启动和培训班上进行了分享。

按照《第五轮全国艾滋病综合防治示范区工作方案》要求，国务院防治艾滋病工作委员会办公室印发《国务院防治艾滋病工作委员会办公室关于启动第五轮全国艾滋病综合防治示范区工作的通知》(国艾办函〔2023〕4号)，确定124个示范区及172项专项工作。国家疾控局副局长常继乐出席第五轮示范区启动会并讲话，为推进各地示范区工作开展打开良好开局。举办第五轮示范区暨艾滋病防治重点人群干预策略培训班，详细讲解了示范区工作要求，并分享了既往的优秀防治实践案例，为第五轮示范区全面开展奠定了坚实的基础。

6. 凉山州艾滋病防治

组织召开凉山州攻坚第二阶段专家组会议和3次凉山工作站工作例会，开展性病防治工作培训，专题针对结核病、丙肝防治策略进行深入研判，打造适合当地的结核病防治策略、简化丙肝诊疗流程。协助总结四川省凉山州艾防攻坚优秀典型案例，将其作为国家疾控局主题教育正面典型案例进行推广。在凉山州4县8乡按照统一的多病共防工作方案，启动艾滋病、丙肝、梅毒、结核多病共防模式试点，并完成现场工作人员培训，开展2次现场工作督导，保证项目顺利实施，力争达到四病共宣、四病共检、四病共治的目标。在凉山州探索开展了艾滋病传播风险分类、单阳家庭推广暴露前后预防和分子流行病学溯源调查工作。

7. 国际合作和社会组织参与

在北京市成功举办2023年艾滋病防治南南合作技术交流活动，来自柬埔寨、老挝、缅甸、越南、泰国、乌干达、坦桑尼亚和非洲疾控中心的艾滋病防治领域管理人员和技术人员共计17名代表参加此次活动。各国代表分别介绍了各自国家的艾滋病防控策略、成果和挑战，并赴江苏省南京市进行考察。联合国艾滋病规划署驻华办事处代表莫易睿博士(Dr. Erasmus Morah)表示，这次活动是中国在推动南南合作中发挥领导作用的最好体现。

承担2023年度在华技术交流合作小额资助项目，该项目邀请老挝与柬埔寨的2名技术专家参与中心组织的短期培训项目，培训采用专题报告、交流研讨及现场参观考察的方式进行。该项目对于两国实现艾滋病防控目标、扩大我国公共卫生影响和南南合作的广度及深度有重要意义。

完成《2023年中国艾滋病监测》并在线提交。组织有关部门、单位和机构收集填报数据并分析，形成《2023年中国艾滋病监测》指标结果表、2022年经费矩阵表、十项承诺的主要工作进展情况、国家承诺与政策问卷A等。

继续加强与社会组织参与艾滋病防治基金管理委员会办公室(社会组织基金)的沟通

联络渠道，通过多种方式与各地的艾滋病相关社会组织进行沟通，了解工作情况，提供工作建议。

8. 承担国艾办多部门协调

组织起草并推动落实《国务院防治艾滋病工作委员会办公室关于开展艾滋病防治质量年活动的通知》。定期联系各地，了解、收集、汇总“质量年”活动开展情况，整理形成《艾滋病防治质量年活动工作总结》。组织国家卫生健康委、国家疾控局、艾滋病防治专家以及基层防治专家组成宣讲团，赴贵州省、江西省、山东省开展领导干部艾滋病防治政策宣讲活动，有关领导干部等 700 余人接受了宣讲教育。完成《遏制艾滋病传播实施方案（2019—2022 年）》终期评估报告。组织起草《中国遏制与防治艾滋病中长期规划（2023—2030 年）》送审稿。

【性病防治工作进展】完成 2023 年全国艾滋病 / 性病综合防治数据信息中高危人群干预性病就诊者 HIV 检测相关内容。开展凉山州性病门诊诊疗能力提升项目，提升凉山州性病诊疗能力。协助修订性病控制中心职能。

【丙肝防治工作进展】

（1）加强宣传教育。配合“世界肝炎日”宣传，开发制作丙肝防治宣传小视频 5 个，分别在国家疾控局和中国疾控中心艾防中心公众号发布，提高大众防治意识。完成 2023 年《中国新闻》疾控专刊病毒性肝炎防治两个板块相关内容倡导消除病毒性肝炎公共卫生危害工作。协助国家疾控局录制《面对病毒性肝炎：坚持早预防，加强检测发现，规范抗病毒治疗》访谈节目。参加世界卫生组织“世界肝炎日”活动，并向成员国介绍中国消除病毒性肝炎公共卫生危害进展，向世界传递中国声音。

（2）利用艾防平台，推动“应检尽检”。在艾滋病工作信息系统和基本信息系统的高危人群干预报表、艾滋病病毒感染者随访表中，增加丙肝和梅毒检测信息收集项目，新增丙肝检测份数表，利用艾防工作平台，收集丙肝和梅毒检测信息。在艾防工作平台开展肝炎梅毒监测及检测工作专家论证会，讨论依托艾防平台开展多病共检策略和实验室技术，确定在艾防平台收集丙肝、梅毒检测信息的填报规则，统一填报要求，方便基层使用。举办全国丙肝检测培训班，推进“应检尽检”“愿检尽检”“核酸检测全覆盖”策略。

（3）强化全程管理，推进“应治尽治”。继续做好丙肝病例报告工作，分析病例报告数据，为防治工作提供参考依据，完成 2023 年全国法定传染病发病与死亡报告中有关丙肝的相关内容，完成《2022 年全国传染病监测报告》中的丙肝部分。每月编写完成全国艾滋病 / 性病 / 丙肝综合防治信息中的丙肝部分。修订丙肝防治数据质量核查指标，增加病例管理、抗病毒治疗、哨点监测等核查内容，与艾滋病防治数据质量方案整合，开展 2023 年全国丙肝防治数据质量核查。对广西壮族自治区、宁夏回族自治区、青海省 3 个省（自治区）开展现场核查工作，收集分析各省数据核查结果并形成分析报告，提高丙肝防治数据质量。扩大试点地区，继续探索既往报告丙肝病例随访管理模式。通过举办全国培训班、优化丙肝防治信息系统、对部分省开展病例全程管理和信息系统培训、技术支持等方式，加强丙肝病例全程管理工作，推进实施“应治尽治”策略。截至 2023 年 12 月底，全国新报告丙肝抗体阳性者核酸检测比例由 1 月的 10.7% 提高到 53.7%，新报告符合治疗条件的慢性丙肝患者治疗比例由 1 月的 6.6% 提高到 38.7%。

（4）建设哨点系统，加强疫情监测。在艾滋病防治工作信息系统中的丙肝哨点模块基础上，完成了丙肝哨点信息采集和分析系统建设、测试、完善，并使该系统正式上线，完成项目验收。举办全国丙肝哨点系统培训班，推进全国按照丙肝哨点方案开展哨点监测工作，规范监测信息录入工作。2023 年，全国运行丙肝人群哨点共 254 个，覆盖 5 类监测人群，包括单位体检人群、HIV 感染人群、医院侵入性诊疗人群、肾透析人群和无偿献血人群，共完成 HCV、梅毒和 HIV 抗体检测人数 196 959 人，粗阳性率分别为 0.8%、1.3%、0.09%。开展丙肝医院哨点监测，覆盖了 31 个省（自治区、直辖市）365 个县区 541 家医疗机构，完成丙肝病例调查 28 129 例；完成相关死亡调查 7 199 例。

（5）开展疫情估计。完成 2020 年中国丙肝疫情估计工作，选择云南省和江苏省，开展丙肝新发感染、死亡、患病情况疫情估计方法研究，为下一步开展全国丙肝消除指标评估、分省疫情估计打下了基础。

（6）牵头承担慢性病毒性肝炎防控工作。依托艾防队伍，全面推动病毒性肝炎防治工作高质量发展，牵头负责中国疾控中心慢性病毒性肝炎防控工作，各成员单位根据职责分工推动工作落实，助力实现 2030 年国家消除病毒性肝炎公共卫生危害目标。

（7）其他业务工作。开展云南省和河南省病毒性肝炎应检尽检、应治尽治工作调研，调查了解我国病毒性肝炎防治工作进展情况、面临的瓶颈问题，并有针对性地提出有效的对策与建议。协助审阅《塞拉利昂病毒性肝炎防治规划（2023—2030）（初稿）》。

【会议培训、基层调研、技术指南、应急事件处理情况】培训艾滋病防治人员 800 人次。赴基层调研、提供技术指导 300 人次。制定并印发《丙型肝炎病毒实验室检测技术规范》（2023 年修订版）和《制定艾滋病感染者流调溯源（接触者追踪）技术方案》《国家免费艾滋病抗病毒药物治疗手册（2023 年版）》《全国艾滋病检测实验室质量控制指南》等技术文件。完成 2023 年国际艾滋病防控进展信息报告，艾滋病疫情估计工作报告，全国疫情分析报告，预防男男性行为人群、暗娼人群和吸毒人群 HIV 感染干预效果评估报告，新报告 HIV 感染者深入访谈调查工作报告，暴露前后预防用药服务模式分析报告，全国示范区工作进展报告，丙肝疫情估计工作报告，开展艾滋病疫苗诱导保护性免疫反应机制，新冠 / 艾滋病广谱中和抗体筛选及调控机制研究等技术报告。完成印发艾滋病综合防治信息月报 / 季报 / 年报 12 期。印发 4 期《国艾委工作动态》。

【科研与学术交流】

（1）新获准科研项目 / 课题 16 项（合作研究 3 项），总经费约为 1 542.58 万元。其中，国家自然科学基金项目 5 项（合作研究 2 项），国家重点研发计划 1 项（合作研究），省部级资助项目 4 项，横向课题 6 项。

（2）在研科研课题 13 项（合作研究 9 项），总经费达 1 096.6 万元。其中，国家重点研发计划项目 5 项（均为合作研究），国家自然科学基金项目 2 项（均为合作研究），传染病国家重点实验室课题 1 项，其他省部级项目 4 项（合作研究 2 项），横向课题 1 项。

（3）获准专利 1 项。专利名称为“人源化高中和活性抗新型冠状病毒单克隆抗体及应用”（ZL202110888463.6）。

（4）出版书籍 2 本。主编书籍 1 本，书籍名称为《国家免费艾滋病抗病毒药物治疗手册（第 5 版）》；参与编辑书籍 1 本，书籍名称为《新时代防治艾滋病干部必读》。

（5）获奖 1 项。“我国艾滋病重点地区精准防治体系创建及关键技术应用”获得中华预防医学会科学技术奖三等奖，艾防中心为第一完成单位。

（6）发表论文 97 篇。中文论文为 58 篇，英文论文为 39 篇，平均影响因子约为 9.13，其中 SCI 的影响因子大于 5 的文章为 11 篇，SCI 的影响因子大于 100 的文章为 1 篇，Prevention of a potential mpox outbreak in China 文章发表在 *The Lancet* 杂志上，影响因子为 168.9。

【国际交流】

（1）外事出国。办理因公出国 12 批次、18 人次，成行 15 人次；办理参加线上国际会议 2 批次、2 人次，成行 2 人次。

（2）外事接待。接待外宾来访 4 批次、22 人次。

（3）线上交流。参与起草世界卫生组织艾滋病暴露后预防工作指南并参与外部专家审核。

（4）线下合作。组织实施中国艾滋病和结核病多学科应用项目，协调 3 名青年防治专家赴美交流 10 个月。

【研究生教育】现有研究生导师总数为 29 人，包括博士研究生导师 10 人，硕士研究生导师 19 人，其中公共卫生硕士研究生导师 5 人。在读研究生共 75 人。共组织 7 场调剂复试活动，录取硕士研究生 18 人、博士研究生 3 人。毕业博士研究生 5 人、硕士研究生 23 人，其中在职公共卫生硕士研究生 1 人。

【文秘工作】2023 年，共发上报文 34 件、平行文 47 件、便函 300 件、收文 1 370 件，处理内部请示 1 473 件。

【固定资产管理】2023 年，对日常固定资产的登记进行核对，固定资产在用设备为 4 189 台（件），资产总值为 8 380.8 万元。新增资产 171 台（件），价值为 830.8 万元。处置资产 725 台（件），价值为 1 035.1 万元。对所有固定资产标签进行了更新。

【实验室管理】完成生物安全三级实验室复评审及 10 项不符合项的整改工作、二级实验室猴痘检测实验活动变更备案工作、BSL-3 实验室新增猴痘病毒实验活动准备工作、实验室延续资质认定扩项填报及审批工作、实验室内审和管理评审工作、实验室化学品安全专项工作、菌（毒）种保藏监督检查工作。修订质量生物安全体系文件 51 份，整理标准文件 49 份；完成国家病原微生物资源库自评报告和 2022 年度实验室数据统计年报，完成病原微生物资源库简报 3 份，完成国家病原微生物资源平台评价考核工作，完成国家病原微生物资源库 2023 年经费调整及 2024 年经费预算工作；完成实验室安全监督检查共计 35 次；完成实验室生物安全培训 5 次，组织实验室人员进行内外部培训 200 余人次，完成生物安全应急演练 2 次，完成高等级实验室培训基地培训教学工作，完成实验室人员健康体检 31 人次，梳理实验室本底血留存记录 165 人次。完成包括二级、三级实验室设备强检 162 件；完成 BSL–3 实验室各项设施设备维护记录单 45 份，保障实验室设施设备安全运行；全年无生物安全事故发生。

【采购工作】完成“艾滋病防治技术指导与能力建设”项目试剂耗材等及“实验室设备购置”项目设备采购，金额共计 534.36 万元。组织实施 22 项采购项目，采购金额合计 579.6 万元。

保障抗病毒治疗药品及美沙酮原料药采购供应（含母婴阻断药品）。完成 2023 年中转经费 4 种 5 个规格进口药采购任务，成交金额合计 1.4 亿元；完成 11 种 16 个规格国产药采购任务，成交金额为 10.4 亿元，节约资金 8 836.63 万元；完成美沙酮 869 千克采购任务，成交总额为 686 万元。2023 年，中转经费共采购药物 22 种 11.8 亿元，是“四免一关怀”政策实施以来进口药采购金额最小的一年。因 250 mg 洛匹那韦 / 利托那韦片剂、利匹韦林实现国产化，进口药采购经费较 2022 年下降了 80%。

【纪检监察审计】深入开展集中性纪律教育和党纪学习教育，使全体党员干部职工做到遵规知纪、明纪、守纪，共组织警示通报、动员部署、警示教育片、警示教育会议等 13 次，受警示教育 555 人次，组织艾防中心领导班子成员、中心各科室正副主任、支部正副书记，科研课题负责人及科技骨干、关键岗位人员等赴监狱场所开展警示教育活动。统一思想，提高政治站位，圆满完成医药领域腐败问题集中整治工作。做好遵守中央八项规定精神整改的后半篇文章，强化节假日与日常廉政提醒，自编节日廉政提醒，确保风清气正过节，创新形式，深化教育，推出“艾提醒”图文长图廉政宣传系列，在中层干部会上播放警示教育片。严格执纪审查，强化正风肃纪，按时上报落实中央八项规定精神、执纪审查、纪检监察干部监督等违纪违法情况报告。完善党风廉政建设及反腐败体系，进一步扎紧制度的笼子，开展权力运行廉政风险防控工作专项自查。开展违规公务接待自查自纠，签订党风廉政建设目标责任书，落实廉政会议工作制度。进一步完善干部廉政档案，按规定出具党风廉政意见。巩固深化党纪学习教育成果，立足职能职责，纵深推进党的纪律建设，收集汇编了“党纪学习教育应知应会知识106条”，完成全体党员干部党纪学习教育知识测试。扎实开展政治监督，高质量推进落实，强化药品采购监督，推动艾滋病防控能力提升。关口前移，严把中心对外签署合同、委托/合作协议类审核。

【人事管理】 截至2023年底，共有在职工作人员121人（除学生外），其中编制内职工97人，聘用24人。编制内人员进出10人（调入3人，调出1人，退休6人，去世1人）。编制外人员进出15人。完成干部任免12人。

【党、团、群、工会工作】 2023年，召开党委会暨理论学习中心组会议24次，制定主题教育实施方案，建立主题教育工作台账，参加和举办读书班等深化理论学习研讨，组织主题党日活动30余次，学思践悟小微课堂50余次，参观学习3次，警示教育5次。做好法定节假日福利慰问，完成职工生病、退休、直系亲属去世、婚育和困难职工等慰问工作。召开工会委员会会议4次、工会女职工委员会会议2次、工会经费审查委员会会议2次、午间论坛4次、职工座谈会2次，组织开展儿童节书画作品展、职工健步走等活动。

【财务管理】 2023年4月，正式启动财务报销系统试运行，建立了全流程的线上审批流程，实现了从项目立项、收入、支出到结果查询的全业务流程。

（齐妍、王俊杰）

慢性非传染性疾病预防控制中心

【工作概况】

1. 继续推进慢性病相关监测工作

开展“2023年中国居民慢性病及危险因素监测”工作。开展“中国儿童青少年脊柱侧弯流行病学调查”。继续开展“死因监测”工作，完成2022年死因数据清洗和分析、死因漏报调查数据库分析工作，测算相关数据。筹备第三轮“中国居民慢阻肺监测”工作，推动慢性病综合监测与管理系统建设。开展“重点人群口腔健康状况监测”数据清理与统计，建设并运行全国儿童口腔疾病综合干预信息系统。出版《中国居民急性心脑血管事件发病监测报告（2014—2020）》。为《2023中国卫生健康统计提要》《2022中国卫生健康统计年鉴》等提供基础数据。

2. 促进慢性病综合防控工作

开展慢性病综合防控能力建设，完成《中国防治慢性病中长期规划（2017—2025年）》中期评估报告。继续推进“国家慢性病综合防控示范区建设”工作，组织开展第一批、第四批和部分第三批延期复审国家级慢性病综合防控示范区（简称示范区）的复审工作，完成复审结果分析及报告撰写。继续开展“减盐防控高血压经验推广”工作，完成广东省、黑龙江省、贵州省项目县现场调查，开展“慢性病高风险人群健康管理试点工作”，完成“后疫情时代亚太地区职业人群慢性病健康管理研究项目”和“世界卫生组织（WHO）社区慢病综合服务模式项目”。开展糖尿病前期预防、高危人群生活方式干预、患者管理与评估，完成2023年全国糖尿病防治优秀案例征集及评选、发布。继续开展“淮河流域重点地区癌症综合防控与推广应用”工作，开展“生命早期干预的长期健康效应家庭队列研究”，开展“工作场所防癌项目”，推进中心实验室能力建设和“全国防控重大慢病创新融合试点项目”。开展“慢阻肺综合干预试点工作”和全国慢阻肺综合监测与防控能力培训，推动全国慢阻肺健康管理。

3. 开展重点人群健康促进，加强科普宣传

完成2023年“健康口腔助成长”效果评估的基线调查和终末调查，承担中华口腔医学会儿童口腔健康教育项目评估工作。开展“老年人心理关爱项目”“老年期重点疾病预防和干预项目”，完成首次（2022年）中国老年人健康素养调查报告材料，出版《中国老年人健康状况报告（2021）》，开展“中国居民肌肉骨骼疾病调查工作”。开展阿尔茨海默病、帕金森病、肌肉骨骼疾病、口腔健康、世界慢阻肺日、联合国糖尿病日等宣传活动，组织开展第八届“万步有约”健走激励大赛。

4. 扎实推进伤害防控

继续组织开展“全国伤害监测工作”，在全国 300 家医疗卫生机构和 10 家儿童专科医疗卫生机构开展伤害监测。继续开展产品伤害监测工作。完成“致死性儿童溺水监测试点工作”数据收集与分析。继续开展“老年人跌倒流行病学调查”。出版《全国伤害监测数据集 2021》。

启动“西部儿童道路安全项目”“中西部儿童溺水干预试点项目”“农村地区老年跌倒预防项目”。继续推进“老年人道路交通安全评价指标体系研究”“儿童安全座椅使用研究”等工作。举办全国伤害预防控制工作会和全国伤害预防能力建设培训班。推进世界卫生组织伤害预防合作中心申请，成立伤害预防控制标准专业委员会，立项起草《伤害监测标准》《伤害预防控制术语标准》。出版《远离烫烫小怪兽——儿童课堂幼儿园教学指导手册》《托育机构婴幼儿伤害预防控制指导》《残疾预防与控制 · 伤害》《中小学生心理健康促进手册》等。

5. 科研合作交流

在第 76 届世界卫生大会上，获得世界卫生组织授予的科威特国健康促进基金“谢赫 · 萨巴赫 · 艾哈迈德 · 贾比尔 · 萨巴赫殿下老年人卫生保健和健康促进研究奖”。这是世界卫生组织首次将该奖授予我国的公共卫生机构。

【提供政策支持】为《2023 中国卫生健康统计提要》《2022 中国卫生健康统计年鉴》等提供基础数据。测算 2022 年度全国 31 个省（自治区、直辖市）和新疆生产建设兵团四类慢病过早死亡率、心脑血管疾病死亡率及 70 岁以下慢性呼吸系统疾病死亡率等健康中国行动相关指标，将结果提交国家卫生健康委医疗应急司。分析 2022 年 12 月—2023 年 2 月全国及各省的超额死亡情况，将分析报告提交国家疾控局综合司和监测预警司。分析 2020—2023 年 1 月全国及各省的超额死亡情况，并与其他国家进行对比，将分析报告提交国家疾控局科技教育与国际合作司（港澳台办公室）。完成《中国防治慢性病中长期规划（2017—2025 年）》中期评估报告，报送国家卫生健康委医疗应急司。参与修订《健康中国行动——慢性呼吸系统疾病防治行动实施方案（2024—2030 年）》和《国家基本公共卫生服务项目储备库管理办法》。

【开展死因监测工作】收集分析 2022 年死因数据 970.6 万条，完成 2022 年死因数据清洗、分析和死因漏报调查数据库分析工作，测算 2022 年全国死因监测数据，测算全国及各省超额死亡情况，分别在辽宁省和青海省举办 2023 年全国死因监测培训班。

【开展 2023 年中国居民慢性病及危险因素监测工作】开展 4 期国家级培训班，开展全国 302 个监测点中 270 个监测点的横断面调查，累计调查 156 556 人，对 267 个监测点开展重复调查。

【开展专病监测和流行病学调查】筹备第三轮“中国居民慢阻肺监测”工作，撰写完善2019—2020年中国居民慢阻肺监测报告，推动慢性病综合监测与管理系统建设。开展“中国儿童青少年脊柱侧弯流行病学调查”，完成3期国家级培训班，8个省已启动入校现场调查，其中5个省已完成。开展“重点人群口腔健康状况监测”数据清理与统计。

【开展国家慢性病综合防控示范区建设工作】组织开展第一批、第四批和部分第三批延期复审示范区的复审工作，完成141个示范区材料审核，成立24个调研组赴各省现场调研，完成复审结果分析及报告撰写。举办慢性病综合防控能力建设培训班。通过专家研讨会和现场调研的方式，展开示范区高质量发展机制调研工作，总结示范区高质量发展的经验和机制，为示范区建设的高质量发展提供技术依据。

【开展减盐防控高血压项目】完成减盐评估现场调查工作，在广东省、黑龙江省和贵州省6个项目县开展人群问卷调查、体格测量和24小时尿液采集工作。召开减盐干预技术研讨会，开展减盐数据分析和文章撰写工作。

【推进全国慢病高风险人群健康管理项目】修订《职业人群慢性病健康管理技术指南》书稿，编制慢病高风险人群健康管理培训课件《职业人群慢性病健康管理》。

【开展后疫情时代亚太地区职业人群慢性病健康管理研究项目】按照项目安排，总结提炼亚太地区和我国职业人群慢性病健康管理案例，提出发展框架和政策建议，撰写项目技术报告。组织国内外专业机构相关领域专家，召开工作场所职业人群健康管理研讨会。组织缅甸、老挝和越南等亚太地区专家，进行职业人群健康管理现状、存在问题和政策建议交流和研讨。将项目报告提交国家卫生健康委国际司。

【开展慢性病高危人群及患者综合干预与评价项目】在重庆市和广西壮族自治区试点，开展糖尿病高危人群筛查与管理项目。完成家庭医疗健康专项行动项目现场筛查工作。完成《中国心血管健康指数2023版》的数据收集、指数测算并正式发布。开展县域慢病管理中心建设水平评估指数研究，经德尔菲专家咨询和层次分析法专家打分，完成指数构建。

【完成2023年全国糖尿病防治优秀案例征集及评选工作】面向全国医疗卫生机构启动糖尿病防治优秀案例的征集活动。从全国25个省（自治区、直辖市）报送的205篇案例中，评选出优秀案例 57 篇。同时，评选出优秀组织奖 6 个。

【召开第六届全国糖尿病防治大会】2023 年 11 月 11—12 日，与中华医学会糖尿病学分会联合举办第六届全国糖尿病防治大会。此次大会的主题为糖尿病共病共管共治。国内外糖尿病防治知名专家、全国省市县三级疾控机构和各级医疗机构专业人员等 150 余人参加了本次大会。

【开展癌症综合干预与应用推广项目】在 14 个项目县和 13 个对照县开展肿瘤及危险因素现场调查，进行问卷调查、身体测量及幽门螺杆菌碳 13 吹气试验和 HP 粪便抗原检测。完成妇幼出生及出生缺陷系统平台一期建设。举办癌症防控专业人员培训班。

【开展生命早期干预的长期健康效应家庭队列项目】完成江苏省苏州市吴江区 1.2 万户寻访和河北省廊坊市香河县约 1 万人身份核对。开展结局匹配工作，启动浙江工作现场。

【开展工作场所防癌项目】完成湘潭、南充、乌海 15 家企业预调查、基线调查和第一次随访调查。启动第一批 5 家企业的现场健康促进干预工作。开发项目健康干预小程序和系列健康教育海报。

【开展全国防控重大慢病创新融合试点项目】确定项目专家组和 6 个专项小组名单。遴选并确定第一批 35 家入围单位、第二批 249 家申报试点单位和 11 个申报试点区域、42 家签约单位，落地 4 个健康区域。完成建设试点项目数据平台和服务平台。

【加强慢性病防控实验室能力建设】完成采购并配送到位心血管功能测试仪、肺功能仪等 6 件仪器设备。

【开展中国居民急性心脑血管事件发病监测工作】出版我国首部国家级全人群的急性心肌梗死、脑卒中等急性心脑血管事件发病水平的流行病学报告《中国居民急性心脑血管事件发病监测报告（2014—2020）》。完善心脑血管疾病监测技术体系，起草“全国心脑血管疾病生存质量监测工作计划及考核指标”。

【开展肌肉骨骼疾病防控工作】实施重大公共卫生项目“中国居民肌肉骨骼疾病调查”，覆盖 15 个省 60 个县区 30 240 人。制定方案等技术手册 6 本，培训业务骨干 260 人。完成 13 个省的现场指导。完成骨关节炎认知报告。

【开展中国老年人健康素养调查】自 2022 年起，每年完成覆盖 31 个省（自治区、直辖市）124 个县区 24 800 名老年人的调查。完成 2022 年数据分析及相关材料撰写，完成调查报告初稿。协助国家卫生健康委老龄健康司完成发布舆情风险评估。开展 2023 年调查。完善技术手册并培训项目地区骨干近 600 人。完成 31 个省（自治区、直辖市）首个启动调查县区的现场质控。

【开展老年人心理关爱行动】完成 2022 年老年人心理关爱项目报告，协助国家卫生健康委老龄健康司完成《老年人心理关爱项目典型经验汇编》。完成 2023 年 975 个老年心理关爱点申报。培训业务骨干 260 人，完成培训视频录制。设计发放科普工具包。

【开展老年期重点疾病预防干预】与北京大学第六医院共同制定老年痴呆防治促进行动（2023—2025）实施方案。结合实施方案，在慢病中心前期基础上深入推进老年期重点疾病预防干预。完成全国 150 名业务骨干培训，包括老年痴呆防治科普宣传、筛查与早期干预等。

【获得科威特国健康促进基金"谢赫·萨巴赫·艾哈迈德·贾比尔·萨巴赫殿下老年人卫生保健和健康促进研究奖"】2023 年 5 月 26 日，在第 76 届世界卫生大会上，世界卫生组织将科威特国健康促进基金"谢赫·萨巴赫·艾哈迈德·贾比尔·萨巴赫殿下老年人卫生保健和健康促进研究奖"授予中国疾控中心慢病中心，以表彰其在老年人健康保健方面做出的贡献。这是世界卫生组织首次将该奖授予我国的公共卫生机构。

【开展口腔健康工作】完成国家重大公共卫生项目"重点人群口腔健康状况监测"全国 267 个监测点近 20 万条数据的清理工作。完成全部数据统计分析工作并整理制作 100 余张数据表格，上报国家卫生健康委医疗应急司和国家项目办公室。完成 2023 年"健康口腔助成长"效果评估的基线调查和终末调查。承担中华口腔医学会儿童口腔健康教育项目评估工作，完成对北京市等 6 个评估省市学龄儿童、学龄前儿童的终末调查、数据录入、统计分析和评估报告撰写工作，并在全国口腔工作会议上进行报告。

【中国疾控中心主任沈洪兵赴湖北省调研慢性病防控工作】2023 年 11 月 20—21 日，国家疾控局副局长、中国疾控中心主任沈洪兵院士带队赴湖北省开展慢性病防控工作调研。沈洪兵肯定了湖北省慢性病防控工作取得的积极成效，希望继续着力慢病综合防控示范区创建质量提升，注重特色亮点提炼和推广应用，加强多源慢病数据"共享、共管、共用"及成果转化，鼓励与高校等科研院所合作，提高全人群健康大数据的分析研判和成果应用转化能力。中国疾控中心慢病中心主任吴静、中国疾控中心办公室副主任王哲，以及慢病中心有关同志陪同参加调研活动。

【开展伤害监测调查】继续在全国 300 家医疗卫生机构和 10 家儿童专科医疗卫生机构开展伤害监测，收集数据 165 万余条。继续与国家市场监督管理总局缺陷产品召回技术中心合作开展产品伤害监测。完成致死性儿童溺水监测试点工作数据收集分析。继续开展全国老年人跌倒流行病学调查。完成第七次卫生服务调查伤害相关内容制定和论证。

【开展伤害防控工作】继续与联合国儿童基金会合作，开展“西部儿童道路安全项目”。开展“中西部儿童溺水干预试点项目”和“农村地区老年跌倒预防项目”。举办全国伤害预防能力建设培训班，承办全国伤害预防控制工作会。组织开展省市间伤害防控交流与学习，开展伤害防控工作现场督导与调研。

【承担伤害预防控制标准专业委员会秘书处】国家疾控局成立伤害预防控制标准专业委员会，秘书处设于中国疾控中心慢病中心。完成《社区老年人跌倒预防与控制标准》送审稿。获批立项 2 项伤害相关标准。

【组建“滨海慢性病防控与健康创新研究院”】2023 年 6 月 16 日，与天津东疆综合保税区共同组建“滨海慢性病防控与健康创新研究院”。这是中国疾控中心系统内第一家与地方合作建设的新型研发机构。

【共建“中国疾控中心慢病中心西部培训基地”】2023 年 8 月 23 日，与内蒙古自治区鄂尔多斯市疾控中心共建的“中国疾控中心慢病中心西部培训基地”揭牌仪式在鄂尔多斯市康巴什区举行。这是慢病中心第一个与西部地区合作共建的培训基地。

【开展科研管理】组织科研项目申报，获资助国家自然科学基金 1 项、基础资源专项课题 1 项、科技部重点研发计划 2 项、首都卫生发展科研专项 2 项、中国疾控中心青年科学基金项目 1 项。完成伦理审查委员会和学术委员会换届工作。

【加强信息化建设与网络安全】完成“慢性病与伤害防控信息管理平台”等保三级的公安备案，对平台下设的 13 个子系统开展等保安全测评和整改工作。完成“全国防控重大慢病创新融合试点项目业务平台”等保三级备案工作。完成 2018 年慢性病及危险因素监测数据汇交工作。

【开展对外宣传】出版《中国老年人健康状况报告（2021）》《中国居民急性心脑血管

事件发病监测报告（2014—2020）》《全国伤害监测数据集2021》《中国女性健康状况报告》《托育机构婴幼儿伤害预防指导》《十万个健康为什么丛书——对疾病说不》《越主动　越健康——主动健康干预知识和技能》《知行合一——老年健康科普手册》《残疾预防与控制伤害》《远离烫烫小怪兽——儿童课堂幼儿园教学指导手册》。

【开展人事管理】新任命领导班子成员2人，总支书记1人、副主任1人。开展副科级职位选任2个。向上级单位输送处级干部1人。首次实施岗位聘任量化指标评审，完成2019年专业技术岗位聘任。

【开展安全风险隐患清零行动】组织开展慢病中心安全风险隐患清零行动，梳理《慢病中心风险隐患清单》，开展现场安全隐患检查，发现问题后立整立改。

【承办2023年中国慢性病防控大会】2023年10月21—22日，承办由国家卫生健康委医疗应急司指导，中华预防医学会、中国疾控中心、国家癌症中心、国家心血管病中心、国家呼吸医学中心联合主办的2023年中国慢性病防控大会。国家卫生健康委副主任、党组副书记雷海潮出席并讲话。教育部、国家疾控局、国家卫生健康委内相关司局负责同志，院士、专家学者和地市政府负责同志，以及医疗卫生机构、高等院校、科研院所和有关社会组织代表共1 500余人参加交流。此次大会以“新时代、新征程，奋力推进慢性病防控高质量发展”为主题。

【召开2023年全国疾控系统慢病科所长会议】2023年11月24日，在天津召开2023年全国疾控系统慢病科所长会议。天津市卫生健康委副主任、天津市疾病控制局局长、天津市疾控中心主任韩金艳，国家卫生健康委医疗应急司、中国疾控中心慢病处相关领导，相关机构领导专家，以及来自全国各省（自治区、直辖市）和计划单列市疾控中心慢性病工作分管领导、科（所）长等80余人参加会议。与会人员就“如何促进慢病防控体系高质发展”主题开展讨论。

【召开2023年慢性病与信息大会】2023年11月24日，与中国信息通信研究院云计算、大数据所等机构联合主办的2023年（第六届）中国慢性病与信息大会在天津市滨海新区举办。本次大会有来自全国31个省（自治区、直辖市）疾控中心慢病分管领导与科所长，全国慢性病综合防控示范区代表，各类慢性病与健康相关的科研机构、综合医院专家，以及健康行业的代表等，超过700人参会。

（吴静、刘芳、赵一凡）

营养与健康所

【工作概况】2023 年，营养所领导班子带领全所职工凝心聚力，在中国疾控中心统一领导下，认真贯彻落实《国民营养计划（2017—2030 年）》和《健康中国行动（2019—2030 年）》之合理膳食行动各项措施，开展政策研究和人群营养改善行动，组织营养与食品标准体系建设。按计划组织实施营养与健康监测、食物成分监测、全国碘缺乏病实验室外部质量控制考核、农村义务教育学生营养改善计划及脱贫地区儿童营养改善项目监测评估等工作任务。继续开展“膳食营养评估和干预技术研究”“肠道微生态影响炎性反应及血脂异常的机理研究”等项目的实施。同时，新获准课题 40 项，其中科技创新 2030—“农业生物育种”重大项目主持项目 1 项，国家重点研发计划课题承担 4 项、任务承担 2 项，国家自然科学基金项目主持 1 项、参与 2 项，部委委托和其他纵向课题 6 项，国际合作项目 6 项，中心青年科学基金 1 项，横向课题 17 项；新获准科研经费 6 500 余万元。科研产出包括发表科研论文 194 篇，其中包括中文文章 118 篇、英文文章 76 篇（SCI 文章 75 篇，平均影响因子为 6.01），另参与发表 SCI 文章 12 篇；主编、参编及编译的论著共 11 部；新获准专利 2 项，其中国内专利和国际专利各 1 项，申请专利 1 项；新获批软件著作权 7 项。

【完善营养政策标准体系建设】作为第八届国家卫生健康标准委员会营养标准专业委员会秘书处挂靠单位，组织完成了《妊娠期糖尿病患者膳食指导》等 5 项营养标准的复审及《老年人营养不良风险评估》等 8 项营养标准的会审。完成了《老年人营养不良风险评估》（WS/T 552—2017）、《老年膳食指导》（WS/T 556—2017）行业标准修订中的意见征求和条目修订。

【制定和修订营养健康标准、指南】制定《成人肥胖食养指南（2024 年版）》和《儿童青少年肥胖食养指南（2024 年版）》健康标准。牵头或主要参与修订《食品安全国家标准　食品中膳食纤维的测定》（GB 5009.88—2023）、《食品安全国家标准　食品中泛酸的测定》（GB 5009.210—2023）、《食品安全国家标准　食品中维生素 K2 的测定》（GB 5009.290—2023）。参与世界卫生组织 *WHO Guideline for complementary feeding of infants and young children 6–23 months of age* 的制定。

【开展营养与健康监测工作】组织国家工作组分别前往 15 个省（自治区、直辖市）监测点开展现场指导工作，并在西藏自治区拉萨市、林芝市、日喀则市江孜县驻点支援，建立适合当地的工作机制，完成高原地区居民营养与健康信息采集。完成199个监测点的调查工作，共调查22.8万人的基本信息和健康信息、8万人膳食调查、20万人医学体检及15万人的生物样本采集，各年龄组和生理特征人群样本量均达到总体方案要求。

【开展中国食物成分监测】印发《中国食物成分监测2023年度工作方案》，完成1 398条食物样品（包括加工食品、成品菜肴、应/反季蔬菜水果）的29种成分（包括宏量营养素、维生素、矿物质、植物化学物等）检测，共获得76 048条数据及25 589条相关食物信息。

【开展全国碘缺乏病实验室外部质量控制网络运行工作】制备考核盲样和标准物质1.7万套；组织全国31个省（自治区、直辖市）和新疆生产建设兵团省、地市、县三级共3 000多个实验室参加尿碘、盐碘和水碘检测考核工作；尿碘合格率分别是100%、99.4%和98.2%，盐碘合格率分别是100%、98.9%和96.7%，水碘合格率分别是100%、100%和99.7%。

【开展"农村义务教育学生营养改善计划"监测】更新、完善监测方案和信息采集平台，统一质量控制。组织千余个常规监测县和百余个重点监测县开展现场监测，包括问卷调查、体格测量和生物样本微量营养素检测等；安徽省六安市金寨县等7个深入监测县完成2 000余名中小学生视力和体成分测定。组织20个试点县开展"营养干预试点"，包括铁强化酱油捐赠、增加鸡蛋与牛奶摄入和推进农校对接。

【开展脱贫地区儿童营养改善项目监测评估】编制项目实施效果监测评估工作方案。组织21个省145个监测县完成4.5万名6～23月龄婴幼儿的问卷调查、体格测量、血红蛋白检测和数据录入分析工作，完成脱贫地区儿童营养改善项目实施效果监测评估年度报告。

【开展早期儿童营养包干预长期健康作用评估】聚焦脱贫地区6～24月龄婴幼儿，在2018年建立的早期儿童营养包干预远期效果队列的基础上，2023年，继续开展新一轮儿童营养健康状况监测评估工作，完成12个监测县3 600名目标儿童的体检、问卷调查及生物样本采集等现场调查工作，结果表明，营养包有助于持续改善婴幼儿的营养健康和发育状况。

【开展中国发展与营养健康影响队列调查】完善2022—2024年新一轮"中国发展与

营养健康影响队列”追访的访问程序和工作手册，完成调查设备和耗材的采购。10 个项目省的 216 个调查点共完成 11 900 人的追访调查，包括问卷调查、膳食调查、体格测量、生物样本采集、检测及监测结果的反馈。

【开展中国母婴营养与健康队列工作】重点开展队列内学龄前儿童和学龄儿童的随访工作。河北省衡水市武强县项目点完成 2 500 人次母婴随访调查，包括产后 18 ~ 36 月龄儿保随访、幼儿园在园儿童的问卷调查和体格测量，江苏省苏州市太仓市项目点完成 450 名学龄儿童的随访。

【建立食品安全与营养健康“1+8”合作机制】为协同推动“十四五”时期食品安全与营养健康工作高质量发展，在国家卫生健康委食品司推动下，营养所和国家食品安全风险评估中心，分别与中国海洋大学、大连工业大学签署食品安全与营养健康合作协议，全面开展务实、友好合作。

【开展国民营养健康专家委员会秘书处工作】作为国民营养健康专家委员会秘书处挂靠单位，筹备召开国民营养健康专家委员会第一次工作会议，审议确定了专家委员会章程，并为顾问和委员代表颁发聘书。创建了国民营养健康专家委员会管理平台系统，设计了国民营养健康专家委员会 Logo。完成 2019—2023 年 68 个营养健康指南（规范）文件项目的工作梳理，并组织专家完成 57 个项目的结题评审工作。

【开展全国卫生机构营养工作能力调查】为系统了解各省卫生健康委、各级疾控中心和基层卫生机构的营养工作能力，组织完成全国卫生机构营养工作能力调查平台建设，对 32 个省级卫生健康委、3 432 个疾控中心和 9 264 个基层医疗卫生机构开展营养工作能力调查，分析营养工作需求与制约因素。

【深入调研并推进国民营养计划试点】落实营养能力重点问题调研项目，撰写调研方案并赴云南省、浙江省等多地进行实地调研，了解推进成效和现存问题、营养工作能力提升的困难和重点问题、营养工作体系建设和高质量发展中存在的问题，以及基层卫生机构营养能力和营养健康场所建设的需求。以点带面，在青岛市、威海市、湖州市和德宏傣族景颇族自治州开展营养服务水平提升试点，加强营养健康乡村和营养健康场所创建等工作。

【推进营养指导员任务落实】推动《健康中国行动（2019—2030 年）》合理膳食行动，落实每万人配备 1 名营养指导员的指标相关任务。邀请 26 位专家举办 2 期营养指导员师资培训，培训了200余名基层卫生工作人员。培训内容包括膳食营养与配餐、营养调查与评估、人群营养健康常见问题等方面。

【开展中国居民营养健康知识知晓率调查】为动态、全面评价我国居民营养健康知识知晓情况，科学评估营养科普工作取得的成效，组织各省开展2022—2023年度中国18～64岁居民营养健康知识知晓率调查，完成全国31个省（自治区、直辖市）200个监测点85 525人的数据采集及报告撰写。启动2023—2024年度中国6～17岁学龄儿童营养健康知识知晓率调查，编制调查方案、调查工具、工作手册及数据录入库等技术资料，召开全国培训会，为各省调查提供技术指导，调查已在全国31个省（自治区、直辖市）的195个监测点进行。

【运用新媒体传播营养健康知识】受国家卫生健康委食品司委托，开办“国民营养健康”科普抖音号，运用中央电视台《生活圈》栏目、人民网、健康报、外卖平台等多渠道，开展访谈、直播、答题等活动，传播覆盖超8 000万人次。营养所官方微信号发布文章/视频130余篇，阅读总量达170万余次；创新推出《健康科普专家谈》《营养科研讲座》等栏目以及“油真油假”知识问答线上活动等，编制“食问快答”“二十四节气”“节约粮食”等多主题、多形式科普资料。

【开展营养科普宣传活动】举办第三届全国营养科普演讲大赛、2023年新时代食育作品征集活动，进一步扩充“全国营养科普专家团”和“国家营养讲师团”，建立“全国食育专家指导组”和“全国食育讲师团”，持续打造基层营养宣教队伍。启动“‘食’刻守护 ‘育’见未来——食育中国行活动（2023—2025年）”，在中国学生营养日、儿童节、暑假等重点节点，举办线上食育大讲堂，在线观看23万人次。

【推动营养健康场所建设】完成“营养健康场所建设支持平台”建设，由国家卫生健康委食品司发文，为全国营养健康场所建设提供技术指导。开发“营养健康食堂创建支持平台”系统，由国家卫生健康委、中共中央直属机关事务管理局、国家机关事务管理局和国务院国有资产监督管理委员会四部委联合发文推广使用，用于支持相关单位“反食品浪费，促营养健康”工作。

【开展国家重点研发计划“膳食营养评估与干预技术研究”项目】完成膳食数据精准采集系统、13种维生素的质谱MS/MS定量条件和14种矿物质的定量测定方法；提出老年人蛋白质平均需要量（estimated average requirement，EAR）、建立了维生素K营养状况亚临床缺乏界值；开展差异化地域膳食模式对健康状况影响的机制研究；完成饱腹感食品和低能量食品人群干预；构建 6 ～ 23 月龄婴幼儿不同辅食物性指标，完成示范应用。

【国家重点研发计划“肠道微生态影响炎性反应及血脂异常的机理研究”项目】完成河南省、湖南省、广西壮族自治区和贵州省 4 个省（自治区）的人群调查，包括膳食、生活方式及健康状况问卷调查，体格测量和生物样采集。建立了 18 ～ 65 岁成年人 1 200 人的脂代谢和肠道菌群数据库。采用靶向代谢组学技术，建立了主要针对氨基酸、有机酸、核苷代谢物等化合物的液相色谱串联质谱方法。

【国家重点研发计划“儿童肥胖代谢性疾病的膳食营养与运动干预研究及评价”课题】针对一般儿童和肥胖儿童，编制膳食指导方案和身体活动方案；组织杭州市、郑州市、重庆市、北京市 4 个项目点完成 5 000 名儿童的基线调查；利用微信小程序，在 4 地的 12 所幼儿园、小学和初中学校开展儿童肥胖综合干预。

【国家重点研发计划“特殊生命周期人群营养需求与代谢模式研究”课题】妊娠糖脂代谢紊乱孕妇膳食调查现场在内蒙古自治区赤峰市启动，对食物频率法膳食调查、称重法膳食调查、生物样本采集进行集中培训及现场指导。

【国家重点研发计划“全谷物食品对糖尿病及心脑血管病等慢病危害参数影响及健康效应评价”课题】建立全谷物特定功效成分体外抗氧化性评价模型；构建叶酸、玉米黄质等功效成分生物利用度的动物评价模型；通过不同摄入量的全谷物对小鼠的健康效应，研究不同添加量全谷物与机体健康的影响；通过对肥胖人群实施不同摄入量的全谷物干预，观察全谷物食品对慢病危害参数影响及健康效应。

【科技基础资源调查专项“中国孕产妇营养与健康科学调查”课题】完成陕西省、新疆维吾尔自治区调查点孕产妇营养与健康的现场调查约 12 000 人次。

【农业生物育种重大项目“食用饲用安全评价技术创新与应用支撑体系建设”】获准立项，项目目标是围绕 RNAi（RNA interference，RNA 干扰）、基因编辑、转基因等新型生物育种技术产品评价过程中的关键问题，突破关键技术瓶颈，构建相应的食用饲用安全评价技术和标准体系，重点评估生物育种的重大产品，搭建营养、毒理、致敏等安全评价共享平台。

【国家自然科学基金面上项目“基于丝氨酸从头合成途径探索小鼠体内硒处于超营养状态时糖代谢紊乱的新机制研究”】在复建高硒（0.4 mg Se/kg）致 C57BL/6J 小鼠胰

岛素抵抗动物模型的基础上，增加3个高硒剂量的饲料（0.8 mg Se/kg，1.6 mg Se/kg，3.2 mg Se/kg），研究不同硒摄入量的小鼠体内出现胰岛素抵抗的可持续性。

【国家自然科学基金面上项目“绝经后骨质疏松用成骨细胞靶向仿生纳米粒的构建及机制研究”】采用不同合成方法，获得连接不同基团的骨靶向配体，在体内和体外开展对骨靶向性的验证。构建成骨细胞靶向仿生纳米粒，探究抗骨质疏松方法与机制。

【国家自然科学基金青年基金项目“身体活动在老年人肌肉衰减综合征发生中的作用及干预研究”】完成巢式病例–对照研究的现场追访调查，采集3 014名60岁及以上老年人的基本信息、膳食调查、体格测量、体成分、握力和步速数据。

【北京市自然科学基金面上项目“苦荞低聚肽降低运动后氧化应激和炎症反应对骨骼肌慢肌纤维的保护作用及机制研究”】建立了SOL8氧化应激模型及急性运动炎症损伤小鼠模型，评价了苦荞低聚肽对SOL8肌肉母细胞及小鼠骨骼肌（比目鱼肌、腓肠肌、胫骨前肌等）氧化应激和炎症反应的缓解功效，开展了炎症因子和应激水平分析。

【“维生素D营养强化学生奶效果观察及标准建设”项目】制定营养干预工作实施方案，招募农村寄宿学校学生进行干预前基线调查，包括问卷调查、膳食调查、身高体重测量、体能测试、骨密度检测、生物样本采集及检测，结合维生素D营养状况结果，实施维生素D强化奶干预研究。

【启动中小学生肥胖防控示范行动——“营养校园”二期项目】由联合国儿童基金会支持，启动中小学生肥胖防控示范行动——“营养校园”二期项目。在全国7个市/区的中小学校推进“创建健康环境、提升供餐质量、普及营养教育、促进身体活动、加强营养监测”，探讨以学校为基础，辐射家庭和社会的儿童肥胖综合防控模式，促进学生健康成长。

【召开学校供餐与学生健康国际研讨会】召开学校供餐与学生健康国际研讨会，邀请教育部、国家卫生健康委、国家疾控局领导，世界粮食计划署、联合国儿童基金会、英国、马来西亚和印度的国际专家，国内教育、卫生、科研、社会组织和企业代表180余人参加会议。交流平衡膳食、肥胖防控、近视心理先进经验和具体实践，推动我国中小学合理供餐，创建良好的食物环境，促进儿童青少年健康成长。

【持续增加科研项目】新获准课题40项，其中科技创新2030—农业生物育种重大项目主持项目 1 项，国家重点研发计划课题承担 4 项、任务承担 2 项，国家自然科学基金项目主持 1 项、参与 2 项，部委委托和其他纵向课题 6 项，国际合作项目 6 项，中心青年科学基金 1 项，横向课题 17 项；新获准科研经费 6 500 余万元。

【科研论文及相关成果产出】科研产出包括发表科研论文 194 篇，其中中文文章 118 篇、英文文章 76 篇（SCI 文章 75 篇，平均影响因子为 6.01），另参与发表 SCI 文章 12 篇；主编、参编及编译的论著共 11 部；新获准专利 2 项，其中国内专利和国际专利各 1 项，申请专利 1 项；新获批软件著作权 7 项。

【获奖情况】以第一完成单位获得中华预防医学会科学技术奖一等奖、三等奖各 1 项，长城食品安全科学技术奖一等奖 1 项。

【人才培养】2023 年，录取各类研究生 42 人（其中博士研究生 11 人），在读研究生 119 人（其中博士研究生 35 人）。22 名硕士研究生通过论文答辩并取得硕士学位；6 名博士研究生通过论文答辩并取得博士学位。

【国家卫生健康委微量元素与营养重点实验室秘书处工作】完成 2022 年资助的开放课题结题及优秀课题评选工作，组织 2023 年开放课题招标、评审、公布和拨款工作。制定《国家卫生健康委微量元素与营养重点实验室开放课题管理办法》。

【开展全国公共卫生与预防医学 – 营养学科名词编写工作】继续推进营养学科科技名词工作，完成约 1 600 个名词中英文正称、中英文异名（全称、曾称、又称）的核查工作，形成“全国公共卫生与预防医学——营养学名词”定名公开征求意见稿并发布在全国科学技术名词审定委员会官网上，通过营养学科审定委员会专家审核。

【建设生物样本库】完成 2022 年中国居民营养与健康状况监测项目 35 万份生物样本入库工作，梳理 2010—2012 年、2015 年度中国居民营养监测 150 万份样本入库；规范生物样本的出入库管理流程，购置样本定时定位识别系统，加强样本库全流程及信息化管理。

【加强科研条件保障和服务】修订营养所采购管理工作及国有资产管理办法，完善采购验收流程。构建营养与健康监测技术平台，完成 3 台大型科研仪器设备购置，提高实验室检测能力。

【开展 CMA 换证文审复评审工作】通过国家认证认可监督管理委员会及卫生行业评审组检验检测机构资质认定换证文审复评审，保持营养所获得的 CMA（China inspection body and laboratory mandatory approval，检验检测机构资质认定）资质。

【加强实验室能力建设】组织全国 59 家省、市疾控中心参加疾控系统营养成分（钠、钾、钙、磷、铁、锌、乳糖、蔗糖）专项质控考核。组织实验室参加 16 次 79 项检验指标的 CNAS 能力验证考核工作，满足 CNAS 能力验证频次要求。组织完成全自动生化分析仪、紫外分光光度计、生物安全柜等与资质认定和实验室认可相关仪器设备共 191 台 / 套的量值溯源工作。

【加强实验室队伍建设】组织营养所“第十七届实验室安全周”及“践行党的二十大精神，将实验室安全落到实处”知识竞赛活动。组织“实验室危险化学品安全管理”专项培训及实验动物从业人员、实验室监督检查员等特殊岗位人员培训，共计 180 余人次，提高了实验室人员的技术能力和水平。

【开展实验室安全管理工作】坚持落实实验室“一日两查”制度；坚持节假日对实验室进行安全检查；通过实验室管理微信群不时发送实验室安全相关信息及安全事故警示案例；每周进行实验室安全巡查、每月组织实验室安全检查、每季度迎接中心实验室安全检查；不定期迎接上级部门的检查；定期组织实验室现场检查及安全隐患排查。及时汇总检查中发现的问题，将整改要求下发各问题处室，要求立查立改，督促指导整改落实，加强监督检查。为实验室转移处置医疗废弃物 1 321 千克，危险废物（包括易制毒、易制爆废试剂）603.54 千克。

【加强财务管理】进一步加强内控管理、加大财会监督力度，制修订相关制度，着力补齐工作短板，坚决堵塞管理漏洞。通过建“一张网”、出“组合拳”、管“一本账”，充分体现了既严格预算编制管理，又强化财经纪律约束，对单位经济活动进行全生命周期动态监控。

【开展学习贯彻习近平新时代中国特色社会主义思想主题教育】成立主题教育领导小组，制定主题教育理论学习方案及学习研讨安排计划表。组织营养所领导班子成员、党委委员开展读书班和学习研讨；营养所党委、纪委、团总支联合举办以学习习近平新时代中国特色社会主义思想为主题的“共读一本书”青年读书分享会；召开主题教育读书班学习交流分享会、“学思想，建新功”主题党日活动、主题教育调研成果交流会。按照国家疾控局直属机关党委关于对第一批主题教育单位整改落实情况“回头看”的要求，深入推进

"回头看"，狠抓整改落实工作，上报"回头看"情况报告。

【参加国家疾控局直属机关工会首届运动会】营养所34名职工获得国家疾控局直属机关工会首届运动会广播体操一等奖、接续传球项目一等奖、风驰"垫"掣项目一等奖、"绳"采飞扬一等奖，最终以团体总分第一名获得本届运动会的冠军。

【开展工会换届选举工作】通过选举职工代表，自上而下推选工会委员会、经费审查委员会、女职工委员会候选人预备人选，召开第二届工会委员会第一次会员代表大会，选举产生了第三届工会领导班子。

【全面加强营养所干部队伍建设】按照《党政领导干部选拔任用工作条例》有关规定及程序，中国疾控中心党委任命提拔营养所党委书记以及3位副所长职务，进一步配齐配强营养所领导班子。营养所党委高度重视中层干部选拔任用工作，坚持好干部标准，严格执行干部选任有关规定，先后开展2批中层干部选拔任用工作，共任命提拔中层正职8人、中层副职12人，注重培养选拔优秀年轻干部，有效补充了营养所中层干部队伍。

【抓好廉政文化建设，做好警示教育工作】营养所纪委持续强化反腐倡廉警示教育工作和廉政文化建设，不断提高干部职工的廉政意识。在节日和重要时间节点，做好廉政提醒工作，坚持"每日一条、每周一课"制度，引导干部强理念、知敬畏、守底线，增强法纪意识，做到防微杜渐。组织开展警示教育月系列活动，包括召开警示教育会议，组织答题测试，举办青年职工读书分享会、各支部组织主题党日活动等；对全所党员、中层干部正面加强引导，向青年干部传递积极正面的消息，为青年骨干人员购买学习书籍，全面提高党员干部的思想认识。营养所纪委高度重视案件的后半篇文章，坚持以问题为导向，推动查缺补漏，促进整治整改，以案释纪、以案促改，在营养所全员保密教育培训暨警示教育大会上，通报近期违纪违法典型案例，要求全体干部职工以案为鉴，严于律己，严格执行各项规章制度。

【深入开展医药领域腐败问题集中整治工作】按照国家疾控局党组和中国疾控中心党委的指示及要求，深入开展医药领域腐败问题集中整治工作，认真落实相关重点工作，成立集中整治领导小组和办公室，制定营养所《医药领域腐败问题集中整治工作实施细则》，针对全所关键部门、关键岗位、关键个人开展自查自纠和谈心谈话，全面梳理规章制度与流程，进一步完善制度建设，建立长效工作机制，加强全体干部职工党风廉政和反腐败教育工作，强化日常监督，树立风清气正的廉洁从业风尚。

【积极做好离退休职工服务与管理工作】认真贯彻执行上级部门有关离退休工作的方针政策，落实好离退休职工的政治待遇和生活待遇。积极引导离退休党员、干部和职工将思想、行动统一到党的二十大精神上来，统一到党中央决策部署上来，为营养健康事业的发展继续献计献策。加强离退休职工的思想政治建设，开展学习贯彻习近平新时代中国特色社会主义思想主题教育相关工作。积极做好离退休职工服务与管理工作。

【《卫生研究》】《卫生研究》再次入选《中国科学引文数据库》（Chinese Science Citation Database，CSCD，核心库）、《中国科技核心期刊》（中国科技论文统计源期刊）、《中国学术期刊影响因子年报》统计源期刊和《科技期刊世界影响力指数（WJCI）报告（2023）》。再次入编《中文核心期刊要目总览（2023 年版）》。

（刘宇赫、黄聪慧、贺梦璐、李天童）

环境与健康相关产品安全所

【工作概况】2023 年是贯彻落实党的二十大精神的开局之年，是实施“十四五”规划承上启下的关键一年。在国家疾控局和中国疾控中心的领导下，环境所全体干部职工共同努力，坚持稳中求进工作总基调，围绕上级部门的整体工作部署，全面加强党的建设，继续组织实施《环境所发展规划（2021—2025 年）》，充分发挥环境卫生和消毒技术支撑作用，做好新阶段疫情防控工作，重点工作任务、重大科研项目稳步推进，环境健康监测体系、风险评估技术体系、标准体系、环境卫生和消毒工作体系进一步完善，人才队伍建设和重点学科发展取得新的成绩，较好地完成了《环境所发展规划（2021—2025 年）》确定的各项目标任务。

2023 年，按照中国疾控中心的总体工作部署，在积极应对自然灾害突发环境卫生事件的同时，根据国家“十四五”发展规划和国家疾控改革需求，进一步修订完善《环境所发展规划（2021—2025 年）》并做好组织实施。空气污染对人群健康影响监测和防护项目组织 167 个监测点 112 家 PM2.5 成分分析实验室，开展多环芳烃、金属、类金属和水溶性离子分析等实验室间比对；国家人体生物监测项目三期完成广西壮族自治区等 13 个省（自治区、直辖市）82 个监测点的现场调查，撰写技术报告；公共场所健康危害因素监测项目完成湖南省和厦门市公共场所典型危害因素调查及健康风险评估现场调查工作；城市饮用水水质监测项目和消毒监测与评价项目完成现场调查、技术报告编制、数据分析等工作；医院消毒与感染控制监测项目完成 2007—2022 年医疗机构 15 年监测数据梳理；城市污水新冠病毒监测项目开展污水新冠病毒监测，通过数据分析，判断并获得 3 轮疫情波动趋势和主要流行株变异信息；饮用水中新污染物调查与监测、耐药细菌与耐药基因调查、典型地区农用地土壤质量健康影响专项调查、城乡室内环境健康危害因素调查、不吸烟女性肺癌危险因素调查、环境健康风险评估、环境健康综合监测、中国老年健康标志物队列研究、气候变化人群健康风险评估与适应、空气污染对人群健康影响（SCOPA-China）跟踪调查、环境危险因素健康风险预警等重点工作进展顺利；立项 9 项环境健康标准、5 项消毒标准，22 项环境健康标准进入申报和发布程序，组织修订《公共场所卫生管理条例》《公共场所集中空调通风系统卫生规范》等 17 项环境健康标准；开展疾控机构环境卫生和消毒工作能力调查工作、环境健康专题调研工作；编制《环境卫生工作规范》《全国疾病预防控制机构消毒工作规范》《消毒管理办法》《环境健康和消毒业务发展规划研究》等初稿；环境健康宣传和健康促进工作持续深入，组织世界水日、世界环境日、全球洗手日等环境健康宣教系列活动；积极拓展科研项目申报渠道，

2023年，获批省部级和国家级纵向科研项目（课题 / 子课题）13项（包括国家重点研发计划课题、国家自然科学基金项目、北京市自然科学基金项目等），国际合作项目新立项6项；全所职工以第一作者和 / 或通信作者发表学术论文162篇，其中在《柳叶刀》子刊 *The Lancet Healthy Longevity*、*Nature Communications* 等高水平期刊上发表英文论文75篇［中国科学院JCR（Journal Citation Report，期刊引证报告）一区论文37篇］；环境与人群健康重点实验室正式开放运行，代谢组学与脂质组学研究平台基本建成，动物实验平台建设初具成效，环境所大型仪器开放共享平台投入使用；环境与健康研究基地均通过验收；开展学术交流，举办所内管理培训20次，举办全国性技术培训31期，出国交流8批次8人次，参加线上会议4批次6人次；完成37项所内规章制度的修订工作并印发。

【科学应对疫情和环境健康突发事件】根据国家疾控局和中国疾控中心统一部署，调派专家13人次赴重庆市、北京市、天津市、吉林省、黑龙江省、河北省、河南省、甘肃省、青海省等地开展自然灾害卫生防疫工作。调派18名队员参与中心洪涝灾害卫生应急三级响应框架，组织40名全国疾控系统环境卫生与消毒应急专家参与备勤。派遣专家参与国家疾控局监测预警专班污水监测组、疫情防控组，参与中国疾控中心新冠病毒感染疫情监测预警专班城市污水监测工作。受国家疾控局委托，编制《大型活动疫情防控消毒技术指南》，完成现场调研和专家论证。牵头编制《洪涝灾区环境卫生处置与预防性消毒指引（2023版）》，牵头制定《关于当前新冠病毒感染者居家期间生活垃圾收集处理的指引》，参与编制《预防新型冠状病毒感染公众佩戴口罩指引》，组织撰写《氯乙烯等有毒化学品泄漏风险分析报告》《台风“杜苏芮”次生灾害风险研判报告》，参与编写《成都大运会新发突发传染病和突发公共卫生事件风险评估报告》。完成《洪涝灾害环境卫生与消毒技术方案》修订，参与编制《猴痘防控方案》，组织编制《洪涝灾害饮用水卫生和环境卫生技术方案》《洪涝灾害预防性消毒技术方案》《洪涝灾害安置点卫生学建议技术方案》《洪涝灾害专业人员安全及个人防护技术方案》4项技术方案。

派出30人次开展重要场所室内环境、生活饮用水和净水卫生保障3次，开展办公场所卫生保障3次；派出2人参加重要场所夏季专项卫生保障；派出3人参加第三届中国国际消费品博览会、杭州亚运会、成都大运会卫生保障；派出4人执行境外访问活动卫生保障任务26次。举办全国省级疾控系统洪涝灾害环境卫生应急培训、突发环境卫生事件应急处置技术培训，派出5名师资参加中心举办的先遣队救灾防病技术培训和洪涝灾后饮用水与环境卫生技术培训，举行特大暴雨洪涝环境卫生应急演练，40余人参加演练。

【《环境所发展规划（2021—2025年）》修订完善】根据国家“十四五”发展规划和国家疾控改革需求，进一步修订完善《环境所发展规划（2021—2025年）》（简称《发展规划》）并做好组织实施。利用当前改革机遇和疾控事业良好的发展态势，持续推进环境与健康重点工作，加强人才队伍建设，提升科技创新能力，激发机构运行活力，推动落实规划各项目标任务和工作指标。为全面检查《发展规划》实施情况，做好规划目标和指标完成情况的协调、督促、考核，2023 年末，组织开展规划中期评估工作，成立规划评估领导小组和工作组，全面评估《发展规划》实施情况，编写《发展规划中期评估报告》，总结经验，分析规划实施中存在的问题和原因，提出意见和建议，进一步推进规划实施，发挥规划引领作用，努力将环境所建成机构职能完善、部门设置科学、人才结构合理的国家级环境健康专业机构和业务指导中心，更好地发挥全国引领作用，提升环境健康整体业务水平。

【空气污染对人群健康影响监测和防护项目工作稳步推进】项目组在北京市、湖南省、广东省、四川省开展 PM2.5 全氟化合物试点监测，举办 4 次全国监测技术培训，赴天津市、辽宁省、山东省、内蒙古自治区、河南省、浙江省和陕西省 7 个省（自治区、直辖市）监测点开展现场调研和技术指导。组织 167 个监测点 112 家 PM2.5 成分分析实验室，开展多环芳烃、金属、类金属和水溶性离子分析等实验室间比对，举办全国“PM2.5 成分分析实验室质控技术培训”，强化实验室质控要点，帮助地方解决实际问题。编制《空气污染对人群健康影响监测项目十年阶段性分析报告》和工作总结。

【全国城市生活饮用水卫生监测项目稳步推进】该项目覆盖 31 个省（自治区、直辖市）的 333 个地级以上城市 2 886 个县（区、市）和新疆生产建设兵团 9 个师 47 个团场，完成 267 万余条监测数据汇总分析，编制《全国城市饮用水卫生监测工作技术报告（2022 年）》《城市饮用水水质基线试点调查报告》。开展全国疾控机构生活饮用水水质检测能力调查，编制全国疾控机构《生活饮用水水质检测能力调查报告（2022 年）》《生活饮用水水质新增指标检测能力调查报告》。

【全国公共场所健康危害因素监测项目工作有序开展】该项目覆盖全国 31 个省（自治区、直辖市）的 128 个监测城市，完成 6 400 家场所监测任务，收集场所基本情况调查问卷 6 400 份，健康危害因素监测 525 100 项次，收集从业人员健康状况调查问卷 71 560 份，基本掌握了我国公共场所卫生状况的底数。举办全国技术培训，完成湖南省和厦门市公共场所典型危害因素调查及健康风险评估现场调查工作。

【国家人体生物监测项目完成三期现场调查工作】完成 31 个省（自治区、直辖市）152 个监测点婴幼儿监测现场工作，在 456 个调查单元完成 3 653 人问卷调查和健康体检，采集生物样本 48 488 人份，完成核酸样本提取纯化 51 027 份，完成血尿样本检测 66 743 份。项目三期完成广西壮族自治区等 13 个省 82 个监测点的现场调查，在昆明市举办全国技术培训，赴北京市、江苏省、广西壮族自治区、山西省、辽宁省、广东省、新疆维吾尔自治区、湖南省 8 个省（自治区、直辖市）协助开展培训、现场调查和技术指导。国家人体生物监测网络实验室开发建立了尿中避蚊胺、多氯联苯、砷不同价态等检测方法，增加 VOCs、双酚 A 类化学物的检测种类，可检测环境化学物扩展至 260 种，对人体生物样本开展痕量和超痕量检测的传统污染物和新污染物种类突破 200 种，超额完成计划任务，在生物监测领域达到国际先进水平。编写《我国居民体内邻苯二甲酸酯代谢物暴露水平分析》《我国人群体内重（类）金属暴露水平研究》和我国居民体内全氟化合物、多环芳烃、苯系物暴露水平分析等技术报告。《人体生物监测技术规范》立项为国家标准，《人体生物监测质量保证规范》进入发布阶段。第三轮 3 ～ 79 岁人体生物监测工作启动，进一步实现了中国人群 0 ～ 79 岁全生命周期的项目监测愿景。

【消毒监测与评价项目工作稳步推进】该项目于 2022 年启动，2023 年，在全国 31 个省（自治区、直辖市）和新疆生产建设兵团 160 个市开展工作，完成 5 279 家场所调查，对 286 917 份样本进行分析，开展 841 次现场消毒效果评价。完成 58 万余条监测数据汇总分析，编制《2022 年度消毒监测与评价工作技术报告》。举办 2 次全国技术培训班（培训 1 300 余人）、5 次专题研讨会，赴陕西省、山东省、北京市等 10 个省市开展消毒监测与评价工作现场调研，了解项目开展情况、存在问题以及各地消毒工作部门、消毒专业技术人员和实验室建设情况；完成 2024 年监测方案和工作手册修订，制订未来五年工作计划。

【全国医院消毒与感染控制监测项目工作有序开展】该项目覆盖 31 个省（自治区、直辖市），监测 104 家哨点医院，完成 2007—2022 年医疗机构 15 年监测数据梳理，撰写总结报告。

【城市污水新冠病毒监测项目工作有序开展】在 31 个省（自治区、直辖市）和新疆生产建设兵团 122 个城市设立 642 个监测点，开展系统、连续、规范的污水新冠病毒监测，累计获取 5 万余条数据，通过数据分析，判断并获得 3 轮疫情波动趋势和主要流行株变异信息。编制《城市污水新冠病毒监测工作方案》《全国新冠病毒感染疫情监测预警工作方案》和《实施手册》，举办 4 次全国技术培训。选择北京市、南京市、厦门市、重庆市、合肥市、淄博市、深圳市、广州市为试点城市，在覆盖主城区人口的所有污水处理厂，开展污水中新冠病毒、流感病毒、细菌、耐药基因和解热镇痛类、抗生素类化学品动态监测，评估新冠、流感等传染性疾病的阶段性流行强度和变化趋势。建立改良聚乙二醇沉淀法富集浓缩污水和 RT-qPCR 定量检测新冠病毒传染性病原体检测方法，建立环境水体和饮用水中低赋存水平致病菌的前处理方法。

【入境航空器污水新冠病毒和猴痘病毒监测工作有序开展】对我国主要航空口岸入境航班污水开展新冠病毒监测和基因测序，参与污水猴痘疫情防控二级响应，重点跟踪关注变异株输入情况，为疫情研判和防控提供数据支撑。编制《入境航班污水新冠病毒监测工作方案》《入境航班污水猴痘病毒监测工作方案》，在 31 个省（自治区、直辖市）40 个城市对 3 500 余趟覆盖 50 个国家和地区的入境航班污水进行新冠病毒和猴痘病毒监测，获得新冠数据 8 800 余条、猴痘数据 1 800 余条，掌握了变异病毒输入情况。在 8 个试点城市，除监测新冠病毒与猴痘病毒外，同时开展流感病毒、诺如病毒、肠道病毒和致病菌等病原体监测，以及传染性疾病相关药物、耐药基因等公共卫生风险因素监测。传染性疾病多渠道监测技术和方法的储备为在全国普及公共卫生风险监测奠定了一定基础。

【环境健康综合监测工作有序开展】监测点位覆盖东西部地区 14 个省 49 个市 240 个区县，2023 年，扩增包头市、呼和浩特市、广州市、珠海市、佛山市、淄博市、济南市等 18 个点位。编制环境健康综合监测工作手册和技术手册，推动项目规范化管理及数据共享，形成标准化管理体系，为环境健康风险监测—评估—预警工作业务化奠定基础。整合数据资源，形成环境健康综合数据库，2023 年，上报环境、健康、人口等 20 余类超亿条数据，完成 2020—2021 年数据质量核查和技术报告编写。创建综合监测及风险评估系列精品课程，组建讲师团队，组织 2 期全国技术培训，培训近千人次。

【环境健康风险评估工作稳步推进】完成第一批环境健康风险评估试点考核，济南市、青岛市、合肥市被评为优秀试点。赴青岛市疾控中心和青岛大学公共卫生学院开展调研，编制《环境健康风险评估试点工作进展报告》，启动第二批试点遴选与建设工作。进一步完善环境健康风险评估、预警技术体系和标准指南体系，编制《热浪人群健康风险评估技术指南》《空气质量健康指数（AQHI）技术规定》，推动空气质量健康指数（air quality health index，AQHI）和热浪、寒潮健康风险预警公众健康服务的试点应用，促进研发成果向公众卫生健康服务转化。

【典型地区农用地土壤质量健康影响专项调查工作有序开展】完成 4 个技术分报告和 1 个总技术报告的数据分析、报告撰写工作，组织召开专家研讨会，根据专家意见对技术报告进行修改完善。基于项目数据，完成 3 篇学术论文初稿。

【饮用水中新污染物调查与监测项目工作有序推进】完成重点流域典型城市饮用水中卤代苯醌类、农药类污染物风险监测和水厂信息调查，汇总、整理和分析丰水期和枯水期监测数据 5 万余条。推进饮用水新污染物监测项目重点实验室建设，建立实验室间方法验证结果比对与沟通机制，汇总方法验证结果，优化技术参数，有序开展检验方法验证工作。

【耐药细菌与耐药基因调查项目有序开展】在北京市、天津市、石家庄市、南京市、广州市，开展室外空气中细菌群落、耐药细菌和耐药基因的组成特征和分布差异研究，完成文献检索，组织人员培训和技术督导，在北京市、天津市、石家庄市，开展样品采集、空气细菌分离及保藏工作，推进南京市和广州市点位设备布置、技术培训等工作。

【城乡室内环境健康危害因素调查工作稳步推进】调查点位扩展至哈尔滨市、佳木斯市、石家庄市、太原市、西安市、上海市、重庆市、深圳市、厦门市等15个地市，完成1 000份儿童和老年人健康调查问卷、800户室内环境因素监测和采样分析、采集800余份儿童生物样本和居室内积尘，在太原市、西安市、十堰市、上海市、重庆市5个新增点位举办技术培训，推进各点位现场工作。

【气候变化人群健康风险评估与适应项目有序推进】2023年，扩增项目点位，纳入27家单位开展气候与健康数据收集、极端天气事件人群健康风险评估和公民气候变化健康素养调查，完成项目实施方案编制论证、调查表设计和电子化、实施方案培训等工作。收集2020—2022年度死因数据27万条，医院诊疗数据2 324万条，搭建全球气候变化本地存储数据集，包含全球逐小时温度、气压、降水、风速、NDVI等网格数据4.1 TB，全球和中国气象站点数据22 GB。为了普及和提高气候变化与健康相关知识、理念、技能和行动，受国家疾控局委托，借鉴国内外气候变化健康适应工作经验，结合我国典型地区社区居民气候变化健康素养初步调查结果，组织专业力量，支撑制定《公众应对气候变化健康素养及释义》，该文件是我国第一个公众应对气候变化行为规范的专门文件，包括基本知识和理念、基本技能、健康生活方式与行为3个方面20个条目，注重系统性和可持续性，坚持以需求和行动为导向，兼顾科学性和通俗性，为全面推进气候变化健康适应行动奠定了良好的基础。

【不吸烟女性肺癌危险因素调查工作进展顺利】在全国5个典型城市开展调查，2023年，收集病例和对照资料约600例、血样569份、痰样426份，进行样本分析和上呼吸道、肠道微生物检测。基于调查问卷，结合分子生物学和微生物组学技术，探索非吸烟女性肺癌早期标志物，构建非吸烟女性肺癌预测模型，开展室内氡暴露和DNA–PAHs加合物暴露评估。

【中国老年健康标志物队列研究工作稳步推进】在10个长寿点开展摸底调查，完成9 812例生化指标、800例甲基化、3 300例肠道菌群、4 460例全氟化合物、5 885例重/类金属、5 751例尿样检测。召开现场调查工作总结会，编写项目科研报告3份、中期报告和结题报告各1份。

【空气污染对人群健康影响（SCOPA-China）跟踪调查工作有序开展】 优化管理流程，完成调查方案修改和伦理审查工作，组织调查点位技术培训，强化各环节数据核查。在河北省 3 个点位、山东省 2 个点位、深圳市南山区和济南市历下区对 1 400 余人开展现场随访调查，启动后续现场调查点位筹备工作，与四川省疾控中心签订现场调查协议。

【环境危险因素健康风险预警项目工作稳步推进】 进一步提升预警技术，新增 8 个预警点位，连续 4 年在全国近 30 个城市实施预警发布，梳理 5 年预警工作经验，编制《环境危险因素健康风险预测预警工作实施方案》。空气质量健康指数预测预警试点城市 27 个，覆盖 1.8 亿人，完成试点考核工作，协助四川省绵阳市和山东省开展试点发布平台建设；低温寒潮健康风险预测预警在前期济南市和青岛市试点的基础上，启动广东省、石家庄市、保定市、廊坊市试点发布工作，制定健康风险预警统一发布要求，编写《低温寒潮公众健康防护指南》，与中国心血管健康联盟联合发布急性冠脉综合征冷健康风险预报预警；优化完善高温热浪健康预测预警模型并率先应用于济南市、深圳市、青岛市等地，联合地方疾控开展试点本地化应用和预警效果评价，该预警模型应用于中国胸痛中心 3 000 余家网络医院，促进医防协同融合，编制的《高温热浪公众健康防护指南》被国家疾控局采纳，于 2023 年 6 月发布，在夏季高温热浪来临前，指导公众科学、有效地防护高温引起的不良健康影响。

【环境卫生和消毒标准制修订】 2023 年，立项 8 项环境健康标准、5 项消毒标准，22 项环境健康标准进入申报和发布程序。组织修订公共场所相关法律法规、标准，包括 1 项行政法规（《公共场所卫生管理条例》）和 9 项环境健康标准 [《公共场所集中空调通风系统卫生规范》《公共场所集中空调通风系统卫生学评价规范》《公共场所集中空调通风系统清洗消毒规范》和《公共场所卫生检验方法　第 1 ~ 6 部分》（6 项）]，完成国家疾控局委托任务《疫源地消毒总则》（GB 19193—2015）（名称修改为《传染病消毒总则》）修订、报批和评审工作。完成《消毒产品检测方法》等 4 项消毒标准发布前核对、5 项消毒标准复审工作，参与修订《医院医用织物洗涤消毒技术规范》（WS/T 508—2016），启动《紫外线消毒灯卫生要求及强度检测方法》《长效消毒剂消毒效果评价方法》制定工作。2023 年 12 月 15 日，国家疾控局《关于发布 < 疾病预防控制机构实验室仪器设备配置和管理 > 等 18 项疾病预防控制行业标准的通告》（国疾控通〔2023〕1 号）正式发布 5 项环境健康疾病预防控制行业标准，包括 4 项推荐性疾控行业标准，即《环境健康名词术语》（WS/T 10003—2023）、《公共场所集中空调通风系统卫生学评价规范》（WS/T 10004—2023，代替 WS/T 395—2012）、《公共场所集中空调通风系统清洗消毒规范》（WS/T 10005—2023，代替 WS/T 396—2012）、《环境化学污染物参考剂量推导技术指南》（WS/T 10006—2023），以及 1 项强制性疾控行业标准《公共场所集中空调通风系统卫生规范》（WS 10013—2023，代替 WS 394—2012）。上述 5 项标准自 2024 年 5 月 1 日起正式实施。召开第一届消毒标准专业委员会第一次全体委员会议和第一届环境健康标准专业委员会第一次全体委员会议。

【环境卫生和消毒标准宣贯培训和评估工作有序推进】《生活饮用水标准检验方法》（GB/T 5750—2023）系列标准（13 项）于 2023 年 3 月 17 日经国家市场监督管理总局和国家标准化管理委员会批准发布，于 2023 年 10 月 1 日实施。《室内空气质量标准》（GB/T 18883—2022）、《生活饮用水卫生标准》（GB 5749—2022）分别于 2023 年 2 月 1 日、4 月 1 日实施。为推进标准实施，编写出版《生活饮用水卫生标准研究》《生活饮用水卫生标准应用指南》《生活饮用水标准检验方法释义》《生活饮用水标准检验方法与应用》和《消毒标准及解读》5 部专著，出版《室内空气质量标准》解读专刊。举办《生活饮用水卫生标准》《生活饮用水标准检验方法》和《室内空气质量标准》培训，培训各级疾控部门 800 余人。组织召开《室内空气质量标准》实施建议研讨会，制作“人群聚集场所手卫生规范”动画宣传片和《地震灾区预防性消毒卫生要求》《洪涝灾区预防性消毒技术规范》2 部科普视频，组织专家访谈，制作标准宣传折页、海报、视频、标准解读慕课等，通过环境所官网和“环境与健康”公众号发布。开展《环境健康标准发展规划研究》，对 2019 年发布的 7 项公共场所标准《公共场所卫生管理规范》（GB 37487—2019）、《公共场所卫生指标及限值要求》（GB 37488—2019）、《公共场所设计卫生规范》第 1 ～ 5 部分（GB 37489—2019）开展标准评估工作。

【《环境卫生工作规范》编制工作有序推进】加强环境健康工作的规范化和制度化，《环境卫生工作规范》编制工作按计划有序推进，已完成初稿编制和全国疾控机构意见征集，召开省级疾控中心专题研讨会，赴不同地区开展调研。规范涵盖环境卫生主要工作领域，明确了环境卫生调查、监测、风险评估等 12 个方面的工作内容，分 4 个层级（国家级、省级、地市级、县区级）明确各级疾控机构的环境卫生工作职责，对提高地方疾控机构环境卫生业务能力、加强上下级疾控机构业务联系、拓展环境健康工作具有指导意义。

【“环境健康和消毒业务发展规划研究”项目进展顺利】受国家疾控局委托，承担“环境健康和消毒业务发展规划研究”项目，经科学分析梳理国内外环境健康主要问题、应对策略及其进展，研究确定我国环境健康的工作方向、工作职责和任务，提出我国环境健康工作策略。2023 年 12 月，已完成《中国环境健康发展研究报告》，提出《环境健康行动计划》初稿，完成《消毒业务发展规划研究报告》和《疾控系统消毒业务发展行动计划（2024—2026）》初稿。

【《全国疾病预防控制机构消毒工作规范》《消毒管理办法》编制工作】受国家疾控局委托，承担《全国疾病预防控制机构消毒工作规范》《消毒管理办法》制修订工作，已起草完成《疾控系统消毒工作规范（试行）（征求意见稿）》，征求国家疾控局消毒专家委员会意见后完成修改工作。形成《消毒管理办法》征求意见稿，启动《传染病防控相关消毒产品生产能力专项研究》《公共场所卫生与消毒管理专题策略研究》工作。

【疾控机构环境卫生和消毒工作能力调查工作进展顺利】受国家疾控局委托，组织开展全国环境卫生和消毒工作能力调查，旨在全面梳理分析全国各级疾控机构环境卫生与消毒工作现状、人员队伍、实验室能力、工作机制、环境健康危害事件应急处置能力、保障措施等情况，分析制约当前工作高质量发展的重点难点问题，提出解决办法、措施和建议。同时，对环境健康区域公共卫生建设和突发重大环境污染事件处置能力长效储备机制建设提出对策建议。已完成 31 个省（自治区、直辖市）调查工作，完成《全国环境卫生和消毒工作能力调查报告》初稿并提交国家疾控局。

【环境健康专题调研工作有序进行】贯彻落实国家疾控局和中国疾控中心关于大兴调查研究工作部署和总体要求，在研究新情况、解决新问题中打开工作新局面，统筹规划安排，面向 31 个省（自治区、直辖市），深入基层疾控机构和城市、农村，组织开展了 17 项调研活动，包括全国环境卫生与消毒工作能力调研、环境卫生工作规范调研、环境健康风险评估试点调研、新标准的实施与饮用水卫生监测调研、国家生物监测项目成果转化调研、环境危险因素健康风险预警调研、气候变化人群健康素养调研、地方疾控宣教能力调研、科研机构党建与业务融合发展创新模式调研等。通过调研工作，发挥国家环境健康工作部门的技术指导和技术支撑作用，改进工作方法和工作思路，进一步推进环境健康事业高质量发展。

【环境所大型仪器开放共享平台投入使用】以“优化资源配置、实现资源共享、创新管理理念、提升服务能力”为宗旨，开展大型科研仪器共享管理平台建设工作，年内平台项目通过验收并投入使用。共享平台运用网络技术对大型科研仪器进行资源整合，形成仪器设备信息化、动态化管理模式，强化了科研仪器设备的规范管理和对外共享服务管理能力。

【代谢组学与脂质组学研究平台基本建成】多组学平台初步具有对环境样本、人体体液样本中抗生素、氯化石蜡、硅氧烷等新污染物的提取、检测、分析能力。基于平台，开展环境污染物人群暴露的敏感生物标志物的筛选、环境污染物对人群健康影响的毒性效应及作用机制等相关研究。

【动物实验平台建设初具成效】动物实验平台已建立斑马鱼14种有机磷阻燃剂及2种双酚A类物质急、慢性染毒评估方法。完成14种有机磷阻燃剂斑马鱼140天全周期染毒实验；2种双酚A类物质28天染毒实验。

【环境健康宣传和健康促进工作持续深入】启动2023年全国环境健康宣传活动，完成第六届全国中小学生作文绘画大赛作品评选、2022年环境健康宣教科普作品评审工作，组织20余个省级疾控部门共同开展世界水日、世界环境日、全球洗手日环境健康宣传活动，采用多种形式走进社区向居民宣传环境健康科普知识，提升社会尤其是中小学生的环境健康知识水平。持续推进健康环境促进行动，协助国家卫生健康委开展2022年度健康中国行动考核。举办全国环境健康宣教技术培训，各级疾控机构220人参加培训。编写出版《居家环境与健康——你看不到的隐形伤害》《气候变化与人体健康》等环境健康科普图书，制作气候变化与健康防护宣传教育PPT、折页、海报、视频等一系列干预素材，引导公众主动学习和普及环境健康知识。“环境与健康”公众号推送环境健康相关科普文章近100篇，关注人数达80 860人，累计阅读量为227 919次。

【实验室检测能力稳步提升】按照国家市场监督管理总局及卫生行业评审组要求，组织资质认定证书换证复审工作并顺利通过。参加饮用水中硼、总硬度指标的能力验证活动，参与生物监测国际比对项目德国外部质量评估计划并完成相关测试。加强实验室检测技术方法研究，开展生物样本中烟草暴露代谢物、新型塑化剂、紫外线吸收剂、挥发性有机污染物、双酚类物质、砷形态分析、卤素阻燃剂7类指标的方法研制及扩展工作。完成3个重点场所室内空气质量评估，检测甲醛、苯系物和总挥发性有机物等指标共112个样品；完成不吸烟女性肺癌病因调查与佳木斯肺癌高发病因调查项目中985例调查对象外周血白细胞相对端粒长度检测分析，492份环境样本氡现场检测分析；完成3万余份生物样本中金属、类金属、砷形态分析、烟草暴露代谢物等11类191项指标检测，上报数据51万余个；完成济南市健康老年人群定群研究项目353份尿样的抗生素（105种）与OHPAHs（16种）检测，完成90份环境样本抗生素含量检测。

【援疆援藏和巩固拓展健康扶贫成果工作继续推进】积极开展援疆援藏技术帮扶工作，加强与新疆、西藏地区交流合作，加强项目支持、技术指导和人员培训。委派专家参与新疆维吾尔自治区疾控中心“应对突发公共卫生事件骨干人员综合能力提升培训”，专题讲授突发公共事件饮水安全；组织专家赴新疆地区开展空气污染健康风险评估和健康防护效果评价技术专题培训、监测项目PM2.5成分分析实验室质控技术培训。城市污水新冠病毒监测项目组2023年指导新疆维吾尔自治区、乌鲁木齐市、新疆生产建设兵团等9个地市疾控部门开展污水新冠病毒监测，培训技术人员，指导核酸检测和数据分析工作。组织专家赴西藏自治区疾控中心开展空气污染对人群健康影响监测和防护项目技术培训与公共场所健康危害因素监测技术培训，邀请西藏自治区疾控中心多名技术人员参加全国生活饮用水卫生标准和配套检验方法培训。参与消费帮扶行动，工会、食堂优先采购帮扶地区农副产品，2023 年，通过脱贫地区农副产品网络销售平台（832 平台）采购扶贫产品共计 9.1 万余元供应职工食堂，全年累计采购米、油、杂粮、水果等农产品约 22.9 万元。

【科研立项和成果产出成绩显著】2023 年，获批省部级和国家级纵向科研项目（课题 / 子课题）13 项（包括 5 项国家重点研发计划课题和 1 项子课题、3 项国家自然科学基金项目和参与 1 项基础科学中心项目、1 项国家科技基础资源调查课题，1 项首都卫生发展科研专项项目，1 项北京市自然科学基金项目），获批纵向科研经费超过 2 870 万元。国际合作项目新立项 6 项，立项经费约为 400 万元。督促在研科研项目进展，审核科研项目经费调整、合同（协议）签署、成果产出等事项。国家自然科学基金“老年人群长寿相关因素及其作用机制的多中心前瞻性队列研究”等 6 项课题顺利完成，审批 10 项横向合作课题。完成北京市科学技术奖、中华预防医学会科学技术奖、华夏医学科技奖等 5 项奖项推荐申报工作，多数进入答辩终审。在中关村知识产权保护中心自行办理快速预审案件 1 件、委托办理快速预审案件 4 件，在北京市知识产权保护中心委托办理快速预审案件 4 件。环境所职工以第一作者和 / 或通信作者发表学术论文 162 篇，其中在 *Lancet Healthy Longevity*、*Nature Communications*、*Journal of Hazardous Materials* 等高水平期刊上发表英文论文 75 篇（中科院 JCR 一区论文 37 篇），出版《环境污染物内暴露检测技术》《生活饮用水卫生标准研究》《环境健康风险研究：方法与应用》等 8 部学术著作（担任主编或副主编），获批“涉水产品微生物测试供水系统”（ZL201810111629.1）等 7 项发明专利和“污染物识别及筛选系统软件”（2023SR0831450）等 6 项软件著作权，获得中华预防医学会科学技术奖三等奖 1 项，参与一等奖 1 项。

【环境与人群健康重点实验室正式开放运行】环境与人群健康重点实验室于 2023 年 7 月通过验收，正式进入开放运行期。经过 3 年建设期，形成较为完善的组织架构和高效运行机制，顺利完成建设期预期目标和预期成果。依托环境与人群健康重点实验室，举办 8 期“环境与人群健康前沿论坛”，邀请中山大学陈雯教授、中国医科大学皮静波教授、安徽医科大学徐德祥教授、澳大利亚昆士兰科技大学童世庐教授和北京大学朱彤院士做系列专题学术报告，取得较好的学术影响，参会人数为 3 500 余人。组织发布 2024 年度重点实验室开放性研究课题指南，来自清华大学、北京大学等 21 家单位的 25 名青年学者提出申报。重点实验室建成队列调查、检测分析和大数据三大平台，形成了环境流行病学、环境健康风险评估、饮用水与健康、化学物质检测与组学分析等综合实力相对较强的学科团队。各项研究任务取得重要进展并产出了系列创新性成果，重点实验室的学术影响力和人才培养质量不断提升，人才队伍建设成效显著。2023 年 9 月 28 日，传染病溯源预警和智能决策全国重点实验室在北京市正式启动。

【环境与健康研究基地顺利验收】组织专家组对无锡市、深圳市、济南市、石家庄市 4 个环境与健康研究基地开展验收工作，经专家组评审，4 个研究基地在建设期间按计划完成建设目标、研究任务和预期成果，在科研成果产出、学科建设、人才培养和学术交流方面取得显著成效，均获得较高评分并通过验收。后续将推进研究基地凝练总结工作成效，在充分讨论研究的基础上续签协议。

【技术指导与合作交流进一步加强】深入基层疾控机构和农村开展环境卫生与消毒工作能力调查等 17 项调研活动。承办第四届环境与健康大会，召开全国环境健康工作推进会和消毒工作会议，举办所内管理培训 20 次，举办全国性技术培训 31 期。2023 年，出国交流 8 批次 8 人次，参加线上会议 4 批次 6 人次。访问瑞士、美国、肯尼亚、菲律宾、中国香港等国家和地区，涉及世界心脏峰会、第 31 届世界大学生冬季运动会、国家自然科学基金中瑞组织间合作研究项目交流、世界卫生组织西太平洋区域委员会会议等。以儿童环境健康为主题，与美国疾控中心开展线上交流活动，美国波士顿大学专家顺访交流中国空气污染控制行动对健康收益的慢性健康研究工作，协助中国疾控中心外事处接待荷兰、新加坡等的专家来访。聘任美国健康效应研究所和美国波士顿大学的 2 名外籍学者为客座教授。

【研究生教学和研究生导师队伍建设进一步加强】2023 年，招录博士研究生 4 人、硕士研究生 23 人，完成 2024 年度 3 名推免研究生招生。23 人完成毕业答辩，25 人取得学位，在读联合培养研究生 35 人。研究生导师队伍不断扩大和优化，新增博士研究生导师 5 人（转入 1 人）、硕士研究生导师 3 人、公共卫生硕士研究生导师 3 人（转入 1 人），新聘任硕士研究生副导师 44 人次，新任副导师 13 人，新聘任博士研究生副导师 8 人次，新任副导师 1 人。组织新增导师和副导师参加线上“四有导师学院”研修培训，围绕思政、意识形态、保密、实验室安全等内容举办研究生培训，加强研究生培养和管理工作，1 人获得 2023 年博士学业一等奖学金，2 人获得硕士学业一等奖学金，培养的博士研究生获得国家优秀青年科学基金、国家自然科学基金项目等资助，1 人获得中国疾控中心 2023 年优秀博士学位论文二等奖，1 人被推荐评选北京市优秀博士学位论文。

【规章制度修订完成】2023 年是“制度建设年”，将制度管理体系建设纳入《环境所 2023 工作要点》，对 2016—2022 年印发的规章制度进行梳理，召开专题会议讨论确定制修订项目，计划对 82 项制度中的 34 项进行修订，新制定 4 项管理制度，涵盖综合管理、人力资源管理、财务管理、科教管理、条件服务管理、实验室管理、监察审计、党群事务 8 个方面。按照合规、适用、高效的基本原则，各项制度牵头部门开展调查研究，征集意见和建议，2023 年 12 月，37 项制度已完成制修订并印发。

【干部队伍建设进一步加强】根据环境所的中远期发展目标，围绕学科发展和干部梯队建设需求，统筹规划干部配置及选任工作。2023 年，根据中层干部配置及选任的实际需要，制定了民主推荐工作方案，对 4 个职能部门和 3 个业务部门的 7 个干部职位在全所范围内进行 2 批次民主推荐。经与 81 人次个别谈话推荐、231 人次会议推荐、84 人次考察谈话、征求纪审和上级部门意见、考察材料上报备案等程序，7 名干部推荐工作均已完成。环境所领导班子和中层干部队伍建设得到进一步加强。举办“学习贯彻习近平新时代中国特色社会主义思想主题教育干部整顿会议暨 2023 年中层干部培训”。

【保密安全管理进一步加强】按照中国疾控中心总体部署和要求，完成 2023 年保密安全责任书、保密工作承诺书和安全生产责任书的签订，配合中心保密安全检查工作安排开展自查整改，对保密重点部位的硬件设施进行升级，增设保密柜，在档案室门外加装监控设备，组织保密重点部门对照问题清单开展整改落实。健全完善保密工作长效管理机制，组织全体职工开展保密安全教育线上培训及保密知识竞赛，对研究生及新入职职工开展保密安全培训，全年开展各项保密自查工作及保密安全“回头看”专项检查共计 4 次。建立健全“党政同责、一岗双责”安全生产责任体系，成立安全生产工作领导小组，完善隐患排查治理等工作制度。2023 年，置换、维修灭火器 607 具，顺利通过上级主管部门、属地公安分局和辖区派出所督导检查；完善易制爆、易制毒及剧毒化学品登记管理，做好日常行政值班及节假日值班安排，实施全国两会和重要活动期间重点安全保障，组织安全培训、安全演练，定期对工作区、实验室、学生宿舍等区域组织安全和消防检查。

【基层党组织建设和党风廉政建设进一步加强】根据中国疾控中心党委统一部署，组织召开学习贯彻习近平新时代中国特色社会主义思想主题教育动员部署会，制定印发《环境所党委关于开展学习贯彻习近平新时代中国特色社会主义思想主题教育的实施方案》。举办主题教育读书班，各党支部总计开展“学思悟践小课堂”41 次，党小组“学思悟践微课堂”62 次。召开理论学习中心组学习扩大会 2 次、主题教育调研成果交流会 1 次，结合主题教育梳理整改整治问题清单，召开主题教育专题民主生活会和组织生活会。制定印发《2023 年环境所全面从严治党、党风廉政建设和反腐败工作分工意见表》《环境所党委落实全面从严治党主体责任清单（试行）》，制定《2023 年环境所党委全面从严治党、党风廉政建设和反腐败工作分工意见表》，组织召开纪委会和纪委扩大会议。党支部开展支部标准化建设定期自查，规范支部工作和发展党员流程，年内完成6个党支部换届选举工作，发展新党员2人，确定积极分子3人，预备党员转正1人。

（王林、朱文玲、孙玥）

职业卫生与中毒控制所

【工作概况】2023 年，在习近平新时代中国特色社会主义思想的指导下，扎实开展学习贯彻习近平新时代中国特色社会主义思想主题教育，专题调研全国职业病防治技术支撑体系建设、职业卫生技术服务机构开展职业卫生技术服务质量情况，积极将主题教育学习成效转化为推动职业健康工作高质量发展的动力，以职业病防治与中毒控制技术支撑工作为依托，适应新形势，迎接新挑战，协助国家卫生健康委、国家疾控局和中国疾控中心做好重点职业病监测和职业健康风险评估、《职业病防治法》及配套规章和标准制修订、职业健康与中毒控制科普宣传、中毒应急处置与能力建设等技术支持工作，开展科技部重点研发计划、国家自然科学基金等多类重大专项科研工作，加强国内外合作，推动职业卫生与中毒控制工作稳步有序开展。

【持续推进职业健康重点技术支撑工作】推进《职业病分类和目录》修订及配套诊断标准制定研究；组织编写《职业卫生技术服务机构评估检查工作规范》《重点职业病监测报告编写指南（2023 年版）》《工作场所职业病危害因素监测报告编写指南（2023 年版）》《职业健康标准及实施指南》等；组织职业卫生学、职业医学名词编审。

【强化职业健康监测，为劳动者保驾护航】组织开展职业病及危害因素监测和职业病报告、重点人群职业健康素养监测与干预。2023 年，完成 60 303 家用人单位工作场所职业病危害因素监测的现场检测工作，收集职业健康检查个案 2 188 余万条、职业病登记报告 27 740 条。2023 年，收集全国重点人群职业健康素养监测个案数据 34 万余条。修订完善监测技术方案和质控方案，开展培训、督导和工作调度。

【积极开展工作场所健康促进】承办第 21 个《职业病防治法》宣传周系列活动和第三届职业健康传播作品征集活动（审核作品 5 000 余件）；组织开展职业健康保护行动组织实施（18 个）、第二批健康企业（200 个）和职业健康达人（33 个）评选工作等。

【加强职业卫生标准制修订和宣贯培训】组织开展职业健康标准预审和审查（56 项）、复审（108 项）、报批（32 项）、前期研制（13 项）；开展强制性职业健康标准实施评估（1 项）和标准宣贯、师资培训（2 次）。

【开展职业健康风险评估与专项调查】开展苯、噪声、铅、镍及其化合物、长工时作业、重点作业人群下背痛和石棉暴露等流行病学调查和职业健康风险评估；开展尘肺病人治疗康复跟踪调查、柴油机尾气健康危害分子流行病学调查、劳动密集型行业有机溶剂暴露女职工生殖健康调查及干预、特殊行业职业人群健康状况调查等。

【加强实验室质量控制与技术指导】组织开展全国职业卫生技术服务机构质量监测（547 家）、全国职业卫生实验室比对（156 家，指导西藏自治区实现零的突破，比对项目为活性炭管中正己烷、吸收液中氨、滤膜中镉检测）和全国中毒医疗应急检测鉴定实验室比对（106 家，比对项目为血浆中抗精神病药物和果汁中农药检测）；组织化学品毒性鉴定机构质量考核和培训。

【持续开展职业健康帮扶】1 人援疆挂职喀什地区疾控中心副主任兼任中心南疆工作站站长，对南疆 4 地开展组团式技术帮扶和督导培训（16 次）。

【开展中毒应急救治技术指导、监测与风险评估】受国家卫生健康委委派，参与处置浙江省某公司氟聚厂气体吸入中毒事件、昆明市某高校学生砷化氢中毒事件；对青海省疑似群体性正己烷中毒等开展远程会诊；技术指导、支持云南省等 9 个省 505 起有毒生物中毒事件的中毒救治、现场调查、毒性鉴定；开展 24 小时中毒咨询热线和提供网络服务（2 400 余条），收集中毒网络舆情监测信息（360 余条）；为省级中毒应急培训提供技术支持（3 000 余人次）；与北京天坛公园、国家自然博物馆和多省联合开展科普宣传。

【开展国家中毒救治基地和中毒卫生应急队伍建设工作】维护更新国家中毒救治基地系统平台、远程会诊系统，发布有毒动植物数据库毒物信息 4 500 条，新增有毒生物标本数据库毒蘑菇信息 200 余条、图片 800 张；组织开展突发中毒事件卫生应急信息平台信息填报；整理发布国家级和省级中毒处置机构解毒药储备情况。

完善中毒卫生应急队伍建设，做好成都大运会、杭州亚运会等重大活动中毒应急保障；参与修订《国家突发公共卫生事件应急预案》《国家卫生应急队伍管理办法》等。

【开展科学研究，扩大国际合作】在研课题为 17 项，其中重点研发计划 3 项、国家自然科学基金项目 7 项；发表学术论文 92 篇（以第一作者 / 通信作者），其中中文文章 66 篇、英文文章 26 篇。

与世界卫生组织、国际劳工组织（International Labour Organization，ILO）保持长效沟通机制；完成与德国法定事故保险机构合作项目软件平台建设、试点调查、结题总结。

【申报建设全国重点实验室】与第三军医大学等单位成功重组创伤与化学中毒全国重点实验室，实验室正式挂牌并运行，开展原创性、高水平科学研究。

【强化所内管理，推进持续发展】全面开展安全风险隐患排查，牢固树立安全重于泰山的发展理念；完成9项所内规章制度制修订；严格贯彻执行中央八项规定及其实施细则精神，严管会议、培训、出访活动，强化“三公”经费管理，深入开展医药领域腐败问题集中整治，一体推进“三不腐”。

（朱钰玲、聂武、孙新）

辐射防护与核安全医学所

【工作概况】2023 年，以习近平新时代中国特色社会主义思想为指导，在国家卫生健康委、国家疾控局和中国疾控中心的领导下，辐射安全所领导班子带领全体职工共同努力，各地放射卫生技术机构积极配合，围绕重点任务，较好地完成了年度各项工作。作为国家卫生健康委放射卫生技术支撑机构，以全国职业性放射性疾病监测、全国医疗卫生机构医用辐射防护监测、全国非医疗机构放射性危害因素监测、全国食品和饮用水放射性监测与风险评估 5 项监测任务为抓手，带动全国放射卫生队伍和能力建设；继续开展放射卫生实验室检测能力考核和技术人员继续教育培训，不断提高能力考核的针对性和科学性，提高全国放射卫生队伍能力建设水平；持续深入开展核辐射卫生应急工作，并取得新成效；全面开展放射卫生政策研究和法规标准的修制订及培训工作；精心组织放射卫生援疆援藏和乡村振兴工作，为全面建设社会主义现代化国家做出了积极贡献；以重大科学工程评价检测和量值传递工作为龙头，对接国家核辐射技术应用中的重要需求，体现了国家级技术支持机构的担当和作为；注重放射卫生科学研究和青年人才培养，推进“十四五”发展规划实施，凝练科学问题和关键技术，支持成果转化；放射卫生信息交流与专业期刊保持优异成绩；积极组织全国放射卫生科普竞赛，科普宣传成绩斐然；顺利开展国际合作。同时，不断提高内部管理水平，梳理并明确各部门职能和责任分工，持续加强制度建设，确保实验室安全和辐射源安全，信息网络平稳运行，后勤和安保为放射卫生各项业务工作的有序开展提供了有力的保障。

【机构设置】2023 年，共设有 7 个行政管理部门，分别是办公室、党群工作处、人事处、财务处、纪检监察审计室、后勤管理处和安全保卫处；6 个专业技术管理部门，分别是科技处、放射卫生检测质控办公室、核事故与放射事故应急办公室、信息中心、政策标准研究室和学术期刊编辑部；8 个业务部门，分别是放射诊疗安全与防护研究室、辐射防护研究室、辐射检测与评价研究室、放射化学研究室、辐射流行病学研究室、放射毒理学研究室、放射生物学研究室和放射生态学研究室。

【人事管理】截至 2023 年末，共有在职职工 152 人，其中所领导 4 人，首席专家 1 人，中层干部 22 人；离退休职工 183 人。接收新进工作人员 11 人。有专业技术人员 128 人，其中正高级职称人员为 36 人，副高级职称人员为 41 人，中级职称人员为 29 人，初级职称人员为 22 人。有 11 人申报专业技术职称资格，其中 8 人晋升高一级专业技术资格。在2023年度绩效考核中，经各处室绩效考核评议、所联合评议会绩效考核评议和所务会审议以及中国疾控中心对直属单位绩效考核结果，辐射安全所2名所领导、4个处室、4名中层干部和26名职工获得绩效考核“优秀”等次。

【财务预算管理与政府采购】2023年，为保障项目任务顺利开展，做到资金支付无延迟，为辐射安全所项目支出绩效指标如期完成提供了基础条件。受新冠肺炎疫情影响，2022年，财政专项经费形成结转。2023年，严格依法依规开展采购工作，继续规范设备、小型仪器、耗材和服务的采购管理工作。

【内部管理和制度建设】根据国家和上级单位要求，结合辐射安全所的实际情况，2023年，重点加强科研项目经费管理和预算执行，完善科技成果转化的有关规定。完成《中国疾控中心辐射安全所网络安全管理制度（试行）》《中国疾控中心辐射安全所集体宿舍、公寓房使用管理规定》《中国疾控中心辐射安全所公务用车使用管理规定》3项规章制度的修订和制定工作。截至2023年12月31日，共有行政管理、应急中心管理、党群管理和部门管理4大部分，其中行政管理分为6个子项，党群管理分为2个子项，共有88项规章制度。对于“三重一大”事项，均充分发扬民主，充分讨论，集体决策，主要领导末位发言。2023年，共召开23次所务会，下达397项会议决定。

【事项审批和公文管理】2023年，进一步规范事项审批和公文管理工作，充分做到公开、公正，按规定程序办事，加大权力运行的监控力度。2023年，收文运转、处理1 011件，审查、校对、封发公文共计321件；审批、校对、封发各类请示报告300件；通过合同管理系统，对323份合同草本进行了审查，财务处、科技处、放射卫生检测质控办公室、后勤管理处、办公室的负责人，以及辐射安全所法律顾问和审计人员严格把关，依据工作职能，加强送审合同的相关内容与程序审查，从根本上杜绝了各类违纪违法行为的发生。

【辐射危害监测与风险评估】2023年，继续组织完成全国职业性放射性疾病监测、全国医疗卫生机构医用辐射防护监测、全国非医疗机构放射性危害因素监测、全国食品和饮用水放射性监测与风险评估5项监测任务。受国家卫生健康委职业健康司等有关司局委托，编制并印发《2023年放射卫生监测项目工作方案的通知》（中疾控辐办发〔2023〕64号）等文件，召开“2023年全国放射卫生监测工作会议”，在全国各监测机构的共同努力下，顺利完成监测方案要求的工作任务。

（1）全国职业性放射性疾病监测。31个省（自治区、直辖市）和新疆生产建设兵团共上报了567家个人剂量监测机构、706家放射工作人员职业健康检查机构，报告了8例

（7人）职业性放射性疾病。全国放射诊疗机构共上报了近53万名放射工作人员，重点监测7 000余家医院，对2万余名介入放射学工作人员进行了双剂量计监测，对30个省（自治区、直辖市）（比2022年多10个省）的3 000余名核医学工作人员进行内照射监测，完成过量受照人员随访近千例。2023年，12个省（自治区、直辖市）完成800余名矿工的健康效应监测工作。

（2）全国医疗卫生机构医用辐射防护监测。2023年，共调查4万多家医院，上报了10余万台放射诊疗设备。2023年，共调查800余家医院，完成近20万例患者剂量调查。根据调查结果，估算我国部分放射诊断程序典型患者剂量水平，为制定我国诊断参考水平和评估国民剂量负担提供了重要基础性数据。

（3）全国非医疗机构放射性危害因素监测。2023年，31个省（自治区、直辖市）和新疆生产建设兵团共报告非医疗放射工作单位1万多家，放射工作人员20余万人。非医疗机构调查和监测数量大幅提升，随着监测工作的深入开展，越来越多的非医疗机构被纳入监测范围。

（4）全国食品放射性监测与风险评估。继续开展沿海和重点地区海产品中放射性专项监测，全国共计监测1 690份食品样品，完成监测数据汇总和分析。同时，承担国家卫生健康委对食品中放射性物质限值标准的修订工作。

（5）国家饮用水中放射性污染监测。共监测饮用水样1 765份。同时，加强饮用水与健康风险关系研究，积极参与饮用水标准修订工作。

（6）编制完成《全国职业性放射性监测报告》等5个放射卫生年度报告，正式上报国家卫生健康委有关司局，并由其上报国务院。

（7）通过多年连续开展的监测工作，掌握了我国放射卫生工作的基本情况和基础数据，为国家决策、法律法规与标准的制修订提供了坚实的数据基础和科学依据；提高了全国放射卫生队伍的技术水平和实操能力；增强了用人单位依法依规开展辐射防护、性能防护和职业性放射性疾病防治的意识。同时，监测工作得到国家卫生健康委领导的充分肯定和高度评价，国家卫生健康委将主要监测结果向省级卫生健康行政部门进行通报，发挥了监测工作在监督执法中的应有作用。

【放射卫生实验室检测能力考核】

（1）继续组织实施全国个人剂量监测、放射性核素 γ 能谱分析、总 α 总 β 放射性测量和生物剂量估算4项放射卫生技术机构检测能力考核工作。在生物剂量能力考核项目中，不断提高能力考核的针对性和科学性。为了区分放射体检机构和核辐射损伤救治机构的不同能力需求，对考核项目进行了调整，将其分为以生物剂量估算为主的A类和以染色体畸变识别为主的B类。2023年，参加全国放射卫生检测能力比对的机构共700余家，通过汇总分析国家级和各省上报的能力比对信息，编写了2023年全国分级组织能力比对的总结报告。经过多年的持续努力，能力比对工作已经成为全国放射卫生技术机构质量控制和管理的重要平台，是行政部门做好“事中事后”监管的重要抓手，是评价机构检测能力及管理水平的重要手段，成为全国放射卫生技术质量保证的公认品牌。

（2）组织实施国家级放射卫生检测报告质量监测，完成 292 家机构及 299 份报告的质控抽查工作，通过对各省上报检测报告质量监测的信息汇总和分析，编写总结报告。为保证放射卫生监测项目高质量开展，组织实施对 6 个省 12 家机构开展区域督导与检查工作，并完成总结报告。

【核辐射卫生应急工作】

（1）受国家卫生健康委委托，组织起草核辐射紧急医学救援基地验收程序，召开核辐射紧急医学救援基地工作会议；赴辽宁省开展大兴调查研究工作，了解核辐射紧急医学救援基地开展核辐射卫生应急能力和运行管理情况。

（2）组织全国沿海省份开展日本核污染水排放应对工作，召开研讨会及相关培训班，编写日本核污水监测工作进展报告，准备公众风险沟通口径，为国家卫生健康委提供技术支撑。

（3）组织开展核事故场外卫生应急联合演练，检验国家核辐射卫生应急队、国家移动核辐射事件卫生应急处置中心与市级核辐射卫生应急力量的协调联动能力，有效提升核事故场外卫生应急处置能力。

（4）2023 年，与核事故医学应急中心第四临床部共同开展江苏探伤事故剂量估算及辐射损伤救治。顺利完成成都大运会、杭州亚运会保障工作，开展核辐射事件风险评估及核辐射药品保障调拨。

（5）为掌握核电站周围卫生应急能力及公众健康情况，在辽宁省、山东省、江苏省、浙江省、福建省、广东省、海南省等地开展核电站周围卫生应急监测，调查相关卫生应急能力现状与重点人群的风险认知和心理健康状况，开展核辐射突发事件卫生应急能力培训。

（6）组织相关临床部编制“核辐射损伤救治专家共识”，与苏州大学联合研发“核事故后大范围公众剂量估算系统”；修订《核事故场内医学应急准备与响应》标准，编译《世卫组织心理健康和心理社会支持框架》，组织编制《核与辐射事故医学救援与应急管理》等教材。

【放射卫生政策研究和法规标准的修制订工作】

（1）2023 年，作为国家卫生健康标准委员会放射卫生标准专业委员会秘书处，继续大力推进我国放射卫生标准法律法规建设。开展“职业性氡暴露所致肺癌的诊断标准”及“放射卫生标准在监督工作中的应用”等前期基础研究，完成研究报告。对《医疗照射放射防护名词术语》（GBZ/T 146—2002）标准进行修订。对《医疗机构配制和使用放射性制剂管理规定（征求意见稿）》《放射性药品管理条例（征求意见稿）》和《行业标准管理办法（征求意见稿）》等法规和标准提出修改意见，并上报国家卫生健康委和国家疾控局。

（2）研制 2023 年度放射卫生标准实施评估方案，选择国内 5 个省市开展 3 项强制性标准实施评估。

（3）在不断完善我国放射卫生标准体系建设的同时，适时跟踪国际原子能机构（International Atomic Energy Agency，IAEA）、国际放射防护委员会（International Commission on Radiological Protection，ICRP）、联合国原子辐射效应科学委员会（United Nations Scientific Committee on the Effects of Atomic Radiation，UNSCEAR）、国际标准化组织（International Organization for Standardization，ISO）、世界卫生组织等国际组织和发达国家有关放射卫生防护、放射性疾病诊断和食品中放射性物质相关的法律法规和标准动态。收集整理和研究相关文件，完成放射卫生标准动态追踪报告。2023 年，完成对国际原子能机构安全标准丛书 No.SSG-46《医用电离辐射的防护与安全》（*Radiation Protection and Safety in Medical Uses of Ionizing Radiation*）的翻译、审校及统稿。编印放射工作人员职业健康、放射诊疗和技术服务管理等法规文件汇编。编制加拿大、英国及澳大利亚放射卫生相关法规汇编。为我国放射卫生法律法规和标准体系建设提供技术支持和科学依据。

（4）2023 年，落实放射卫生标准项目 5 项；上报 2024 年标准立项建议 6 项；报批标准 12 项；复审标准 6 项；发布标准 6 项。组织召开全国性放射卫生标准宣贯培训会，促进放射卫生标准的宣传普及，确保了放射卫生标准的正确理解和应用，推动了放射卫生标准的有效实施。

【援疆援藏和乡村振兴工作】

（1）2023 年，组织 3 次“组团式”援疆，和 10 个省的 83 人次专家，完成了南疆 4 个地州 22 个县市 44 家单位设备的性能检测和场所的防护检测，以及带教和调研。举办“2023 年全疆放射卫生技术培训班”，来自新疆维吾尔自治区各级疾控中心的 130 余名放射卫生工作人员参加培训和考试。指导阿克苏地区疾控中心取得放射卫生技术服务资质和个人剂量检测资质。

（2）与新疆生产建设兵团卫生健康委签署战略合作框架协议，在人才培养、技术支持、产学研合作等方面，推动新疆生产建设兵团放射卫生工作高质量发展。同期，与新疆生产建设兵团卫生健康委联合举办“对口援助兵团放射卫生检测与评价技术培训班”，共培训兵团卫生健康行政部门、各级疾控中心、卫生监督机构的放射卫生工作人员 167 人。

（3）继续援助西藏自治区，开展介入放射学工作人员双剂量计监测和眼晶体剂量计监测工作。委托西藏阿里地区卫生健康委开展阿里地区医疗机构放射诊断设备性能提高项目，提升历次检测不合格的放射诊断设备性能。援助开展放射卫生监测项目工作。

（4）在青海、甘肃、四川、云南 4 个省开展“西部地区县级医院放射科规范化建设项目”，通过项目援助，帮助县级医院建设符合国家标准的放射科。援助青海省和云南省开展医疗机构医用辐射防护监测和内照射剂量监测工作。举办“2023 年三区三洲地区放射卫生技术培训班”，来自相关地区疾控中心的 80 余名放射卫生工作人员参加培训和考试。

【全国放射卫生技术培训】在全国放射卫生技术培训方面，举办放射卫生与核事故医学应急国家级继续医学教育项目 7 项，培训学员 848 人次；组织新申报和备案 2024 年度国家级继续医学教育项目共 7 项。接受全国进修人员 13 人。

【放射卫生重点专项和科学研究与学科进展】

（1）2023 年是“十四五”发展规划的第三年，是稳中求进、攻坚克难的关键时期。广大科研人员稳扎稳打、锐意进取、真抓实干，在探索局部放射损伤的生物剂量估算、多组学研究、电离辐射对造血和免疫系统的影响及其药物干预评价、氡及其子体致肺癌的分子机制，典型核辐射区域主要放射性核素生态迁移现状调查等研究领域都有所收获。力争在“十四五”期间，将生物学、流行病学和剂量学等有关学科统筹融合发展，力争在某些领域达到国际先进水平；在医疗照射和公众照射水平监测、辐射剂量学、放射毒理学、放射生态学等领域取得明显进步。继续保持在医疗照射防护与性能检测、放射诊疗量值传递、核辐射突发事件卫生应急与医学救援、生物剂量估算、放射生物学、辐射流行病学、辐射检测与评价等学科和研究方向的全国领先地位。

（2）2023 年，继续开展科研条件能力建设工作，通过国家财政项目，组织完成辐射防护与核应急能力提升项目，进一步完善了科学实验条件，保障了核事故医学应急决策支持系统的正常运行。在此基础上，2023 年，在研课题为 17 项，标准研制项目为 16 项。单独或牵头申报科研项目 18 项；作为合作单位，申报 4 项。以第一作者共发表论文 60 篇，其中 SCI 论文为 14 篇，并且在 *Health Physics*、*International Journal of Radiation Biology* 等辐射防护专业一流杂志以及《中国疾病预防控制中心周报（英文）》上发表了论文，影响因子最高为 8.8。获得专利授权 2 项，软件著作权登记 3 项。荣获中国辐射防护学会科学技术奖二等奖 1 项。

【重大科学工程评价检测和量值传递】

（1）放射诊疗新技术不断涌现，国家在重大科学工程上的投资巨大。为推进我国放射诊疗新技术的应用推广与辐射防护技术的发展，联合福建省职业病与化学中毒预防控制中心，与南京中硼联康医疗科技有限公司、厦门弘爱医院，共同开展硼中子俘获治疗技术（boron neutron capture therapy，BNCT）的临床应用、质量控制检测和放射卫生防护研究项目的战略合作。与远大医药（中国）有限公司联合开展钇［90Y］树脂微球用于临床治疗中的辐射防护规范制定工作。这体现了作为国家级技术支撑单位的担当和作为，并致力凝练其中的科学问题，将成熟的检测技术上升为国家放射卫生标准。

（2）完成二级剂量标准维护、溯源和传递工作。为省（自治区、直辖市）疾控中心照射个人剂量标准曲线，为辐射安全所业务科室照射血样、细胞等样品。

【质量体系管理】质量管理体系的维护和完善，有效地保障了科学研究和技术服务的规范性开展，继续做好放射诊疗量值传递工作，为保护放射诊疗患者和工作人员的健康做出了贡献。2023 年，共出具检测报告 202 份、校准报告 3 份、建设项目职业病危害放射防护评价报告和放射诊疗建设项目职业病危害放射防护评价报告共计 1 份。

【实验室安全管理】2023 年，共处置医疗废弃物 1 100 千克，完成了辐射安全所 138 件放射性同位素、3 台射线装置的核查工作。接受中国疾控中心实验室安全与质量监督检查 3 次，并按时完成整改任务，及时上交整改报告。接受公安、卫生、环境保护、应急管理、地区街道等行政部门的监督检查 15 次。在辐射安全所领导的带领下，协同后勤管理处等部门联合开展安全检查共计 2 次。每次均做好检查记录，督促各科室进行整改，提交报告。全年实验室没有发生安全责任事故。

【放射卫生宣传和科普竞赛】

（1）2023 年 3 月，举办“首次全国放射卫生宣传信息发布活动”。发布宣传主题“普及放射卫生知识，助力健康中国建设”，纪实宣传片《踔厉奋发、勇毅前行——我国放射卫生工作主要进展》《放射卫生基础信息》《放射卫生科普宣传核心信息》和主题海报等系列科普宣传材料。

（2）2023 年 12 月，召开全国放射卫生技术工作会议，研讨和落实“十四五”全国放射卫生重点工作，推进全国放射卫生工作稳步发展，发挥疾控中心、职业病防治院、科研院所、高等院校等的重要技术支撑和技术指导作用，会上首次对全国放射卫生 5 大监测、核辐射卫生应急和放射卫生检测能力比对等 7 项全国放射卫生重点工作开展优秀省进行了表扬。

（3）作为承办单位之一，参加由中国疾控中心与中国健康教育中心、中华预防医学会及清华大学共同举办的中国健康科普大赛，组织科普大赛中放射卫生专题作品征集和评选活动。

【放射卫生信息交流】

（1）为了充分发挥放射卫生监测数据的作用，为全国提供放射卫生权威基础数据，2023 年 3 月，再次整理、更新并印制了《放射卫生基础信息（2023）》，梳理 10 余年来全国各项放射卫生基础数据。

（2）作为全国放射卫生与核应急信息中枢，2023 年，通过辐射安全所网站、中国疾控中心网站和《中华放射医学与防护杂志》《辐射与健康通讯》《辐射与健康通讯——放射卫生与核应急特刊》《辐射安全所工作通报》《放射医学与防护（英文）》（*Radiation Medicine and Protection*）等多种信息媒体，及时收集、分析、发布国内外放射医学、放射卫生与核应急发展动态和最新学术成果。共在辐射安全所网站上发布新闻 109 篇、向中国疾控中心网站投稿 69 篇，向中国疾控中心微信平台投稿 1 篇。

【放射卫生专业期刊】

（1）2023 年，《中华放射医学与防护杂志》第 3 次入选“中国精品科技期刊”，总被引频次在军事医学与特种医学学科中连续 10 年居首位，国际影响力逐步提高。自 2020 年被 Scopus 收录，2021 年获得第一个 CiteScore 0.1，2023 年增长到 0.3。世界科技期刊影响力指数（World Journal Clout Index，WJCI）因子由 0.491 提高到 0.538。1 篇获得中华医学百篇优秀论文，1 篇荣获第四届中国科协优秀科技论文，5 篇入选“领跑者 5000——中国精品科技期刊顶尖学术论文（F5000）”。2023 年，共收稿 469 篇，刊发 160 篇。

（2）《放射医学与防护（英文）》进入创刊第 4 年，在被 DOAJ、Scopus、CSCD 收录的基础上，又被 WJCI 和 Embase 收录。在 Scopus 中，CiteScore 从 2022 年首个 1.4 增长到 2023 年的 2.1、2024 年的 2.8。WJCI 因子为 2.240，超过多个国际权威辐射防护期刊。2023 年，收稿 70 篇，稿源覆盖 10 余个国家和地区，刊发 36 篇。2023 年，成立 RMP 苏州联合办公室。

（3）2023 年，《辐射与健康通讯》刊发 12 期，刊发 21 篇报道。主要介绍国内外放射卫生相关学科领域发展的最新科技动态、研究成果、法律法规标准及舆情信息等。发挥在全国放射卫生领域的技术支撑和指导作用，为我国放射卫生科技人员进行学术交流搭建学术交流平台，向公众开展放射卫生科普宣传和健康教育，为放射卫生管理决策提供科学参考。

【国际合作与学术交流】

（1）2023 年，继续深化与国际原子能机构、世界卫生组织等国际组织以及日本等国家的学术交流与合作，多项国际合作项目进展顺利；组织辐射安全所专家参加国际辐射研究协会、联合国原子辐射效应科学委员会、国际原子能机构等国际会议等共 8 批 10 人次。加强国际学术交流和人才培养，不断提高科研水平，是辐射安全所做好放射卫生工作的重要平台。

（2）完成世界卫生组织辐射与健康合作中心的成功续任工作，任期 4 年。获批中国疾控中心“2023 年度在华技术交流合作小额资助项目”，组织合作中心技术专家来华进行调研，并在西安市组织召开“世界卫生组织辐射与健康合作中心氡监测与风险评估研讨会”。

【研究生培养】2023 年，组织新增 4 名研究生导师，在职研究生导师为 25 名，聘任研究生副导师 28 名，组织研究生招生复试工作，并录取 20 名；组织 9 名研究生完成毕业答辩，6 名研究生获得学位；组织 2023 年招收的 1 名推免硕士考生复试；组织完成研究生奖学金申请工作，其中 2 名学生获得一等奖学金，并获得“优秀研究生”称号。1 名博士后出站并办理出站手续；在站博士后 1 名，并完成中期考核；完成在读 55 名研究生的安全教育、开题、中期考核、奖学金申请、学术活动等日常管理工作；组织 9 所大学召开 2023 年放射卫生教育专家研讨会。

【保密和档案管理】

（1）完成涉密人员保密责任书、部门负责人计算机信息系统保密安全责任书的签署工作；根据上级单位相关要求，开展 3 次保密安全自查和检查工作，以及相关专项治理整治工作，撰写保密自查和检查报告 2 份，对辐射安全所和中国疾控中心发现的问题，及时组织整改和“回头看”；定期组织专人对涉密计算机和涉密载体等进行全面检查；使用无线信息屏蔽装置，保障涉密课题和会议的安全；在辐射安全所保密委员会和全体职工的共同努力下，2023 年，未发生保密安全责任事故。

（2）为充分利用档案资源，保证档案安全，推进档案管理工作，对近年的档案进行统计归档，协助职工查阅档案，提高档案利用率。加强档案库房管理，严格实行“十防”制度。

【职工在职教育】积极为在职职工提供多渠道的学习教育机会，每年都有职工考取硕士研究生、博士研究生和获得各类专业技术证书。认真学习贯彻党的二十大精神。组织对全体中层干部进行干部选拔任用知识培训、廉政风险培训和管理知识培训，提高其管理素养；组织全所放射工作人员进行辐射安全和放射卫生管理岗中复训，加强放射防护能力建设。

【后勤保障与安全保卫管理】作为中国疾控中心独立的办公区域，在后勤保障和安全保卫工作中，除负责辐射安全所业务保障管理职责以外，还承担办公区和家属区管理工作，任务重、责任大。2023 年，后勤和保卫人员克服重重困难，保障了辐射安全所的工作正常运转。按计划完成国有资产管理、公费医疗服务管理、物资供应、供暖、供电、供水、车辆运行、综合治理及安全保卫等工作。

（谭慧、冒煦、刘青杰）

农村改水技术指导中心

【工作概况】2023 年，继续围绕农村饮用水卫生、农村环境卫生、农村改厕以及相关的健康影响和疾病预防控制，组织开展相关检测、监测、科研、技术指导和技术支撑工作。完成学习贯彻习近平新时代中国特色社会主义思想主题教育各项工作方案的制定和工作的实施。积极参与应急相关工作，单位重大自然灾害卫生应急先遣队队员先后 3 人次分别赴重庆市、天津市和山西省开展灾后卫生防疫工作。做好教育培训工作，完成硕士研究生的招生录取、中期考核、学位授予等管理工作。完成 3 名中层干部选任，1 名社招人员录用工作。完成 23 项管理制度制修订工作，其中新增管理制度 7 项，修订 16 项。

【学习贯彻习近平新时代中国特色社会主义思想主题教育】精心谋划，认真组织，完成学习贯彻习近平新时代中国特色社会主义思想主题教育各项工作方案的制定和工作的实施，包括读书班、课题调研、整改整治工作、警示教育月活动、调研成果交流、专题党课、专题民主生活会、整改落实情况“回头看”等工作。

【完善基层党组织建设】完成 2 个在职党支部重新组建工作，1 个退休党支部换届工作。2023 年 11 月，顺利完成党总支换届工作，选举产生了新一届党总支委员。

【农村饮用水水质卫生监测工作】2023 年，继续组织 31 个省（自治区、直辖市）和新疆生产建设兵团的各级疾控中心完成农村饮用水枯水期和丰水期的水质卫生监测工作。共检测分析水样 191 117 份，完成监测任务量的 113.77%；监测覆盖 31 个省（自治区、直辖市）和新疆生产建设兵团的 2 791 个县（市、区、旗）、30 777 个乡镇，基本达到监测乡镇全覆盖。

【质控考核项目工作】为加强全国农村饮用水水质监测质量控制工作，提高监测工作水质检验数据的准确性和可靠性，2023 年，组织开展全国农村饮水监测实验室质控考核工作，31 个省（自治区、直辖市）和新疆生产建设兵团的 2 112 家参加农村饮用水水质监测工作的市、县级疾病预防控制中心实验室参加了饮水中氟化物、砷和氯酸盐质控考核工作。

【饮水中新污染物暴露水平及风险评估项目】在四川、河南和辽宁 3 个省的 12 个市采集 85 个水厂的水源水、出厂水和末梢水共计 255 份样品，并完成水厂相关信息的收集工作。同时，对样品中 8 种雌激素类和 13 种酚类环境雌激素新污染物进行检测和评价工作。通过项目的开展，建立了饮水中 21 种新污染物的分析方法，进一步完善了我国农村地区饮水中风险指标的基础数据。

【农村饮水安全工程卫生学评价项目】2023 年，继续开展农村饮水安全工程卫生学评价项目，在 26 个省（自治区、直辖市）的 105 个县（区）对 165 座农村饮水安全工程开展了卫生学评价，主要是通过对供水工程的设计、建设以及运行管理和监督、水质检测等各个环节存在的影响水质安全的因素及其危害进行评价，提出建议与对策，从而优化农村饮水安全工程的设计、建设和运行管理，在更大程度上保障农村饮水安全。2023 年，组织召开会议 3 次，举办国家级继续医学教育培训 1 场，赴现场进行技术指导 4 次。编印《农村饮水安全工程卫生学评价操作指导手册（2023 年版）》和《2021 年农村饮水安全工程卫生学评价案例汇编》。

【“农村学校和家庭饮水安全与健康饮水调查及干预”项目】2023 年，组织在 5 个省（自治区）的 6 个县（区）开展“农村学校和家庭饮水安全与健康饮水调查及干预”项目，以饮水安全与健康饮水为核心，以学校为中心，对农村学校和家庭饮水安全与健康饮水进行调查及干预，同时，对部分小学生开展饮水量和水合状态的调查研究。

【全国农村环境卫生监测项目总结】按照国家疾控局的工作要求，完成 2011—2021 年全国农村环境卫生监测数据库、数据集、技术手册、论文集和项目总结报告的完善和上报；实现全国农村环境卫生监测信息系统在中国疾控中心流行病学动态数据采集平台重建。

【农村环境卫生监测调研】结合学习贯彻习近平新时代中国特色社会主义思想主题教育，在 31 个省（自治区、直辖市）和新疆生产建设兵团开展农村环境卫生监测调研。通过书面和现场调研，了解省、市、县疾控机构农村环境卫生工作的进展与需求，完成《全国农村环境卫生监测方案（修订建议稿）》，完成《农村环境卫生监测调研报告》并报送国家疾控局。

【农村环境卫生现状及改厕需求调查与评估】为了解基层农村环境卫生现状及改厕需求，在“三区三州”地区选择新疆维吾尔自治区喀什地区疏附县、四川省西昌市和云南省怒江州泸水市开展农村环境卫生干预效果与评价体系应用研究，在吉林省吉林市蛟河市、安徽省黄山市歙县和湖南省永州市东安县开展农村改厕卫生学评价，完成项目培训、现场指导和项目总结。

【重点农村地区基础卫生设施改善的干预效果评价】在陕西省汉中市勉县和四川省眉山市彭山区，开展重点农村地区基础卫生设施改善的干预效果评价项目。开展小学生手卫生问卷设计与评价，完成知、信、行基线调查，健康教育和干预效果评价。

【西部地区农村学校“厕所革命”健康教育干预效益分析】在四川、云南、陕西、新疆 4 个省（自治区）的 16 所学校开展“厕所革命”健康教育干预效益分析工作，为科学开展改厕宣传及技术指导提供科学依据。通过健康教育的干预，项目学校有效地改善了学生饮水、洗手等基本环境卫生设施，提高了学生的卫生知识知晓水平，并促进了学生养成良好的卫生行为习惯。

【开展援疆援藏工作】为提升新疆维吾尔自治区饮用水水质卫生监测工作能力，在新疆维吾尔自治区和田地区组织召开全国农村饮用水监测技术培训班，针对新疆维吾尔自治区各级疾控中心专业技术人员近 100 人进行培训。为促进当地农村环境卫生改善，在新疆维吾尔自治区喀什地区疏附县开展农村环境卫生干预效果与评价体系应用研究技术培训和现场工作，提高了基层疾控中心的相关业务和技术能力。派员 1 名赴拉萨市，对西藏自治区饮用水监测工作人员开展饮用水监测数据审核相关培训，提升了当地业务人员的数据审核能力。

【国家级继续医学教育培训】2023 年 9 月 19—23 日，在重庆市举办农村集中式供水工程卫生学评价技术培训班，主要内容包括村镇供水工程技术规范、农村供水水质保障技术与措施、农村集中式供水工程水源卫生学评价、农村集中式供水工程水质管理与评价、农村集中式供水工程卫生学调查要点、农村集中式供水工程主要卫生学风险、《生活饮用水卫生标准》及《生活饮用水标准检验方法》解读、新增指标和消毒剂副产物指标检测要求、农村饮水安全计划指导手册及应用等，共培训省、市、县级卫生学评价技术人员 100 余人。

【教育培训】2023 年，完成 1 名硕士研究生招生录取，3 名硕士研究生毕业，3 名硕士研究生取得硕士学位。按计划有序推进在读研究生的课题开题及中期考核工作；按要求组织开展导师遴选、副导师聘任，完成研究生的日常管理等工作。

【应急工作】按照国家疾控局及中国疾控中心派遣，单位重大自然灾害卫生应急先遣队队员先后 3 人次分别赴重庆市、天津市和山西省开展灾后卫生防疫工作。

【单位安全改造工作】完成综合楼南侧消防通道恢复工作，综合楼南侧已回收出租房安全改造，拆除违建、临街处砌墙，院内开门开窗；综合楼北侧回收出租房安全改造，拆除违建，并有序推进综合楼北侧墙体恢复。

【单位管理制度完善】在保密工作、档案工作、后勤工作、财务工作、资产工作和后勤工作 6 个方面，完成 23 项管理制度制修订工作，其中新增管理制度 7 项，修订 16 项。

【党总支荣誉】2023 年，中国疾控中心改水中心党总支荣获国家卫生健康委直属机关党委颁发的“国家卫生健康委直属机关先进基层党组织”和国家疾控局直属机关党委颁发的“国家疾控局直属机关先进基层党组织”。

（路凯、王丽、王蕤）

妇幼保健中心

【工作概况】2023 年，坚持党建引领，促进妇幼健康工作高质量发展。

（1）推进党建工作。一是开展学习贯彻习近平新时代中国特色社会主义思想主题教育。完成妇幼保健机构文化建设调研、召开专题民主生活会，厘清问题清单并落实整改。推动党建业务进一步融合，着力解决一批群众期盼问题。二是积极开展党建活动和教育培训。在“七一”、国庆节等节点举办主题党日和党群活动；举办党员及干部职工培训，强化全员学习教育。三是全面加强党的领导。加强制度建设，制定工作要点并执行。重点抓实意识形态、安全、保密等工作，层层压实责任；推动党支部基础建设，争创“四强”党支部。四是持续推进全面从严治党。制定党风廉政和反腐败清单并组织落实；对干部党员职工经常性教育提醒、督促遵守中央八项规定精神，开展廉政和警示教育。按要求开展医药领域腐败问题集中整治工作。

（2）支撑行政管理。一是加强机构建设。完成 2022 年全国 3 082 所妇幼保健机构监测数据采集与分析，完成全国妇幼保健绩效考核相关工作。二是开展专科建设。遴选首批国家婚前、孕前保健特色专科单位各 27 家；推进妇幼中医药特色单位及国家更年期、青春期和新生儿保健特色专科建设。三是协助起草政策文件。起草《加速消除宫颈癌行动计划（2023—2030 年）》，并由国家卫生健康委等十部委联合发布，制修订标准、规范、指南、方案、报告与相关法律法规文件 20 余项。四是辅助生殖技术管理。维护国家级技术管理信息系统，开发评审专家库管理程序；完成辅助生殖技术服务情况调查；参加辅助生殖技术立法专班工作。五是母婴保健证件管理。顺利启用出生医学证明（第七版），开展证件管理调研和培训，协助处理网络舆情事件，推进证件信息化管理。六是协助筹备全国妇幼健康技能竞赛。

（3）提升行业能力。一是提升基层人员能力。建成妇幼营养与健康在线培训考核平台并上线慕课，其中孕产妇和儿童新冠病毒防治课程分别培训 67.2 万人和 68.7 万人；全国妇幼保健机构绩效考核线上培训 14.7 万余人次。婴幼儿营养喂养指导逐级培训约 29 万名村级儿童保健人员，组织新生儿早期基本保健、儿童早期发展、出生缺陷诊断技术、出生证明管理、消除母婴传播信息管理等培训 20 余期，培训 2 000 余人次。二是支持重点地区。新派驻援疆干部 1 名；实施西部地区新生儿科医师培训项目、中西部宫颈癌筛查项目、凉山州儿童营养与健康项目和妇幼健康大手拉小手项目，在新疆维吾尔自治区、西藏自治区开展婴幼儿营养喂养培训和新生儿复苏师资认证，促进资源下沉。

（4）抓好重点领域。一是儿童健康发展。开展世界母乳喂养周活动，完成儿童早期发展适宜技术培训和技术指导。推进助力乡村振兴——基层儿童早期发展项目。二是母婴安全保障。落实消除母婴传播行动计划，开展国家级评估。协助国务院客户端实现助产机构和危重孕产妇救治中心查询；开展全国危重孕产妇救治体系监测、孕产妇营养促进项目基线调查。三是妇女全生命周期健康管理。推进全国“两癌”防治，制作关键技术慕课和宫颈癌防治宣传片，实施“两癌”筛查监测及科学研究；完成青春期、更年期、妇女心理保健专项调查；开展青少年心理健康发展项目；开展国家重点研发计划子课题“中国女性绝经状况的流行病学调查研究”。四是拓展健康教育工作。开展369家妇幼保健机构新媒体科普作品影响力监测，制作和发布大量妇幼健康科普作品，升级优化“母子健康”App，实施妇幼健康教育材料开发和能力提升等项目。五是信息化建设和妇幼健康监测。推进妇幼健康服务信息系统整合，持续加强孕产妇及新生儿健康监测、淮河流域出生 / 出生缺陷及妊娠结局监测、典型城市孕产妇建档信息监测。

（5）开展国际交流。一是举办20多个国家、近100位代表参加的南南合作妇幼健康经验交流和培训活动，分享各国妇幼健康经验。二是持续推进与联合国儿童基金会、联合国人口基金、世界卫生组织、比尔及梅琳达·盖茨基金会等的合作活动稳步开展。

（6）促进自身建设。一是发挥党政工团合力，为职工办实事，解决职工午餐和研究生晚餐，开展主题讲座、读书实践和“金刚操”练习等活动，促进职工身心健康。二是严格落实保密安全、安全保卫、后勤保障、资产采购、科研教学、信息和数据安全等风险隐患排查，完成整改。三是组织岗位聘任和人才推荐。四是统筹科研教学管理，落实科研自查，组织伦理审查，推进母婴营养与健康研究课题实施，开展研究生教育。五是配合推进机构改革相关工作。

【开展国家重点研发计划子课题“中国女性绝经状况的流行病学调查研究”】2023年，作为国家重点研发计划“中国女性早绝经的风险预测及临床应用研究”子课题1“中国女性绝经状况的流行病学调查研究”承担单位，完成13个地市25个地区共计5万余人的流行病学调查研究，构建了大型数据库，为后续研究提供了有力保障。

【协助印发《加速消除宫颈癌行动计划（2023—2030年）》】协助国家卫生健康委妇幼司撰写修订《加速消除宫颈癌行动计划》。2023年1月5日，由国家卫生健康委联合教育部、民政部、财政部、国家疾控局等十部委印发《关于印发加速消除宫颈癌行动计划（2023—2030年）的通知》（国卫妇幼发〔2023〕1号），积极响应世界卫生组织提出的“加速消除宫颈癌全球战略”，推动我国消除宫颈癌进程，保护和增进广大妇女健康。

【建立“两癌”防治信息系统并投入使用】在前期“两癌”监测工作的基础上，开发建立涵盖“两癌”防治三级预防各环节的智能化“两癌”防治信息系统，并于2023年底投入使用，已有 3 个省使用该系统，收集个案信息 1 万余条。

【签署“两癌”综合防治项目合作协议】在国家卫生健康委妇幼司的指导下，由腾讯支持，中国疾控中心妇幼保健中心、中国出生缺陷干预救助基金会牵头，计划在四川省凉山州、云南省丽江市的 18 个重点县（市、区）实施“两癌”综合防治项目。2023 年 11 月，妇幼保健中心与中国出生缺陷干预救助基金会签署合作协议，旨在通过项目实施推动项目地区完善“两癌”综合防治服务体系，实现“两癌”一级、二级、三级预防的贯通整合和统筹实施，切实改善妇女健康意识和健康状况，形成可复制、可推广的典型经验。

【推进联合国儿童基金会青少年心理健康发展项目落实】2023 年，召开联合国儿童基金会青少年心理健康发展项目启动会和项目管理培训会，共 10 个项目省 800 余人次参会；完成第一批省级师资资料审查、面试、培训及考核工作，遴选第一批 19 所科研试点学校，在多地完成 50 余场次课程预试验工作；开发青少年心理健康服务包 10 节标准化参与式课程及配套课件，为推进青少年心理健康工作、扩大项目成果覆盖面奠定基础。

【推进联合国人口基金生殖健康项目多领域工作】2023 年，组织开展覆盖 31 个省（自治区、直辖市）的妇女心理保健工作现况调查，与 2 家试点单位签订工作协议开展试点筹备工作；参照国际国内青少年保健服务标准，调查了解近年来我国青少年健康领域工作的进展情况，完成青少年保健服务调查报告和青少年保健服务利用报告；修订针对妇女暴力医疗干预指南，撰写修订提纲，组织专家讨论，并完成现场调研。

【加强国家妇女保健特色专科建设工作】2023 年，组织开展国家婚前保健、孕前保健特色专科建设工作，遴选出首批国家婚前保健、孕前保健特色专科单位各 27 家；制定国家妇幼中医药特色单位建设申报表、评分表，组织开展妇幼中医药特色单位建设工作；修改完善妇女保健特色专科建设成果监测评估方案；修改完善国家更年期、孕产期保健特色专科典型经验案例集；开展妇幼保健特色专科与门诊群建设研究。

【开展妇女保健领域重点工作专项调查】2023 年，开展全国妇幼保健机构妇女心理保健、婚前保健、孕前保健工作现况调查，并撰写调研报告；开展 2023 年妇幼健康领域中医药工作进展情况调查，撰写完成妇幼健康领域中医药工作进展情况调查报告。

【持续推进消除艾滋病、梅毒和乙肝母婴传播评估工作】2023 年 4 月，国家卫生健康委妇幼司发文成立消除艾滋病、梅毒和乙肝母婴传播国家级评估专家组。按照工作部署，多次对专家组进行培训。2023 年 9—10 月，协助国家卫生健康委妇幼司开展第一批申请评估省份的现场评估工作，撰写评估报告报送国家卫生健康委妇幼司。经国家卫生健康委妇幼司审核，北京市、江苏省、湖南省、广东省和云南省成为全国第一批消除艾滋病、梅毒和乙肝母婴传播省份。

【基层产科医师培训子项目继续完成 2 115 名基层产科医师培训的指导和考核】按照国家卫生健康委妇幼司部署，实施基层产科医师培训子项目。该项目遴选一批产科医师培训基地和培训协同单位，构建了由产科医师培训基地牵头、培训协同单位参与的布局合理、设施规范的产科人才培训网络，培训对象为从事产科临床工作 3 年及以上的产科医师，采取集中授课、实地进修和线上学习相结合的方式开展培训。2023 年，完成中西部地区 22 个省（自治区、直辖市）和新疆生产建设兵团 2 115 名基层产科医师培训的指导和考核。

【妇幼保健机构能力建设项目持续推进三期建设】2021 年 4 月，财政部、国家卫生健康委下发通知，支持 31 个省级妇幼保健机构实施省域妇幼健康“大手拉小手”行动，加强“云上妇幼”远程医疗平台建设，促进妇幼优质医疗资源下沉基层。受国家卫生健康委妇幼司委托，组织制定《省域妇幼健康“大手拉小手”项目省级妇幼健康实践技能培训中心建设意见（2023 版）》《省级“云上妇幼”远程医疗平台接口规范（2023 版）》和《省域妇幼健康“大手拉小手”行动绩效目标考核评估表（2023 年）》等配套文件。充分发挥“云上妇幼”远程医疗平台一期建设远程教学、远程会诊、远程指导等基础功能；二期开展超声诊断远程会诊、阴道镜检查远程指导、腹腔镜手术远程指导、病理诊断远程会诊等服务模块建设；三期建立省级妇幼健康实践技能培训中心，围绕危重孕产妇救治、危重新生儿救治、宫颈癌防治、儿童眼保健等内容，将智慧医疗、智慧服务、标准化服务联系到一起，探索“云上妇幼”远程医疗平台服务效益最大化，引导妇产科、儿科优质医疗资源下沉，提高优质医疗资源的均质化、可及性和便利性。

【开展孕产妇营养健康素养与养育行为科学调查】华中科技大学牵头 7 家单位，共同申请科技基础资源调查专项“中国孕产妇营养与健康科学调查”（2019FY101000）项目，中国疾控中心妇幼保健中心负责牵头完成子课题 6“孕产妇营养健康素养与养育行为科学调查”（2019FY101006）。完成 2023 年度东北区域孕产妇营养调查问卷收集，数据录入、汇总清理，报送项目牵头单位进行数据汇交。

【制定《开展助产技术医疗机构基本标准》及《助产技术服务人员资格考核标准》】受国家卫生健康委妇幼司委托，负责《开展助产技术医疗机构基本标准》及《助产技术服务人员资格考核标准》制定工作。2023 年，开展内蒙古自治区及青海省的现场调研，完成国家卫生健康委相关司局、31个省（自治区、直辖市）、中华医学会、中华护理学会及中国妇幼保健协会的意见征求工作。2023年12月，撰写完成《开展助产技术医疗机构基本标准》及《助产技术服务人员资格考核标准》终稿。

【牵头编制新生儿早期基本保健技术服务标准】为建立新生儿生命早期基本保健服务标准，完善新生儿早期基本保健技术规范，获国家卫生健康委立项牵头编制新生儿早期基本保健技术服务标准。2023年3月8日，组织召开编写组第一次专家会议，联合国儿童基金会驻华办事处、北京大学第一医院、北京大学第三医院、北京协和医院、北京大学公共卫生学院、北京妇产医院、宁夏医科大学总医院、南方医科大学附属南方医院的多方专家参会。会上梳理了新生儿生命早期基本保健服务前期的研究成果，专家就标准编写框架达成共识。

【赴新疆、西藏开展新生儿复苏省级师资考核】2023年5月6日和6月12日，分别组织国家级师资赴新疆维吾尔自治区喀什市、西藏自治区拉萨市，开展新生儿复苏省级师资考核工作。经过"理论知识""授课能力""操作能力"单项淘汰制考核，两个自治区最终共52人通过考核并被选拔为省级师资，增补了新生儿复苏师资，帮助自治区搭建稳定的师资队伍，有助于自治区逐级开展新生儿复苏培训和督导、指导工作，提高两地产、儿科医护人员复苏技能，强化新生儿复苏能力，降低新生儿窒息的病死率和伤残率。

【开展世界母乳喂养周系列宣传活动】2023年8月1—7日是第32个世界母乳喂养周。以此为契机，2023年7月12日，组织专家团队赴云南省红河州妇幼保健院开展民族地区母乳喂养咨询与义诊活动，2023年7—8月，在国家级妇幼保健中心微信公众号推送母乳喂养咨询项目科普作品展播。本次世界母乳喂养周的主题为"助力职场家庭，促进母乳喂养"，2023年8月1日，联合北京市总工会女职工委员会在北京市、湖南省株洲市、福建省福州市三地开展母乳喂养宣传进企业系列活动，为职场父母普及科学育儿知识。通过开展一系列母乳喂养宣传活动，促进各地关注母乳喂养，助力婴幼儿养育照护服务。

【顺利完成2023年全国人类辅助生殖服务监测工作】2022年，首次印发《国家辅助生殖技术服务监测工作手册（2022版）》（简称工作手册）。工作手册的印发是国家辅助生殖技术服务监测工作步入全国规范化管理的关键节点，2023年是工作手册应用后开展全国辅助生殖技术服务监测工作的元年，经过数据填报、数据质控和全国数据确认等若干重要环节，2023年7月，正式形成可对全国各省级辅助生殖技术管理用户和各辅助生殖技术服务机构用户分层反馈的统计结果。该项工作的顺利完成标志着我国人类辅助生殖技术服务监测工作体系已经建立并逐步完善。

【开展“三级和二级妇幼保健院评审标准实施情况评估与修订研究”】2023年，对全国省级妇幼保健机构开展问卷调查，了解各省（自治区、直辖市）评审工作实施现状、对评审标准修订的意见和建议；对全国三级和二级妇幼保健院开展质量安全管理问卷调查，了解妇幼保健院质量持续改进状况。调查共计回收问卷1 784份，并在陕西、四川、湖北3个省10家妇幼保健机构开展现场调研，撰写研究报告，提出评审标准修订意见和建议。

【继续开发《妇幼保健机构全面质量检查手册》】2023年，继续开发《妇幼保健机构全面质量检查手册》，对书稿进行讨论和修改并定稿。全书共10章、30节，包括151张质量与安全检查表，覆盖妇幼机构质量安全管理重点内容和关键环节，可作为各级妇幼保健机构质量安全管理工具，也将用于对各级妇幼保健机构质量管理人员培训。

【开展“孕期空气污染暴露与早产和低出生体重关系队列研究”】2023年，开展“孕期空气污染暴露与早产和低出生体重关系队列研究”，制定研究方案并修改完善，开发课题数据采集微信小程序，并与10个省份12家协作单位签订任务委托书。2023年9月，该研究正式启动，共4 527例孕妇被纳入队列研究。

【开展妇幼健康服务信息系统整合】依据国家卫生健康委关于《全民健康信息化为基层减负工作措施》要求，通过分析妇幼保健中心信息系统现状，按照“科技创新与发展项目—妇幼健康服务信息系统整合项目”整体工作安排，先后召开建设方案和技术讨论会，完成公开招标并和招标开发企业签署合同，启动项目并完成业务需求调研，完成需求规格说明书和概要设计专家论证工作。

【开展网络信息和数据安全自查、整改与建设】为保障“两节”“两会”、世界大学生运动会、亚运会/亚残运会、国庆节等重要时点网络、网站、邮件和信息系统安全，以国家卫生行业关键信息基础设施—国家出生医学证明管理信息系统为核心，开展网络与数据自查、风险隐患排查、零报告和值班值守以及安全建设。修订和完善安全管理制度，开展数据安全专项自查与信息系统摸底，签署全员年度网络与信息安全责任承诺书，参加中国疾控中心攻防演练、组织网络安全应急实战演练，开展信息系统评估与安全加固等工作。完成2023—2027年信息系统安可替代项目实施方案并上报。2023年，未发生安全网络信息安全事故。

【开展淮河流域出生/出生缺陷及妊娠结局监测】2023年，继续在淮河流域14个监测区县开展出生及出生缺陷监测，共收集出生约6.8万例，出生缺陷约1 800例。在基础较好的部分区县，开展妊娠结局监测，收集流产信息。先后5次对江苏省、安徽省、山东省和河南省的 10 个区县开展国家级督导，初步完成监测数据年度分析报告，召开年度工作会议暨出生缺陷诊断技术培训班。实施该项目信息系统重建，完成需求调研、监测方案修订和信息系统需求分析、信息系统试运行，为正式上线做好准备。

【开展妇幼卫生信息标准与规范编制工作】2023 年，完成 12 个妇幼保健信息基本数据集标准的修订工作，顺利通过国家卫生健康委卫生信息标准委员会会审，并持续跟进标准审批及正式颁布情况。

【开展全民健康保障信息化工程—妇幼健康子系统建设工作】2023 年，修订完善联通共享试点工作方案，缩减共享指标和数据项，开展系统升级改造工作。

【升级全国产前诊断机构信息管理系统】2023 年，完成全国产前诊断机构及人员信息管理（表卡部分）修订，升级改造全国产前诊断机构信息管理系统，完成全国产前诊断机构白名单收集工作。

【完成妇幼健康信息化建设项目】2023 年，编制完善基于项目建设的妇幼健康大数据分析应用建设方案，完成项目终末总结和优秀案例编制及分享。

【成功举办全国妇幼保健机构绩效考核工作线上培训会】2023 年 12 月 26 日，举办全国妇幼保健机构绩效考核工作线上培训会。国家卫生健康委妇幼司妇女处副处长王亮、妇幼保健中心副主任王常合、绩效考核负责人员及绩效考核国家级专家参加了本次培训。各省（自治区、直辖市）和新疆生产建设兵团卫生健康委妇幼处负责同志、各级妇幼保健机构负责同志共计 14.7 万人次在线参加。本次培训进一步提高了各级机构对绩效考核工作的认识和对绩效考核指标的理解，对推进 2024 年绩效考核工作的实施具有重要意义。

【成功举办南南合作妇幼健康经验交流活动】2023 年 11 月 22—26 日，中国疾控中心妇幼保健中心、联合国人口基金会和联合国儿童基金会在广西壮族自治区南宁市成功举办南南合作妇幼健康经验交流活动。来自东盟秘书处，泰国、马来西亚、老挝等 5 个东盟国家，以及埃塞俄比亚、冈比亚、津巴布韦等 11 个非洲国家的卫生部官员，联合国人口基金、联合国儿童基金会的妇幼健康领域专家，国内各省（自治区、直辖市）妇幼保健院，医院、协会以及医学院校代表共 100 余人参加了交流活动。国家卫生健康委妇幼司副司长许宗余现场出席会议并做专题报告，中国疾控中心妇幼保健中心党委书记张学清出席会议。本次活动通过主旨演讲、专题报告、参观交流及圆桌讨论等形式，分享了各国在孕产保健、儿童保健、妇女保健的最佳实践，与会者对各国妇幼保健情况有了深入了解，并对未来优先合作领域进行了探讨。

【助力乡村振兴战略——基层儿童早期发展项目启动会顺利召开】2023 年 4 月 3 日，助力乡村振兴战略——基层儿童早期发展项目启动会在北京顺利召开。该项目由国家卫生健康委妇幼司、国务院妇女儿童工作委员会办公室、国家乡村振兴局政策法规司与联合国儿童基金会驻华办事处合作开展。来自 30 个项目省（自治区、直辖市）、84 个项目市（地、州）、191 个项目县（市、区）的相关负责人参加了此次会议。国家卫生健康委妇幼司司长宋莉、国务院妇女儿童工作委员会办公室常务副主任宋文珍、国家乡村振兴局政策法规司副司长曾佑志、联合国儿童基金会驻华办事处代理驻华代表金秀丽出席会议并致辞。本次会议介绍了项目实施方案，解读了项目技术指南，对于全面推动我国儿童早期发展工作具有重要意义。

【持续开展妇幼保健机构新媒体科普作品影响力指数监测工作】2023 年，在 2022 年微信公众号监测工作的基础上，扩大监测范围，增加视频类新媒体平台，选择注册比例较大的官方抖音和视频号持续开展监测工作，并持续进行监测机构的管理。截至 2023 年 12 月 31 日，参加微信公众号科普影响力监测的机构共 368 家，参加视频类科普影响力监测的三级妇幼保健院共 262 家，共监测 368 个微信公众号、195 个抖音号和 251 个视频号。通过妇幼保健中心微信公众号和官方网站，正式发布微信公众号科普作品影响力排行月榜单 12 期及 2022 年度榜单 1 期，发布视频类科普影响力排行月榜单 8 期。

【开展“孕产妇营养健康教育核心信息开发项目”】2023 年，承担国家卫生健康委—联合国儿童基金会“孕产妇营养促进项目”子项目“孕产妇营养健康教育核心信息开发项目”，开发《孕产妇营养保健咨询卡》和《孕产期营养健康教育核心信息及释义》，并在 60 家项目机构试用。

【出版发行《十万个健康为什么丛书——健康始于孕育》健康科普图书】组织专家编写完成图书《十万个健康为什么丛书——健康始于孕育》。该图书以“生命早期 1 000 天”为核心，选取公众最感兴趣的热点问题，编写涵盖备孕期、孕期、分娩及产褥期、新生儿护理、婴幼儿养育五大方面的科普知识。全书共 38.9 万字，于 2023 年 8 月由人民卫生出版社出版发行，部分重点内容在妇幼保健中心微信公众号陆续发布。

【出版发行《妇幼全生命周期健康教育基本信息（女性篇）》】组织专家编写完成《妇幼全生命周期健康教育基本信息（女性篇）》，于 2023 年 3 月由中国人口出版社以电子书的形式出版，并在妇幼保健中心官方网站、微信公众号等新媒体平台免费发行，图书印发

3 000册，面对31个省级妇幼保健机构免费赠阅。本书参加“健康知识普及行动—2023年新时代健康科普作品征集大赛”作品征集，成功入围科普图书类作品。

【开展妇幼保健机构健康教育需求调研】为了解各级妇幼保健机构从业人员的健康教育工作现状及需求，2023年5月，开展妇幼保健机构健康教育需求调研，完成新疆维吾尔自治区、广东省和河北省3个省（自治区）不同级别机构的现场调查，以及医疗机构、医务人员和服务对象的网络调查，并撰写调研报告。

【开展研究生管理工作】2023年，招收全日制儿少卫生与妇幼保健学硕士研究生2名，全日制公共卫生硕士研究生8名，非全日制公共卫生硕士研究生1名；招收儿少卫生与妇幼保健学博士研究生1名；推免招收2024年全日制儿少卫生与妇幼保健学硕士研究生1名，全日制公共卫生硕士研究生2名。2023年7月，儿少卫生与妇幼保健学博士研究生1名及硕士研究生9名通过毕业论文答辩，顺利毕业；新增儿少卫生与妇幼保健学硕士研究生导师1名，新增公共卫生硕士研究生导师3名。印发《关于加强2023—2024学年研究生非办公时间自习管理的通知》，加强研究生非办公时间的自习安全管理，开展办公区巡查；印发《研究生住宿管理办法（试行）》，全面加强研究生住宿管理，提升安全风险防范水平，并开展宿舍巡查9次。

【开展研究生安全教育培训】2023年5月，组织全体研究生开展安全教育培训，邀请中国疾控中心研究生院副院长陈同年、保卫处祁强参加并做指导，妇幼保健中心党委书记张学清，党委副书记、纪委书记、副主任王常合参加了此次培训。此次培训增强了全体学生的安全意识、责任意识和全局意识，为安全风险防范奠定了基础。

【开展母婴营养与健康研究项目工作】2023年6月，母婴营养与健康研究项目第四周期正式启动，继续支持各级妇幼保健机构开展创新性应用研究，进一步促进妇幼保健机构业务人员科研水平的提高。2023年12月，2023年度母婴营养与健康研究项目完成111项申报课题的形式审查、专家评审和线上答辩，最终确认立项课题14项。

【完成资产清算工作】完成机构改革前资产清算工作，并配合第三方审计部门完成该中心国有资产的清查盘点核实与复核抽查盘点工作。

【开展援疆工作】2023年7月，选派周立平同志作为第十一批援疆干部人才，援助新疆维吾尔自治区妇幼保健院，担任信息科主任。2023年12月，白符同志结束第十批第三期援疆干部人才援疆工作。

【国家卫生健康委妇幼健康中心“三定”印发】2023年7月，国家卫生健康委印发《国家卫生健康委关于印发国家卫生健康委妇幼健康中心主要职责、内设机构和人员编制规定的通知》（国卫人发〔2023〕21号）。根据国家卫生健康委工作安排，稳妥落实机构改革相关任务。

（聂妍、马媛）

第四部分 挂靠单位工作概况

地方病控制中心

【工作概况】

（1）协助国家疾控局制定《全国地方病防治巩固提升行动方案（2023—2025年）》。承办国家疾控局在哈尔滨市召开的全国地方病防治工作会议暨巩固提升行动部署会。完成2022年度地方病防治项目工作。组织31个省（自治区、直辖市）和新疆生产建设兵团开展2023年度地方病防治项目工作。开展全国地方病防治信息年报统计工作。按照国家疾控局《地方病防治三年攻坚行动“回头看”调查方案》的要求，组织各省开展三年攻坚行动“回头看”调查，汇总分析形成调查报告并上报国家疾控局。组织专家开展地方病防治专项三年攻坚行动社会学、卫生经济学评价和病区现场调研。开展全国氟砷实验室质控考核。进行标准立项、制定、修订等工作，落实标准升级改造项目，组织开展地方病标准前期研究及追踪评价。完成“5·15防治碘缺乏病日”系列宣传工作。举办2023年全国地方病防治技术竞赛，举办2023年全国大骨节病、地方性氟砷中毒、克山病等地方病防治技术培训班。为国家地方病防治工作提供技术支持和技术咨询。

（2）中标各级各类课题25项，其中，国家重点研发计划课题1项、国家自然科学基金面上项目3项。出版著作1部。发表SCI收录论文53篇、中文核心期刊论文14篇。在黑龙江省大庆市杜尔伯特蒙古族自治县继续建立自然人群队列，完成2 853人基线调查，累计完成10 510人的队列建设。招收硕士研究生27人、博士研究生20人，毕业硕士研究生43人、博士研究生15人。进站博士后2人，出站博士后5人。召开国家卫生健康委病因流行病学重点实验室、黑龙江省微量元素与人类健康重点实验室和黑龙江省高校病因流行病学重点实验室学术委员会会议。召开“中华医学会地方病学分会第十一届委员会换届会议暨第十一次全国地方病学术会议”，于钧教授当选主任委员。《中华地方病学杂志》在 2023 年期刊引证报告中的影响因子为 1.012，在 2023 年度中华医学会系列杂志审读中荣获“版权目次”“法定计量单位”审读优胜奖。

【中央转移支付地方病防治项目】组织 31 个省（自治区、直辖市）和新疆生产建设兵团完成 2022 年度地方病防治项目病情监测、患者治疗、随访管理、健康教育和能力建设等工作。完成 2022 年度地方病防治项目工作总结，组织撰写各病种技术报告。编印 2022 年度地方病防治项目子报告汇编和各省项目资料汇编。为国家疾控局提供 2022 年度中央对地方卫生健康转移支付疾控类项目地方病绩效评价相关数据。编制 2023 年地方病防治项目实施方案和资金预算。组织 31 个省（自治区、直辖市）和新疆生产建设兵团开展 2023 年度地方病防治项目工作，为各地开展防治工作提供技术指导和培训。根据各省行政区划变更及病人数量变化等情况，初步编制 2024—2026 年地方病防治项目实施方案和预算。

【全国地方病信息系统建设与防治信息统计】解决全民健康保障信息化工程地方病防治管理信息系统功能调整和用户延期等事宜。完成 2023 年中国疾病预防控制信息系统管理员备案。开展 2022 年全国地方病防治信息年报统计，编制地方病防治工作调查表。

【全国地方病标准工作】高彦辉教授担任第一届国家疾病预防控制标准委员会委员、地方病标准专业委员会主任委员，孙殿军教授、申红梅教授担任地方病标准专业委员会顾问，于钧教授担任副主任委员。按照国家疾控局要求，完成 11 项升级改造标准的协调性审查并重新进行报批。新立项制定地方病标准 6 项。牵头制定、修订在研标准 9 项。开展标准应用追踪评价和前期研究项目各 1 项。

【全国氟砷检测实验室质量控制】完成 2023 年度氟砷检测实验室质控考核。2023 年，参加水氟、尿氟、砖茶氟、水砷、尿砷测定实验室质控考核的实验室分别为 1 279 个、496 个、194 个、173 个和 113 个。参加考核实验室水氟测定考核结果反馈合格率为 89%；尿氟测定考核结果反馈合格率为 95.0%；砖茶氟测定考核结果反馈合格率为 78.8%；水砷测定考核结果反馈合格率为 81.0%；尿砷测定考核结果反馈合格率为 84.1%。

【地方病宣传教育】协助国家疾控局制作宣传海报和宣传视频，开展多渠道、多种形式“5・15 防治碘缺乏病日”系列活动和科普宣传。召开碘缺乏病专家研讨会。组织撰写“我国居民科学补碘 30 问”以及解读。遴选地方病国家科普专家。配合《健康报》开展我国地方病防治的成效和进展报道。推送微信公众号 30 期、地病中心网页新闻 44 篇。完成地病中心 2023 年网页更新工作。编印《地方病动态》5 期。

【技术培训与指导】承办 2023 年全国地方病防治技术竞赛，来自全国各省（自治区、直辖市）和新疆生产建设兵团的 200 余人参加。举办 2023 年全国地方性氟砷中毒、大骨节病、克山病防治技术培训班，培训 320 余人次。接收西藏自治区、山西省、云南省、四川省、江苏省、吉林省和浙江省 7 个省（自治区）的地方病防治技术人员进修学习。组织专家援助西藏自治区开展氟骨症诊断、氟含量检测、克山病诊断工作。选派 32 轮 54 人次专家到西藏自治区、福建省、山东省、内蒙古自治区、陕西省、黑龙江省、贵州省、重庆市、江苏省、浙江省、江西省、天津市、山西省、安徽省、河南省、云南省、青海省、海南省和吉林省 19 个省（自治区、直辖市），培训基层地方病防治人员 4 500 余人次。组织专家深入山西省、西藏自治区、福建省、贵州省、新疆维吾尔自治区、内蒙古自治区、甘肃省、四川省、吉林省、山东省、海南省和黑龙江省 12 个地方病防治重点省（自治区）开展现场调研和技术指导，累计调研 28 次。

【技术支持与咨询】根据地方病防治现状及防治工作需要，对现行的地方病各病种监测方案进行了修订，由国家疾控局正式印发。按照国家疾控局要求，开展全国地方病防治能力维持和巩固情况调研，撰写调研报告并上报国家疾控局。撰写 2022 年基本公共卫生服务地方病防治工作情况报告、我国地方病防治工作形势和问题分析报告、全国碘缺乏病和水源性高碘地区监测结果通报、地方性氟砷中毒防治形势和问题分析报告、地方性氟中毒防治现状分析及对策建议、联合国儿童基金会合作项目总结等材料。为国家疾控局提供全国以县为单位的地方病病区分布情况表、2022 年地方病患者建档立卡和随访管理数据、2022 年卫生健康统计公报地方病防治数据、2022 年卫生健康统计年鉴地方病防治数据等材料。承办中国疾控中心在哈尔滨医科大学召开的挂靠单位工作调研会。

（袁重胜、申红梅、毕晓明）

性病控制中心

【工作概况】2023 年，在国家疾控局的领导下，立足工作实际，坚持问题导向，不断加强性病监测和检测体系建设、提高性病临床服务能力，加强性病宣传教育，加大对重点地区（西藏自治区、四川省凉山州等）性病防治工作支持力度，开展神经梅毒哨点监测和生殖道衣原体综合防治试点工作，积极推进性病防治工作高质量开展。

【起草、制定相关文件】完成国家疾控局、中国疾控中心等上级部门交办的应急性、临时性工作任务近 40 项。进一步修改完善、充分论证《遏制梅毒传播行动计划》，并提交国家疾控局。组织起草并印发《2023 年全国性病防治工作要点》《性病规范化医疗服务指导方案》《全国性病患病率及行为危险因素监测指导方案（2023 年试行版）》《梅毒病例监测和随访管理工作方案（试行）》《凉山州规范化性病门诊考核要求》《2023 年性病防治主题宣传周活动实施方案》等文件。

【加强全国性病疫情监测与管理】

（1）完成 2023 年月度和年度疫情分析报告。在每月 5 日前，完成上月的全国性病疫情分析报告，与艾滋病疫情合编为《全国艾滋病性病丙肝综合防治信息月报》，上报国家疾控局，并反馈到 31 个省（自治区、直辖市）的性病防治机构，为全国性病防治工作提供依据。

（2）完成 2023 年全国性病患病率监测任务。结合艾滋病哨点，在 31 个省（自治区、直辖市）选择 165 个哨点、9 种人群开展梅毒、淋病和生殖道沙眼衣原体感染的患病率监测工作。

（3）完成 2023 年全国性病哨点医院监测工作。组织 94 家哨点医院对 7 247 例门诊性病病例进行信息收集，所有监测病例已被录入全国性病防治管理信息系统。

（4）开展全国梅毒病例监测和随访管理工作。选择 27 个省（自治区、直辖市）78 家医疗机构作为试点，完成 1 498 例梅毒病例初诊信息的采集、分析与管理。

（5）开展性病监测工作督导。2023 年 8—11 月，组织专家对重庆市渝中区、万州区，湖北省武汉市、天门市，黑龙江省哈尔滨市、佳木斯市，内蒙古自治区呼和浩特市、巴彦淖尔市 4 个省（自治区、直辖市）8 个地市 26 家医疗机构性病监测工作开展督导。

【加强全国性病实验室质量管理及耐药监测】

（1）加强省级性病中心实验室建设。完成西藏自治区、吉林省、内蒙古自治区、贵州省4个省（自治区）中心实验室的验收。截至2023年底，全国有25个省（自治区、直辖市）建立省级性病中心实验室，其中，17个建立在省级疾控中心、7个建立在省级皮肤病防治机构、1个建立在省级综合医院。

（2）加强全国性病实验室室间质量控制。组织全国290家单位参加2023年性病实验室室间质量评价活动，包括各省级性病中心实验室、省级医疗机构、全国淋球菌耐药监测点、全国性病疫情检测哨点辖区内医疗机构。本次活动共制备发放291套质控品（每套有5份考核样本），根据全国各单位回报结果，完成成绩评定及证书发放。

（3）开展淋球菌耐药监测。完成新一轮耐药监测技术方案的修订以及各监测点协议的签署。全国新增江西省、甘肃省、内蒙古自治区、安徽省4个省（自治区）开展监测工作，完成监测点的设置和初步培训。2023年，全国13个省19个淋球菌耐药监测点完成3 072株临床菌株信息收集及抗生药物敏感性检测。组织全国淋球菌耐药监测点实验室开展淋球菌药敏检测室间质量评价活动，全国20家淋球菌耐药监测点参加本次室间质评活动，开展头孢曲松等7种抗生素的药敏检测质控工作。

（4）完成梅毒快检试剂评估。完成12个品牌梅毒免疫层析法试剂和2个品牌梅毒螺旋体颗粒凝集试验（TPPA）试剂的评估，制备并检测约4 500份样本，发布评估报告。

（5）质量管理及参加质量验证工作。通过CNAS现场复评审，并根据相关要求，制订年度管理评审等各项计划，并完成内部审核和管理评审。参加国家卫生健康委临床检验中心组织的梅毒、沙眼衣原体、淋球菌检测项目的室间质评考核，以及中国疾控中心艾防中心组织的HIV质控考核，成绩均合格。

【加强梅毒筛查和规范诊疗】促进全国梅毒筛查工作，做好全国性病防治管理信息系统梅毒筛查资料的收集、审核、分析和统计。2023年，全国性病防治管理信息系统上报梅毒筛查人数11 034.34万人，同比增长15.2%。对梅毒筛查阳性者提供转介、规范诊疗等后续医疗服务。

【加强性病健康教育】

（1）组织策划世界艾滋病日暨性病防治主题宣传周活动。做好顶层设计，向全国各省（自治区、直辖市）印发《2023年性病防治主题宣传周活动实施方案》；组织开展优秀科普作品征集、评比活动，收集全国各地科普作品1 407件，经严格按照相关程序进行评审，评选出获奖作品57件，10家单位获优秀组织奖；制作性病防治主题宣传周海报、科普宣传及案例写真视频供全国各地下载使用；组织中心专家赴凉山州开展义诊咨询活动。

（2）创新性病健康教育模式与方法。充分开发利用“携手医访”新媒体平台开展性病健康教育。截至 2023 年 12 月底，已有 13 925 家医疗卫生机构和 132 925 名医生入驻该平台，在线提供健康科普、发放干预包及门诊随访服务。2023 年，更新科普文章、视频 1 399 篇，阅读量逾 51 万人次。充分利用新媒体平台推进“医防协同”“多病同防”新格局，有效突破性病健康教育瓶颈。

（3）牵头完成科普中国项目之性病科普视频的拍摄制作。承担中华医学健康科普工程——性病科普传播项目，组织 9 名专家聚焦 7 大类性病防治热点话题，完成 52 个性病科普视频的拍摄工作，全力打造优质科普。部分视频于 2023 年 12 月 1 日“世界艾滋病日”“性病主题宣传周”前陆续在科普中国、院所 / 中心官网等多个平台发布。

【开展神经梅毒哨点监测和生殖道衣原体感染综合防治试点】

（1）开展神经梅毒的监测、防治和研究。组织开展神经梅毒临床哨点监测，常规收集神经梅毒监测资料和样本，并定期分析监测结果。2023 年，40 家哨点单位收集新发神经梅毒临床诊疗信息 197 例、血清标本 110 份、脑脊液标本 113 份。

（2）持续推进全国生殖道衣原体感染综合防治项目。开展生殖道衣原体感染综合防治试点现场指导，继续推进生殖道衣原体感染疾病负担监测和应用性研究，组织编写《生殖道衣原体感染筛查技术指南》《生殖道沙眼衣原体感染的综合防治》。

【加强对重点地区性病防治工作支持力度】

（1）推进凉山州攻坚第二阶段性病防治工作。组织编写《性病规范化医疗服务指导方案》和《规范化性病门诊考核要求》。开展凉山州 17 个区县的性病门诊建设现状调查，以此为依据，启动凉山州规范化性病门诊建设工作。参与组织并承担凉山州性病诊疗培训班 3 期；赴现场考察各县区性病门诊建设现状，提供技术支持；先后委派 1 名专家、1 名技术骨干赴凉山州担任第二阶段“四病共防”工作站站长，协调“四病共防”工作进程，推进规范化门诊建设和验收工作。2023 年 12 月中下旬，组织北京市、上海市、广东省等省（直辖市）开展性病规范化诊疗门诊验收工作，首轮完成 8 个县区 11 家性病门诊考核验收。

（2）提升西藏地区性病防治与科研能力。完成“西藏地区性病流行病学和病原体耐药性调查”项目，为西藏自治区下一步性病防治工作打下坚实基础。与西藏自治区卫生健康委沟通辖区内梅毒防控工作，签署委托办事项目协议；对口支援西藏自治区疾控中心性病艾滋病防治所，支持实验室能力建设及质量管理；组织编写《西藏自治区遏制梅毒传播行动计划（2023—2025 年）》；组织开展西藏自治区梅毒防控能力基线调查。

【组织召开全国性会议、培训及重要活动】

（1）组织召开全国性会议、专题讨论会 5 期。会议主要包括全国性病患病率监测工作专家研讨会、全国淋球菌耐药监测方案研讨会、2023 年度全国性病实验室质量管理工作研讨会、2023 年淋球菌感染与耐药国际会议、生殖道衣原体感染防治研究学术会议等，参会代表覆盖 31 个省（自治区、直辖市）和新疆生产建设兵团。

（2）举办全国性培训 5 期。培训人员逾 300 人，覆盖 31 个省（自治区、直辖市）和新疆生产建设兵团，包括性病健康教育与干预培训班、性病监测与现场调查培训班、性传播疾病实验室检测技术培训班国家级继续医学教育项目 3 项，全国梅毒病例监测与随访管理暨性病患病率监测培训会、2023 年全国性病防治骨干培训班等。此外，通过调研、督导、考核验收、现场带教、提供培训师资等方式，对全国 20 多个省（自治区、直辖市）的性病防治工作进行业务指导和技术支持。

（3）接待国家疾控局、中国疾控中心领导 2 批次 10 余人次现场调研。此外，不定期组织针对落实国家疾控局、中国疾控中心部署的各项临时性工作任务的内部专题讨论会 20 余场次。

【承担科研课题与国际合作】

（1）新申请获批准的科研项目 2 项。北京协和医学院中央高校基本科研业务费项目“我国多地区梅毒患者临床特点与梅毒螺旋体耐药的分子流行病学研究”（项目编号：3332023078）和“医疗机构开展神经梅毒筛查的成本效益研究”（项目编号：3332023077）。

（2）在研项目 7 项。项目分别为中国医学科学院中央级公益性科研院所基本科研业务费专项资助项目“西藏地区性传播疾病流行病学及病原体耐药状况的调查”“西藏自治区淋球菌耐药监测能力建设及耐药菌初步研究”，中国医学科学院医学与健康科技创新工程“临床医学数据整合与分析平台”，南京市科技计划项目“皮肤病与性病临床医学研究中心建设”，西藏自治区自然科学基金项目“西藏自治区淋病奈瑟菌耐药的分子流行病学研究”等。

（3）结题项目 1 项。世界卫生组织合作项目“毛滴虫快速检测技术的评估研究”。

（4）举办第三届 2023 年淋球菌感染与耐药国际会议。来自英国、俄罗斯、日本、越南、蒙古国、泰国等国家卫生行政部门及疾控机构，美国、澳大利亚等 11 个国家大学及研究机构的国际知名专家和学者 22 人参加会议。会后，组织 13 名参会代表赴中国疾控中心性病控制中心参观交流。

【开展研究生、进修生教育】2023 年，培养博士研究生 8 人、硕士研究生 9 人，招收进修生 9 人。

【发表论文论著及荣誉表彰】

（1）以第一作者、通信作者发表论文 22 篇，其中 SCI 论文 18 篇。

（2）科普宣传视频《揭秘性病界“变脸高手”》荣获第九届江苏省科普公益作品大赛二等奖；以“三联三精三融”探索建立性病健康教育的新模式获2023年健康促进医院优秀案例奖。

（3）性病参比实验室被授予“江苏省工人先锋号”。

（许丹丹、葛凤琴、陈祥生、王千秋、龚向东、陈绍椿）

麻风病控制中心

【全国麻风病防治规划专家研讨、项目论证和风险评估】

（1）2023 年 3 月 29 日—4 月 1 日，在江苏省镇江市丹阳市召开全国麻风病防治规划和技术指南专家研讨会，来自江苏省、浙江省、安徽省等 15 个省（自治区、直辖市）的 21 位专家参加会议。此次会议主要讨论并形成《中国全面消除麻风病危害规划（2023—2030 年）（讨论稿）》等。

（2）2023 年 7 月 17 日，国家疾控局传防司司长雷正龙一行 4 人来访开展调研。当天下午，与中国医学科学院皮肤病医院（中国医学科学院皮肤病研究所，简称医科院皮研所）党委书记林彤和有关专家，以及湖南省、贵州省和云南省等 6 个麻风中高流行省的专家 40 人参加全国麻风病防治规划专家研讨会，重点讨论《全面消除麻风病危害可持续发展规划（2023—2030 年）（征求意见稿）》，尤其是新形势下麻风政策支持、经费保障、人才和技术储备等问题，对该规划措施和工作目标提出具体修改意见和建议。

（3）2023 年 8 月 22—24 日，在江苏省镇江市丹阳市召开全国麻风病防治规划专家研讨会，江苏省、浙江省和安徽省等 7 个省（自治区、直辖市）的 11 位专家参会，完成对《全面消除麻风病危害可持续发展规划（2023—2030 年）（征求意见稿）》的研讨和修订工作。

（4）2023 年 9 月 5 日，在江苏省南京市举办全国麻风病防治规划专家论证会，国家疾控局传防司艾结处一级调研员刘海涛等一行 2 人，医科院皮研所执行院所长陆前进、党委副书记杨雪源和麻风老专家江澄等，以及浙江省、山东省和广东省等 14 个省（自治区、直辖市）的 28 位专家参会，进一步对《全面消除麻风病危害可持续发展规划（2023—2030 年）》修订稿内容开展讨论和修改。

（5）2023 年 10 月 20 日，国家疾控局传防司在北京市召开麻风病防治工作研讨会，国家疾控局传防司司长雷正龙出席会议，医科院皮研所党委书记林彤一行 5 人，原卫生部疾病控制司专家申鹏章，以及山东省、广东省和云南省等 11 个省（自治区、直辖市）的 22 位专家受邀参会。本次会议的主要内容是介绍麻风病规划编制进展，讨论交流麻风病规划内容，研讨下一步工作建议。

（6）2023 年 12 月 13 日，国家疾控局传防司在北京市召开《全面消除麻风危害可持续发展规划（2023—2030 年）》专家论证会和风险评估会，国家疾控局传防司艾结处一级调研员刘海涛、副处长李振红，医科院皮研所执行院所长陆前进一行 5 人，中国麻风防治协会、马海德基金会等机构 / 部门的专家学者，以及福建省、贵州省和云南省等 7 个麻风中高流行省（自治区、直辖市）的 24 位专家参会。会议综合评估结果认为，该规划的制定契合当前防治形势的需要，总体思路清晰，目标设计科学，防治措施可行，保障措施有力，为今后我国麻风病防治工作的可持续发展提供纲领性指引。此外，该规划的出台可能引发的社会稳定风险等级为低风险，风险总体可控。

【疫情监测】

（1）通过全国麻风病防治管理信息系统（Leprosy Management Information System in China，LEPMIS）开展数据收集和质量控制工作，包括定期开展全国麻风病防治工作情况通报，定期开展全国各省麻风病疫情报表收集、审核和汇总，统筹开展全国麻风病防治机构现况调研等，督促和指导各省开展各项麻风病疫情监测工作。2023 年 3 月，举办 2023 年全国麻风病防治管理信息系统会议暨培训班；2023 年 6 月，举办全国麻风病防治管理信息系统培训班；2023 年 12 月，举办全国麻风病防治管理信息系统专家研讨会暨全国麻风病疫情监测组第二次扩大会议，加强麻风病疫情监测质量控制。印发《关于表彰 2021—2022 年度全国麻风病防治管理信息系统工作先进集体和先进个人的决定》，对 64 家先进集体和 85 名先进个人予以表彰；赴内蒙古自治区、浙江省、广东省、广西壮族自治区等省（自治区、直辖市）开展输入病例、畸残康复和儿童病例等现场专项调研，提供疫情监测等相关技术支持。

（2）根据国家疾控局、中国疾控中心等部门要求，及时提供 2022 年度全国传染病监测报告（麻风病）、2023 年全球麻风规划数据报告、2011—2022 年麻风防控报告及摘要以及党的十八大以来麻风援藏情况等资料；派员参加中国疾控中心召开的挂靠单位工作调研会、2023 年全国皮肤病防治学术年会、中国疾病预防控制信息系统用户扫码功能培训等会议；加强传染病报告系统安全管理和质量控制，对系统差异开展数据分析和报告，及时办理中国疾病预防控制信息系统 2022 年用户延期工作。

【会议、培训及重要活动】

（1）国家疾控局局长沈洪兵一行来访调研性病麻风病防治工作。2023 年 10 月 16 日，国家疾控局局长、中国疾控中心主任沈洪兵院士一行 6 人来访开展调研，江苏省卫生健康委副主任、江苏省疾控局局长周明浩全程陪同。医科院皮研所党委书记林彤、执行院所长陆前进、党委副书记杨雪源及相关职能处室负责人、性病和麻风病控制中心分管领导、各科室主任及职工代表 28 人参加本次调研座谈会。座谈会结束后，调研组一行实地参观中国麻风博物馆及中国医学科学院皮肤病医院院史馆。

（2）2023 年全国麻风病防治管理信息系统会议暨培训班。2023 年 3 月 8—10 日，在福建省福州市举办 2023 年全国麻风病防治管理信息系统会议暨培训班，国家疾控局传防司艾结处一级调研员刘海涛、医科院皮研所执行院所长陆前进等，以及 31 个省（自治区、直辖市）和新疆生产建设兵团代表 83 人参会。会议的主要内容是会审 2022 年度全国麻风病疫情监测资料及报表、总结和交流 2022 年度全国麻风病防治管理信息系统工作、布置 2023 年麻风病疫情监测相关工作任务和首届全国麻风病防治主题宣传及健康科普活动颁奖等。

（3）全国麻风病防治管理信息系统培训班。2023 年 6 月 25—29 日，在吉林省延边朝鲜族自治州延吉市举办全国麻风病防治管理信息系统培训班［项目编号：J15-23-09（国）］。本次培训班采用线上线下相结合的培训方式，31 个省（自治区、直辖市）和新疆生产建设兵团 270 余人参加。培训内容主要有介绍国内外麻风病防治最新进展、流行形势与防治策略，推广麻风早期发现实验室技术和仪器操作，开展全国麻风病防治管理信息系统基本操作演练等。

（4）全国麻风病防治骨干培训班。2023 年 9 月 11—15 日，在广东省珠海市举办全国麻风病防治骨干培训班［项目编号：J15-23-10（国）］，广东省皮肤性病防治中心协办。此次培训班采用线上线下相结合的培训方式，31 个省（自治区、直辖市）和新疆生产建设兵团近 600 人参加培训。培训内容主要有全球麻风流行形势、实验诊断研究进展、麻风病原学和实验室技术、麻风病以及麻风反应的诊断和治疗、麻风神经损害临床诊疗、麻风溃疡处理、麻风相关药品临床应用、健康教育和自我护理、流行病学指标等。

（5）全国麻风及其他分枝杆菌感染实验室诊断技术学习班。2023 年 9 月 25—27 日，在江苏省南京市举办全国麻风及其他分枝杆菌感染实验室诊断技术学习班，全国麻风检验及防治相关人员 60 余人参加培训，培训内容主要有介绍麻风及其他分枝杆菌皮肤感染实验室检测技术、分子生物学及免疫学进展，以及麻风畸残预防与康复、诊断和鉴别诊断和防治进展等，现场带教麻风患者皮肤切刮液取材、制片镜检及其他检测技术，以及示教其他分枝杆菌的实验室检查（细菌培养、分子检测等）。

（6）全国麻风病防治管理信息系统专家研讨会暨全国麻风病疫情监测组第二次扩大会议。2023 年 11 月 30 日—12 月 2 日，在江苏省苏州市召开全国麻风病防治管理信息系统专家研讨会暨全国麻风病疫情监测组第二次扩大会议，江苏省、浙江省和广东省等 15 个省（自治区、直辖市）的 21 位专家参会。会议的主要内容是研讨全国麻风病防治管理信息系统优化内容和开发需求，讨论和布置 2024 年全国麻风病疫情监测项目工作。

【畸残预防和康复手术】

1. 2023 年西藏麻风畸残康复手术

（1）西藏麻风畸残康复手术项目讨论会。2023 年 2 月 28 日，在线组织召开西藏麻风畸残康复手术项目讨论会，医科院皮研所党委书记林彤、执行院所长陆前进等有关领导专家，西藏自治区卫生健康委疾控处副处长卓嘎以及西藏自治区疾控中心分管副主任龚弘强、西藏自治区疾控中心结防所所长尼玛曲措和副所长宋启飞等 20 人参会，讨论 2023 年西藏自治区开展麻风畸残康复手术项目安排。

（2）西藏麻风畸残康复现场筛查工作。2023 年 4 月 18—22 日，委派专家赴西藏自治区拉萨市和林芝市开展麻风畸残者康复手术需求筛查工作，访视麻风畸残者 132 人，初步筛查出符合手术适应证的患者 19 人，并与西藏自治区疾控中心专家商讨和确定后续手术要求和工作安排等。

（3）开展三期麻风畸残矫形手术。2023 年 5—6 月，先后 3 次组织手术医疗队赴西藏自治区昌都市、林芝市和拉萨市 3 地，协助西藏自治区疾控中心开展麻风畸残矫形手术，经患者知情同意，实际开展麻风畸残矫形手术 14 人次，患者术后康复情况良好。

（4）联学联建和麻风慰问。2023 年 6 月 14—17 日，由医科院皮研所党委书记林彤带队，科研防治第一党支部、第二党支部党员等一行 7 人赴拉萨市，开展麻风病防治工作调研、主题党日联学联建和麻风慰问活动，将党建与业务深度融合。

2. 浙江麻风畸残康复调研工作

2023 年 7 月 19—21 日，严良斌等一行 2 人赴浙江省皮肤病医院（浙江省皮肤病防治研究所）上柏住院部开展麻风畸残康复调研工作，重点对麻风院区的管理、麻风畸残患者眼手足自我护理及麻风溃疡处置等工作进行调研和交流。

【麻风专项调研和督导】

1. 儿童麻风病例专项调研

（1）广东儿童麻风病例专项调研。2023 年 4 月 25—28 日，麻风病防治室主任余美文等一行 2 人，在广东省皮肤性病防治中心麻风病预防控制科主任王晓华等的陪同下，赴广东省深圳市、肇庆市、阳江市和湛江市开展儿童麻风病例专项调研工作，先后走访 6 家基层麻风病防治机构，会诊儿童麻风病患者及麻风疑难患者 15 人，指导儿童麻风病例调查随访、治疗管理和早期发现工作。

（2）广西儿童麻风病例专项调研。2023 年 5 月 17—18 日，麻风病防治室主任余美文等一行 3 人，赴广西壮族自治区崇左市开展儿童麻风病例专项调研工作，对当地疑难麻风病例进行专家会诊，广西壮族自治区皮肤病防治研究所副所长张杰等同志陪同调研。余美文等专家现场对崇左市的儿童现症麻风病患者以及数名疗效不佳、长期未愈、反复出现麻风反应的疑难麻风病患者进行会诊和示教，并指导制定下一步治疗方案。此外，调研组一行赴崇左市大新县岜关康复村开展慰问活动。

2. 低流行地区麻风病例专项调研

内蒙古自治区是我国麻风低流行地区，多年来一直无新发麻风病例报告。2023 年 3 月，内蒙古自治区赤峰市发现 1 例麻风病患者。为了更好地做好麻风病患者管理工作，2023 年 8 月 2—4 日，委派专家调研组一行 3 人赴内蒙古自治区赤峰市开展麻风病例专项调研工作，内蒙古自治区综合疾控中心有关专家陪同调研。本次调研的主要内容是了解当地麻风病防治管理及麻风病监测项目落实情况、麻风病新发病例发现和治疗情况以及麻风病例判愈情况等。

3. 湖南麻风病防治机构专项调研

2023 年 10 月 27—29 日，麻风病防治室主任余美文等一行 2 人赴湖南省湘西土家族苗族自治州吉首市开展麻风防治机构专项调研工作，重点了解当地麻风病防治机构现况和麻风病防治技能培训基地建设情况，并应邀参加湖南省麻风病防治技能培训基地、湖南省重症患者治疗中心的授牌仪式。此外，赴花垣县麻风村调研和访视麻风病畸残患者。

4. 新疆麻风病防治工作督导和畸残病人手术筛查

2023 年 11 月 5—7 日，麻风和分枝杆菌实验室主任王洪生、麻风病防治室主任余美文和严良斌等一行 5 人，受邀赴新疆维吾尔自治区和田市参加由新疆维吾尔自治区疾控中心组织召开的新疆麻风病防治培训班并授课。2023 年 11 月 7 日下午至 11 月 10 日，余美文等一行 4 人在新疆维吾尔自治区疾控中心结核病与麻风病防治中心主任王新旗等同志的陪同下，赴和田地区洛浦县和墨玉县、喀什地区叶城县开展麻风病防治工作督导。其中，在和田地区洛浦县多鲁乡麻风病院，访视由各县麻风病防治机构护送来的急需会诊的麻风病患者 21 人，现场为当地麻风病防治人员开展麻风病诊断、治疗和康复等方面的技术指导，并为有手术需求的麻风畸残患者开展术前筛查，为该麻风病院残疾患者送上慰问物资；在墨玉县疾控中心集中会诊麻风患者 8 人，并在当地村医的陪同下，赴墨玉县英也尔乡入户访视麻风畸残患者 4 人，现场指导村医、麻风畸残患者及其家属开展自我护理等工作；在喀什地区叶城县疾控中心集中会诊麻风病患者 10 人，并为有手术需求的麻风畸残患者开展术前筛查。此次新疆麻风病防治工作督导得到当地各级政府和麻风病防治机构的重视和支持，双方就 2024 年继续委托培养基层麻风防治骨干和联合开展麻风畸残康复手术等工作达成共识并制订初步计划。

除上述专项麻风调研和督导工作外，先后委派专家为云南省、贵州省、西藏自治区等 10 余个省（自治区、直辖市）提供麻风技术指导和培训 20 余人次。

【全国麻风药品管理】

1. 药品申请

2023 年 3 月，向国家疾控局传防司报送关于麻风病联合化疗药品使用情况报告；2023 年 12 月，报送国家疾控局和世界卫生组织关于 2024 年中国麻风病联合化疗药品需求。

2. 药品发放

按照年度计划，分别于 2022 年 11 月、2023 年 6 月和 11 月向 25 个省（自治区、直辖市）和新疆生产建设兵团统一发放麻风病联合化疗药品，并根据相关需求开展药品补给工作。

3. 药品进口

2023 年 12 月，接收世界卫生组织无偿赠送的 21 箱麻风病联合化疗药品，运送至麻风药品专用库管理。

【麻风疑似病例确诊、重症会诊和耐药监测】协助全国各地麻风机构诊断和治疗麻风病疑难病例、严重药物及麻风反应174病例；对各地报送的491份疑似皮肤分枝杆菌或麻风杆菌感染的标本提供实验室诊断；对21例麻风病例的麻风菌株进行耐药检测，发现3例耐氨苯砜菌株，未发现耐利福平菌株和耐氧氟沙星菌株。今后会持续对我国麻风病耐药情况进行监测。

【麻风病科普宣传和首届麻风病防治主题宣传及健康科普作品表彰】2023年1月麻风节期间，配合国家疾控局筹备麻风节文件和进行相关活动总结；设计并向全国印发2023年麻风宣传公益海报；开展皮肤病义诊、麻风科普宣传、开放和组织参观中国麻风博物馆等活动，并借助报刊、网站、微信公众号、手机App等多媒体平台开展丰富的线上活动，扩大麻风节健康教育和科普宣传的力度和覆盖面；对全国各地麻风节宣传活动进行集锦和报道。2023年3月，印发《关于表彰首届麻风病防治主题宣传及健康科普作品征集活动优秀组织单位和获奖作品的通知》，对16家优秀组织单位和99件获奖科普作品进行表彰。2023年11月，以麻风防治核心知识点为纲，开发制作麻风科普动画视频《致残大师——麻风知多少？》。

【网站维护和更新】2023年，麻风病控制中心网站完成70篇文章的接收、校稿、网页制作和稿费发放等工作；积极配合相关部门要求，做好网站安全管理和信息报备等工作。

【中国麻风博物馆管理维护和专题活动】2023年，中国麻风博物馆接待39批次近700人次预约参观来访。为进一步强化科普宣传及史料研究功能，积极利用“世界防治麻风病日”“世界博物馆日”及院校师生暑期实践等契机，组织策划一系列与麻风相关的科普宣传活动。2023年9—10月，以马海德诞辰113周年纪念日为契机，在馆内专设“马海德与皮研所”专题展，以实物、手稿、照片、书籍、视频等再现马海德在皮研所开展医疗工作、深入基层防治麻风和性病等场景。

【学术交流与科研】

1. 学术交流

2023年，接待美国加利福尼亚大学洛杉矶分校皮肤科教授罗伯特·莫德林（Robert Modlin）、美国西北大学马菲阳、加利福尼亚大学洛杉矶分校谷怡蒨、长庚纪念医院钟文宏教授团队一行4人来访并进行学术交流。

2023 年 4 月 7—9 日，应邀参加中国麻风防治协会在山东省泰安市举办的 2023 年全国皮肤病防治学术年会，其中参与大会汇报和分会场主持 5 人次。

2. 科学研究和专利申请

2023 年，在研项目为 7 个，包括科技部国家重点研发计划“政府间国际科技创新合作”重点专项 1 个、国家自然科学基金面上项目和青年基金项目各 2 个、医科院创新工程临床转化项目 1 个、江苏省医学重点实验室项目 1 个；以第一作者或通信作者发表 SCI 论文 5 篇；新申请专利 1 项。2023 年，在国际会议上发言 8 人次，在全国性专业年会上主持或发言 20 次。撰写麻风、结核、非结核分枝杆菌诊疗指南，已投稿；积极进行现有专利技术的转化应用，已有 3 项技术在转化。

【研究生、进修生教育】

1. 研究生教育

2023 年，培养博士研究生 8 人、硕士研究生 3 人，其中包括与南京医科大学共同培养硕士生 2 人。

2. 进修生带教

2023 年，接收新疆维吾尔自治区疾控中心、新疆维吾尔自治区和田地区疾控中心、新疆维吾尔自治区阿克苏地区疾控中心和江苏省连云港市疾控中心、浙江省皮肤病医院、大连市皮肤病医院进修生共 7 人。

（孙培文、施影、诸萍、余美文、王洪生、葛凤琴）

结核病防治临床中心

【工作概况】围绕临床中心的核心工作与职能，在国家疾控局的领导下，推进各项工作开展，为国家结核病防控相关政策提供支持。

（1）参与国家结核病防治中长期规划（2023—2030年）的制定，参与结核病及相关传染病防治报告、建议等文件撰写10余项。举办“2023年全国结核病临床诊疗技能竞赛”，组织的11期线上赛前培训参与人数超10万人次，总决赛吸引全国6万多人参加，技能竞赛历时半年，各省（自治区、直辖市）高度重视、充分动员、全面培训、层层选拔，极大地调动了全国结核病临床诊疗专业人员的学习积极性，达到了以赛促学、以赛促练、以赛促干，提升结核病诊疗及防治水平的目的。积极推进结核病临床诊疗相关规范、指南、专家共识等技术文件的制定和更新，作为主要牵头单位之一，编写出版《中国结核病年鉴（2023）》《抗结核药物临床试验标准数据集》，发表《综合医疗机构肺结核早期发现临床实践指南》《老年肺结核诊断与治疗专家共识（2023版）》。完成“结核病医疗机构防治体系和运行机制研究”，基于54家医院的调查数据及3个省的调研结果，提出机构保障、体系建设、学科建设、医防融合、绩效考核等方面的建议。

（2）积极开展实验室质控工作。2023年，在全国100余家结核病医疗/防治机构开展实验室分子生物学检测的室间质评工作。针对结核病国内外最新指南、临床研究、新药规范使用、实验室检验等内容，开展多次培训及学术交流，组织召开结核病规范化诊治、临床科研能力提升培训班共7期，参加培训学员约1 800人次。主办全国结核病学术大会、第二届全国结核病创新论坛，参会人员为5 000余人。组织7期“知‘南’而行易”系列讲座，共解读世界卫生组织结核病相关指南10部，线上观看总人数约1.6万人次。

（3）积极推进西部支持工作开展。组织青年临床专家赴青海省、黄南藏族自治州、贵州省、甘肃省、新疆维吾尔自治区开展培训、教学、义诊、查房等技术支持活动。

（4）积极推进结核病临床研究，包括抗结核新药及超短程、全口服治疗耐多药肺结核新方案要求，患者早期发现关口前移新模式研究，肺结核患者健康状况简易评估和干预实施性研究等。

（5）充分利用“结核帮”公众号等新媒体分享结核病研究最新资讯，2023年，更新推送46期，包括专业文章和资讯300余篇，其中原创稿件为157篇。2023年3月，开通“结核帮”微信视频号，开展指南研读、规范化诊疗培训等直播活动21场，及时分享国际诊疗最新前沿动态。

（6）积极参与结核病领域的国际交流与合作，多次参与世界卫生组织有关指南和技术文件的制定和更新。受商务部、国家卫生健康委及国家交流与合作中心委托，承办非洲国家结核病防治官员研修班，共有来自 5 个非洲国家的 15 名官员及专业人员参加。主办“第二届结核病中韩学术研讨会”，邀请中韩两国结核疫苗研发领域的专家交流疫苗研发方面的前沿进展和经验。作为世界卫生组织结核病研究培训合作中心，与世界卫生组织西太平洋地区及驻华代表处共同撰写西太平洋地区老年结核病防治管理最佳实践文章的总结并发表。

【结核病医疗机构防治体系和运行机制研究】为充分发挥医疗机构在结核病防控中的作用、进一步完善专病防治服务体系、提升防治能力和水平、落实防控策略，受国家疾控局委托，开展结核病医疗机构防治体系和运行机制研究项目。该项目立足结核病防控的需求，通过政策分析、现状调研、定性访谈等方式，全面分析、研究我国结核病医疗机构发展和运行现状、存在问题及解决方案并提出政策建议。同时，以结核病为切入点，探索重大传染性疾病防治体系及医防协同机制建设。根据研究计划，项目组开展了调查问卷设计、预调查、问卷发放、收集、数据核查、录入整理与分析等工作。同时，完成对黑龙江、湖南和四川 3 个省的现场调研工作。基于问卷调查数据及现场调研结果，2023 年 12 月，项目组已完成研究报告的撰写并提交国家疾控局。

【PROSPECT 研究】为验证贝达喹啉的口服短程治疗方案在中国耐多药肺结核患者中的有效性和安全性，作为统筹主体，依托组长单位北京胸科医院，开展全国多中心随机对照试验，评估含贝达喹啉的口服 SCR 对比不含贝达喹啉的口服短程方案的治疗效果及安全性。2023 年，召开 3 次 PROSPECT 项目阶段进展暨专项培训会，开展项目质控督导 24 次，已纳入患者 163 例。此外，为了解耐多药患者使用超短程治疗方案的成本，依靠研究纳入患者相关信息开展卫生经济学研究，各实施单位已经开展相关信息数据的收集以及费用数据的导出。同时，为建立并评估以患者为中心、一站式、电子支付模式对抗结核药物临床试验受试者补偿新模式，优化临床试验微环节流程与效率，开展抗结核药物临床试验主要参与方基于电子支付对受试者补偿管理的试点研究，已完成受试者补偿机制程序定制开发，完成合同签订，启动具体试点工作。

【“含德拉马尼方案治疗耐多药结核病的安全性与有效性研究”项目】“含德拉马尼方案治疗耐多药结核病的安全性与有效性研究”项目自启动，已完成所有的患者纳入工作，纳入患者 606 例。截至 2022 年 6 月，所有患者均完成 6 个月的德拉马尼治疗。2023 年 6 月末，392 例患者完成整个疗程治疗。截至 2023 年 11 月，开展多轮数据核查与质控，处理 EDC 质疑 14 099 条，开展并完成 17 家单位的德拉马尼药敏试验和数据汇总。撰写并审阅研究统计计划、临床研究中期报告中文版和英文版。

【国家重点研发计划“重大传染性疾病重症患者的全病程智能管理”子课题及任务级课题】该课题结合人工智能和大数据技术，整合临床救治、流行病学等数据，开发基层医院可及的重症化风险筛查智能系统，有效早期识别具有重症化高风险的患者，实现及时向上转诊；开发重大传染性疾病重症化和死亡风险评估以及早期干预阻断策略的临床决策智能辅助系统，做好重症、危重症的预警预测，实现临床早期干预；开发重大传染性疾病重症复健患者长期随访系统，可识别具有远期并发症风险的人群，实现对其的强化随访管理；以“一站式”App 为载体，搭建重大传染性疾病全病程智能化管理平台，并经多中心验证有效后在全国范围内示范和推广。2023 年 11 月，项目已确立解放军总医院第八医学中心等 9 家单位为合作单位、完成 EDC（electronic data capture system，电子数据采集系统）的设计与开发，并在 2023 年 11 月 13 日正式召开课题启动暨培训会。该项目于 2023 年 11 月中旬开启回顾性队列数据收集和前瞻性病例纳入工作。

（刘宇红）

鼠疫布氏菌病预防控制基地

【工作概况】 2023 年，以习近平总书记重要思想为引领，在国家疾控局和中国疾控中心的领导下，中国疾控中心鼠布基地领导班子带领全体职工深入贯彻党的二十大精神。以防治科研为中心，进一步加强能力建设。在各有关省（自治区、直辖市）的支持和配合下，圆满完成各项工作任务。

【国家鼠疫菌种吉林保藏中心建设项目】 中国疾控中心鼠布基地党委始终将此项工作作为重点来抓，完善和落实各项管理制度及操作规程，认真履行生物安全管理监督职责，实行一把手负责制，强化责任意识。2023 年，开展 3 次生物安全自查工作，完成三级实验室年度监督评审和 CNAS 飞行检查工作；组织实施实验室突发事件应急演练、消防演练，加强实验室人员培训，提高实验室生物安全防范意识。

【鼠疫和布病疫情】

1. 鼠疫疫情

2023 年，全国范围内报告人间鼠疫疫情 3 起，发病 5 人，死亡 1 人。全国累计在云南省、内蒙古自治区、宁夏壮族自治区、甘肃省、西藏自治区、四川省、新疆维吾尔自治区的长爪沙鼠疫源地、灰旱獭－长尾黄鼠疫源地、齐氏姬鼠－大绒鼠疫源地、喜马拉雅旱獭鼠疫疫源地、黄胸鼠疫源地、大沙鼠疫源地和青海田鼠疫源地的 39 个县发生动物鼠疫疫情，分离鼠疫菌 96 株，检出 IHA 阳性材料 115 份，检出 RIHA 阳性材料 36 份。

2. 布病疫情

2023 年，全国报告布病新发病例 68 918 例，发病率为 4.89/10 万，死亡 1 例（辽宁省），与 2022 年同期（66 138 例，4.69/10 万）相比上升了 4.20%。发病率排在前 5 位的省（自治区、直辖市）为内蒙古自治区（15 987 例，66.58/10 万）、宁夏回族自治区（4 416 例，60.63/10 万）、新疆维吾尔自治区（9 229 例，35.68/10 万）、青海省（2 030 例，34.12/10 万）、甘肃省（5 418 例，21.74/10 万）。

【全国鼠疫防控相关方案及标准修订】 按照国家疾控局和中国疾控中心要求，组织对 2005 年印发的《全国鼠疫监测方案》和 2007 年发布的《国家鼠疫控制应急预案》进行修订，已于 2023 年 11 月呈报报送稿；参与鼠疫诊疗方案和鼠疫诊断标准的修订工作；《人间鼠疫疫区处理标准及原则》修订在国家疾控局标准委员会传染病标准专业委员会成功立项，2023 年 12 月 20 日，签订委托办事合同后开始项目修订工作。

【调研指导】派专家参与国家疾控局组织的对甘肃省、河北省、西藏自治区、四川省、青海省、云南省、新疆维吾尔自治区等重点省（自治区）鼠疫防控调研指导；组织专家完成对新疆维吾尔自治区、江西省、重庆市等省（自治区、直辖市）鼠疫、布病防治工作的技术指导，对实际工作中遇到的问题及困难提出了具有建设性的意见和建议；派员赴海南省等 11 个省（自治区、直辖市）鼠疫、布病培训班授课，进一步提高鼠疫、布病防控专业技术人员的业务水平。

【人间鼠疫疫情处理】2023 年 11 月，内蒙古自治区锡林郭勒盟苏尼特右旗发生人间鼠疫疫情，受国家疾控局应急处置司委派，组织专家组成国家工作组赴内蒙古自治区疫区，指导当地处置人间鼠疫疫情，为疫情现场指挥部的工作提供科学的依据，保障了人间鼠疫疫情处置工作科学、规范、有序进行。

【国家级鼠疫监测点考核】组织完成 2022 年度国家级鼠疫监测点评优及第三批“全国鼠疫监测工作先进个人”评选工作，并在南宁市举办的“全国鼠疫监测会议”上对获奖单位和个人进行了表彰。

【科研教育培训】7 项吉林省卫生健康委科技能力提升项目通过验收，在吉林省科技厅登记公开，取得科技成果登记证书；成功获批 4 项吉林省卫生健康科技能力提升计划项目；截至 2023 年底，在研各级各类课题项目共 15 项。积极推进《中国鼠疫及其防治（2011—2020）》编写工作，截至 2023 年底，已完成第一轮订正校验和各省区稿件返修工作。

【荣誉表彰】荣获中国疾控中心地病中心授予的“2019—2023 年度全国地方病防治机构实验室氟、砷测定质量考核工作先进单位”称号；获得吉林省科学技术厅授予的“2023 年度科技统计工作先进单位”称号。

1 名同志参加国家疾控局组织的 2023 年全国地方病防治技能竞赛，荣获地方性氟中毒防治单元二等奖和理论知识单项三等奖；1 名同志荣获中国疾控中心地病中心授予的“组织管理先进个人”称号，2 名同志荣获“检测先进个人”称号；1 名同志获得“白城市五一劳动奖章”；1 名同志荣获吉林省科技厅授予的“2023 年吉林省科技统计工作先进个人”称号。

（李猛）

儿少 / 学校卫生中心

【工作概况】2023 年，共有教职工 18 人。其中，教授 / 研究员 6 人，副教授 / 副研究员 5 人，研究助理 1 人，教学辅助人员 2 人，博士后 3 人，博士研究生导师 6 人，硕士研究生导师 6 人。

承担北京大学教学工作。2023 年，在读研究生 35 人，其中硕士研究生 19 人，博士研究生 16 人。2023 年，共承担 21 门北京大学医学部本科生和研究生的理论教学，同时承担新生导师、本科生毕业生产实习、PBL（project–based learning，项目化学习）教学等工作。开设的本科生课程包括“儿童少年卫生学”“儿童生长发育与青春期健康”“艾滋病传播与预防”“儿童青少年危险行为与伤害预防”“儿童青少年营养与饮食行为”“生活技能教育与心理健康促进”“空气质量改善与儿童青少年健康促进”“减肥与塑型”和“成年期常见病的早期预防”（校内选修课、校际选修课）；研究生课程包括“高级儿少卫生学”“成人期疾病早期预防”“青少年行为发展与健康”“学校卫生与健康促进”“儿童青少年伤害预防与干预”“青春期发育与健康”“高级营养研究设计”“青少年生活技能教育研究与实践”“儿童青少年伤害预防与干预”“公共卫生实施性研究”“青少年健康研究与环境流行病学应用”等。

自成立以来，一直承担全国性儿童青少年卫生与学校卫生相关的政策法规起草、科学研究、技术指导、业务咨询及专业技术人员培训等任务。主要研究方向为学龄儿童和青少年健康、生长发育及其影响因素；学校卫生管理和政策研究；学生常见病预防、学校艾滋病教育、学校健康教育与健康促进、学校卫生标准等。所在学科为“儿少卫生与妇幼保健学”，2007 年被确定为国家重点（培育）学科，2008 年被确定为北京市重点学科。

2023 年，继续承担全国学生体质健康监测中心、教育部预防艾滋病学校健康教育培训基地、国家卫生健康标准委员会学校卫生专业委员会秘书处工作，学生常见病及健康危险行为监测与学校教学和生活设施卫生管理监测工作。2023 年，新中标项目 29 项，总经费为 1 550 万元，资助来源包括国家自然科学基金委员会、科技部、教育部、国家疾控局、中国科协、北京大学、企业资金等多种渠道。例如，国家自然科学基金面上项目“环境兽用抗生素暴露对儿童心血管危险因素聚集影响及 SCAP–SREBP 脂代谢通路基因甲基化调控机制研究”，国家自然科学基金青年科学项目“基于多源数据融合的京津冀地区环境空气 VOCs 浓度反演研究”，科技部国家重点研发计划重点专项课题“复杂地形下区域二次污染耦合机制的定量化研究”，中国科协第九届“青年人才托举工程”项目，教育部项目“全国健康学校建设”，国家疾控局“2023 年全国学生常见病和健康影响因素监测项目”“青少年心理健康发展项目－研发青少年心理健康同伴支持工具包”“校园传染病防控能力提升项目”等。

2023 年，共发表学术论文 83 篇，包括英文 SCI 期刊论文 47 篇、中文核心期刊论文 36 篇。制修订指南 / 规范 / 标准、上报专门政策性报告主持 3 项，参与 4 项。主办国内学术会议及培训班 9 次。

【召开全国儿童青少年近视防控技能提升培训暨中小学校和托幼机构新型冠状病毒感染防控技术方案（第七版）专家解读】 2023 年 3 月 20 日，全国儿童青少年近视防控技能提升培训暨中小学校和托幼机构新型冠状病毒感染防控技术方案（第七版）专家解读培训在北京市密云区顺利召开。此次培训采取线上线下相结合的形式，线上培训会议通过北京大学儿童青少年卫生研究所和教育部全国中小学健康教育教学指导委员会官方视频号直播，通过视频号参加培训的人数达到 64.7 万人，点赞数量达到 212.5 万人次，线下培训会场位于北京市密云区第二小学礼堂。本次培训让全国大中小学校受益，让亿万中小学生和学校卫生工作者受益，影响意义长远。

【举办“全国中小学生心理健康研讨培训班”】 2023 年 7 月 25 日和 8 月 11 日，分别在呼和浩特市和厦门市举办全国中小学生心理健康研讨培训班，主要内容为新时代中国儿童青少年健康发展策略与挑战、新形势下儿童青少年心理健康问题及应对。各级各类教育局、卫生健康委、卫生监督所、疾控中心、中小学保健所、学校主管领导、各级各类中小学主管校长等参加了培训。通过此次培训，学校卫生管理人员与从业人员深入理解新时代学校卫生与健康教育工作重点，促进学生心理健康工作全面发展，加强学校卫生标准贯彻应用，促进学校卫生工作规范化、科学化，提高学校卫生实践与管理水平。

【举办密云区中小学 2023—2024 学年卫生工作培训会】 为深入贯彻落实习近平总书记关于教育、卫生健康的重要论述和全国教育大会精神，把新时代学校卫生工作摆在更加突出的位置，提升学生的健康素养，为学生的健康成长和终身发展奠定基础，2023 年 9 月 14 日，北京市密云区教育委员会联合北京大学儿童青少年卫生研究所在北方交通大学附属中学密云分校组织全区中小学、职业学校 110 余位卫生主管、校医、保健教师进行“密云区中小学 2023—2024 学年卫生工作”的培训。此次培训进一步明确了学校卫生工作内容和要求，推动了密云区健康教育及控肥工作的开展，提升了校医的专业素养和业务水平。

【召开共筑防线　守护健康校园——校园传染病防控能力提升培训会】 2023 年 10 月 16 日，“共筑防线　守护健康校园——校园传染病防控能力提升培训会”（石家庄站）在石家庄市新华区柏林庄学校顺利召开。本次活动由教育部全国中小学健康教育教学指导委员会指导，由北京大学儿童青少年卫生研究所、河北省石家庄市新华区教育局承办，由石家庄市新华区柏林庄学校、中华预防医学会儿少卫生分会、中国健康促进与教育协会学校分会和中国优生优育协会儿童心理教育专业委员会协办。本次培训会强调了向儿童青少年开展校园传染病健康教育的重要性，引导儿童青少年树立科学的健康观念，全社会要共同关注儿童青少年健康。

【北京大学儿童青少年卫生研究所 2 项研究入选 2023 年中国儿科领域十大医学研究】北京大学公共卫生学院 / 北京大学儿童青少年卫生研究所邹志勇研究员团队的“臭氧与父亲吸烟对高危孕妇胎儿先天性心脏病的交互作用”、董彬研究员团队的“母亲体重对子代超重的影响”，均入选了梅斯医学评选的 2023 年中国儿科领域十大医学研究。前一项研究提示，母亲臭氧暴露和父亲吸烟与胎儿先天性心脏病相关，环境烟草和臭氧共同暴露不利于胎儿心脏的健康发育，需要采取有效措施减少二手烟和臭氧污染暴露，以早期预防胎儿先天性心脏病的发生。后一项研究提示母亲孕前超重和妊娠期体重过度增加可能与子代体重高增长轨迹相关，从而致使子代 7 岁时超重肥胖的风险更大。

【第一届国家疾病预防控制标准委员会学校卫生标准专业委员会第一次会议召开】2023 年 11 月 27 日，在国家疾控局规财法规司、卫生免疫司、综合监督二司，教育部体育卫生与艺术教育司，中国疾控中心的指导下，由国家疾病预防控制标准委员会学校卫生标准专业委员会主办、北京大学儿童青少年卫生研究所（中国疾控中心儿少 / 学校卫生中心）承办的第一届国家疾病预防控制标准委员会学校卫生标准专业委员会第一次会议在北京市顺利召开。国家疾控局规财法规司谷京宇处长、国家疾控局综合监督二司段亚波处长、国家疾控局卫生与免疫规划司熊妍处长、中国疾控中心卫生标准处雷苏文处长、第一届国家疾病预防控制标准委员会学校卫生标准专业委员会主任委员董彬研究员、副主任委员丁库克研究员、宋逸教授和郭欣主任医师、第一届国家疾病预防控制标准委员会学校卫生标准专业委员会顾问马军教授，以及来自 27 个省（自治区、直辖市）的 60 余名委员、观察员和特邀专家参加本次会议。本次会议由第一届委员会委员兼秘书长董彦会研究员主持。会上为第一届国家疾病预防控制标准委员会学校卫生标准专业委员会委员颁发证书，还对学校卫生标准进行了审查，并商讨了学校卫生标准化工作的其他事宜。

【2023 年第十五届全国儿童青少年健康学术年会暨第六届委员会全体会议隆重召开】2023 年 7 月 6—8 日，第十五届全国儿童青少年健康学术年会在青岛市隆重召开。本次会议采用现场和视频直播的形式，由中华预防医学会儿少卫生分会主办，北京大学儿童青少年卫生研究所、安徽医科大学、华中科技大学、天津医科大学、哈尔滨医科大学、西安交

通大学、中山大学、山东大学、苏州大学、重庆医科大学 10 家单位承办。此次年会涉及 2 个主题共 16 个会议论坛，共有 195 人进行了大会报告，其中专家报告 96 人次，研究生报告 99 人次，来自 60 所高校的 363 名代表、33 家县区级以上疾控中心的 63 名代表、7 家医院的 33 名代表、14 家中小学保健所或学校的 20 名代表、企业参会 25 名代表，线上注册参会 60 人，另有线上观看直播人员超过 5 万人次。

【马迎华教授在“全球健康与教育”教席研讨会上做专题报告】在联合国教育、科学及文化组织（简称联合国教科文组织）“全球健康与教育”教席举办的网络研讨会“将健康与教育联系起来以释放学习者的潜力：世界各地的学校健康和营养状况”上，北京大学教席主持人、儿童青少年卫生研究所马迎华教授受邀参会，并做题为《以学校为基础，多部门协作 以促进中国学生的健康和福祉》的专题报告，分享了中国在学校健康方面的多部门合作经验，以全国学生体质与健康调研为例，重点展示了中国学校健康监测系统的运行情况和各级各部门之间通力合作的协同共建机制。

【马迎华教授任“全球健康与教育”教席主持人】联合国教科文组织总干事奥德蕾·阿祖莱和北京大学校长龚旗煌共同签署了“全球健康与教育”教席协议，教席主持人由北京大学青少年卫生研究所马迎华教授担任。至此，北京大学成为继法国克莱蒙奥弗涅大学和日本大阪大学后第三所设立“全球健康与教育”教席的高等院校，同时也是国内首所设立儿童青少年健康教育教席的高校。

【完成北京市初中学习困难学生及其心理健康影响因素现场调研工作】朱广荣副教授牵头北京市“十三五”优先关注课题第一阶段横断面调研工作顺利完成。此次调研覆盖北京市 12 所普通初中，共调查 7 042 名学生。数据处理和分析正在进行。研究结果将揭示北京市初中学生中学习困难学生的占比及具体情况，分析这些学习困难学生的心理健康状态及影响因素，并提出针对这些学生的有效的干预机制，为这些学生的健康成长提供有效的帮助。

【获批科技部“十四五”国家重点研发计划重点专项课题】2023 年 12 月，李晶副研究员作为课题负责人申请的科技部“十四五”国家重点研发计划重点专项“四川盆地多介质跨圈层大气污染与气候变化协同控制技术与应用示范”课题二“复杂地形下区域二次污染耦合机制的定量化研究”获批立项。该课题将基于大数据分析和大型综合外场观测，明晰四川盆地复杂地形下大气 O_3 与 PM2.5 及前体物浓度时空分布特征，揭示不同气象条件下复杂地形多介质二次污染耦合形成机制，有利于改善四川盆地空气质量，降低空气污染对四川盆地人群健康的不利影响。

【《兔年青少年健康主题日历》发布】为更好地助力青少年健康科普内容的创新性表达与传播，在2023年兔年农历新年来临之际，作为联合国教科文组织“全球健康与教育”教席（北京大学）主持人，马迎华教授联合中国传媒大学国家大学生文化素质教育基地办公室主任宋素丽、中央美术学院安全稳定工作部副部长卢冬冬，组织和带领北京大学、中央美术学院、中国传媒大学的60多位学生组成的团队，在兔年传统文化艺术创作的基础上，将健康知识与日历等元素进行融合，完成了《兔年青少年健康主题日历》系列的创作，师生从“平安吉祥兔”形象创作开始，聚焦青少年健康，并推出中国传统文化版、卡通版、剪纸版等不同版式的作品，旨在让健康科普知识的传播更加生动、活泼。日历依次在北京大学、中国传媒大学、中央美术学院等官方网站上发布，并在人民网、大公网等媒体上发布。教育部体育卫生与艺术教育司副司长、一级巡视员刘培俊看了师生的作品后说：“青少年健康主题日历，致力于青少年健康素养传播，是一次创新性、可视化、融合式的青少年健康浸润行动，整年推出，持续延展，纵深发掘，必将成为中国青少年健康教育行动计划系列活动中独具创意和传播价值的组成部分。”

【主持编写人民教育出版社义务教育《体育与健康》教材】为有效实施修订后的《义务教育体育与健康课程标准（2022年版）》，为一线体育与健康教师更好地实施基于标准的课堂教学提供指导性资源，第十二套人教版义务教育《体育与健康》教材编写于2022年1月启动，马迎华教授担任本套教材的总主编，主持教材的编写工作。本套教材实现了三个从“0”到“1”的突破：一是中华人民共和国成立以来义务教育阶段学生首次拥有教科书；二是教材中健康教育内容实现从无到有；三是首次把生活技能教育理念融入教材。2023年，已完成教材一年级至九年级各分册的编写和修订工作，参与了人教版义务教育体育与健康教材教学经验交流和教材培训，并启动一年级和七年级教材教师用书的编写。本套教材将在2024年秋季学期在全国中小学中投入使用。

【主持和推进教育部全国健康学校建设项目】为贯彻落实《中国教育现代化2035》和《国务院关于实施健康中国行动的意见》精神，教育部于2022年4月13日发布了《教育部办公厅关于实施全国健康学校建设计划的通知》（教体艺厅函〔2022〕15号），实施全国健康学校建设计划，并于2023年6月12日发布了《教育部办公厅关于公布首批全国健康学校建设单位名单的通知》（教体艺厅函〔2023〕14号），公布了首批全国健康学校建设单位名单，自通知印发之日起至2025年7月，各学校开展为期2年的建设。受教育部委托，北京大学儿童青少年卫生研究所承担“全国健康学校建设计划管理和质量监测”项目，马迎华教授担任项目负责人。马迎华教授于2023年先后组织首批全国健康学校建设单位遴选、多省市健康学校建设单位实地调研、《全国健康学校建设指引》编写和研讨、《全国健康学校建设任务书》编写等工作。2023年12月1日，为推进全国健康学校建设计划有效实施，在教育部体育卫生与艺术教育司的指导下，北京大学儿童青少年卫生研究所主办了全国健康学校建设研讨会，教育部体育卫生与艺术教育司负责人、各有关省级教育部门、学校和专家代表参加会议。会议集中研讨《全国健康学校建设任务书》的编制和实施工作，首批全国健康学校建设单位代表及部分省市教育部门代表分享了相关经验和做法，与会代表进行了专题讨论。

【参与健康中国我行动——青少年健康教育公益项目】为贯彻落实《国务院关于实施健康中国行动的意见》（国发〔2019〕13 号）和《健康中国行动（2019—2030 年）》关于“实施中小学健康促进行动”的要求，进一步提高青少年的健康意识、健康观念和健康素养，由中国教育学会和中国健康促进基金会联合主办的“健康中国我行动——青少年健康教育”公益项目于 2020 年 9 月启动。本项目拟用两年时间，在全国范围内开展多元化、广覆盖的青少年健康教育与健康促进活动。马迎华教授于 2023 年先后参与了本项目在海南省、河北省、山东省济南市、宁夏回族自治区、福建省、云南省、新疆维吾尔自治区、安徽省、江西省、山东省济宁市、山东省青岛市、浙江省宁波市、广西壮族自治区、黑龙江省、江苏省共 15 个地区的培训班，分别做《倡导健康生活方式　塑造健康行为》的主题报告。

【非洲女童健康教育项目】非洲女童健康教育项目是北京大学与联合国教科文组织的联合项目，旨在为非洲女童提供优质健康教育，促进非洲女童和妇女健康教育事业发展。该项目在尼日利亚、乌干达和博茨瓦纳三国开展，马迎华教授担任该项目的北大团队牵头人。2021—2023 年，该项目在尼日利亚、乌干达和博茨瓦纳成立了技术工作组，开展需求评估，并根据结果开展适合当地的女童健康教育活动，建立支持性环境，提升当地女童健康教育的普及性与质量。在尼日利亚，技术工作组将北京大学技术团队为非洲国家开发的女童健康教育手册《For Her Health 爱小丫》学生用书和教师用书进行本土化，并提供给尼日利亚埃博尼州的同伴教育者，该手册已被纳入埃博尼州的国民教育体系。在乌干达，技术工作组研制出新版《学校卫生培训手册》和学校卫生服务标准，对 2 000 余名教师、卫生服务提供者、家长等进行了多轮能力建设培训。在博茨瓦纳，技术工作组结合联合国教科文组织的项目，整合制定针对儿童的保护政策，提出在学校保障儿童安全的程序；创造更安全的学校和社区环境，在学校建设安全空间，为儿童提供了解性别暴力的平台；开展亲子沟通对话，来自多个地区的 600 余名政府官员、社区领袖、社会工作者、教师、儿童等参与，促进亲子沟通；为儿童提供社会心理支持和转诊服务，为有需要的儿童提供及时、有效的心理辅导与干预；开展能力建设，进行“与尊重相连（Connect with Respect）”主题培训，使 6 000 余名儿童和教职工受益。

【主持联合国教科文组织“全球健康与教育”教席（北京大学）工作】马迎华教授担任联合国教科文组织“全球健康与教育”教席（北京大学）主持人，“全球健康与教育”教席致力于促进儿童青少年健康发展与福祉，建设跨学科交流平台，以及青年学者能力建设方面的工作。2023 年，教席建设工作有序开展。北京大学和联合国教科文组织合作的“非洲女童健康教育项目”取得初步成效；参与编写的联合国教科文组织《全球营养与学校卫生报告》已发布；作为中国代表，受邀在“全球健康与教育”教席研讨会上做了题为“以学校为基础　多部门协助　以促进中国学生的健康和福祉”的专题报告，提供中国方案，发出中国声音。马迎华教授作为全国健康学校建设专家组牵头人，积极推动中国健康学校的建设工作，并推进健康教育融入全课程和生活技能教育的创新应用。2023 年 12 月 7 日，中国常驻联合国教科文组织大使衔代表杨新育一行到北京大学调研，马迎华教授受邀参加，向大使汇报了教席设立一年多以来的工作进展，杨新育对教席通过开展各类项目发出中国声音、提供中国方案的做法表示认可。

（陈婷、宋逸）

精神卫生中心

【推进中央转移支付精神卫生项目工作】继续协助国家卫生健康委推进中央转移支付精神卫生项目管理工作，包括严重精神障碍管理治疗、社会心理服务体系建设、常见精神障碍防治和儿童青少年心理健康促进、精神科医师转岗培训等项目。协调组织召开全国精神卫生重点工作推进会及培训班，全国省级精神卫生项目办主任工作经验交流会。参与专题调研活动。起草项目年度绩效评估报告、儿童青少年心理健康情况报告以及社会心理服务体系建设工作评估标准等。

【国家严重精神障碍信息系统日常管理】协助省级平台建设，截至2023年12月底，全国23个省级精神卫生平台投入使用。配合中国疾控中心信息中心完成精神卫生子系统地区和机构编码的变更，实现全民健保各子系统之间业务数据协同。每月编写《卫生健康工作动态——严重精神障碍信息管理工作专刊》，配合相关部门和部分省进行数据比对等。

【开展对口支援和帮扶工作】继续开展院际合作和对口帮扶工作，通过业务督导及培训、接收进修培训、加强医院管理交流、开展技术指导和科研项目、推进公共精神卫生服务、举办专业及管理类培训班、开展线上培训等，结成紧密帮扶合作关系，提升省市级精神卫生医疗机构的医、教、研、防水平，持续对口支援和帮扶20余家医院。重点帮扶中西部，开展援助甘肃省、山西省、江西省、河南省、新疆维吾尔自治区精神卫生工作培训班，培训覆盖省、市、县、街乡各级精神卫生工作人员。组织举办各类培训及会议34场，4 078人次参与。

【持续关注重点人群】继续开展公益性公共卫生项目“精神健康同伴支持及社区精神健康服务能力提升项目”，截至2023年12月底，在20个省（自治区、直辖市）的88个社区建立新试点，招募辅导员464人，招募同伴2 255人，培训患者及家属8 568人、基层工作人员18 789人。继续开展关爱精神障碍患者家庭项目（Care for Family，CAFF），2023年，引进“一对一”家庭干预技术，通过培训指导社区精神卫生工作人员，提升其聚焦于家庭的服务能力。

【开展科普宣传】组织编写精品精神心理健康科普文章，制作儿童青少年心理健康系列动画7集、精神康复者说系列短视频和公益短视频《镜子》与《希望的另一面》，利用微信公众号“精神卫生686”、今日头条等渠道开展广泛宣传。

（王勋、吴霞民、马宁、陆林）

老年保健中心

【科研课题与研发】2023 年，新获科研课题与研发项目 22 项，总经费为 1 569 万元。包括科技部重点研发计划“老年人群吸收代谢与营养需求模式研究”（项目编号：2023YFF1104400），林雅军，课题经费为 325 万元；国家自然科学基金（重点项目）“广西长寿群体‘肠脑轴’平衡改善认知衰老的分子遗传学研究”（项目编号：U23A20470），孙亮，课题经费为 260 万元；国家自然科学基金（面上项目）“蛋白激酶 CK2 调控系统性红斑狼疮免疫失衡和器官损伤的机制研究”（项目编号：82371816），刘昱东，课题经费为 49 万元；国家自然科学基金（面上项目）“泛素连接酶 MARCH2/gp78 级联泛素化在 MAFLD 中的作用及机制研究”（项目编号：82370877），李国平，课题经费为 49 万元；国家自然科学基金（面上项目）“骨髓巨噬细胞中蛋白磷酸酶 4 经外泌体激活肝星状细胞促进 NASH 肝纤维化的机制研究”（项目编号：82370584），黄秀清，课题经费为 49 万元；国家自然科学基金（面上项目）“新易感基因 RINT1 在甲状腺乳头状癌发生中的作用机制”（项目编号：82372723），赵艳阳，课题经费为 49 万元；国家自然科学基金（青年项目）“O6-methyl-dGTP 抑制胶质母细胞瘤的作用及分子机制研究”（项目编号：82304565），李瑾，课题经费为 30 万元；国家自然科学基金（青年项目）“健康长寿和脂代谢双关联的血型基因变异的识别验证及其分子机制研究”（项目编号：82301776），倪晓琳，课题经费为 30 万元；北京市自然科学基金面上项目“靶向 GSPT1 新型小分子药物抑制 NHL 及 AML 肿瘤生长的分子机制及应用研究”（项目编号：7242208），戴大鹏，课题经费为 20 万元；中央临床高水平研究项目“富含抗氧化微量元素的混合全谷物控制老年人血糖波动的研究”（项目编号：BJ-2023-072），曾平，课题经费为 123 万元；中央高水平医院助航项目“NAD+ 代谢相关血液标志物与冠状动脉粥样硬化及心血管事件发生风险关系的前瞻性队列研究”（项目编号：BJ-2023-075），杨睿悦，课题经费为 100 万元；中央高水平医院助航项目“重症肌无力患者免疫组库多样性分析及其临床评价”（项目编号：BJ-2023-077），邹丽辉，课题经费为 100 万元；中央高水平医院医工结合专项“靶向 eRF3a 小分子及其衍生物在血液系统肿瘤治疗中的作用及临床应用研究”（项目编号：BJ-2023-109），戴大鹏，课题经费为 60 万元；中央高水平医院人才专项“泛素连接酶 MARCH2 加剧小鼠肠炎的机制研究”（项目编号：BJ-2023-237），李国平，课题经费为 50 万元；中央高水平医院人才专项“多来源长寿人群的遗传基因研究”（项目编号：BJ-2023-314），孙亮，课题经费为 50 万元；中央高水平医院人才专项“烟酰胺 N- 甲基转移酶延缓血管衰老的分子机制研究”（项目编号：BJ-2023-123），郭君，课题经费为 50 万元；中央高水平医院人才专项“基于外泌体内容物的代谢性脂肪肝病生物标记物筛查及发病机制研究”（项目编号：BJ–2023–236），黄秀清，课题经费为50万元；中央高水平医院人才专项“新癌基因的识别和其在肿瘤发病中的作用研究”（项目编号：BJ–2023–239），赵艳阳，课题经费为50万元；中央高水平医院启航专项“芳香族氨基酸与冠心病及心血管事件的关联性研究”（项目编号：BJ–2023–204），牟洪娜，课题经费为20万元；北京医院科研处“O6–methyl–dGTP抑制胶质母细胞瘤的作用及分子机制研究”（项目编号：BJ–2023–267），李瑾，课题经费为20万元；北京协和医学院科技管理处“RNA氧化促进肠道肿瘤发生发展的机制研究”，李瑾，课题经费为15万元；北京市自然科学基金委“骨髓巨噬细胞外泌体来源miR–222–5p诱导肝胰岛素抵抗的机制研究”（项目编号：7232141），窦琳，课题经费为20万元。

【科研论文与成果】2023年，获得2项专利，包括“老年人主动健康生活指数动态列线图小程序”，软件著作权专利号：11368966，曾平、张桂芳，2023年7月3日；“CYP2C9突变体、其对应的核酸片段及应用”，专利号：ZL202111219681.7，陈浩、戴大鹏、杨杰孚、蔡剑平、施海峰、巫华兰、种甲、吕游、周姗、赵芳玲，2023年8月8日。发表学术论文80篇，其中SCI论文60篇（影响因子大于10的为5篇；影响因子大于20的为1篇），国内核心期刊论文20篇。发行行业标准（指南）6项：曾平，《医养结合机构服务评价中国专家共识（2023）》；曾平，《老年人营养补充导则》；段蕾蕾、孙亮、耳玉亮、叶鹏鹏、矫玮、罗椅民、王羽、杨明辉、陈文瑛、夏庆华，《社区老年人跌倒预防控制技术标准》；孙亮，《中国高龄老年人体质指数适宜范围与体重管理指南》（T/CNSS 021—2023）；孙亮、杨睿悦，《中国老年人新型冠状病毒感染诊疗专家共识》（基层医生版）；周起，《老年患者出院准备服务指南》（T/CAWAORG 004—2023）。

【教学与人才培养】在北京医院2023年教学中排第4位；培养研究生53人，其中博士研究生18人、硕士研究生35人。

【学术会议与学术交流】国际会议大会发言1人次；国内学术会议大会发言 / 主持22人次。主办会议：第一届益生元营养论坛，2023年8月3—5日，广东省梅州市，150人次；全国“主动健康”重点研发专项首席科学家联席研讨会—国民营养与主动健康研讨暨创建主动健康示范城市启动会，2023年8月18—19日，北京市，48人次；“十三五”国家重点研发计划“老年人功能减退膳食干预与评价方案应用示范”项目研讨会，2023年11月17—18日，黑龙江省绥化市庆安县，100人次。协办会议：“2023中国医学前沿论坛”衰老和老年医学创新论坛，2023年5月27日，北京市，150人次；“第九届中国老年医学与科技创新大会”暨2023年衰老基础与转化分论坛，2023年7月6—9日，福建省福州市，100 人次；第二届中国老年病防控与健康大会暨 2023 年中华预防医学会老年病预防与控制学术会议，2023 年 7 月 14—16 日，北京市，200 人次；第二届中国老年病防控与健康大会，2023 年 7 月 20 日，北京市，600 人次。

（戴大鹏、崔菊）

第五部分

人事人物

中心领导

主任、党委常委：沈洪兵

党委书记、副主任：卢江

党委副书记：周宇辉

党委常委、副主任：严俊

副主任：再那吾东·玉山

党委常委、纪委书记：梅扬

党委常委、副主任：李群　施小明

机关处室负责人

办公室

主任：郭岩　　副主任：李浩　王哲

人事处

副处长：杨静

政策规划研究室

主任：崔颖　　副主任：曾智

财务处

处长：胡文上

科技处

处长：李振军　　副处长：陈园生　王吉春

教育培训处（研究生院）

处长 / 副院长：么鸿雁

外事处（港澳台办公室）

处长：王晓琪　　副处长：冯宁

实验室管理处

处长：谭枫　　副处长：魏强

网络和信息安全管理处

处长：傅罡

资产管理处

副处长：刘保华

基建处

副处长：蒋晋生

审计处

处长：袁灵华

学术出版管理处

处长：赵赤鸿　　副处长：张群

党委办公室

主任：项春

纪委办公室（监察室）

主任：刘海龙　　副主任：于欣平

群团工作处

处长：项春

离退休干部处

处长：王晓锋

保卫处

副处长：王海东

后勤运营管理中心

主任：谷鑫　　副主任：陈同年

实验动物中心

主任：卢选成

健康传播中心（12320卫生热线管理中心办公室）

副主任：姚建义　陈浩

信息中心

主任：苏雪梅　　副主任：万明

卫生标准处

处长：雷苏文　　副处长：蒋炜

流行病学办公室（爱国卫生工作技术指导处）

主任：马会来　　副主任：殷召雪

全球公共卫生中心

主任：戚晓鹏　　副主任：周蕾

卫生应急中心

主任：施国庆

传染病管理处

处长：张彦平

免疫规划中心

主任：尹遵栋　　副主任：安志杰　余文周

结核病预防控制中心

主任：赵雁林　　副主任：陈明亭　张慧

公共卫生管理处

处长：戴政　　副处长：丁库克

慢病和老龄健康管理处

处长：赖建强

控烟办公室

主任：肖琳

直属单位领导

传染病预防控制所

所长：阚飙　　党委副书记兼纪委书记：杜娟

副所长：张必科　罗成旺

病毒病预防控制所

党委副书记兼纪委书记：葛利荣　　副所长：王世文　韩俊

寄生虫病预防控制所（国家热带病研究中心）

所长：李石柱　　党委书记：曹建平

副所长：许学年

性病艾滋病预防控制中心

党委书记：刘中夫　　副主任：吕繁

副主任兼纪委书记：刘玉芬

慢性非传染性疾病预防控制中心

主任：吴静　　党总支书记：邹斌

副主任：周脉耕　王丽敏

营养与健康所

所长：丁钢强　　党委书记：郭浩岩

副所长：刘爱东　刘爱玲　　副所长兼纪委书记：王志宏

环境与健康相关产品安全所

所长：王林　　党委书记：姚孝元

副所长：戴宇飞　张伟

职业卫生与中毒控制所

所长：孙新　　党委书记：吕柯

副所长：张美辨　段化伟

辐射防护与核安全医学所

党委副书记、纪委书记：寇子春　　副所长：刘青杰　拓飞　刘保华

农村改水技术指导中心

党总支书记：路凯　　副主任：孙伯寅　沈婵

妇幼保健中心

党委书记：张学清　　副主任：李志新

副主任兼纪委书记：王常合

挂靠单位领导

地方病控制中心

党委书记：袁重胜　　副主任：申红梅　毕晓明

性病控制中心

主任：顾恒　　副主任：陈祥生

麻风病控制中心

主任：顾恒　　副主任：王洪生

结核病防治临床中心

院长：李晓北

鼠疫布氏菌病预防控制基地

主任：周万军　　副主任：宋静宇　邵奎东

儿少 / 学校卫生中心

所长：宋逸　　副所长：董彬

主任助理：董彦会

精神卫生中心

主任：陆林　　副主任：马宁

老年保健中心

主任：戴大鹏

院 士

侯云德（中国疾控中心病毒病所）

洪 涛（中国疾控中心病毒病所）

徐建国（中国疾控中心传染病所）

高 福（中国疾控中心）

沈洪兵（中国疾控中心）

第六部分 大事记

一　月

1 月 5—6 日，中国疾控中心艾防中心第一、第二 BSL-3 实验室接受中国合格评定国家认可委员会复评审并顺利通过评审。

1 月 13 日，中国疾控中心营养所联合江南大学、中国科学院大连化学物理研究所、中国疾控中心妇幼保健中心、国家食品安全风险评估中心等机构成立的中国疾病预防控制中心母乳科学研究重点实验室正式挂牌。

1 月 30 日，中国疾控中心寄生虫病所（国家热带病研究中心）召开世界卫生组织合作中心消除被忽视热带病网络研讨会，牵头成立“被忽视热带病相关的世界卫生组织合作中心网络”。

二　月

2 月 16 日，国家疾控局副局长孙阳一行赴中国疾控中心环境所调研，围绕城市污水新冠病毒监测项目和环境健康业务工作等进行实地走访和座谈交流，对中国疾控中心环境所监测预警专班污水监测组进行了慰问。

三　月

3 月 1 日，中国共产党中国疾病预防控制中心代表大会召开，大会选举产生中国疾控中心党委出席国家疾控局直属机关第一次党代会的代表。

3 月 1 日，CFETP 第二十二期暨中级 FETP 第八期开学典礼在中国疾控中心昌平园区举行。

3 月 6 日，中国疾控中心政研室与中国新闻社合作，编印以“关注热点难点　助力疾控事业高质量发展”为主题的《中国新闻》两会专刊，全国两会期间，送至两会代表和委员报刊阅览处供参阅。

3 月 17 日，中国疾控中心举办“深入学习贯彻党的二十大精神”专题培训。

3 月 17 日，中国疾控中心环境所牵头修订起草的《生活饮用水标准检验方法》（GB/T 5750.1 ~ 5750.13—2023）经国家市场监督管理总局（国家标准化管理委员会）批准发布，于 2023 年 10 月 1 日实施。

3 月 21 日，中国疾控中心与中国老年学和老年医学学会及中国疾控中心慢病中心合作发布《骨质疏松症社区管理规范》（T/LXLY 17—2023）、《老年人失能预防服务规范》（T/LXLY 18—2023）、《老年人认知障碍预防干预技术规范》（T/LXLY 19—2023）、《老年人心理健康促进社区服务规范》（T/LXLY 20—2023）、《健康老龄化支持性环境建设指南》（T/LXLY 21—2023）5 项团体标准，为开展老年健康促进工作提供技术支持。

3 月 23 日，中国疾控中心举办全国疾病预防控制中心主任会，会上与 17 所院校机构签署了战略合作协议。

3 月 28 日，2023 年全国艾滋病性病丙肝防治工作会议在江西省南昌市召开，部署防治重点工作。国家疾控局传防司一级巡视员贺青华等领导和专家出席会议。

3 月 30 日，中国疾病预防控制中心挂靠单位工作调研会在哈尔滨医科大学召开。国家疾控局副局长、中国疾控中心主任沈洪兵院士线上参加会议，中国疾控中心党委副书记周宇辉、哈尔滨医科大学校长季勇、中国疾控中心地病中心党委书记袁重胜、哈尔滨医科大学副校长高彦辉、中国疾控中心地病中心副主任申红梅、国家卫生健康委病因流行病学重点实验室主任孙殿军，中国疾控中心相关处室和性病中心、麻风病中心、结核临床中心、鼠布基地、儿少中心、精卫中心、老年中心的负责同志参加了会议。

3 月，中国疾控中心免疫中心联合中国疾控中心病毒病所，在全国 31 个省（自治区、直辖市）随机抽取 164 个县、328 个村，完成一次新冠病毒抗体血清流行病学调查。

3 月，2021 年度全国预防接种异常反应监测信息在中国疾控中心网站发布。

四 月

4 月 11—13 日，中国疾控中心环境所在上海市举办“全国消毒与感染控制培训”，各省（自治区、直辖市）和新疆生产建设兵团的 160 个监测点疾控中心 188 人参加现场培训，1 000 余人参加线上培训。

4 月 15—16 日，中国疾控中心在北京市组织召开全国公共卫生与预防医学名词规范化建设培训会。

4 月 16 日，中国疾控中心慢病中心主办的第八届“万步有约”健走激励大赛在安徽省池州市青阳县正式启动，共有 31 个省（自治区、直辖市）的 594 个县区约 66 万人参与。

4 月 18 日，中国疾控中心召开学习贯彻习近平新时代中国特色社会主义思想主题教育动员部署会。

4 月 25 日，中国疾控中心成立学习贯彻习近平新时代中国特色社会主义思想主题教育领导小组。

4 月 25—27 日，中国疾控中心寄生虫病所（国家热带病研究中心）携手上海市科学技术协会、上海市卫生健康委、上海市疾控中心，共同举办了“一江一河，一带一路，创建无疟世界”暨“一带一路”十周年世界防治疟疾日专题活动。

五　月

5月5日，中国疾控中心牵头举办2023中国健康科普大赛。此次大赛征集作品数量创历年新高，有力地推动构建健康共建共享新格局，并首次与北京卫视合作，拓宽传播模式，促进广大群众对健康科普知识的获得与兴趣。

5月6—10日，2023年全国艾滋病监测综合培训班在浙江省杭州市举办，来自全国31个省（自治区、直辖市）和新疆生产建设兵团的130余位代表参加了培训。

5月8日，中国疾控中心团委举办第九届“与信仰对话”主题团日活动，邀请中心党委副书记周宇辉围绕党的二十大精神和青年理想信念做专题授课，与会青年共同学习习近平总书记给第19批援中非中国医疗队的回信精神，观看《中心援非工作纪实》视频，回顾中国疾控中心自2014年以来的援非工作历程。

5月12日，中国疾控中心召开学习贯彻习近平新时代中国特色社会主义思想主题教育读书班交流研讨会暨党委理论学习中心组学习（扩大）会。

5月15日，中国疾控中心地病中心协助国家疾控局、国家发改委、教育部、工业和信息化部、国家卫生健康委、国家市场监督管理总局、国家广播电视总局、国务院妇女儿童工作委员会、中国残疾人联合会以及中国关心下一代工作委员会十部门，共同组织开展全国第三十个“防治碘缺乏病日”活动。2023年，全国“防治碘缺乏病日”的宣传主题为“科学补碘三十年，利国利民保健康”。

5月16—17日，全国艾滋病抗病毒治疗药品采购管理工作会议在山东省青岛市召开，31个省（自治区、直辖市）艾滋病抗病毒治疗药品管理机构负责人和管理人员参加会议。

5月18—19日，中国疾控中心辐射安全所在陕西省西安市召开“2023年全国放射卫生监测工作会议”。

5月20—31日，中国疾控中心组织专家团组赴瑞士日内瓦参加第76届世界卫生大会，积极参与全球卫生治理，拓展国际伙伴关系，并从技术和管理层面为国家疾控局代表团提供支持。

5月21—24日，中国疾控中心团委举办第七届“青年专家走基层”活动暨“走基层·阿坝行”活动，68名青年志愿者讲授健康课程140课时，发放健康宣传物品4 500余件、学习文具15 000多件、体育用品300多件。

5月22日，中国疾控中心艾防中心召开“警示教育月”主题党日活动暨全体党员干部职工警示教育大会，共计130余名党员干部参加。

5月23日，中国疾控中心完成中心岗位设置优化调整，专业技术岗位占总编制的比例为 92%，专业技术高级岗位的比例提高至 55%。

5 月 29 日，中国疾控中心、中国健康教育中心等在宁夏回族自治区银川市共同承办了第 36 个世界无烟日宣传现场活动。

5 月，中国疾控中心落实党中央关于大兴调查研究部署，编制中心大兴调研实施方案，聚焦疾控核心能力提升与推进事业高质量发展等重点改革问题，形成中心调研课题计划 56 项（包括重点调研 10 项、一般调研 46 项），汇总各项调研调查问卷统一发到调查单位填报，组织重点调研课题报送进展信息，编印工作简报。

5 月，动物生物安全三级实验室（ABSL-3）通过了科技部的高等级病原微生物实验室建设审查，中国疾控中心病毒病所于 11 月底向中国合格评定国家认可委员会提交了实验室生物安全认可申请。

六　月

6月5日，受国家疾控局委派，王秦研究员作为医疗卫生指挥中心专职人员，赴浙江省杭州市、绍兴市参加第十九届杭州亚运会疫情防控及卫生保障工作。

6月9日，中国疾控中心艾防中心印发《国家免费艾滋病抗病毒药物治疗手册（2023年版）》，6月14—15日，在河南省郑州市举办手册发布仪式和组织召开全国培训班，促进治疗工作高质量发展。

6月12日，全民健康生活方式行动国家行动办公室提出，中国疾控中心牵头，联合多家机构共同制定的团体标准《家庭减盐行为指南》（T/CNSS 022—2023）由中国营养学会正式批准发布，并于6月15日正式实施。

6月13日，《中共中国疾病预防控制中心委员会关于规范中心各级党组织有关政治仪式的通知》印发。

6月20日，中国疾控中心召开乙肝防治工作专题讨论会，建立中心慢性病毒性肝炎防控工作协调机制，提议中国疾控中心艾防中心为中国疾控中心慢性病毒性肝炎防控工作牵头单位，并提出下一步防治重点工作，助力实现我国消除病毒性肝炎公共卫生危害防治工作目标。

6月22日，中国疾控中心启动猴痘疫情二级响应，组建猴痘疫情监测预警专班，环境所所长王林任监测与流行病组副组长，组织开展污水猴痘病毒监测工作。

6月25日，中国疾控中心召开第七届学位评定委员会第三次会议。会议审定授予45名研究生博士学位、91名研究生硕士学位、115名研究生公共卫生硕士专业学位。经公示，会议增选博士研究生导师13人、硕士研究生导师21人、公共卫生硕士研究生导师38人。会议评选出优秀博士学位论文6篇。会议审议并原则通过《中国疾病预防控制中心学位评定委员会章程（试行）》和中国疾控中心公共卫生专业学位博士研究生招生条件设置。

6月25日，中国疾控中心党委理论学习中心组学习第二次扩大会召开。

6月28日，《中国疾病预防控制中心周报（英文）》获得首个SCI影响因子4.7，在期刊引证报告中位列“公共卫生、环境卫生和职业卫生”专业领域SCIE: Q2（58/207），SSCI: Q1（37/180）。

七 月

7 月 4 日，中国疾控中心举行 2023 届研究生毕业典礼暨学位授予仪式。

7 月 11 日，按照党中央关于学习贯彻习近平新时代中国特色社会主义思想主题教育和大兴调查研究的部署要求，国家卫生健康委党组成员、副主任，国家疾控局党组书记、局长王贺胜带队赴中国疾控中心开展专题调研，走访艾防中心、结核病预防控制中心等二级单位。

7 月 19 日，全国艾滋病抗病毒治疗质控机构研讨会在广东省广州市召开，全国省级负责艾滋病抗病毒治疗质量控制管理工作的人员参会。

7 月 28 日，中国疾控中心教育培训处（研究生院）组织召开了中心国家级继续医学教育项目管理工作会议，总结交流工作、培训管理人员。

7 月 30 日，《重点人群猴痘防治宣传核心信息》发布。

八　月

8 月 16 日，中国疾控中心环境所在福建省福州市召开“全国疾控系统环境与健康工作推进会议”，会议由环境所所长王林主持，中国疾控中心副主任施小明出席会议，来自 29 个省（自治区、直辖市）疾控中心的分管领导和环境健康部门负责人共 63 人参加会议。

8 月 17—18 日，中国疾控中心环境所承办第四届中国环境与健康大会，大会的主题为“交叉、融合、创新”，会议邀请 270 余位环境健康领域知名专家到会交流，来自全国高校、科研院所、疾控中心等约 300 家单位的 1 300 余人参加会议。

8 月 21—22 日，中国疾控中心改水中心在四川省成都市召开西部地区农村学校“厕所革命”健康教育干预启动会。

8 月 22 日，中国疾控中心主任沈洪兵与朝鲜保健省驻华代表石用国（Sok Yongguk）博士在北京市签署《中国疾控中心与朝鲜保健省中央疾病预防控制所合作谅解备忘录》。

8 月 23 日，2023 年艾滋病防治南南合作技术交流活动在北京市举办。中国疾控中心副主任严俊、联合国艾滋病规划署驻华办事处代表莫易睿博士（Dr. Erasmus Morah）出席开幕式。8 月 27—29 日，外宾代表赴江苏省南京市参观交流。

8 月 29 日，中国共产党中国疾控中心总部委员会成立。

8 月，塞拉利昂卫生部人员到中国疾控中心交流访问。

九 月

9 月 6 日，第五轮全国艾滋病综合防治示范区启动会在四川省成都市召开。国家疾控局副局长常继乐出席会议，31 个省（自治区、直辖市）和新疆生产建设兵团疾控局的负责同志、全国 124 个示范区工作办公室负责同志、中国疾控中心及相关专家参加会议。

9 月 6—8 日，中国疾控中心环境所在天津市蓟州区举行 2023 年环境卫生应急演练，所长王林、副所长姚孝元参加演练并对环境卫生应急工作提出具体目标和要求，中国疾控中心环境所卫生应急队员、保障人员、教练员等共计 40 余人参加演练。

9 月 15 日，中国疾控中心学习贯彻习近平新时代中国特色社会主义思想主题教育总结大会召开。

9 月 26 日，全民健康生活方式行动国家行动办公室发布解读《健康生活方式核心要点（2023）》，引导公众从我做起，成为健康生活方式的实践者和受益者，推动“做自己健康第一责任人”理念落实。

9 月，国家卫生健康委依托中国疾控中心成立国家病原微生物保藏中心 / 国家病原微生物资源库。

9 月，中国疾控中心工会协助推选国家疾控局直属机关工会代表大会代表 52 名参加国家疾控局直属机关工会第一届会员代表大会，选举产生了国家疾控局直属机关工会第一届委员会、经费审查委员会、女职工委员会委员，中心党委常委、纪委书记梅扬当选国家疾控局直属机关工会第一届委员会副主席。

9 月，《环境卫生学杂志》入选“中国科技核心期刊（中国科技论文统计源期刊）”目录。

十　月

10月9日,《环境卫生学杂志》入选《中国学术期刊影响因子年报》统计源期刊目录。

10月23日，第七届中缅边境疟疾消除研讨会在北京市举行。

10月25日，中国疾控中心教育培训处（研究生院）组织召开2023年全国疾控机构教育培训工作会议。

10月25日，中国疾控中心教育培训处（研究生院）组织召开疾控机构与高校务实合作研讨会。

十 一 月

11 月 1 日，国家病原微生物资源库启动国家微生物科学数据中心病原微生物样本和数据协同创新中心（深圳中心）。

11 月 1—2 日，中国疾控中心在湖南省长沙市召开全国疾控系统国际交流合作与能力建设研讨会。

11 月 2 日，内蒙古自治区锡林郭勒盟苏尼特右旗发生人间鼠疫疫情，受国家疾控局应急处置司委派，中国疾控中心鼠布基地派专家组成国家工作组赴内蒙古自治区疫区，指导当地处置人间鼠疫疫情。

11 月 7 日，中国疾控中心代表团访问世界卫生组织大流行和流行病情报中心。

11 月 7—10 日，2023 年全国寄生虫病防治技能竞赛在重庆市举办。31 个省（自治区、直辖市）和新疆生产建设兵团的 128 名选手参赛，评出个人奖 34 人次、团体奖 10 名、优秀组织奖 8 名。

11 月 10 日，全国艾滋病疫情估计结果专家论证会在北京市召开，会议论证了我国艾滋病流行现状和未来趋势，为防治决策制定和评价提供了重要依据。

11 月 10 日，中国疾控中心主任沈洪兵带队访问非洲疾控中心总部，并参加中国援建的伍连德实验室揭牌仪式。

11 月 11—12 日，中国疾控中心慢病中心与中华医学会糖尿病学分会联合举办第六届全国糖尿病防治大会。本次大会的主题为“糖尿病共病共管共治”。国内外糖尿病防治知名专家、全国省市县三级疾控机构和各级医疗机构专业人员等 150 余人参加本次大会。

11 月 30 日，2023 年“世界艾滋病日”主题宣传活动在北京市举行，中国疾控中心发布了初中学生预防艾滋病核心信息、第十集艾滋病检测动画片、老年人群预防艾滋病科普广告片等。

11 月，中国疾控中心营养所通过国家认证认可监督管理委员会及卫生行业评审组检验检测机构资质认定换证文审复评审，保持营养所获得的 CMA（China inspection body and laboratory mandatory approval，检验检测机构资质认定）资质。

十二月

12 月 4 日，中国疾控中心主任沈洪兵与韩国疾病预防控制署署长池荣美（Jee Youngmee）博士在韩国首尔签署《中国疾病预防控制中心与韩国疾病预防控制署合作谅解备忘录》。

12 月 4—5 日，中国疾控中心主任沈洪兵率团赴韩国参加第 17 届中日韩传染病防控论坛暨联合研讨会。

12 月 13 日，中国疾控中心实验动物管理工作会议在北京市召开，中国疾控中心实验动物管理委员会、中国疾控中心实验动物福利伦理委员会共 30 位委员参会。中国疾控中心副主任再那吾东·玉山出席会议并讲话。

12 月 29 日，中国援外医疗队派遣 60 周年纪念暨表彰大会在北京市举行。中共中央总书记、国家主席、中央军委主席习近平亲切会见会议代表并表示热烈祝贺。此次大会表彰了 30 个全国援外医疗工作先进集体和 60 名先进个人，中国疾控中心王立立作为先进个人参加表彰大会。

12 月，《卫生研究》入选《中文核心期刊要目总览》（2023 年版）。

第七部分 附　录

科研成果获奖

2023 年度北京市科学技术奖二等奖

国民营养改善重大干预技术与应用

——中国疾病预防控制中心营养与健康所、首都儿科研究所

丁钢强、张　兵、黄　建、孙　静、霍军生、张　霆、王惠君、何宇纳、赵丽云、王志宏

2023 年中华预防医学会科学技术奖一等奖

中国高龄老年人群主要健康特征、关键影响因素与干预技术研究

——中国疾病预防控制中心、北京大学、北京医院、南方医科大学

施小明、曾　毅、杨　泽、吕跃斌、毛　琛、王华丽、孙　亮、陆杰华、殷召雪、雷晓燕、王蛟男、石文惠、李志浩、倪晓琳、张晓畅

2023 年中华预防医学会科学技术奖一等奖

国民营养改善重大干预技术及策略研究与应用

——中国疾病预防控制中心营养与健康所、首都儿科研究所、西湖大学、中山大学、浙江省疾病预防控制中心

丁钢强、王惠君、黄　建、孙　静、霍军生、张　霆、张　兵、何宇纳、赵丽云、郑钜圣、章荣华、陈裕明、王志宏、于冬梅、张继国

2023 年中华预防医学会科学技术奖一等奖

实验室生物安全技术体系建立及在重大传染病防控中的应用

——中国疾病预防控制中心病毒病预防控制所、中国疾病预防控制中心、北京市疾病预防控制中心、中国疾病预防控制中心传染病预防控制所、建科环能科技有限公司、华北电力大学、中国合格评定国家认可中心、北京戴纳实验科技有限公司、中国电子系统工程第二建设有限公司、北京克力爱尔生物实验室工程有限公司

武桂珍、赵赤鸿、刘　军、李振军、韩　俊、潘　阳、刘培培、魏　强、侯雪新、曹国庆、刘志坚、王　荣、奚晓鹏、杨九祥、张小京

2023 年中华预防医学会科学技术奖二等奖

高致病性人冠状病毒的快速鉴定与免疫应答研究及成果应用

——中国疾病预防控制中心病毒病预防控制所、广州医科大学附属第一医院、中国疾病预防控制中心

谭文杰、赵金存、高　福、王文玲、黄保英、肇静娴、王延群、朱　娜、许文波、孙　静

2023 年中华预防医学会科学技术奖二等奖

大规模人群减盐示范干预与效果评价

——中国疾病预防控制中心、中国疾病预防控制中心慢性非传染性疾病预防控制中心、山东省疾病预防控制中心、浙江省疾病预防控制中心

马吉祥、梁晓峰、吴　静、王临虹、徐爱强、徐建伟、白雅敏、颜流霞、张晓畅、郭晓雷

2023 年中华预防医学会科学技术奖三等奖

中国孕产妇体重管理的关键技术研究与应用

——中国疾病预防控制中心营养与健康所、首都医科大学附属北京妇产医院、华中科技大学、四川大学、中山大学、南京医科大学

赖建强、李光辉、杨年红、曾 果、杨振宇、杨月欣、苏宜香、张彩霞

2023 年中华预防医学会科学技术奖三等奖

空气颗粒物人群健康风险评估与应用关键技术

——中国疾病预防控制中心环境与健康相关产品安全所、北京绿林环创科技有限公司

徐东群、王 秦、徐春雨、韩京秀、刘 悦、许志杰、阳晓燕、李 娜

2023 年中华预防医学会科学技术奖三等奖

辐射生物剂量估算关键技术及应用研究

——中国疾病预防控制中心辐射防护与核安全医学所、首都医科大学附属北京朝阳医院

刘青杰、陆 雪、赵 骅、田雪蕾、蔡恬静、李 爽、赵晓涛、高 玲

2023 年中华预防医学会科学技术奖三等奖

我国艾滋病重点地区精准防治体系创建及关键技术应用

——中国疾病预防控制中心性病艾滋病预防控制中心、四川省疾病预防控制中心、凉山彝族自治州疾病预防控制中心、四川大学、中国疾病预防控制中心妇幼保健中心、中国疾病预防控制中心

刘中夫、唐雪峰、刘玉芬、周宇辉、韩孟杰、杨淑娟、李 健、张 广

2023 年中华预防医学会科学技术奖三等奖

职业苯暴露人群的白血病风险评估研究及其应用

——中国疾病预防控制中心职业卫生与中毒控制所

邢彩虹、尹松年、王前飞、李桂兰、韩 磊、贾 强、程秀荣、李 铭

获奖成果摘要

2023 年度北京市科学技术奖二等奖

国民营养改善重大干预技术与应用

——中国疾病预防控制中心营养与健康所、首都儿科研究所

丁钢强、张　兵、黄　建、孙　静、霍军生、张　霆、王惠君、何宇纳、赵丽云、王志宏

膳食营养是健康的物质基础，我国地域广、居民饮食差异大，不合理、不均衡的膳食造成众多营养问题，影响健康中国建设。本项目组潜心研究 20 余年，从国家战略高度梳理出主要营养问题和其演变规律，精准定位营养问题的重点人群和干预对象，创新防治问题的对策，研究成果如下：

（1）研发系列具有自主知识产权的营养干预技术，实现营养包和食品强化从配方到工艺集成创新。解决了活性成分保护、脂质酸败等瓶颈，实现了肠道稳态递送，前瞻性地创制了引领世界的“中国技术”，为发展中国家早期儿童营养改善提供了“中国经验”；推动国家开展贫困地区儿童营养改善项目并将其纳入基本公共卫生服务。营养包覆盖地区儿童生长迟缓率和贫血率分别下降 79.2%、50.5%。

（2）创新大众食物强化和个性化营养健康食品设计。创新以酱油为食物载体进行铁强化，改善居民铁缺乏及缺铁性贫血状况；构建人源肠道菌群无菌鼠脂代谢评价模型和快速致衰肌少症模型筛选活性物质，满足精准个性化营养健康食品需求。

（3）率先制定辅食营养补充品、孕妇乳母营养补充食品国家标准，为全球相关产品创制及产业发展提供了新标准系列。辅食营养补充品和孕妇乳母营养补充食品已被列入国家《食品生产许可分类目录》，并快速实现市场化应用。另外，还制修订了多个营养相关食品安全国家标准和卫生行业标准，进一步完善了标准体系建设。

（4）创立监测和改善国民营养健康水平的“中国解决方案”和基础工具。首次提出并验证了适合中国居民特点的东方健康膳食模式。首次系统评估了中国成年人膳食因素在慢性病发生中的归因贡献，首次提出了高钠、低水果、低水产品或低 Ω-3 脂肪酸摄入居于心血管疾病死亡归因前三位，Lancet 肥胖委员会专家肯定了研究结果并发表了专题评论；研究发现，我国成人肥胖患病率从 3.1% 到 8.1%，有 8 500 万名成年人肥胖，在学历高的女性中，肥胖者较少，男性相反；首次利用中国数据具体评估了糖尿病治疗目标。

（5）促进食品产业的营养健康转型升级及应用。本项目创新营养食品品类、完善标

准，并在国家级、扶贫及卫生行业专项等项目中大规模应用。

项目团队研制了多项国家标准、卫生标准和发明专利；发表了相关论文 371 篇。研究成果为《“健康中国 2030” 规划纲要》《健康中国行动（2019—2030 年）》等政策制定提供了重要科学依据；部分成果被写入高校教材和大型工具书；项目成果在北京市及全国的人才培养、食品产业健康转型、慢性病防控及提升居民健康水平等方面做出了重要贡献。

2023 年中华预防医学会科学技术奖一等奖

中国高龄老年人群主要健康特征、关键影响因素与干预技术研究

——中国疾病预防控制中心、北京大学、北京医院、南方医科大学

施小明、曾　毅、杨　泽、吕跃斌、毛　琛、王华丽、孙　亮、陆杰华、殷召雪、雷晓燕、王蛟男、石文惠、李志浩、倪晓琳、张晓畅

我国政府高度重视、社会公众广泛关注人口老龄化和高龄化问题。高龄老年人群主要健康特征与关键影响因素的识别、干预技术的开发是我国老年健康研究的重点和难点。项目组自 1998 年起组建多学科攻关团队，历时 20 余年，在 23 个省（自治区、直辖市）800 多个区县入户随访高龄老年人 4.3 万余名，建立了我国开始时间最早、具有全国代表性、全球最大规模样本的高龄老年人前瞻性队列、生物样本库和基因库；识别高龄老年人增龄过程中主要健康特征的变化规律，率先报道我国高龄老年人死亡率降低但功能损伤加剧的长期变化趋势，基于中国人群实证提出了关注健康寿命和功能发挥，而非仅重视疾病防控和寿命延长的健康老龄化理念；发现了高龄老年人血压、血脂和体质指数（body mass index，BMI）的适宜范围，创新性提出了我国高龄老年人收缩压的适宜范围为 107 ~ 154 毫米汞柱，血脂和体质指数适宜水平为血脂边缘升高、超重和轻度肥胖，打破不同年龄段采用相同管理目标的健康管理模式；提出营养不足而非过剩为高龄老年人的关键健康问题，长期保持膳食多样化、积极参与休闲活动是降低老年人死亡和功能损伤风险的关键影响因素，揭示了遗传基因在生活方式对健康影响中的重要修饰作用；融合多学科技术手段，研发融“检测—预测—干预”为一体的个性化主动干预技术，制定高龄老年人血压和体质指数水平适宜范围指南，为我国高龄老年人主动健康管理技术和管理模式提供重要路径。成果落地应用于行政管理决策、标准规范制定、公众健康服务、临床服务和科学研究服务等方面，有力地推动了老年医学和老年流行病学相关学科发展和技术进步，为有效降低高龄老年人疾病负担、推进健康中国行动提供有力的科技支撑。

2023 年中华预防医学会科学技术奖一等奖

国民营养改善重大干预技术及策略研究与应用

——中国疾病预防控制中心营养与健康所、首都儿科研究所、西湖大学、中山大学、浙江省疾病预防控制中心

丁钢强、王惠君、黄　建、孙　静、霍军生、张　霆、张　兵、何宇纳、赵丽云、郑钜圣、章荣华、陈裕明、王志宏、于冬梅、张继国

膳食营养是健康的物质基础，我国人口众多、地域广阔、人们的饮食差异巨大，不合理、不均衡的膳食造成众多营养问题，影响健康中国建设。如何从国家战略高度梳理出主要营养问题和其演变规律，精准定位营养问题的重点人群和干预对象，创新防治问题的对策和措施，已成为公共卫生领域的一项急迫而重大的科技任务。本项目组潜心研究 10 余年，取得以下研究成果：

（1）研发系列具有自主知识产权的营养干预技术，实现营养包和食品强化从配方到工艺集成创新。解决了活性成分保护、脂质酸败等瓶颈，实现了肠道稳态递送，前瞻性地创制了引领世界的“中国技术”，为发展中国家早期儿童营养改善提供了“中国经验”；推动国家开展贫困地区儿童营养改善项目并将其纳入基本公共卫生服务。营养包覆盖地区儿童生长迟缓率和贫血率分别下降 79.2%、50.5%。

（2）国际率先制定辅食营养补充品、孕妇乳母营养补充食品国家标准，为全球相关产品创制及产业发展提供了新标准系列。作为特殊膳食用食品，辅食营养补充品和孕妇乳母营养补充食品已被列入国家《食品生产许可分类目录》，并快速实现市场化应用。

（3）创立监测和改善国民营养健康水平的“中国解决方案”和基础工具。首次提出并验证了适合中国居民特点的、具有最佳健康效应的东方健康膳食模式，即食物多样、植物性食物为主、动物性食物为辅、少油盐糖的膳食指导方案。率先建立了综合评估膳食质量的健康膳食指数方法。

（4）首次系统评估了中国成年人膳食因素在慢性病发生中的归因贡献。首次提出高钠、低水果、低水产品或低 Ω-3 脂肪酸摄入居于心血管疾病死亡归因前三位，分别占 17.3%、11.5% 和 9.7%。Lancet 肥胖委员会专家肯定了研究结果并发表了专题评论。

（5）创立了肠道微生态、营养代谢分子的健康效应机制和路径研究新体系。创建了 2 型糖尿病相关肠道菌群风险指数，揭示了乳制品摄入与心脏代谢风险关联的特异性肠道菌属；发现了影响血糖和胰岛素水平的红肉相关 3 种氨基酸类代谢物。首次提出 Line-1 基因甲基化修饰改变和组蛋白同型半胱氨酸修饰改变分别是导致神经管畸形的营养代谢分子机制和表观遗传机制，3 位著名国外学者给予首肯。

项目团队在 *Lancet Diabetes & Endocrinology*（《柳叶刀 · 糖尿病与内分泌学》）等杂

志上发表论文 421 篇（其中 SCI 论文 130 篇）。提交的 20 篇论文 SCI 他引次数为 518 次，他引总次数为 563 次，单篇影响因子最高为 44.867，研制 4 项国家标准和 8 项卫生标准，发明专利 4 项，软件著作权 4 项。部分研究成果被写入高校教材和大型工具书，在全国推广应用，对科学、有效地推进国民营养改善做出了重大贡献。

2023 年中华预防医学会科学技术奖一等奖

实验室生物安全技术体系建立及在重大传染病防控中的应用

——中国疾病预防控制中心病毒病预防控制所、中国疾病预防控制中心、北京市疾病预防控制中心、中国疾病预防控制中心传染病预防控制所、建科环能科技有限公司、华北电力大学、中国合格评定国家认可中心、北京戴纳实验科技有限公司、中国电子系统工程第二建设有限公司、北京克力爱尔生物实验室工程有限公司

武桂珍、赵赤鸿、刘　军、李振军、韩　俊、潘　阳、刘培培、魏　强、侯雪新、曹国庆、刘志坚、王　荣、奚晓鹏、杨九祥、张小京

实验室生物安全是国家生物安全的重要组成部分。本项目从实验室生物安全核心要点出发，攻克多项技术难关，完成实验室生物安全技术体系研究，并实现在新冠等重大传染病疫情防控中创新应用。

创建实验室生物安全“三位一体”技术平台体系，填补了多项实验室生物安全领域关键技术空白，实现了我国实验室生物安全管理的高质量提升，为我国传染病防控提供了坚实保障。构建实验室生物安全“全方位”量化风险评估技术体系，主导我国实验室生物安全制度化建设迈向科学化进程；构建并不断完善菌（毒）种保藏、实验活动“全链条”管理技术体系，为实现我国生物安全管理的规范化和标准化奠定坚实基础。

创建生物安全实验室设施设备“全生命期”防护关键技术集成平台，使我国生物安全实验室设施设备实现了由依赖进口向国际输出的转变。针对实验室检测关键技术难点逐一攻克，提出了国内外首个高效空气过滤器全生命周期性能试验评价方法；研发重要生物安全设备，结束我国依赖进口的情况，并成功推广到全球。

依托定量化风险识别技术，首创新冠抗疫“六大”生物安全标准规范，提供“四大”关键技术支撑，为新冠科技抗疫战的成功奠定了坚实基础。以定量评估风险为基础，第一时间确定新冠病毒风险等级，为全国开展实验室检测提供生物安全关键支撑；利用环境污染定量监测技术，为新冠疫情传染源发现提供关键技术支撑；通过定量化环境监测和污染评估技术，首次成功在 BSL-3 实验室内开展灭活疫苗中试实验；相关工作制定成系列标准，为第一时间发现传染源提供了关键技术支撑。

生物安全技术体系在重大活动保障、国内重大疫情处置、防控境外疫情输入、海外援助“四大领域”创新应用，为我国生物安全保驾护航。为 2008 年夏季奥运会和国庆节、

APEC 峰会等首都重大活动提供有力的安全保障；向非洲提供生物安全技术体系，为我国首次公共卫生整建制援非抗埃，实现“打胜仗零感染”目标提供有力的生物安全科技支撑；成功支持中东呼吸综合征、野生型脊灰疫情等突发疫情的处置，为国家公共卫生安全构筑安全防线。项目组制定标准、指南 7 项，获得发明专利 10 余项；发表论文 120 余篇，出版著作 15 部。本项目从根本上扭转了我国实验室生物安全无序局面，提升了我国实验室生物安全管理水平，切实保障了新冠疫情防控安全处置，满足了国家生物安全建设的重大需求。

2023 年中华预防医学会科学技术奖二等奖

高致病性人冠状病毒的快速鉴定与免疫应答研究及成果应用

——中国疾病预防控制中心病毒病预防控制所、广州医科大学附属第一医院、中国疾病预防控制中心

谭文杰、赵金存、高　福、王文玲、黄保英、肇静娴、王延群、朱　娜、许文波、孙　静

21 世纪以来，新型高致病性人冠状病毒（如 SARS-CoV、MERS-CoV 以及 SARS-CoV-2），已引发 3 次严重的急性呼吸道传染病流行。这些疫情不仅对全球公共卫生构成重大威胁，而且对病毒感染的基础研究和疫情防控技术的创新应用提出了严峻挑战。

在这一背景下，本项目围绕以 MERS-CoV 与 SARS-CoV-2 为代表的高致病性人冠状病毒，深入开展了病原生物学与免疫学的基础研究。在病原发现鉴定、基因组特征与变异、复制与排毒规律及致病性等方面取得了一系列创新成果。同时，在病毒抗原诱导的先天免疫及机制、抗体应答规律与呼吸道黏膜免疫特征、T 细胞免疫的动力学与生物学意义等免疫学领域也取得了重要突破。

这些研究成果不仅在国际著名学术期刊上发表，如 *NEJM*（*The New England Journal of Medicine*,《新英格兰医学杂志》）、*Cell*（《细胞》）、*JAMA*（*The Journal of the American Medical Association*,《美国医学会杂志》）、*Lancet ID*（*Lancet Infectious Diseases*,《柳叶刀·感染病学》）、*Immunity*（《免疫》）等，代表性论文的他引次数超过万次，显示出深远的学术影响力。团队还攻克了病原发现鉴定、诊断技术研发、动物模型构建、疫苗临床前研发与评价等关键核心技术，成果转化产值超千亿元。这些成果的推广应用为多维度、全方位有效阻断高致病性人冠状病毒疫情，特别是应对新冠病毒疫情提供了关键科技支撑。

此外，本项目的多项成果被写入 2020 年中国政府发布的《抗击新冠肺炎疫情的中国行动》白皮书，并入选中国共产党建党 100 周年科技成果展（2021 年）及国家“十三五”科技成果展。这些成果得到了世界卫生组织专家和多位知名学者的高度赞誉。

除了研究成果的产出外，本项目还积极参与起草修订 MERS-CoV 与 SARS-CoV-2

实验室检测指南等技术文件，并举办多届全国或全球性培训班，培训数量达万人次。这些举措提升了我国基层疾控和医院对新型冠状病毒的发现和检测能力，为新型高致病性人冠状病毒病原生物学与免疫学等关键科学问题的探索以及相关疫情的科学防控提供了重要科技支撑。

2023 年中华预防医学会科学技术奖二等奖

大规模人群减盐示范干预与效果评价

——中国疾病预防控制中心、中国疾病预防控制中心慢性非传染性疾病预防控制中心、山东省疾病预防控制中心、浙江省疾病预防控制中心

马吉祥、梁晓峰、吴　静、王临虹、徐爱强、徐建伟、白雅敏、颜流霞、张晓畅、郭晓雷

长期高盐饮食增加心脑血管疾病、肾病等多种疾病发病风险，减少盐摄入量已被确定为改善人口健康结局可采取的最具成本效益的措施之一。2002 年中国居民营养与健康状况调查表明，全国成人高血压标化患病率为 18.8%，控制率为 11.8%。山东省成人高血压患病率远高于全国水平，控制率低于全国水平。2011 年，山东省人民政府与卫生部联合启动了为期 5 年的减盐防控高血压项目。中国疾控中心作为项目技术支持单位，联合山东省疾控中心，共同制定项目实施策略、组织实施、开展评估。根据基线调查结果，针对山东省居民食盐摄入量高的现况，明确了居民食盐摄入的主要来源，确立以盐的来源为导向的综合干预策略，结合社会生态学理论模型，制定了建设支持环境、公众健康教育、倡导食品加工企业和餐饮单位减盐等多元化的干预措施，并在山东省实施，圆满完成预期各项指标。2011—2016 年，居民调味品食盐摄入量从 12.5 克 / 天降至 10.3 克 / 天，24 小时尿钠钾比从 6.8 降到 4.1。

本项目创新慢病防控体系机制，践行将健康融入所有政策方针。通过减盐防控高血压项目的研究和实践，建立了“政府主导、多部门协作、专业机构支持、全社会参与”的慢病防控体系和机制，践行了预防为主、将健康融入所有政策、共建共享的卫生健康工作方针；注重理论创新和技术方法集成，建立和验证了减盐防控高血压的科学路径；评价方法科学精准，已产生重要的学术影响。本项目总结出适宜于我国的大规模人群减盐干预模式，为今后国内外开展大人群减盐等危险因素干预工作提供借鉴。

2023 年中华预防医学会科学技术奖三等奖

中国孕产妇体重管理的关键技术研究与应用

——中国疾病预防控制中心营养与健康所、首都医科大学附属北京妇产医院、华中科技大学、四川大学、中山大学、南京医科大学

赖建强、李光辉、杨年红、曾　果、杨振宇、杨月欣、苏宜香、张彩霞

肥胖是当今全人类共同面对的巨大健康挑战，严重危害我国居民全生命周期的健康，特别是育龄期女性肥胖危及生殖健康、社会发展和种族延续。至今全世界都未能找到有效解决肥胖的措施。在优化人口发展战略、建立生育支持政策体系过程中，开展育龄妇女（孕前、孕期和产后）体重管理关键技术与应用研究，是我国预防控制孕前超重、孕期增重过多和产后体重滞留，减少妊娠期并发症，降低出生缺陷和巨大儿发生率等重大挑战需要迫切解决的关键科学问题。

该项目组专注妇幼营养和孕产妇体重健康管理，建立了基于全国有代表性的 10 万对母婴的核心数据（其中 9 地区多中心前瞻性队列 1.6 万对）的中国孕产妇营养健康和妊娠结局数据库，得到了中国实际的孕期增重与出生结局的关系，阐明了影响我国孕妇体重的关键因素，探索了群体水平孕前体重—孕期增重—产后体重演变规律。基于全国代表性大样本数据，首次提出了适合中国妊娠期妇女的体重增长推荐值范围，据此制定了国家卫生行业标准《妊娠期妇女体重增长推荐值标准》（WS/T 801—2022），并为《中国居民膳食营养素参考摄入量》《中国居民膳食指南》和《妊娠期高血糖诊治指南》等的制修订提供了直接的关键科学依据。建立了孕期体重管理平台，推出“互联网 + 围产营养门诊”，在全国 700 余家医疗卫生机构试点，产生了较好的社会效益和经济效益。对减少孕期合并症、出生缺陷、巨大儿等妊娠不良结局发挥了重要关键技术作用。

2023 年中华预防医学会科学技术奖三等奖

空气颗粒物人群健康风险评估与应用关键技术

——中国疾病预防控制中心环境与健康相关产品安全所、北京绿林环创科技有限公司

徐东群、王　秦、徐春雨、韩京秀、刘　悦、许志杰、阳晓燕、李　娜

《中华人民共和国环境保护法》《中华人民共和国大气污染防治法》《健康中国“2030”规划纲要》等均提出了建立健全环境与健康监测、调查和风险评估制度。该项目组基于管理需求制定了《大气污染人群健康风险评估技术规范》（WS/T 666—2019），但在全国推广应用时发现，无论是模型预测还是光散射法直接监测，都无法精准评估细颗粒物（PM2.5）暴露浓度；效应评估指标数量有限且灵敏性不一，导致暴露 – 反应关系评价

结果不一；未基于健康风险评估开展风险交流，常造成公众困惑甚至质疑，提出的健康防护措施缺乏科研数据支撑。

针对以上问题，通过系统研究，建立了PM2.5精准个体暴露评估技术，研发了移动端个体PM2.5暴露评价App，实现了暴露评估自动化；开发了具有多种自主知识产权及自校方式的光散射法PM2.5在线监测仪器，提高了测定结果的准确性，并推广应用到公共场所、地铁等不同领域及场景中，通过在线监测，及时发现PM2.5暴露风险，采取有效的控制措施。利用精准暴露评估手段，开展脆弱人群暴露－反应关系评估，建立空气净化器干预健康防护效果评价方法，科学指导人群健康防护；基于评估结果开展风险交流，开发健康教育核心信息，提高了公众的健康素养。项目建立的PM2.5人群健康风险评估技术及健康教育核心信息等，已在空气污染对人群健康影响监测与防护项目中推广应用，推动了我国大气污染健康风险评估制度的建立，对加强人群健康风险管理、促进健康环境建设和保护人群健康具有重要的公共卫生意义。

2023年中华预防医学会科学技术奖三等奖

辐射生物剂量估算关键技术及应用研究

——中国疾病预防控制中心辐射防护与核安全医学所、首都医科大学附属北京朝阳医院

刘青杰、陆　雪、赵　骅、田雪蕾、蔡恬静、李　爽、赵晓涛、高　玲

随着核能与电离辐射的广泛应用，核和辐射事故时有发生。如何在意外情况下采取准确、快速的生物技术估算大规模人群的受照剂量，已成为当前放射生物剂量学亟待解决的重要课题。同时，放射工作人员健康监测也需要敏感的低剂量辐射生物标志物。目前，经典的染色体畸变分析和微核分析无法满足快速高通量要求。因此，建立新的快速、准确和敏感的生物剂量计具有重要的科学意义和现实意义。该项目开展了人外周血淋巴细胞线粒体DNA（mtDNA）缺失、核质桥（nucleoplasmic bridges，NPB）作为快速测定辐射损伤新指标的系统研究；同时进行早熟染色体凝集（premature chromosome condensation，PCC）、荧光原位杂交（fluorescence in situ hybridization ，FISH）分析易位和染色体畸变分析等传统生物标志物的技术研究和推广应用。

项目团队在国际上最先建立淋巴细胞核质桥作为新型快速辐射生物剂量计；对PCC和FISH分析易位技术进行优化和标准化，在全国进行推广应用；建立mtDNA缺失筛选策略，首次发现2种新的辐射诱导mtDNA缺失类型。该项目在新型辐射生物剂量计关键技术方面做出了创新和突破，推动了放射生物剂量学的发展，为我国核辐射医学应急响应和临床诊治奠定了坚实基础。

2023 年中华预防医学会科学技术奖三等奖

我国艾滋病重点地区精准防治体系创建及关键技术应用

——中国疾病预防控制中心性病艾滋病预防控制中心、四川省疾病预防控制中心、凉山彝族自治州疾病预防控制中心、四川大学、中国疾病预防控制中心妇幼保健中心、中国疾病预防控制中心

刘中夫、唐雪峰、刘玉芬、周宇辉、韩孟杰、杨淑娟、李　健、张　广

四川省凉山州属于我国“三区三州”深度贫困地区，艾滋病是其因病致贫、因病返贫的重要原因，但艾滋病疫情整体情况不明，存在检测发现不足、艾滋病母婴传播率高、单阳家庭配偶感染率高、吸毒人群居住地山高路远导致有效预防措施覆盖不到、艾滋病患者治疗意愿低等问题。本研究针对凉山州开展的系列研究取得了 3 个方面的艾滋病防治关键技术创新和 1 项疾控体系创新。一是创新将乡级快速检测技术和可追踪的“实名制”检测等适宜技术用于感染者发现及艾滋病流行病学调查，将创新的适宜快速检测技术和新近感染检测技术方法用于全人群大筛查，研发出“艾滋病疫情预测预警与卫生经济学评价系统”软件，全面揭示凉山州艾滋病重大疫情。二是创建“三线一网底”（省市县疾控、医疗、妇幼机构 3 条线和乡镇 1 个网底）卫生服务体系和“1+*M*+*N*”（乡镇党委政府 + 卫生院 + 村级卫生人员）网底工作模式。首次提出构建艾滋病、肝炎、结核等重大传染病“多病共防”策略。三是创新构建“人盯人”及与大数据平台合一的精准防控科学措施，对感染者实施分类、精准管理，彻底解决感染者和病人“找不到”“治不上”“治不好”问题，实现对所有感染者的高质量随访和诊疗服务，有效提高抗病毒治疗效果。四是创新适宜的“早检早诊早治”（早孕检、早艾滋病检测诊断，以及早治疗阳性孕产妇、单阳阳性配偶、阳性育龄妇女、阳性儿童等重点人群）、“治疗即预防”（100% 治疗重点人群）和设立戒毒药物维持治疗乡级“延伸点”等有效阻断 HIV 经血、经性和母婴传播的关键技术措施，推动凉山州艾滋病防治实现感染者发现率、抗病毒治疗率、抗病毒治疗成功率“三升”和新发感染率、母婴传播率、单阳家庭传播率“三降”的良好局面。

项目团队首次揭示我国艾滋病最严重地区的疫情情况和特征，创新性建立了我国艾滋病高流行地区艾滋病攻坚的技术支撑体系，应用“人盯人”精准治疗管理、关口前移预防母婴传播、强化干预阻断艾滋病家庭内传播和静脉吸毒传播等防治关键技术，助力凉山州艾滋病防治实现“三升三降”防控与健康扶贫关键目标，有效减少和避免了新发感染及死亡。研究成果对我国艾滋病防控体系建设和全球 HIV 高流行地区防控关键技术与模式提供了重要的科学借鉴，具有重要的社会价值和经济价值。

2023 年中华预防医学会科学技术奖三等奖

职业苯暴露人群的白血病风险评估研究及其应用

——中国疾病预防控制中心职业卫生与中毒控制所

邢彩虹、尹松年、王前飞、李桂兰、韩 磊、贾 强、程秀荣、李 铭

苯是重要的工业原料，在我国工业生产中被广泛使用的同时，也带来严重的职业危害。20 世纪 90 年代，苯的职业接触形势严峻，占全国各种有害接触职业人群之首，职业苯暴露浓度高、范围广，苯作业人员苯中毒及白血病高发。为改变这一状况，项目组建立了全球最大的 11 万人苯队列，确定了苯暴露与急性髓细胞白血病的剂量－反应关系，揭示了苯致白血病的遗传损伤机制，筛选出多个苯相关早期效应生物标志物，先后两次修订关于苯的国家标准，将苯致白血病的发病率降低了约 66%。研究成果被编入全国高等学校教材，被世界卫生组织、国际癌症研究机构（International Agency for Research on Cancer，IARC）以及美国国家环境保护局（Environmental Protection Agency，EPA）引用和收录，为世界各国防治苯的危害提供了科学依据。

个人获奖

奖励名称	所在单位	姓名	授奖单位	授奖时间
2021中国健康科普大赛优秀奖	辐射防护与核安全医学所	苟巧、李辰	中国疾病预防控制中心、中国健康教育中心、中华预防医学会	2023年1月
2021中国健康科普大赛优秀奖	辐射防护与核安全医学所	齐雪松、李辰	中国疾病预防控制中心、中国健康教育中心、中华预防医学会	2023年1月
2023春夏学期智慧树网“TOP100超级精品课程”	儿少/学校卫生中心	马迎华	智慧树网	2023年2月
2023年中华预防医学会科学技术奖一等奖（项目名称：国民营养改善重大干预技术及策略研究与应用）	营养与健康所	丁钢强、王惠君、黄建、孙静、霍军生、张兵、何宇纳、赵丽云、王志宏、于冬梅、张继国	中华预防医学会	2023年3月
2023年中华预防医学会科学技术奖三等奖（项目名称：中国孕产妇体重管理的关键技术研究与应用）	营养与健康所	赖建强、杨振宇、杨月欣	中华预防医学会	2023年3月
2023年“读讲一本书”活动暨“奋进新征程、勇担新使命”青年演讲比赛（第二赛道）（二等奖）	传染病预防控制所	李哲	中国疾病预防控制中心党委	2023年3月
2023年“读讲一本书”活动暨“奋进新征程、勇担新使命”青年演讲比赛（第二赛道）（二等奖）	传染病预防控制所	李晓瑞	中国疾病预防控制中心党委	2023年3月
全国三八红旗手标兵	病毒病预防控制所	武桂珍	中华妇女联合会	2023年3月
2023年国家疾控局“读讲一本书”活动特等奖	慢性非传染性疾病预防控制中心	张洁洁	国家疾病预防控制局直属机关团委	2023年4月
2023年中国疾控中心“读讲一本书”活动特等奖	慢性非传染性疾病预防控制中心	张洁洁	中国疾病预防控制中心团委	2023年4月

续表

奖励名称	所在单位	姓名	授奖单位	授奖时间
2023年中国疾控中心“读讲一本书”活动特等奖	环境与健康相关产品安全所	刘萌萌	中国疾病预防控制中心团委	2023年4月
2023年中国疾控中心“读讲一本书”活动特等奖	环境与健康相关产品安全所	吴妍	中国疾病预防控制中心团委	2023年4月
2023年中国疾控中心“读讲一本书”活动一等奖	环境与健康相关产品安全所	董家华	中国疾病预防控制中心团委	2023年4月
上海市自然科学奖二等奖	寄生虫病预防控制所	曹建平、胡媛、沈玉娟	上海市人民政府	2023年4月
2023年国家卫生健康委“读讲一本书”活动一等奖	慢性非传染性疾病预防控制中心	张洁洁	国家卫生健康委员会直属机关团委	2023年5月
第三届全国创新争先奖章	病毒病预防控制所	武桂珍	人力资源社会保障部、中国科学技术协会、科技部、国务院国有资产监督管理委员会	2023年5月
国家疾控局直属机关优秀党务工作者	实验室管理处	赵赤鸿	国家疾病预防控制局直属机关党委	2023年6月
第十届国家卫生健康突出贡献中青年专家	中国疾病预防控制中心	尹遵栋	国家卫生健康委员会、国家中医药管理局	2023年6月
国家疾控局直属机关优秀共产党员	中国疾病预防控制中心	刘学通	国家疾病预防控制局直属机关党委	2023年6月
第十届国家卫生健康突出贡献中青年专家	病毒病预防控制所	谭文杰	国家卫生健康委员会、国家中医药管理局	2023年6月
国家卫生健康委直属机关优秀共产党员	中国疾病预防控制中心	袁灵华	国家卫生健康委员会直属机关党委	2023年6月
国家疾控局直属机关优秀共产党员	中国疾病预防控制中心	袁灵华	国家疾病预防控制局直属机关党委	2023年6月
国家卫生健康委直属机关优秀共产党员	妇幼保健中心	张学清	国家卫生健康委员会直属机关党委	2023年6月
国家疾控局直属机关优秀共产党员	妇幼保健中心	张学清	国家疾病预防控制局直属机关党委	2023年6月
国家疾控局直属机关优秀共产党员	妇幼保健中心	狄江丽	国家疾病预防控制局直属机关党委	2023年6月
国家疾控局直属机关优秀党务工作者	妇幼保健中心	高茵茵	国家疾病预防控制局直属机关党委	2023年6月
国家卫生健康委直属机关优秀共产党员	职业卫生与中毒控制所	张雁、戴宇飞	国家卫生健康委员会直属机关党委	2023年6月

续表

奖励名称	所在单位	姓名	授奖单位	授奖时间
国家疾控局直属机关优秀共产党员	职业卫生与中毒控制所	张雁、张美辨、戴宇飞、段化伟、宾萍	国家疾病预防控制局直属机关党委	2023年6月
国家疾控局直属机关优秀党务工作者	职业卫生与中毒控制所	吕柯、吴文红	国家疾病预防控制局直属机关党委	2023年6月
中国疾控中心优秀共产党员	职业卫生与中毒控制所	张雁、张美辨、戴宇飞、段化伟、宾萍、李斌、周静、肖经纬、苏保春	中国疾病预防控制中心党委	2023年6月
中国疾控中心优秀党务工作者	职业卫生与中毒控制所	吕柯、吴文红、聂武	中国疾病预防控制中心党委	2023年6月
“两优一先”优秀党员	辐射防护与核安全医学所	郭鲜花	国家疾病预防控制局	2023年6月
中国辐射防护学会科学技术奖	辐射防护与核安全医学所	张庆	中国辐射防护学会	2023年6月
国家疾控局直属机关优秀共产党员	农村改水技术指导中心	路凯	国家疾病预防控制局直属机关党委	2023年6月
国家疾控局直属机关优秀共产党员	环境与健康相关产品安全所	沈婵	国家疾病预防控制局直属机关党委	2023年6月
国家卫生健康委直属机关优秀共产党员	环境与健康相关产品安全所	沈婵	国家卫生健康委员会直属机关党委	2023年6月
国家疾控局直属机关优秀共产党员	传染病预防控制所	罗成旺	国家疾病预防控制局直属机关党委	2023年6月
第十届国家卫生健康突出贡献中青年专家	环境与健康相关产品安全所	施小明	国家卫生健康委员会、国家中医药管理局	2023年6月
国家卫生健康委直属机关优秀共产党员	环境与健康相关产品安全所	徐东群	国家卫生健康委员会直属机关党委	2023年6月
国家卫生健康委直属机关优秀共产党员	环境与健康相关产品安全所	姚孝元	国家卫生健康委员会直属机关党委	2023年6月
国家卫生健康委直属机关优秀党务工作者	环境与健康相关产品安全所	王林	国家卫生健康委员会直属机关党委	2023年6月
国家疾控局直属机关优秀共产党员	环境与健康相关产品安全所	徐东群	国家疾病预防控制局直属机关党委	2023年6月
国家疾控局直属机关优秀共产党员	环境与健康相关产品安全所	姚孝元	国家疾病预防控制局直属机关党委	2023年6月
国家疾控局直属机关优秀共产党员	环境与健康相关产品安全所	张伟	国家疾病预防控制局直属机关党委	2023年6月
国家疾控局直属机关优秀共产党员	环境与健康相关产品安全所	王秦	国家疾病预防控制局直属机关党委	2023年6月

续表

奖励名称	所在单位	姓名	授奖单位	授奖时间
国家疾控局直属机关优秀共产党员	环境与健康相关产品安全所	刘悦	国家疾病预防控制局直属机关党委	2023 年 6 月
国家疾控局直属机关优秀共产党员	环境与健康相关产品安全所	孙宗科	国家疾病预防控制局直属机关党委	2023 年 6 月
国家疾控局直属机关优秀党务工作者	环境与健康相关产品安全所	王林	国家疾病预防控制局直属机关党委	2023 年 6 月
国家疾控局直属机关优秀党务工作者	环境与健康相关产品安全所	李晓蕾	国家疾病预防控制局直属机关党委	2023 年 6 月
国家疾控局直属机关优秀党务工作者	环境与健康相关产品安全所	韩京秀	国家疾病预防控制局直属机关党委	2023 年 6 月
中国疾控中心优秀共产党员	环境与健康相关产品安全所	徐东群	中国疾病预防控制中心党委	2023 年 6 月
中国疾控中心优秀共产党员	环境与健康相关产品安全所	姚孝元	中国疾病预防控制中心党委	2023 年 6 月
中国疾控中心优秀共产党员	环境与健康相关产品安全所	张伟	中国疾病预防控制中心党委	2023 年 6 月
中国疾控中心优秀共产党员	环境与健康相关产品安全所	王秦	中国疾病预防控制中心党委	2023 年 6 月
中国疾控中心优秀共产党员	环境与健康相关产品安全所	刘悦	中国疾病预防控制中心党委	2023 年 6 月
中国疾控中心优秀共产党员	环境与健康相关产品安全所	孙宗科	中国疾病预防控制中心党委	2023 年 6 月
中国疾控中心优秀共产党员	环境与健康相关产品安全所	沈瑾	中国疾病预防控制中心党委	2023 年 6 月
中国疾控中心优秀共产党员	环境与健康相关产品安全所	刘迎春	中国疾病预防控制中心党委	2023 年 6 月
中国疾控中心优秀共产党员	环境与健康相关产品安全所	王先良	中国疾病预防控制中心党委	2023 年 6 月
中国疾控中心优秀共产党员	环境与健康相关产品安全所	段弘扬	中国疾病预防控制中心党委	2023 年 6 月
中国疾控中心优秀共产党员	环境与健康相关产品安全所	张流波	中国疾病预防控制中心党委	2023 年 6 月
中国疾控中心优秀共产党员	环境与健康相关产品安全所	程义斌	中国疾病预防控制中心党委	2023 年 6 月
中国疾控中心优秀共产党员	环境与健康相关产品安全所	陈男菱	中国疾病预防控制中心党委	2023 年 6 月

续表

奖励名称	所在单位	姓名	授奖单位	授奖时间
中国疾控中心优秀共产党员	环境与健康相关产品安全所	毕福海	中国疾病预防控制中心党委	2023 年 6 月
中国疾控中心优秀党务工作者	环境与健康相关产品安全所	王林	中国疾病预防控制中心党委	2023 年 6 月
中国疾控中心优秀党务工作者	环境与健康相关产品安全所	李晓蕾	中国疾病预防控制中心党委	2023 年 6 月
中国疾控中心优秀党务工作者	环境与健康相关产品安全所	韩京秀	中国疾病预防控制中心党委	2023 年 6 月
中国疾控中心优秀党务工作者	环境与健康相关产品安全所	杜鹏	中国疾病预防控制中心党委	2023 年 6 月
中国疾控中心优秀党务工作者	环境与健康相关产品安全所	张岚	中国疾病预防控制中心党委	2023 年 6 月
中国疾控中心优秀党务工作者	实验室管理处	赵赤鸿	中国疾病预防控制中心党委	2023 年 7 月
中国疾控中心优秀共产党员	中国疾病预防控制中心	刘学通	中国疾病预防控制中心党委	2023 年 7 月
中国疾控中心优秀共产党员	传染病预防控制所	罗成旺	中国疾病预防控制中心党委	2023 年 7 月
“两优一先”优秀党员	辐射防护与核安全医学所	郭鲜花	中国疾病预防控制中心	2023 年 7 月
“两优一先”优秀党员	辐射防护与核安全医学所	崔娟	中国疾病预防控制中心	2023 年 7 月
国家疾控局直属机关优秀共产党员	辐射防护与核安全医学所	张科	国家疾病预防控制局直属机关党委	2023 年 7 月
中国疾控中心优秀党务工作者	辐射防护与核安全医学所	刘建香	中国疾病预防控制中心党委	2023 年 7 月
中国疾控中心优秀共产党员	妇幼保健中心	张学清	中国疾病预防控制中心党委	2023 年 7 月
中国疾控中心优秀共产党员	妇幼保健中心	狄江丽	中国疾病预防控制中心党委	2023 年 7 月
中国疾控中心优秀共产党员	妇幼保健中心	徐韬	中国疾病预防控制中心党委	2023 年 7 月
中国疾控中心优秀共产党员	妇幼保健中心	刘畅	中国疾病预防控制中心党委	2023 年 7 月
中国疾控中心优秀党务工作者	妇幼保健中心	高茵茵	中国疾病预防控制中心党委	2023 年 7 月

续表

奖励名称	所在单位	姓名	授奖单位	授奖时间
中国疾控中心优秀党务工作者	妇幼保健中心	王常合	中国疾病预防控制中心党委	2023 年 7 月
第十批中央和国家机关、中央企业援疆工作优秀个人	病毒病预防控制所	陈涛	中国共产党新疆维吾尔自治区委员会	2023 年 7 月
2023 年度国家卫生健康委直属机关党委优秀共产党员	性病艾滋病预防控制中心	吕繁	国家卫生健康委员会直属机关党委	2023 年 7 月
2023 年度国家疾控局直属机关党委优秀共产党员	性病艾滋病预防控制中心	吕繁	国家疾病预防控制局直属机关党委	2023 年 7 月
2023 年度国家疾控局直属机关党委优秀共产党员	性病艾滋病预防控制中心	刘中夫	国家疾病预防控制局直属机关党委	2023 年 7 月
2023 年度国家疾控局直属机关党委优秀共产党员	性病艾滋病预防控制中心	韩孟杰	国家疾病预防控制局直属机关党委	2023 年 7 月
2023 年度国家疾控局直属机关党委优秀党务工作者	性病艾滋病预防控制中心	汤后林	国家疾病预防控制局直属机关党委	2023 年 7 月
2023 年度中国疾病预防控制中心党委优秀共产党员	性病艾滋病预防控制中心	吕繁	中国疾病预防控制中心党委	2023 年 7 月
2023 年度中国疾病预防控制中心党委优秀共产党员	性病艾滋病预防控制中心	刘中夫	中国疾病预防控制中心党委	2023 年 7 月
2023 年度中国疾病预防控制中心党委优秀共产党员	性病艾滋病预防控制中心	韩孟杰	中国疾病预防控制中心党委	2023 年 7 月
2023 年度中国疾病预防控制中心党委优秀共产党员	性病艾滋病预防控制中心	徐鹏	中国疾病预防控制中心党委	2023 年 7 月
2023 年度中国疾病预防控制中心党委优秀共产党员	性病艾滋病预防控制中心	董薇	中国疾病预防控制中心党委	2023 年 7 月
2023 年度中国疾病预防控制中心党委优秀共产党员	性病艾滋病预防控制中心	单多	中国疾病预防控制中心党委	2023 年 7 月

续表

奖励名称	所在单位	姓名	授奖单位	授奖时间
2023年度中国疾病预防控制中心党委优秀共产党员	性病艾滋病预防控制中心	武芳芳	中国疾病预防控制中心党委	2023年7月
2023年度中国疾病预防控制中心党委优秀党务工作者	性病艾滋病预防控制中心	汤后林	中国疾病预防控制中心党委	2023年7月
2023年度中国疾病预防控制中心党委优秀党务工作者	性病艾滋病预防控制中心	李培龙	中国疾病预防控制中心党委	2023年7月
2023年度中国疾病预防控制中心党委优秀党务工作者	性病艾滋病预防控制中心	王研	中国疾病预防控制中心党委	2023年7月
国家卫生健康委直属机关优秀共产党员	应急中心	向妮娟	国家卫生健康委员会直属机关党委	2023年7月
第十批中央和国家机关、中央企业优秀援疆干部人才	结核病预防控制中心	苏伟	中共喀什地委、喀什行政公署	2023年7月
国家卫生健康委直属机关优秀共产党员	慢病中心	吴静	国家卫生健康委员会直属机关党委	2023年7月
国家疾控局直属机关优秀共产党员	慢病中心	吴静	国家疾病预防控制局直属机关党委	2023年7月
国家疾控局直属机关优秀共产党员	慢病中心	段蕾蕾	国家疾病预防控制局直属机关党委	2023年7月
国家疾控局直属机关优秀党务工作者	慢病中心	蔡小宁	国家疾病预防控制局直属机关党委	2023年7月
中国疾控中心优秀共产党员	慢病中心	吴静	中国疾病预防控制中心党委	2023年7月
中国疾控中心优秀共产党员	慢病中心	段蕾蕾	中国疾病预防控制中心党委	2023年7月
中国疾控中心优秀共产党员	慢病中心	王丽敏	中国疾病预防控制中心党委	2023年7月
中国疾控中心优秀共产党员	慢病中心	李剑虹	中国疾病预防控制中心党委	2023年7月
中国疾控中心优秀党务工作者	慢病中心	蔡小宁	中国疾病预防控制中心党委	2023年7月
中国疾控中心优秀党务工作者	慢病中心	刘敏	中国疾病预防控制中心党委	2023年7月

续表

奖励名称	所在单位	姓名	授奖单位	授奖时间
国家疾控局直属机关优秀共产党员	病毒病预防控制所	王环宇、郑丽舒、王文玲、赵秀军、孙晓曼、刘宏图、石琦	国家疾病预防控制局直属机关党委	2023 年 7 月
国家疾控局直属机关优秀党务工作者	病毒病预防控制所	葛利荣、李旭彬、李静	国家疾病预防控制局直属机关党委	2023 年 7 月
国家卫生健康委直属机关优秀共产党员	病毒病预防控制所	王环宇、赵秀军、刘宏图	国家卫生健康委直属机关党委	2023 年 7 月
国家卫生健康委直属机关优秀党务工作者	病毒病预防控制所	葛利荣	国家卫生健康委直属机关党委	2023 年 7 月
2023 年全国大学生健康科普大赛图文类二等奖	免疫规划中心	杨玉珍、贾亚超、李燕、郝利新	中华预防医学会	2023 年 8 月
2023 年秋冬学期智慧树网“混合式精品课程 TOP100”	儿少/学校卫生中心	马迎华	智慧树网	2023 年 8 月
第二届预防接种科普大赛活动学术证据科普转化类二等奖	免疫规划中心	侯芊、郝利新、王富珍、郑徽、尹遵栋	中华预防医学会	2023 年 9 月
第八批国家高层次人才特殊支持计划青年拔尖人才	环境与健康相关产品安全所	唐宋	中共中央组织部	2023 年 9 月
第八届中国女医师协会五洲女子科技奖医务（卫生）管理科研创新奖	实验室管理处	赵赤鸿	中国女医师协会	2023 年 9 月
第九届江苏省科普公益作品大赛二等奖	中国医学科学院皮肤病医院（中国医学科学院皮肤病研究所）	葛凤琴、诸萍、许丹丹、王千秋、龚向东	江苏省科学技术协会、中共江苏省委宣传部、江苏省教育厅等 6 家	2023 年 9 月
2019—2023 年度全国地方病防治机构实验室氟砷测定质量考核组织管理先进个人	鼠疫布氏菌病预防控制基地	佟建冬	中国疾病预防控制中心地方病控制中心	2023 年 9 月
2019—2023 年度全国地方病防治机构实验室氟砷测定质量考核组织检测先进个人	鼠疫布氏菌病预防控制基地	张海涛、于丽萍	中国疾病预防控制中心地方病控制中心	2023 年 9 月
地方性氟中毒防治单元二等奖和理论知识单项三等奖	鼠疫布氏菌病预防控制基地	张海涛	国家疾病预防控制局卫生与免疫规划司	2023 年 10 月

续表

奖励名称	所在单位	姓名	授奖单位	授奖时间
第五届（2023年）妇幼健康科学技术奖科技成果奖二等奖（项目名称：整合式女性心理保健服务体系构建及关键技术应用推广研究）	妇幼保健中心	郑睿敏、刘兴华、杨丽、罗晓敏、宋然然、孙梦云、杨业环、张达明、安静、梁开如	中国妇幼健康研究会	2023年10月
2022年度中国女科学家	环境与健康相关产品安全所	李湉湉	Cell出版社	2023年11月
第八届中国科协优秀科技论文遴选计划（责编）	辐射防护与核安全医学所	汤海滢	中国科学技术协会	2023年11月
全国疾控健康传播技能大赛优胜奖	免疫规划中心	贾亚超、程祖瑶、杨玉珍、侯芊、郝利新	中国健康促进与教育协会	2023年12月
2023年新时代健康科普作品征集大赛入围作品	免疫规划中心	贾亚超、杨玉珍、侯芊、郝利新	国家卫生健康委员会、科技部、国家中医药局、国家疾病预防控制局、中国科学技术协会	2023年12月
全国援外医疗工作先进个人	全球公共卫生中心	王立立	国家卫生健康委员会	2023年12月
中国医学科学院北京协和医学院群医学及公共卫生学院“群公学者”	中国医学科学院皮肤病医院	王洪生	中国医学科学院北京协和医学院	2023年12月
中国医学科学院北京协和医学长聘教授	中国医学科学院皮肤病医院	王洪生	中国医学科学院北京协和医学院	2023年12月
2023年健康促进医院优秀案例	中国医学科学院皮肤病医院	葛凤琴	国家卫生健康委员会办公厅、国家中医药局综合司	2023年12月
2020—2022年度全国内部审计先进工作者	中国疾病预防控制中心	袁灵华	中国内部审计协会	2023年12月
长城食品安全科学技术奖一等奖（项目名称：重点人群营养健康食品创制关键技术及产业化应用）	营养与健康所	黄建、王志宏、王惠君、唐艳斌、姜红如、王丽娟、李惟怡、王鸥	长城食品安全科学技术奖励委员会	2023年12月
“2023年中国健康科普大赛活动”三等奖	职业卫生与中毒控制所	孙新、李霜、张美辨、孙彦彦	中国疾病预防控制中心	2023年12月

续表

奖励名称	所在单位	姓名	授奖单位	授奖时间
2023 中国健康科普大赛二等奖	辐射防护与核安全医学所	唐霈泽	中国疾病预防控制中心	2023 年 12 月
第五届江苏省预防医学会科学技术奖三等奖	传染病预防控制所	张京云（第三完成人）	江苏省预防医学会	2023 年 12 月
2023 年亚洲青年结核病研究奖	结核病预防控制中心	李涛	韩国遏制结核病伙伴组织	2023 年 12 月
2023 年中国健康科普大赛三等奖（《桑榆暮景夕阳无艾》）	性病艾滋病预防控制中心	周楚、刘玉芬、徐杰、韩孟杰、刘中夫	中国疾病预防控制中心、中国健康教育中心、北京协和医学院、中华预防医学会、中国健康促进与教育协会	2023 年 12 月
2023 年中国健康科普大赛二等奖（《出门在外健康防艾》）	性病艾滋病预防控制中心	周楚、刘玉芬、徐杰、韩孟杰、刘中夫	中国疾病预防控制中心、中国健康教育中心、北京协和医学院、中华预防医学会、中国健康促进与教育协会	2023 年 12 月
2023 年中国健康科普大赛二等奖（《青春无艾美好未来》）	性病艾滋病预防控制中心	周楚、刘玉芬、徐杰、韩孟杰、刘中夫	中国疾病预防控制中心、中国健康教育中心、北京协和医学院、中华预防医学会、中国健康促进与教育协会	2023 年 12 月
2023 中国健康科普大赛优秀奖	控烟办公室	肖琳、熙子、谭新宇	中国疾病预防控制中心	2023 年 12 月
2023 年度中国疾控中心党委优秀共产党员	控烟办公室	肖琳	中国疾病预防控制中心党委	2023 年 12 月
2023 年度国家疾控局党委优秀共产党员	控烟办公室	肖琳	国家疾病预防控制局党委	2023 年 12 月
“中国好医生、中国好护士”月度人物	病毒病预防控制所	陈操	国家卫生健康委员会	2023 年 12 月
2023 年度优秀科普作者	免疫规划中心	郝利新	健康报社	2024 年 1 月

集体获奖

奖励名称	获奖单位	授奖单位	授奖时间
“创青春”首届全国卫生健康行业青年创新大赛“疾病防控与卫生管理类”银奖	慢性非传染性疾病预防控制中心	国家卫生健康委员会文明办、共青团中央青年发展部、中国青年创业就业基金会	2023 年 1 月
“创青春”首届全国卫生健康行业青年创新大赛“疾病防控与卫生管理类”金奖	全球公卫中心	国家卫生健康委员会文明办、共青团中央青年发展部、中国青年创业就业基金会	2023 年 1 月
“创青春”首届全国卫生健康行业青年创新大赛“疾病防控与卫生管理类”金奖	宋敬东团队	国家卫生健康委员会文明办、共青团中央青年发展部、中国青年创业就业基金会	2023 年 1 月
“一地一品”卫生健康思想政治工作特色品牌案例征集活动优秀案例	环境与健康相关产品安全所	中国卫生健康思想政治工作促进会	2023 年 2 月
全国巾帼文明岗	中国疾病预防控制中心	中华全国妇女联合会	2023 年 3 月
2022 年中华医学科技奖二等奖（项目名称：实验室生物安全技术体系创建及其在重大疫情防控中的创新应用）	中国疾病预防控制中心病毒病预防控制所、中国疾病预防控制中心、中国医科大学附属第一医院、中国建筑科学研究院有限公司、中国疾病预防控制中心传染病预防控制所、中国合格评定国家认可中心、华北电力大学	中华医学会	2023 年 3 月
2022 年中华医学科技奖三等奖（项目名称：中东呼吸综合征冠状病毒病原生物学与免疫学研究及关键技术应用）	中国疾病预防控制中心病毒病预防控制所、广州医科大学附属第一医院	中华医学会	2023 年 3 月
2022 年中华医学科技奖三等奖（项目名称：感染性病原体核酸检测系列技术及新产品研发）	河北省人民医院、中国疾病预防控制中心病毒病预防控制所、宁波海尔施基因科技股份有限公司、河北省儿童医院	中华医学会	2023 年 3 月

续表

奖励名称	获奖单位	授奖单位	授奖时间
2023 年中华预防医学科技奖三等奖（项目名称：我国艾滋病重点地区精准防治体系创建及关键技术应用）	中国疾病预防控制中心性病艾滋病预防控制中心、四川省疾病预防控制中心、凉山彝族自治州疾病预防控制中心、四川大学、中国疾病预防控制中心妇幼保健中心、中国疾病预防控制中心	中华预防医学会	2023 年 3 月
全国青年安全生产示范岗	传染病预防控制所病原生物分析中心	共青团中央	2023 年 4 月
江苏省工人先锋号	中国医学科学院皮肤病医院性病参比实验室	江苏省总工会	2023 年 4 月
上海市自然科学奖二等奖（血吸虫寄生与致病关键分子机制）	寄生虫病预防控制所	上海市人民政府	2023 年 4 月
2022 年度优秀课题成果二等奖（《探索新时代下卫生健康科研院所青年理论学习创新路径的研究》）	环境与健康相关产品安全所	全国党建研究会科研院所专委会	2023 年 5 月
广西科学技术进步一等奖（项目名称：广西区域聚集性长寿的系列基础研究及应用）	桂林医学院、中国疾病预防控制中心环境与健康相关产品安全所、广西医科大学、广西大学	广西壮族自治区科学技术厅	2023 年 5 月
科威特国健康促进基金“谢赫·萨巴赫·艾哈迈德·贾比尔·萨巴赫殿下老年人卫生保健和健康促进研究奖”	慢性非传染性疾病预防控制中心	世界卫生组织	2023 年 5 月
先进基层党组织	环境与健康相关产品安全所第二党支部、第三党支部、第四党支部	国家疾病预防控制局直属机关党委	2023 年 6 月
先进基层党组织	环境与健康相关产品安全所党委	国家卫生健康委员会直属机关党委、国家疾病预防控制局直属机关党委、中国疾病预防控制中心党委	2023 年 6 月
国家卫生健康委直属机关先进基层党组织	妇幼保健中心第一党支部	国家卫生健康委员会直属机关党委	2023 年 6 月
国家疾控局直属机关先进基层党组织	妇幼保健中心第一党支部	国家疾病预防控制局直属机关党委	2023 年 6 月

续表

奖励名称	获奖单位	授奖单位	授奖时间
国家卫生健康委直属机关先进基层党组织	慢性非传染性疾病预防控制中心	国家卫生健康委员会直属机关党委	2023 年 6 月
国家疾控局直属机关先进基层党组织	慢性非传染性疾病预防控制中心	国家疾病预防控制局直属机关党委	2023 年 6 月
国家卫生健康委直属机关先进基层党组织	职业卫生与中毒控制所	国家卫生健康委员会直属机关党委	2023 年 6 月
国家疾控局直属机关先进基层党组织	职业卫生与中毒控制所党委、第一党支部、第二党支部	国家疾病预防控制局直属机关党委	2023 年 6 月
中国疾控中心先进基层党组织	职业卫生与中毒控制所党委、第一党支部、第二党支部、第七党支部	中国疾病预防控制中心党委	2023 年 6 月
国家卫生健康委直属机关先进基层党组织	改水中心	国家卫生健康委员会直属机关党委	2023 年 6 月
国家疾控局直属机关先进基层党组织	改水中心	国家疾病预防控制局直属机关党委	2023 年 6 月
中国疾控中心先进基层党组织	环境与健康相关产品安全所第二党支部、第三党支部、第四党支部、第七党支部	中国疾病预防控制中心党委	2023 年 7 月
中国疾控中心先进基层党组织	环境与健康相关产品安全所党委	中国疾病预防控制中心党委	2023 年 7 月
中国疾控中心先进基层党组织	慢性非传染性疾病预防控制中心	中国疾病预防控制中心党委	2023 年 7 月
中国疾控中心先进基层党组织	妇幼保健中心第一党支部	中国疾病预防控制中心党委	2023 年 7 月
中国疾控中心先进基层党组织	妇幼保健中心第一党支部	中国疾病预防控制中心党委	2023 年 7 月
2022—2023 年度国家卫生健康委直属机关党委先进基层党组织	性病艾滋病预防控制中心党委	国家卫生健康委员会直属机关党委	2023 年 7 月
2022—2023 年度国家疾控局直属机关党委先进基层党组织	性病艾滋病预防控制中心党委	国家疾病预防控制局直属机关党委	2023 年 7 月
2022—2023 年度国家疾控局直属机关党委先进基层党组织	性病艾滋病预防控制中心第一党支部	国家疾病预防控制局直属机关党委	2023 年 7 月
中国疾控中心先进基层党组织	营养与健康所第二、第四、第五、第七党支部	中国疾病预防控制中心党委	2023 年 7 月

续表

奖励名称	获奖单位	授奖单位	授奖时间
2022—2023 年度国家疾控局直属机关党委先进基层党组织	营养与健康所第二、第五、第七党支部	国家疾病预防控制局直属机关党委	2023 年 7 月
国家疾控局直属机关先进基层党组织	病毒病预防控制所第一党支部、第三党支部、第四党支部	国家疾病预防控制局直属机关党委	2023 年 7 月
国家卫生健康委直属机关先进基层党组织	病毒病预防控制所第三党支部	国家卫生健康委直属机关党委	2023 年 7 月
中央和国家机关工委“四强”党支部	免疫规划中心党支部	中央和国家机关工委	2023 年 9 月
中央和国家机关第二届运动会广播体操比赛乙组，三等奖	环境与健康相关产品安全所	中央和国家机关工会联合会、国家体育总局直属机关党委	2023 年 9 月
中央和国家机关工委“四强”党支部	环境与健康相关产品安全所第二党支部	中央和国家机关工委	2023 年 9 月
中央和国家机关工委“四强”党支部	妇幼保健中心第一党支部	中央和国家机关工委	2023 年 9 月
中央和国家机关工委“四强”党支部	慢性非传染性疾病预防控制中心第一党支部、第二党支部	中央和国家机关工委	2023 年 9 月
中央和国家机关工委“四强”党支部	病毒病预防控制所第一党支部	中央和国家机关工委	2023 年 9 月
二星级全国青年文明号	传染病预防控制所青年先锋队	共青团中央	2023 年 10 月
2023 年中国家庭健康守门人	免疫规划中心	国家卫生健康委能力建设和继续教育中心	2023 年 12 月
国家疾控局直属机关首届运动会，团体操三等奖、接续传球二等奖、绳采飞扬三等奖	环境与健康相关产品安全所	国家疾病预防控制局直属机关工会	2023 年 12 月
杭州亚运会、亚残运会先进集体	环境与健康相关产品安全所	国家体育总局、中国残疾人联合会、中国共产党浙江省委员会、浙江省人民政府	2023 年 12 月
国家疾控局直属机关首届运动会团体总分冠军	营养与健康所	国家疾病预防控制局直属机关工会	2023 年 12 月
国家疾控局直属机关首届运动会广播体操比赛一等奖	营养与健康所	国家疾病预防控制局直属机关工会	2023 年 12 月

续表

奖励名称	获奖单位	授奖单位	授奖时间
国家疾控局直属机关首届运动会集体趣味项目接续传球一等奖	营养与健康所	国家疾病预防控制局直属机关工会	2023 年 12 月
国家疾控局直属机关首届运动会集体趣味项目风驰“垫”掣一等奖	营养与健康所	国家疾病预防控制局直属机关工会	2023 年 12 月
国家疾控局直属机关首届运动会集体趣味项目“毽”功立业优秀奖	营养与健康所	国家疾病预防控制局直属机关工会	2023 年 12 月
国家疾控局直属机关首届运动会团体亚军	职业卫生与中毒控制所	国家疾病预防控制局直属机关工会	2023 年 12 月
全国疾控健康传播技能大赛优胜奖	农村改水技术指导中心	中国健康促进与教育协会	2023 年 12 月
第五届江苏省预防医学会科学技术奖三等奖	传染病预防控制所（第二完成单位）	江苏省预防医学会	2023 年 12 月
2021 中国健康科普大赛三等奖（《小心看不见的氡》）	公共卫生管理处	中国疾病预防控制中心、中国健康教育中心、中华预防医学会、北京协和医学院、中国健康促进与教育协会	2023 年 12 月
2021 中国健康科普大赛优秀奖（《中小学校重点人群诺如病毒感染防控核心要点之家长与学生篇》）	公共卫生管理处	中国疾病预防控制中心、中国健康教育中心、中华预防医学会、北京协和医学院、中国健康促进与教育协会	2023 年 12 月
中国金属学会冶金医学奖一等奖	武汉科技大学、湖北省疾病预防控制中心、中国疾病预防控制中心病毒病预防控制所	中国金属协会	2023 年 12 月
2023 年中华预防医学会科学技术奖三等奖（项目名称：空气颗粒物人群健康风险评估与应用关键技术）	环境与健康相关产品安全所	中华预防医学会	2024 年 3 月
2023 年中华预防医学会科学技术奖一等奖（项目名称：中国高龄老年人群主要健康特征、关键影响因素与干预技术研究）	环境与健康相关产品安全所	中华预防医学会	2024 年 3 月